辽宁报业通史

LIAO NING BAO YE TONG SHI

（1899—1978）

《辽宁报业通史》编纂委员会◎编

— 上册 —

辽宁人民出版社

图书在版编目（CIP）数据

辽宁报业通史：1899—1978 /《辽宁报业通史》编纂委员会编. —沈阳：辽宁人民出版社，2016.9
ISBN 978-7-205-08688-6

Ⅰ. ①辽… Ⅱ. ①辽… Ⅲ. ①报社—新闻事业史—辽宁省—1899-1978 Ⅳ. ①G219.243.1

中国版本图书馆 CIP 数据核字（2016）第185199号

出版发行：辽宁人民出版社
地址：沈阳市和平区十一纬路 25 号　邮编：110003
http://www.lnpph.com.cn
印　　刷：鞍山市春阳美日印刷有限公司
幅面尺寸：170mm×245mm
印　　张：61.75
字　　数：980千字
出版时间：2016 年 9 月第 1 版
印刷时间：2016 年 9 月第 1 次印刷
责任编辑：马　辉　董　喃
装帧设计：先知传媒
责任校对：徐　月　赵　红
书　　号：ISBN 978-7-205-08688-6
定　　价：298.00元（上、下册）

《辽宁报业通史》编纂委员会

主　任：张玉珠

副主任：姜凤羽　孙　刚　丁宗皓　姜　军　李明明

委　员：刘耀业　徐万超　郭元戎　秦志安　王吉祥　吴　进
孙宇鹏　赵会德　贺玉满　王健锋　刘　忠　张永林
宋　兵　李海琼　韩秉义　宋英韬　王公民　钱振德
孙　毅　荣文库　赵焕林　王筱雯　马　为

《辽宁报业通史》编写组

主　　编：姜凤羽

执行主编：崔中文

主编助理：马　为

撰　　稿：胡中慧　孟祥棣　王素梅　黄淑娟　刘人蓬

编撰助理：侯小云

目 录

第二编　东北解放战争时期

第三编　东北解放后国民经济恢复和建设时期
（1948 年 11 月至 1954 年 8 月）

第四编　辽宁省成立至“七千人大会”

绪 论

辽宁地区的报业肇始于清朝末期。20世纪初，随着帝国主义列强相继入侵，日、俄等国纷纷在辽宁地区创办报纸。在其刺激和影响下，辽宁地区的官报民报也逐渐兴办起来。但由于东北地处关外，消息闭塞，且在封建遗老遗少的压制、军阀割据的摧残及伪满洲国的法西斯专制统治下，从全国范围考量，辽宁地区的报业起步较晚，发展滞后。辛亥革命推翻帝制后，封建势力逐渐瓦解，尤其是1928年张学良东北易帜后，结束了军阀割据的局面，辽宁地区的报业才出现了一段较快发展期，数量剧增且种类较多，在全国报业发展中逐渐占有一席之地。也就是说，直到清末民初，辽宁地区始有真正意义上的报业。

1978年党中央召开了十一届三中全会。紧接着在1981年6月中国共产党第十一届六中全会上通过的《关于建国以来党的若干历史问题的决议》及改革开放后的一些文献，又为新中国建立后到十一届三中全会历次运动的是非曲直做了结论。这可以使我们在编撰史料时有章可循。

因此，我们把《辽宁报业通史》第一卷的时段涵盖界定为从清末民初到党的十一届三中全会。

关于本书的地域涵盖：

所谓辽宁地区，在1954年辽宁省正式成立之前，大致沿革如下：

辽宁地区首次设省于元。元世祖至元初年（1264）置辽阳行省，为辽宁地区设省之始。清入关后，崇盛京（今沈阳）为陪都，在盛京设盛京将军和奉天府，对辽宁地区实行旗民分治制度。光绪三十三年（1907）改设奉天行省。

辛亥革命后建立中华民国，初期沿袭清制，1928年张学良将军宣布东北易帜后，奉天省改为辽宁省，寓意“辽河流域永远安宁”。

从1945年8月抗战胜利到1949年4月，在现辽宁省境内曾先后建立了中国共产党领导的辽宁省、安东省、辽南行署区、辽北省（部分地区）、辽吉行署区（部分地区）、热河省（部分地区）、辽东省和辽西省8个省、区。1945年10月12日，中国共产党领导的辽宁省政府在沈阳正式成立，首任省政府主席张学思。11月25日省政府迁到本溪市。当时辽宁省政府直辖沈阳市、本溪市和本溪县。1948年7月11日，东北行政委员会发布民字第26号命令：辽宁省政府与辽南行政公署合并，称辽宁省。1949年4月21日，东北行政委员会发布民建字第15号令，重新调整了行政区划，撤销了辽宁省建制，同年5月1日和17日，辽东、辽西省人民政府分别在安东、锦州市成立。

1954年6月19日，中央人民政府委员会第32次会议决定将原东北地区的6个省合并为3个省，撤销辽东、辽西两省建制，合并为辽宁省。原沈阳、旅大、鞍山、抚顺、本溪5个中央直辖市改为省辖市，并入辽宁省建制。

1954年8月1日，辽宁省人民政府在沈阳正式成立，全省共辖10市33县。至此奠定了辽宁省的整体框架。

关于本书的断代分编：

按照辽宁地区报业在各个历史时期发生发展的节点，全书共分五编：

1. 清末民初到八一五光复的辽宁报业（19世纪末—1945年）

2. 东北解放战争时期的辽宁报业（1945—1948年）

3. 解放初期国民经济恢复阶段的辽宁报业（1949—1954年）

4. 辽宁省成立至七千人大会时期的辽宁报业（1954—1962年）

5. 1962年到十一届三中全会的辽宁报业（1962—1978年）

本书在叙述史实时采用通史体例，即连贯地记叙从清末民初到党的十一届三中全会各个时期辽宁地区报业发展的史实。叙述内容力求广泛翔实，在叙述中力求体现辽宁地区报业发展的总体脉络，力求给读者以连贯完整的历史认知。

研究辽宁地区的新闻史，离不开辽宁地区各个时期的政治运动史和政党史。这是因为各个时期的新闻事业都和当时的阶级、政党、政权机关和各派政治力量的活动有着紧密的联系。研究辽宁地区的新闻史，也离不开辽宁地区各个时期的生产斗争史和经济发展史。这是因为各个时期的新闻事业都和当时的生产力和社会经济的发展息息相关。

本书在编撰过程中，力求充分占有史料。一切史学观点都要通过史实来表达，不发空论。对通史中涉及的报刊、人物、事件，力求实事求是地予以表述，不乱贴政治标签。尽量让读者从辽宁地区报业跌宕起伏的发展史实中领悟报业发展的规律，以期达到以史为鉴的效果。

本书在编撰过程中，充分尊重前人的研究成果。所有引文论据都尽可能地注明出处。注释力求翔实准确，引文力求意义完整，避免断章取义。

一

晚清时期辽宁地区的报业是随着列强的入侵而产生和发展起来的。

东北地区自然资源丰富，近代以来，一直为列强所垂涎，随着他们的侵略足迹踏进东北，其侵略的舆论工具——报纸也进入东北。辽宁地区作为日俄争夺的焦点，两国媒体也随之展开了角逐。1894 年中日甲午战争后，沙皇俄国于 1898 年侵占了旅顺和大连。1899 年，沙俄总督府在旅顺创办了俄文报纸《新边疆报》，是殖民者在旅大地区发行的首张推行殖民文化的报纸，也是辽宁地区出现的第一种报纸。1904 年，沙俄在旅顺创办的中文《关东报》和在奉天创办的《盛京报》，是东北地区出版最早的中文报纸。

营口是东北与关内沿海城市通商最早的商埠，1861 年《中英天津条约》签订后被迫开放，进而成为帝国主义列强进入东北的南大门。日本人于 1902 年秋创刊日文《营口新闻》，这是日本帝国主义在辽宁出版的第一种报纸。1905 年，日本人在营口出版的《满洲日报》，是在辽宁地区创办的第二种报纸，主办人中岛真雄按照营口军政署的要求，同时使用日文、中文和英文出版。一种报纸使用3种文字出版，开辽宁地区报业之先河。日本人在东北办报虽比俄国人晚，但由于日俄战争后，日本取代沙俄侵占了旅顺和大连，遂取得了对辽宁地区舆论的控制权。他们广设新闻宣传机构，出版发行报纸，进行殖民宣传。据统计，在晚清时期的辽宁地区，俄国只有2种报纸，而稍其后的日本人所办报纸则多达20种。

这一时期在日本人所办的众多报纸中，最有代表意义的应是奉天（今沈阳）的《盛京时报》和大连的《泰东日报》。《盛京时报》于1906年10月18日（光绪三十二年九月初一）在奉天创刊，直到1945年八一五日本投降停刊。它不仅仅是日本在中国东北地区出版的第一张中文报纸，同时也是日本在华出版历史最长的中文报纸。《盛京时报》的主办单位是当时的日本外务省，主笔菊池负二对中国政情知之甚详，东北人士多受其惑。由于《盛京时报》《泰东日报》的宗旨都是以华制华，为争取读者，控制舆论，加强文化渗透，其办报内容都大力提倡本土化、通俗化，栏目繁多，内容新颖，贴近时事、贴近生活，尽可能地把自己打扮成中国人的“友人”“救世主”。著名学者戈公振曾在《中国报学史》中这样评价：“《盛京时报》是以张作霖取缔中国报纸颇严，而该报独肆言中国内政，无所顾忌。故华人多读之。”该报因此发行量竟达2万份以上。当然，不管这些报纸如何装扮粉饰自己，都无法掩盖其真实的政治目的。他们为了本国的利益，极力鼓吹中国的君主立宪制，反对革命，反对民主共和，以维护腐朽的清政府。这两种报纸在为日本侵华制造舆论及巩固其文化渗透战略上是相当成功的。随着日本侵略势力在东北地区的不断加强，其对新闻舆论的控制也不断强化。到1937年七七事变后，日本侵略者逐渐独霸了东北地区的报业市场。

清末民初，辽宁地区除了日俄等列强创办的报纸外，还有一种由清政府各级部门主办的近代形态的机关报刊，即官报。

东三省第一份官报是由奉天省议会于1905年12月21日于奉天创办的《东三省公报》。1905年，时任盛京将军的赵尔巽出任诸省巡抚时，恰逢清政府宣布对东北地区实行新政。为了推行新政，赵尔巽希望能通过办报来为新政鸣锣开道。他召回留日学生、奉天省学务处谢荫昌承办办报事宜。于是，《东三省公报》便于奉天鼓楼南的关东印书馆创刊出版了。《东三省公报》是东北第一家由国人创办的报刊。《东三省公报》是典型的官办官订官发，主办主管都是官方。办报目的当然是维护清廷的腐朽统治。《东三省公报》不仅办报经费由省署拨款，而且发行自上而下按行政区划层层摊派。派销数额被列为官员的政绩考核内容。此外，《东三省公报》还在“东三省各县暨吉黑两省均有分馆、代办处”，所以影响力不断扩大，后期最多达到 3 万多份，使得该报成为东北一家独大。其派销的发行模式及报纸栏目的设置也为黑、吉两省官报的产生提供了模本。

在这一时期，辽宁地区的各级各部门创办的官报也纷纷问世。辛亥革命后，官办报纸仍然是辽宁地区报业的主角。除了《东三省公报》外，在辽宁地区影响较大的官报中，最值得一提的就是张学良于 1928 年一手创办的《新民晚报》。东北易帜后，张学良出任东三省保安总司令。他对日本人在沈阳大办报纸的状况早就不满，尤其是“皇姑屯事件”前后，日本人在其所办报纸上大肆进行欺骗宣传，这使他痛下决心办一张自己的报纸。张学良委任身为幕僚且有过京沪几大报刊记者经历的赵雨时为社长。1928 年 9 月 20 日，《新民晚报》在沈阳正式创刊。《新民晚报》大量刊登张学良的谈话通电，传达张学良的爱国主张，如东北易帜通电，就是该报最早刊出并配上青天白日旗。《新民晚报》的种种努力赢得了读者的欢迎。该报销售量最高达到了每期 50 万份。

《新民晚报》社长赵雨时是典型的爱国报人。主持《新民晚报》期间，经常在报纸上揭露日本帝国主义的侵略野心，与《盛京时报》展开笔战。赵雨时担任辽宁省报界联合会主席时，决定报联只吸收国人所办报纸，矛头直指《盛京时报》。《盛京时报》主笔菊池贞二对《新民晚报》恨之入骨，九一八事变的第二天，他便引领日本宪兵查封了《新民晚报》。《新民晚报》由此停刊。

辽宁民办报纸的发展历经磨难。辛亥革命前后，全国各地民报勃兴，东北地区却仍被清廷遗老遗少所把持。东三省总督赵尔巽死守《大清报律》，只准他自己一手操办的《东三省公报》一花独放，残酷打压民报的发展。1914 年 4 月 2 日，袁世凯以民国大总统令颁布《报纸条例》，被国人称之为“世界上报律比较之最恶者”，受到全国抵制，但当时主管报刊的东三省民政长官及警察机关，却奉此条例为金科玉律，继续扼杀新生报刊。1920年以前，辽宁地区的民报只有四五种。

辽宁地区的民报最具代表性的是张兆麟创办的《醒时白话报》和革命党人创办的《大中公报》。

1907年2月21日，具有爱国思想、热心公众事业、主张政治维新的知名人士张兆麟在奉天创办了《醒时白话报》。该报创办30多年中，在宣传爱国思想、传播文化等方面都有一定的影响和贡献，连日本人也承认此报在群众中有感召力，是“排日先锋”。《大中公报》创刊于1910年（清宣统二年）7月11日，社址在沈阳大北关。同盟会会员沈肝若任主笔。沈是留日青年，有激进的民主主义思想。“该报极力主张保持国权，重视政治时事报道，敢直抒己见，对立宪的虚伪性经常予以揭露。”该报秉笔直书，其最有名的栏目“三千毛瑟”，所刊文章类似今天的杂文，很受欢迎，其报纸发行4000份，销路遍及东北三省，并扩展到京津和朝鲜新义州。“彼时销售能得如此之多，即因其‘三千毛瑟’大受一般人欢迎也。”“时东省报纸，最敢说话者，无过于该报。”

1920年以后，辽宁地区的民报发展也曾出现过一个暂短的勃兴时期。尤其是1924年，时任奉天督军兼省长的张作霖由于与孙中山联手取得了第二次直奉战争的胜利，所以放松了对国人所办进步报纸的控制。因此民报也随之发展起来。各种民报创刊近20种。这一时期出版了许多以“民”字打头的报刊，还包括比如“微言”“疾呼”这样的革命术语，具有强烈的民主意识。推翻帝制，建立民国，主权在民的意识倾向十分明显。

1928年至1931年，张学良东北易帜后，结束了奉系军阀的割据局面，东三省的报业发展才和全国连成了一片，使得辽宁地区的民办报纸出现了一个快速发展的黄金时期。

伪满政权建立后，民办报纸再次陷入灭顶之灾。九一八事变后，关东军对国人办的报馆和通讯社，大肆打砸抢抄，他们烧毁稿件，砸烂办公用品和印刷设备，绑架、毒打办报人员，封闭报馆和通讯社，并规定政治稿件一律用“满洲国通信社”（简称“国通社”）消息，大样送警察局审阅，没有“检阅济”（审阅完毕）字样不许付印。

这一时期，中共领导机关的报纸也纷纷创办。1927 年 10 月，作为东北地区第一个党的领导机关，中共满洲省委在哈尔滨成立，在其筹建过程中及其存续期间，中共中央先后派陈为人、刘少奇、陈潭秋、罗登贤等人担任书记。他们在白色恐怖中，先后在东北创办了若干种报刊，亲自参与或指导党报的编辑发行，秘密从事党的宣传工作。九一八事变前，中共满洲省委先后在沈阳创办了《满洲通讯》(1927 年)、《满洲工农兵》(1928 年)、《满洲工人》(1928 年)和《满洲红旗》(1930 年)四种报刊。这些报刊尽管发行量不大，有的编印到发行还要考虑保密因素，但作为“群众的喉舌”与“灯塔”，在党所领导的反帝运动中，都发挥了积极作用，扩大了党的影响。其中，公开发行的满洲省委机关刊物《满洲红旗》，则是中共开拓东北地区新闻事业的先驱。

《满洲红旗》于 1930 年 9 月 15 日在沈阳创刊，主编是时任中共满洲省委第十二任书记的陈潭秋和省委宣传部长赵毅敏。《满洲红旗》虽然用蜡纸刻印，但内容丰富，“比起东北当时一些铅印小报，一点也不逊色”。九一八事变后，《满洲红旗》等报刊被迫停刊。

二

东北解放战争初期，国民党以合法政府的“正统”身份接收日伪政权，为配合战局在创办报纸和控制舆论上采取了一系列措施。仅仅三年之间，东北国统区就先后出现报纸百余家。仅 1946 年，在辽宁地区就创刊 27 种，分布地区也由锦州、营口向沈阳、鞍山等腹地城市发展。

中共在进占东北后，立即抢占舆论先机，开始组织创办报纸。中共中央东北局首先在沈阳创办了第一张具有党报性质的《东北日报》，辽宁地区的各市委也纷纷创办机关报，大力宣传土地改革，反对内战，发行辐射面逐步扩大，从而在舆论上形成了对国民党的遏制态势。但由于经济政治上的原因，同期解放区的报纸较之国民党的报纸不仅版面小，刊期间隔时间长，发行量少，而且一再被迫转移。但随着国民党在战场上的节节败退，国共两党的办报形势也逐渐逆转。据统计，到 1947 年，国统区仍在出版的报纸已不过三分之一。相反，由于中共在东北建立了巩固的根据地，采取的一系列政策深得民心，其所办的报纸也得到了长足的发展。至 1948 年底东北全境解放，国民党在辽宁地区创办的近 40 种报纸全部停刊。而共产党在辽宁地区创办的近 40 种报纸则逐渐发展壮大。

从 1945 年 8 月 15 日至 1948 年 11 月 2 日沈阳解放，这一时期辽宁地区国共两党创办的报纸有上百种，其发展的总体特征概括起来为：

1. 办报主体以党办、政办、军办报纸居多，民办的很少；2. 报纸总的数量虽多，但其中很多都是方生方灭，寿命不长；3. 报道内容主要以政务、军事报道为主，其他类新闻较少；4. 由于办报主体的经济条件及行政手段强弱不同，报纸质量参差不齐；5. 发行渠道除少数民办报纸零售外，党报、军报等官办报纸一般都是官办官订，尤以内部赠阅居多。

1945 年 9 月中旬，中共中央东北局成立。为配合解放战争，中共中央东北局宣传部立即在沈阳筹备报纸出版工作，同年11月1日《东北日报》创刊。

当时的《东北日报》办报条件十分困难，没有固定的经济来源，没有固定的印刷厂。由于经费困难，物资匮乏，报纸不仅印刷质量低劣，且初期报纸内容大都是新华社电稿。报纸印出后，绝大部分派人送往各部队机关免费赠阅。发行量一般在数千份到2万份左右。《东北日报》在沈阳出版21期后，11 月 23 日，由于战局关系和应苏军要求，随东北局一道撤出沈阳，转移到本溪、海龙（今梅河口市）、长春，最后到哈尔滨解放区。此间《东北日报》共出了 40 期日报和 8 期号外。1948 年 11 月 2 日沈阳解放后，又迁回沈阳出版。

1948 年 11 月 2 日《东北日报》迁回沈阳后，已成为版面形式多样、内容丰富的东北第一大报。直到 1954 年因东北大区撤销，于同年 8 月 31 日终刊。《东北日报》从 1945 年 11 月 1 日创刊至 1954 年 8 月 31 日终刊，历时近 9 年，经历了解放战争和新中国初期的经济建设时期。作为中共东北局的机关报，《东北日报》在整个东北解放战争中，无论在配合军事宣传方面，还是在发动群众和消除奴化毒素方面以及配合土改争取民心方面都起到了巨大作用，在中国新闻史上留下了光辉的一页。

除《东北日报》外，八一五光复后，辽宁地区各解放区都办有报纸。其中有以中苏友协的名义筹办的《文化导报》，有中共沈阳市委城工部创办的《东北公报》，有辽西专署在锦州创刊的《民声报》，有冀热辽军区第十六军区政治部在本溪主办的《先锋报》，有中共安东省委出版的《安东日报》，有辽西省委创刊的《胜利报》，有中共西满分局在郑家屯（今辽源市）出版的《民主日报》。《胜利报》于1946年3月4日迁郑家屯出版。在郑家屯创刊不久的西满分局机关报《民主日报》与《胜利报》合并，以《胜利报》为名继续出版，1946年6月1日，中共辽西省委改称中共辽吉省委，机关驻洮南。1946年11月初，《胜利报》又随已改组为中共辽吉省委的新省委迁到白城子继续出版。1946年3月，中共中央东北局决定成立中共辽东省委，并决定在本溪出版机关报《辽东日报》，以《安东日报》作为中共安东省分委机关报。但由于国民党军队猖狂进犯，中共辽东省委又撤回安东，《辽东日报》于5月6日和《安东日报》合并，改称《辽东日报》。为了适应战争形势的需要，中共辽东省委派出部分同志转移到辽南筹办《千山日报》，后改为《辽南日报》。1948年8月11日，《辽东日报》《辽南日报》在安东合二为一，继续出版《安东日报》。这一时期形势变化较快，省建制也多次变动，报纸时办时合时停，但无论如何变化，报纸始终围绕党的中心工作进行宣传报道，为积极地动员组织群众支援解放战争起到了重要作用。

在辽南，创办的报纸较多。从1945年8月到1949年3月中共地方党组织公开前，大连地区先后创办了10多种报纸。除《实话报》是苏军驻旅大地区指挥部创办的中文报纸外，其余全部是中共大连地区各级组织创办的。全市性的报纸有：大连市民主政府机关报《新生时报》；中共大连市委机关报《人民呼声报》（后改为《大连日报》）；关东公署机关报《关东日报》。此外，还有县区级报纸、专业报纸、企业报纸等等。除大连外，其他市也先后创办了报纸。如中共营口市委创办的《营口群报》（后更名为《营口日报》）、中共辽阳地委创办的《辽河新报》。

中华人民共和国建立前夕，《胜利报》《辽北新报》等报纸几经合并，于1949年1月22日改为《辽西日报》；1949年5月20日，《安东日报》改为《辽东大众》。《辽西日报》和《辽东大众》作为中共辽西省委和辽东省委的机关报，一直出版到1954年8月两省合并时为止。

为了大批培养急需的新闻干部，1946年春，中共辽东省委在安东创办了辽东新闻工作学校，先后培训了两期，培养学员160人。这两批学员很快成为辽宁报业的一支有生力量。

这一时期，国民党为配合战局也在创办报纸和控制舆论上采取了一系列措施。抗日战争胜利后，国民党中央宣传部立即派出特派员前往沦陷区接收日伪新闻事业机构。他们极力推行国民党国防最高委员会制定的收复区的新闻检查法和管理法等法令，对辽宁地区各报实行新闻审查，以排斥异己，控制舆论。同时，他们在各界各地大肆创办各种报纸，抢占宣传阵地。自1945年末国民党军队进入东北，到1948年11月初辽沈战役结束，国民党的党政军等机关在辽宁地区共出版报纸39种。其中，随着杜聿明、陈诚的交替执政，战场形势的急剧变化等因素，使得报纸呈现先军报、后政报，中间夹杂民报的特殊态势。国统区的军报、政报因有官方支持，许多报纸都有政府补贴，发行量大多在2万份左右。

除了政报、军报，国民党各级县市党部在接收政权过程中，也纷纷办报，利用舆论来为“合法接收”造势，“正面宣传”国民政府的“正统”地位。

解放战争初期，由于当时国民党处于执政地位，加之不断地在舆论上宣传“正统”观念，因此，必然会吸引一大批具有家国观念的新闻界人才为其服务。例如《中央日报》在解放战争时期的社长马星野就是一位旅欧归国的新闻专业精英。当时在辽宁地区国统区参与办报的知识界人士穆旦、王孝鱼、王宜昌、胡诌等等，也都是民国时期某一知识领域的专家。因此，当时的国民党统治区所办的报纸，如果从报人办报的专业水准、业务能力、报纸质量等方面考察，都有可圈可点之处。但是，国民党报业的运图终究不是几名想办好报纸的报人所能主宰的。随着国民党“党化”新闻事业的政策、政治偏见及其严格的新闻检查制度，使这些报人的才智在报纸上的体现大打折扣以致假话连篇。随着国民党军队在东北战场上的一败涂地，辽宁地区国民党的三大嫡系报纸从最初的三足鼎立呼风唤雨、到三家合一气势衰微、直至最后曲终人散；国民党各路人马在辽宁地区所办的其他报纸更是运途短暂，纷纷从最初的一哄而上，到几个月或一两年后的急速消亡，在辽沈大地上演了一场速闪速灭的报业大剧。

三

1948年11月2日辽宁全境解放后，在军管的同时，沈阳市迅速建立了人民民主政权。鞍山、抚顺、本溪、锦州等市也先后建立了市区政府。工会、新民主主义青年团、民主妇联、工商联合会等团体也相继组建起来。

1949年1月10日东北行政委员会决定，撤销辽宁省及安东省的建制，成立辽东省。同时将辽北省与辽西省合并，成立新的辽西省。于是当时的辽宁地区，分为辽东省和辽西省。

辽宁地区的各级党报体系，也在新时代开启的霞光中，迅速进入到初创阶段。

还在西柏坡谋划新中国大政方针之时，中共已经将新中国建立后新闻事业的各项原则基本确定。新闻事业的新格局是共产党领导的中央行政计划主导的国营媒体网络。就其功能而言，则是执政党及其国家意识形态的宣传工具。新的报业格局是各级党委主管的党报为统领的国营报业体系。这一设计的核心理念是阶级斗争工具论，即认为新闻事业是“一定的阶级、党派与社会团体进行阶级斗争的一种工具”。基于这一思想，从一开始中共就秉承“全党办报”之传统，紧紧抓住三大要素：自上而下的党管报纸的机构和制度的建立；党报及其权威地位的确立；民营报业的管控与改造。以此推动报业国营化、报纸政治化的进程。

1948年11月2日，沈阳胜利解放的炮火硝烟未尽，作为东北大区报的《东北日报》即从哈尔滨迁回沈阳，成为当时党报的引领。与此同时，先期进入沈阳的《辽东日报》部分人马并入《东北日报》，报社的领导成员和主要的编辑记者多是从老解放区调来的有经验的新闻工作者，加上一批青年知识分子投身报社，形成了一支充满活力的新闻队伍。

1949年称得上是辽宁地区省市机关报创刊元年。年初开始，随着辽西省、辽东省区域的划定，辽西省委机关报《辽西日报》、辽东省委机关报《辽东大众》、沈阳市委机关报《沈阳日报》、旅大地区党的机关报《旅大人民报》、鞍山市委机关报《工人生活》（后更名为《鞍山日报》）、抚顺市委机关报《新抚顺报》（后更名为《抚顺日报》）、本溪市委机关报《职工生活》（同年更名为《工人报》）、阜新市委机关报《阜新工人报》、安东市委机关报《工人报》、东北军区机关报《前进报》等党报相继创刊。

省市委机关报的创办，结束了社会多元办报的历史，使辽宁地区迅速形成了大区报、省级报、市级报三级党报的总体架构，形成了党报一统天下的局面。

严密的新闻管理机构和严格的新闻审查及纪律规定，是党管报纸的组织及制度保证。中央人民政府成立后，政务院文化教育委员会所属的新闻总署即成为掌管全国新闻事业的行政权威机构。

初创时期的各级党报，沿袭了延安时期《解放日报》党报的传统，党报为党的事业的重要组成部分。党报置于党的一元化领导之下，实现面对面的领导。中共辽西省委于 1950 年下发的《关于执行中共中央对于加强与改进报纸工作决定的决定》文件，明确办好报纸是各级党委和全体干部的重要任务。同年，辽西省委还发出《中共辽西省委关于经常为党报撰写社论专论的规定》的文件，要求各部门负责同志应经常联系实际工作，亲自动手为党报写社论专论，要求各县党委主要领导，一至两个月给报社写一篇文章。

1950 年三四月间，党中央召开第一次全国新闻工作会议，确立了联系实际、联系群众、批评与自我批评的新闻工作方针，发布了《关于在报纸刊物上开展批评和自我批评的决定》，要求报纸强化批评报道。东北局连续召开三次报纸工作会议，强调报纸要拿起批评和自我批评的武器。《东北日报》1950 年 6 月份一个月就刊登批评稿件 68 篇。

1950 年 5 月，中央人民政府新闻出版总署在《关于改进报纸工作的决定》中提出："报纸应该把建立和领导通讯员网和读报组的工作作为政治任务。"当年，辽宁地区各级党报纷纷在所有的厂矿企业中组织成立了读报组。同时，辽宁地区各级党报还通过广泛建立通讯员网，建立工人通讯站，发展工人通讯员，为通讯员提供培训学习的机会，进行政策思想教育，充分发挥基干通讯员的核心作用。

新中国成立前后，我们的国家发生了一系列重大的历史事件，开展了一系列全国性的运动。辽宁各级初创的党报以崭新的面貌，大张旗鼓地宣传报道了这些事件：

一是宣传全国解放战争。由于出版条件的限制，有的报纸不能出日报，时事通讯除了靠电报接收新华社电稿以外，多数报社要安排专人收听中央人民广播电台记录新闻，做专门的记录。每逢解放战争重大喜讯传来，报纸都用极其醒目的大标题、大字号在显著的位置进行大规模的报道，有的消息如果错过了出报时间，报社就紧急组织出“号外”。

二是辽宁各级党报都把恢复国民经济、恢复生产作为报道重心。解放前夕，东北工业虽居于全国首位，但 80% 遭受了严重的破坏。在此期间，辽宁各级党报都把大力宣传党的迅速恢复生产的方针政策，全面反映工矿企业积极进行整顿和组织开工的新闻作为报道重心。各报用大量篇幅报道工人献纳器材，工矿抢修开工的情况，树立了鞍钢劳动模范孟泰等一批主人翁式的先进个人和集体典型。

三是从 1950 年 10 月开始，辽宁地区各级党报都集中力量投入到了抗美援朝的时事宣传中。各报用大量的篇幅宣传抗美援朝的伟大意义。各报纷纷刊登社会各界声援抗美援朝的声明，数十万市民上街游行等消息，同时刊发大量的时政评论，消除人民崇美、恐美的情绪，增强广大人民群众抗美援朝的信心。报道群众为志愿军自愿献工、写信、赠物、捐款慰问等活动，报告各地开展爱国主义生产竞赛的喜讯。1951 年 6 月 1 日，中国人民抗美援朝总工会向全国人民发出号召，推行制定爱国公约、捐献飞机大炮和优待军属。报纸掀起了一轮又一轮的报道热潮。

由于地域的关系，《东北日报》成为全国唯一派出战地记者的地方报纸。当时报社一共派出了三批记者。1950 年 12 月至 1951 年 5 月半年时间，报纸就刊登了 40 多篇前线记者发回的战地报道。《东北日报》的抗美援朝报道，自 1950 年 10 月起至 1953 年 7 月朝鲜停战协议签订，持续两年零九个月。沈阳数万人参加的安葬志愿军英雄孙占元、黄继光、邱少云、杨连弟四烈士活动，则把抗美援朝的最后报道推向了最高潮。

四是在大规模的镇压反革命运动中，各级党报都做了比较理性的宣传。紧接着的“三反”“五反”运动，宣传密度则越来越高。到1952年一季度后期，抓特务，废除封建把头，处决反动会道门，没收战犯、汉奸等的反革命财产，抓贪污犯等内容占据了主要版面。

五是从1952年起，各报的工业报道的重心开始转向重点工程这一主题。《东北日报》对鞍钢的三大重点工程进行了系统的宣传报道，展现了基本建设工程壮丽宏大的画卷。阜新是我国第一个五年计划中的重点城市，在全国156个重点建设项目中，阜新就有海州露天煤矿、阜新发电厂、平安竖井、新丘竖井等四个大项目。阜新市委机关报《阜新工人报》围绕这些重点建设项目，集中宣传了一大批先进人物和革新能手。

在这一时期，辽宁各级党报还有一项经常的重要的报道内容，就是大力宣传苏联。1955年之前，旅大地区驻有苏联军队。《旅大人民报》经常拿出足够的版面，在显著位置刊发中苏友好活动的消息，宣传社会各界学习苏联的行动和收获，宣传苏联的建设模式和经验。报纸开办了一个经常性的栏目叫《苏联报刊论文》，发表译自苏联报刊的论文，报纸还连载苏联的长篇小说和报告文学。

四

1954年8月1日，辽宁省人民政府在沈阳正式成立。东北行政委员会公布了辽宁省行政区划，全省共辖10市33县。这是新中国建立后辽宁省具有重大意义的首次行政区划，奠定了辽宁省的整体框架。

辽宁省成立后，中共辽宁省委机关报《辽宁日报》随即创刊。《安东（丹东）日报》《锦州日报》《营口日报》《辽阳日报》《朝阳日报》（因区划调整划入辽宁后创刊）及《铁岭日报》等市委机关报也相继创刊。省总工会创办的报纸《劳动报》、青年团辽宁省委创办的《辽宁青年报》以及《辽宁农民报》《辽宁农民报农村朝鲜文版》也陆续问世。

辽宁是工业大省，拥有装备制造业中心城市沈阳、钢都鞍山、煤都抚顺等工业重镇，钢、铁、变压器等主要产品的产量占全国产量的一半以上，重工业产值占全国重工业产值的两成以上，居全国第一位。省内大企业众多，仅铁路局就有沈铁、锦铁两个，还有鞍钢这样的大型钢铁联合企业。一些城市甚至因某个大企业而兴。这些大企业内行当齐全，职工众多（鞍钢职工有十多万人），本身俨然一个小社会（铁路、矿山尤甚），其创办的报纸（大多于20世纪五六十年代创刊）自然也是读者众多，影响不小。如《火车头报》（日报）、《锦铁消息》、《鞍钢日报》（周6刊）、《抚顺矿工报》、《铁法矿工报》（周3刊）。《火车头报》曾发行至辽宁、吉林、黑龙江、河北、内蒙古等地区的铁路部门。可以说，大企业报是辽宁报业的一道独特风景。

辽宁省曾经有35个县创办过自己的县委机关报。这些报纸大多于上个世纪50年代创刊（有的在解放战争时期就创刊了）。许多县报都有自己的印刷厂，报纸通过邮局发行，影响遍及本县。另外，一些厂报、校报、行业报、专业报也陆续创办。这些小报在“大跃进”中出现的办报高潮及在经济困难时期的大幅缩减，甚至下马，也是辽宁报业兴衰的一个缩影。

这一时期，辽宁省的省、市党委（包括企业党委）对报业的管理，在经济上基本实行财政拨款、收入上交、国家包干的模式。党报（包括企业报）发行基本实行“邮发合一”。这种管理模式实际上就使党报（包括企业报）的经营管理完全脱离了市场的制约，成为官办官发官订的官报，从而使各级党报（包括企业报）一心一意地成为党的喉舌和宣传舆论工具。

1954年春季，辽宁农业合作化运动开始迈入新的阶段，由发展互助组为主转向大力发展农业合作社为主。创刊不久的《辽宁日报》及省内其他市级党报，既按照党的要求为合作化鼓与呼，也经常客观地指出合作化进程中存在的问题。按照毛泽东《关于农业合作化问题》报告精神，农业合作化运动在1955年秋季出现高潮，到1956年底，全省基本实现了农业合作化。运动发展过快，问题比较多。这时的党报宣传虽也有比较符合实际的言论及实事求是的报道出现，但主流还是全力配合中心工作，为一浪高过一浪的农业合作化推波助澜。与此同时，辽宁手工业合作化及私营工商业的社会主义改造运动，也于1956年1月轰轰烈烈地宣告基本完成。

继1950年中共中央作出了《关于在报纸刊物上展开批评和自我批评的

决定》后，1954年7月，中央又发出《关于改进报纸工作的决议》，指出："各级党委要经常注意，把报纸是否充分地开展了批评、批评是否正确和干部是否热烈欢迎并坚决保护劳动人民自下而上的批评，作为衡量报纸的党性、衡量党内民主生活和党委领导强弱的尺度；要保证党委的机关报能够经常地开展正确的健全的批评和自我批评。"决议仍然提倡报纸开展公开的批评与自我批评。虽然当时也强调党委要管理和批评要正确，但从当时各报版面上反映的实际情况来看，报纸批评的环境依然是比较宽松的。

在反右斗争中，辽宁各报不仅是反右斗争的号角旗帜，也是反右斗争的重灾区。在《辽宁日报》显著位置公开点名批判的就有辽报的两个"右派集团"、沈报的"右派集团"，及旅大日报、鞍山日报的"右派集团"等。批判文章的标题、用语极为严厉，批判涉及的内容主要是其新闻探索精神及个性思想的表达。辽宁在反右斗争后进行的整风运动中又抓了王铮、杜者蘅等人的所谓"反党集团"，对此，报纸都进行了大张旗鼓的公开批判。

辽宁各级党报对"大跃进"、人民公社化的报道，和全国新闻界一样，完全陷入了一种失去自我的盲目狂热状态，对"共产风""浮夸风""瞎指挥"等，不惜版面，大轰大嗡推波助澜。辽宁的"大跃进"有自己的特色，比如大炼钢铁，由于有钢铁基地鞍钢等，因而指标更高；农业方面的深翻大干、放卫星、共产风、大办食堂等极左做法也一浪高过一浪。另外，辽宁在反右倾运动中，表现比较突出。由于在庐山会议期间，毛泽东对鞍山"关于生产和群众运动"的"鼓劲"报告作了批示，因而反右倾之后的再次"跃进"，辽宁比较典型。

1957年的反右斗争是辽宁各报办报指导思想的一个重要拐点。此前，各报在中央有关报纸开展批评精神的鼓舞下，唱喜也唱忧，反映群众呼声、工作问题的报道，乃至比较尖锐的对局部工作问题和个别基层领导干部的批评，常常见于报端，并得到提倡和鼓励，直至1956年各报都出现了重视新闻规律的改革。但是，反右斗争之后，直至"大跃进"、人民公社化、反右倾，报纸上已经很难看到不同的声音。各级党委此时更强调报纸的党性原则，强调政治家办报，强调正面报道，强调做党的"驯服工具"。

鞍钢是重要的技术革新、技术革命的基地，反右倾以后，以"两参一改三结合”为特色的群众性的技术革新、技术革命运动和企业管理模式，被毛泽东称为“鞍钢宪法”。“鞍钢宪法”的宣传在当时的条件下，确实起到了一定的积极作用，但各报在宣传中由于过分强调“突出政治”、否定一长制和专家治厂所产生的负面影响也不能忽视。对1960年前后兴起的技术协作活动的宣传，也被认为是辽宁报纸最重要最成功的正面典型宣传之一。上世纪50年代初的孟泰、王崇伦等，到60年代仍很活跃，而从50年代中后期到60年代，又不断涌现了新的劳模、典型。这些都被列入党报宣传报道的重点。

对雷锋的报道，是辽宁报纸影响最大的成功宣传范例。以雷锋于1962年8月牺牲为界，可分为“早期宣传”时期和“全国向雷锋学习”时期。辽宁各报对雷锋的“早期宣传”，始于1960年，《前进报》《沈阳日报》《抚顺日报》《辽宁日报》等，曾先后对其进行了较大规模的持续的宣传。

五

1962年“七千人大会”到1978年党的十一届三中全会，其间经历了16年。1962年1月11日至2月7日，中共在北京召开扩大的中央工作会议，有各中央局、各省市自治区党委、市地委、县委、重要厂矿党委及军队的负责干部参加，共七千多人。这是中国共产党成立以来举行的规模最大的一次中央工作会议，人们习惯地称其为“七千人大会”。

这次大会总结了1958年以来“大跃进”运动和农村人民公社化运动的教训。在毛泽东的鼓励下，大会出现了从中央主要领导到中央各部门负责人，各中央局书记，省、地、县委书记纷纷检讨，开展批评与自我批评的热烈场面，人人进行自我批评，人人承担责任，这对解除全党的疑虑，增强党的凝聚力，在各项工作领域开始新的探索起到了重要作用。这次会议当时虽然未作公开报道，但会议造成的这种氛围，却大大加快了全国调整的步伐和力度，成为牵动、影响随后中国历史发展的一个关键性链环，又是重新凝聚人心搞好国民经济调整的节点。党中央痛定思痛，在认真汲取教训的基础上，实行了一系列调整的方针。这些措施本来已使濒临崩溃的国民经济重现生机，但随之而来的“无产阶级文化大革命”又把共和国推向了灾难的深渊。直到1977年粉碎“四人帮”，结束“无产阶级文化大革命”，辽宁报业也和共和国的命运一样，经历了一场浴火重生的历练。

1962年中央在总结三年“大跃进”的教训后，明确提出“调整、巩固、充实、提高”的八字方针。在这一方针的指引下，辽宁经济发展逐渐呈现出全面好转的喜人局面。在这样一个大背景下，省、市各级党委对报纸工作也给予了充分的重视和关心。他们首先对一些报社的领导成员进行了调整充实。而且在领导成员配备过程中比较注意具有专业知识能力这样一个务实标准。各报大都实行了由总编辑、副总编辑和若干名编委组成的日常工作班子负责办报的领导体制。各报普遍设立了群众工作部门，加强与基层通讯员的联系、引导及培训。这一时期，各级党委在总结三年困难时期宣传工作教训的基础上，一些极左的举措得到了纠正。各报社纷纷开始进行多方面的探索，在版面编排上集思广益，各展所长。

按照各级党委的要求，各报在这一时期的典型宣传中，都注意体现工业学大庆、农业学大寨的时代要求。各报还经常采用配发社论并接连组织讨论等方式进行连续报道。这些典型报道，在省内外产生了相当大的影响，有些典型人物从此声名远播，成为一个时代的风云人物。

雷锋是成长在辽宁的典型，辽宁各报尤其是《辽宁日报》对雷锋这一典型都作了集中和持续的大规模报道。无论是采写见报之早、采用体裁之多样，还是影响之深远，在中国报业乃至整个新闻史上，都是无可比拟的。

1962年9月24日至27日，中共中央在北京召开了党的八届十中全会。八届十中全会上“千万不要忘记阶级斗争”的精神传达后，各报关于学习毛泽东著作（特别是从军队传出来的毛主席语录）、学习解放军、加强政治工作的一系列政治要求和社会主义教育运动（“四清”）等报道，使人们的办报理念又一次全面向“左”转：所有先进典型的事迹材料都要用毛泽东思想来统率；对新闻人物新闻事件都必须突出并贯穿阶级斗争和阶级分析的观点；忆苦思甜不仅是经常报道的一项中心工作，而且成为副刊中文艺创作的主要内容之一。这种办报理念上的迅速变化，使贴标签、说套话、穿靴戴帽、上纲上线等简单化、公式化的文风迅速蔓延并愈演愈烈。

这一时期辽宁报业的一个突出特点是种类单一同时品种少到历史最低点。所谓种类单一，就是省内公开发行的报纸百分之百都是国家出资创办并主要由公款订阅的党委机关报，即使党委机关报以外仅存的《辽宁农民报》也完全属于这种性质。所谓品种少，是指经过20世纪60年代初由于纸张紧缺所致省内三十家左右的县（旗）委办的报纸停刊后，只有一张省报、十张省辖市报、一张专区报及两三张大企业报。虽然后来因区划调整省辖市、地级单位增加而创办了几张新的报纸，总量也没有超过20种。

1966年5月，随着“五一六通知”的发表，为害十年的“文化大革命”开始了。开始阶段，由于各报社的上级党政领导机关已大都停摆，全省已呈现出无政府状态。各造反派组织一边纷纷出版自己的“派报”，一边对报社或查封，或夺权。一些报纸已沦为只为某一派服务的派报。有的报纸则由于出版大权被分属不同观点的几派间夺来夺去，无法维持起码的出版程序，干脆停刊了事。有的虽然还在维持出版，但也成为只接收刊发新华社电讯稿的传单。这种局面直到1968年春，在当地军代表的控制下，各报才开始陆续恢复正常出版。

这一时期的报业形态（不包括群众组织办的“派报”）大致如下：

从版面上看：1. 地方新闻越来越少，转发的新华社电稿或按照指令转发的“两报一刊”（《人民日报》、《解放军报》、《红旗》杂志）等报刊的稿件越来越多。2. 按照《解放军报》的做法，在一般显要位置（通常是报头右侧的报耳），每期刊发毛泽东的语录，成为雷打不动的惯例。3. 所有稿件中引用的毛泽东公开发表的语录，都要用同字号的黑体字标出。4. 报纸上所刊发的长稿所占比例越来越大，一个版面只发一两篇稿件已是常态。5. 大字号标题、大幅领袖照片风行一时，有时甚至不得不将报头挪到左下。后来有人将其概括为“文革体”。

从报道内容上看：1. 在声讨、批判的表态类稿件中，几乎都是与中央报刊毫无二致的空话套话标语口号之类的重复。2. 作为综合消息中的新闻事件的主体经常是泛指，如“这个厂的工人们说”“这里的贫下中农一致认为”“指战员们一致表示”等大而化之的提法比比皆是。在许多动态消息中，竟然缺失地名、人名这样一些必不可少的新闻要素。有一些见报的稿件通篇居然没有一个人名地名。

这一时期由于各地方“革委会”的主要领导把本地在省市党报上的见报率看成是自己政绩的重要标识，因此，对本地报道组的见报指标要求越来越高。重压下的各报道组为增加上稿率，除了千方百计加强与报社联系外，纷纷把功夫下在如何按照当时报社用稿的政治标准制造典型、选对路子、拔高观点、上纲上线上。

这一期间，清理阶级队伍是各报社的中心工作。一些编采人员先是被关进牛棚办“死班”，有的被公开批斗、集中食宿交代问题，刑讯逼供乃至非正常死亡或失踪也时有发生。再后来，整个报业的编采人员中有将近一半被送进“五七”干校，还有一大部分被安排到农村“插队落户”。留下和调入报社工作的人员也经历了无休止的政治学习、路线分析、狠斗私字一闪念，没完没了地向党交心，各种名目的上纲上线，相互揭发，搞得人人自危。

1971 年 10 月至 1976 年 9 月，这一时期正值以周恩来、邓小平为代表的党内坚持实事求是路线的领导人与以顽固推行所谓无产阶级专政下继续革命极左理论的“四人帮”一伙激烈博弈的时期，也是辽宁报业陆续刊出在全国造成较大影响的典型报道的时期。

由于“四人帮”在辽宁的代理人当时已实际掌控了辽宁的党政军大权，因此当时的辽宁省“革委会”在全国扮演了引领潮头的重要角色。全省各报一些重点典型报道如张铁生、柴河铅锌矿、哈尔套经验等，大都来自其直接策划或授意。

1976 年 10 月至 1978 年 12 月，这个仅有两年多一点时间的阶段最重要的内容就是拨乱反正。辽宁各报和全国各报一样，不惜版面，欢呼胜利、表达喜悦及宣传调整后的省委对各级领导班子主要成员进行调整充实的进展动态；对揭批查运动各阶段及三个战役进行动态报道（包括对有关人的处理进程）和刊登一些旨在澄清事实、划清界限的批判文章，对影响较大的案件平反的动态和揭露性文章；报道各条战线在拨乱反正方面出现的新举措、新气象、新观念和按照中央部署，经济上实施大干快上，开始新长征的进展；刊发针对“两个凡是”开展真理标准讨论的动态和重点文章。

这一期间，各报社的领导班子也都进行了较大幅度的调整，军队干部全部撤出，“文革”期间提拔起来的造反派头头或“工人代表”全都离开了报社领导岗位。主持报社工作的主要领导大都是当年在报社担任主要领导或曾经担任过类似职务的老同志，绝大多数“文革”期间被安排走“五七”的编采人员陆续归队，有的还分别担任了报社或部门的领导。虽然此时这些同志还没有得到彻底的平反，但高涨的工作热情和所积累的办报经验，很快体现在各项工作中。作为拨乱反正的一个重要环节，多数报社立即实行了总编辑负责制，“文革”十年在体制上所形成的扭曲状态被逐渐恢复。

各报版面迅速恢复正常。语录栏不设了，文中引用的领袖语录不再排黑体。不仅见报稿件开始标出记者名字，一些专栏也开始标署责任编辑的名字。很多报纸的专栏设置、美化版面等各种手段的采用，不仅很快恢复到“文革”前的较高水平，有的还开始进行一些新的探索。很多报社在内部逐步强化采编数量和质量指标的考核，建立起稿件评级制度。努力提高稿件的真实性和可读性，也渐成风气。同时，各报以业务探讨为重要内容的交流也逐渐兴起。总之，这一时期辽宁各报的版面和文风都一扫“文革体”的阴霾，令人胸中块垒尽吐，如沐春风，为十一届三中全会后广泛深入的新闻改革与探索敲响了开台锣鼓。

1978 年 12 月召开的中共十一届三中全会，是新中国成立以来党和国家发展史上的重大转折。全会宣布停止使用“以阶级斗争为纲”的口号，确定把党的工作重点转移到社会主义现代化建设上来。在这次会议之后不久，中央制定了对国民经济实行“调整、改革、整顿、提高”的方针。

党的十一届三中全会后，辽宁各报主要从两个方面立即开展了声势浩大的宣传，一是关于拨乱反正的典型宣传，主要是为张志新烈士平反昭雪的宣传；二是关于贯彻落实全会通过的《中共中央关于加快农业发展若干问题的决定》和《农村人民公社工作条例》（简称“两个文件”）的宣传。

1979年3月31日，省委召开干部大会，为张志新平反昭雪，恢复党籍，恢复名誉，追认为烈士，并做出向其学习的决定。《辽宁日报》4 月 5 日在报道会议消息时，在二版刊发长篇通讯《为真理而献身》，介绍其与“四人帮”斗争的事迹。6 月 13 日，该报刊发社论《向张志新同志学习》。接着该报连续刊发文章 39 篇，社论和评论 12 篇，消息 15 篇，文学作品 11 篇，图片24张，连环画、宣传画、油画及木刻27幅。这一期间，省内各市地盟报纸，不仅及时转发了新华社播发的通稿和《辽宁日报》刊发的重要稿件，有的还采写了当地干部群众对张志新事件的反应的新闻。7月1日，《辽宁日报》刊发了省委第一书记任仲夷的长篇文章《吸取历史教训　健全社会主义法制》，概括了宣传张志新事迹的现实意义和深远的历史意义。

党的十一届三中全会结束后，中央随即下发了全会通过的《中共中央关于加快农业发展若干问题的决定》和《农村人民公社工作条例》。这两个文件大力强调生产队自主权，提倡实行各种行之有效的生产责任制。在这一精神鼓舞下，许多地方开始实行"包干到组，独立核算，自主分配"等划小核算单位的管理办法。一些地方则开始酝酿包干到户。在这种形势下，社会上出现了一股怀疑三中全会精神的暗流，被称为"倒春寒"。

由于当时省委主要领导同志勇于率先摒弃旧的思想观念，采取了一系列转变观念、推进各个领域大胆改革的实际举措，为省内各报在报道思路上打开了思想解放的闸门。因此，辽宁各报不仅没有受到这股"倒春寒"的影响，还针锋相对地进行了正面宣传。4月27日，《辽宁日报》在一版头题刊发了题为"坚定不移地贯彻中央两个文件"的本报评论员文章，旗帜鲜明地提出"从各地反映的实际情况看，当前并不是什么落实政策'过了头'，而是要继续深入批判极左路线，进一步贯彻中央的两个文件，调动广大农民的积极性"。这篇评论很快被《人民日报》于5月7日在二版头题转载。当时为该报农村部记者的范敬宜，在随后的农村调查中，凭着对三中全会精神的深刻理解和敏锐的洞察力，写出那篇名闻全国的《莫把开头当过头——关于农村形势的述评》。文章用大量事实，批驳了怀疑三中全会精神的种种论调，阐述了贯彻三中全会精神是刚刚开头，没有什么过头问题。该文刊发在5月13日一版头题，很快被《人民日报》在一版头题加按语转载，并由新华社向全国播发，对全国农村的改革起到了推动作用。接着，该报又连续刊发了《要积极扎实地推广责任制》和《全党动手抓好责任制》的评论和社论。

辽宁各报这一系列旗帜鲜明的推动农村经济改革的报道，逐渐与全国各报的同类报道汇成一股不可阻挡的舆论洪流，成为导引改革开放、改变共和国命运的先声。

第一编

清末民初到八一五光复

第一章
清末民初的辽宁报业

19世纪中叶，西方列强的入侵，带来了中国前所未有的巨变。一批先进的知识分子，认识到“非革新不足以图存，然手无权柄可操，遂致力于办报，藉报纸传播其主张，以言论觉天下”，[①] 于是，报刊作为西方人带给中国人的新事物，随着维新运动新理念的深入，工商业的产生与发展，加之人们对信念与知识的渴求，在中国大地上如雨后春笋般迅速发展起来。据《中国近代报刊名录》粗略统计，在1870年至1905年间，全国各地共出现各种中文报刊454种，外文报刊53种。这种传媒现象被称为中国新闻史上“资产阶级革命派办报活动的第一个高潮”。[②]

这一次办报高潮集中在政治中心北京、天津与沿海地区上海、广州等地。辽宁地处关外，社会文化较关内大城市与南方沿海地区发展缓慢，以至在19世纪末，周边的朝鲜与俄国远东出版了报纸，东北国人仍然多“不知报纸为何物”[③]。随着帝国主义的入侵与国内资产阶级知识分子的觉醒，特别是清朝政府相对开明的官员的参与，辽宁地区的报业在国人“第二次办报高潮”[④] 中才开始崭露头角，初步形成一定的规模。

---

① 陈玉申:《晚清报业史》，山东画报出版社，2003年版，第1页。

② 方汉奇主编:《中国新闻事业通史》第一卷，中国人民大学出版社，1992年版。

③《盛京时报》民国十八年十月三十一日（1929年10月31日）第九版《二十年来沈阳之报界》。

④ 方汉奇主编:《中国新闻事业通史》第一卷，中国人民大学出版社，1992年版，第815页。

中国东北地区资源丰富，近现代以来，一直为帝国主义列强垂涎，随着他们侵略的脚步，其侵略的舆论工具——报纸也抢滩辽宁。1894 年中日甲午战争后，沙皇俄国于 1898 年侵占了旅顺和大连。1899 年，沙俄总督府在旅顺创办了俄文报纸《新边疆报》。这是殖民者在旅大地区发行的首张推行殖民文化的报纸，也是辽宁地区出现的第一种报纸。1904 年，沙俄在旅顺创办的中文《关东报》、在奉天（沈阳）创办的《盛京报》，是东北地区出版最早的中文报纸。营口是东北与关内沿海城市通商最早的商埠，1861 年《中英天津条约》签订后被迫开放，进而成为帝国主义列强进入东北的南大门。日本人于 1902 年秋创刊日文《营口新闻》，这是日本帝国主义在辽宁出版的第一种报纸。1905 年，日本人在营口出版的《满洲日报》，是日本人在辽宁地区创办的第二种报纸，主办人中岛真雄按照营口军政署的要求，同时使用日文、中文和英文出版。一种报纸使用 3 种文字出版，在辽宁地区报业尚属首次。

1904 年，日俄战争中沙俄战败，1905 年 9 月 5 日，日俄双方签订了《朴茨茅斯条约》。日本取代沙俄侵占了旅顺和大连，从而改变了辽宁地区的外报格局。日本帝国主义在大连建立殖民统治行政和军事机构的同时，设置了新闻宣传机构。同年 10 月 25 日，由日本辽东守备司令部批示，日本人创办了旅大地区第一份日文报纸《辽东新报》，翌年改为日文与中文版。从光绪末年至宣统年间，随着日本帝国主义的入侵，日文报纸和日本人办的中文报纸，从辽东半岛南端逐渐北移，仅在辽宁地区就有 10 余种。1906 年 10 月 18 日，日本人中岛真雄以“联络中日邦交，开通民智”为招牌，在奉天（沈阳）创办了《盛京时报》。此报从创办到 1944 年 9 月改为《康德新闻》奉天版，历时 38 年，是旧中国辽宁办报时间最长的一家中文报纸。1908 年 11 月 3 日，由中国的工商界组织大连华商公议会发起、中国商人集资创办、后来一直为日本人经办的中文报纸《泰东日报》，也是旧中国辽宁地区影响较大的中文报纸，直到 1945 年 10 月上旬才停刊。

为了抵制帝国主义殖民文化入侵，中国一些有识之士、社会团体和地方机关也开始创办报纸。1905 年奉天学务处创办的《东三省公报》，是东北地区无疑也是辽宁地区第一张国人办的报纸。1907 年 4 月东三省改制，盛京将军赵尔巽调离东北，《东三省公报》由此终刊。1907 年奉天商务会创办了《东三省日报》，同年营口商务会创办了《营商日报》，1909 年营口商人创办了《亚东报》。1906 年 10 月，海城县知事管凤和创办了近代东北第一家县报——《海城白话演说报》，一改当时文言杂陈的新闻语体，令读者耳目一新。

1909 年 2 月 21 日，具有爱国思想、热心公众事业、主张政治维新的知名人士张兆麟在奉天（沈阳）创办了《奉天醒时白话报》，“改良社会，开通民智，提倡教育，振兴实业”，此报创办后 30 多年中，在宣传爱国思想、传播文化等方面都有一定的影响和贡献，连日本人也承认此报在群众中有感召力，说它是“排日先锋”。1910 年 10 月在奉天创刊的《大中公报》是清末东北最著名的革命报刊。“每日著论说与短评，亦多遇事直书，毫不忌讳”，公开号召推翻封建清王朝，对“预备立宪”的骗局多予揭露，因而，该报畅销东北各地并远及京津及邻国朝鲜，1913 年终因对统治当局的深刻揭露而被捣毁。

这一时期的辽宁报业尚属初创阶段。关内的《京报》《申报》与域外兴中会的报纸《民报》等，对辽宁地区报业的创始起到推波助澜的作用。清政府的一些相对开明的官僚赵尔巽、谢荫昌、管凤和等，在这次国人办报中充当了主要角色。这些报纸开创了中国人在辽宁办报的先河，打破了清末俄、日帝国主义垄断辽宁地区报业的局面。

第一节　外报创始抢滩辽宁报业

1. 晚清政府对报纸的禁锢与受众对传媒的渴望

辽宁与吉林、黑龙江山水相连，以雄浑壮阔之势挺立在中国的东北方向。其新闻传播活动可追溯到四五千年前的红山文化时期。据史书记载：早在西汉年代，汉字就传到荒漠的东北大地；公元 12 世纪初，金代女真打败辽契丹时，曾用契丹文书写“露布”，飞马巡游山林，劝告流民还乡。金兵攻打北宋的捷报，用汉文与金文同时张贴闹市，有时还绘有所俘宋军将领的头像。清入关后，官报改名为“京报”，又称“塘报”“驿报”，飞马传送，京报传到盛京（今沈阳）需7天时间。光绪二十七年（1901），张锡銮任奉天巡警总办总揽军政大权时，把“辕门抄”（又称“辕门公告”）张贴在将军辕门外的木牌上，三五日或七八日更换一次，内容是公布清廷和地方官衙的法令政策、人事更动等。这些被视为辽宁地区报业的雏形。

清王朝建都北京之后，将东北作为“龙兴之地”，从17世纪中期实行封禁政策，严重地限制了辽宁地区新闻传播活动的发展。清末10年，清政府“为安抚民心，取悦列强，保住统治地位，不得不顺应历史潮流，实行改革”①。辽宁因其特殊的历史积因与关外的边缘地位，“新政”并未得以有效实施。信息的闭塞，列强的掠夺，致使辽宁地区的报业发展较晚，以至在19世纪末全国各地以及周边的朝鲜与俄国远东出版了报纸之后，东北“彼时民众多视报纸为怪物”，“尚多不知报纸为何物”。

辽宁报业虽然发展较晚，并不意味着辽宁受众不接受新鲜事物，不喜欢报纸这一新鲜的传播媒介。在那个外侵内乱的年代，东北各地上层军政官员和中外商人，因其政治生活与经济活动的需要，渴望能读到从国内外流传到辽宁地区的报纸以获得政治经济的信息。尤其是达官贵人或八旗首领，非常关注京都的政局变化，不稳定的局势让他们更加注重对信息的搜寻。不仅识字的争相购报读报，而且产生了只有当时社会能够产生的“听报一族”：一个人读报，几个人或十几个人认真听报，成为那个时代的一种文化生活时尚。

从现在存世的早期报纸看，流传到辽宁地区最早的报纸，是来自北京的《京报》。当时，京城的一些报房，如聚恒报房、聚兴报房等，每周飞马来辽宁奉天，为订户传送《京报》，尽管价格不菲，奉天等仍有相当的订户。

1861年，中、英、法《天津和约》签订后，牛庄（营口）开埠。1899年，中俄《旅大租地条约》签订，帝国主义列强相继侵入东北，流传到辽宁

① 朱诚如主编：《辽宁通史》第四卷，辽宁民族出版社，2009年版，第4页。

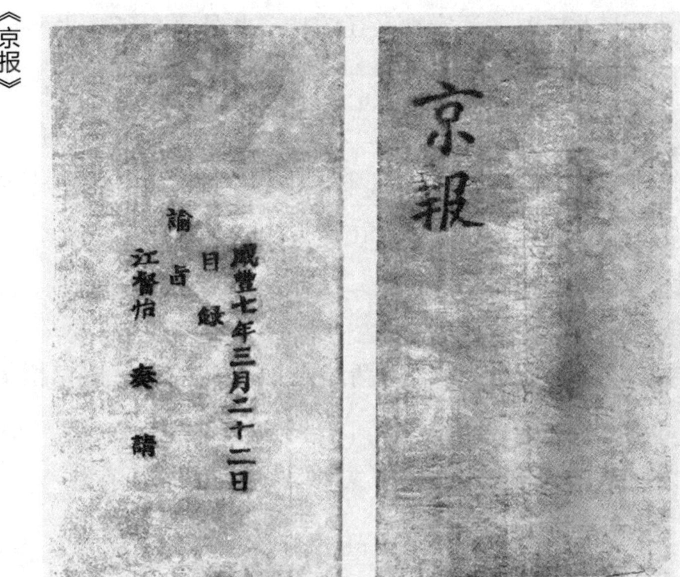
京報

咸豐七年三月二十二日
目録
諭旨
江督怡　奏請

《京报》

地区的国外报纸也越来越多。从19世纪中叶到20世纪初辛亥革命时，流传和行销到辽宁地区的国内外早期报纸已经有100多种。1907年，孙中山领导的同盟会辽东支部成立前后，“奉天城内的文化书院和两级师范学堂里，已秘密传读革命党人的刊物”。[①] 这些报刊是：同盟会的机关报《民报》，革命党人的重要刊物《汉帜》《复报》《革命军》《浙江潮》《警世钟》等。

已发现公开流传与行销到辽宁地区的国内外早期报纸主要有：北京的《京报》《中西闻见录》《北京新闻汇报》《华商中华报》《谕折汇存》《正宗爱国报》《启蒙画报》等；天津的《北洋官报》《直报》《醒华日报》《大公报》《国闻报》等；上海的《申报》《时务报》《益闻录》《时报》《集成报》《汇报》《新学报》《万国公报》《新闻报》《外交报》《国魂报》《笑林报》《中外日报》等；福州的《福报》《闽报》《福建白话报》等；广州的《广报》《岭南报》等；太原的《晋报》；长沙的《湘学新报》；成都的《蜀学报》；兰州的《甘肃官报》；武汉的《湖北官报》；贵阳的《贵州官报》；香港的《循环日报》《香港华字日报》等；澳门的《知新报》；台湾的《台湾商报》等。还有在国外出版的华文报纸，如《清议报》《新民丛报》《国报》等。

① 朱诚如主编：《辽宁通史》第四卷，辽宁民族出版社，2009年版，第14页。

与此同时，辽宁地区还流传一些外文报纸，主要是日本报纸。如《东京日日新闻》《中央新闻》《大阪朝日新闻》《大阪每日新闻》《大阪新报》《时事新报》《国民新闻》等。这些报纸大都是中日战争、日俄战争期间流传到辽宁地区的，多是当时日本各报社和军方作为宣传品而散发的“号外”。这些“号外”在宣传日本军国主义思想的同时，也充分暴露了日本帝国主义侵略我国东北地区的罪行。

2. 俄人创办俄文《新边疆报》及中文《盛京报》

东北第一报——俄文《新边疆报》

19世纪50年代，沙皇俄国乘第二次鸦片战争之机，利用中国的内乱（太平天国运动）与外患（英、法等列强入侵），胁迫清政府相继签订了《中俄瑷珲条约》《中俄天津条约》和《中俄北京条约》，从而割占了黑龙江以北、乌苏里江以东的中国领土100多万平方公里。如恩格斯所说，其面积相当于法、德两国领土和一条多瑙河一样的河流。

中日甲午战争后，沙俄又以有功于“干涉还辽”，诱使妄图“联俄拒日”的清政府，于1896年签订了《中俄密约》，攫取了经营建造贯穿东北的中东铁路各种特权。1898年又签订了《旅大租借条约》，沙俄终于圆了“必须领有终年通行的港口”这一世纪之梦。这年，中东铁路开始动工修建，这条“丁”字形铁路的沿线及其附属地，成了不受中国政府管辖的沙俄“殖民区域，界内一切政权，悉操俄人之手”。①

沙俄军队在旅顺登陆后，迅即把“旅大租地”擅自扩大到整个辽东半岛，改称关东省，并在旅顺设立总督府（1903年改设远东总督府，沙皇诏令海军上将阿历克塞耶夫任远东特别总督，统辖东北三省与俄国阿穆尔地区）。1899年8月总督府创办了俄文《新边疆报》。

《新边疆报》（《Новый Край》）中文译名多种，如《新境报》《新边区报》《远东报》等，主编为陆军中校阿尔特耶夫②，时任俄军太平洋舰队检事

① 黑龙江日报社新闻志编辑室编著:《东北新闻史》，黑龙江人民出版社，2001年版。

②《辽宁省志·报业志》中称阿尔泰米耶夫。

长。他每年从沙俄陆军部与海军部领取5000卢布作为办报经费。社址设在旅顺海岸桥东侧的海滨街（今旅顺得胜街管区的平安街），每周三刊，期发1200份，主要刊载总督府及各官署的命令、告示与法规，以及报道本地与“邻国”的新闻。

1900年，义和团进入东北，沙俄借口保护中东铁路，乘“八国联军”攻占北京之机，出10万大军侵占东北，那时，《新边疆报》成为俄国远东地区获悉战事的主要媒体。1902年，取代财政大臣维特主管远东扩张事务的沙俄国务大臣别佑勃拉佐夫抵东北，他反对俄国从东北撤军，并主张不惜一切代价与日本开战。为此，他给《新边疆报》拨款3.5万卢布，要求该报再办一份英文报纸或刊物，以抵销远东一些英文报纸的反俄宣传。在此前后，该报创办了中文版《关东报》，同时还创办了俄文期刊《新时代》，后因日俄战争，英文报纸没有办起来。

《新边疆报》毫无新闻自由可言，在旅顺俄军中缺乏威信。苏联作家阿·斯捷潘诺夫于1944年写成的长篇军事历史小说《旅顺口》，借沙俄军官之口，一再称它为“旅顺造谣专家”，他们“几乎是从来不看它”的。小说描写：“旅顺口要塞司令史特塞尔将军在牌桌上说，‘我方那惯爱造谣的《新边疆报》，有一次想登我们与日本国交紧急的消息，我禁止他们刊载这类废话’。”这个细节并非虚构，苏联的日俄战争史著就有这样的记述：1904年2月7日晨，远东总督阿历克塞耶夫收到了俄国同日本断交的消息的电报，《新边疆报》要求发表，但遭到拒绝，理由是“不让社会上感到恐慌”。

日俄战争打响后，《新边疆报》陷入困境。当年10月初，日军第二次攻打旅顺，一发炮弹摧毁了《新边疆报》印刷厂，该报被迫停刊。第二年（1905年）战争结束，《新边疆报》迁至哈尔滨出版，1912年10月终刊。

沙俄在沈阳创办中文《盛京报》

日俄战争爆发之际，《新边疆报》出版子报中文《关东报》的同时，沙俄在奉天创办了中文《盛京报》。这两张报纸是我国东北地区出版时间较早的中文报纸。日本人后来创办的《盛京时报》的名称，据说也是受该报报名启发而命名。

《盛京报》由俄国人史弼臣（又译为斯必辛）1904 年在奉天创办。史弼臣（1876—1941）全名为“亚力山大·瓦西里耶维奇·史弼臣”，毕业于俄国海参崴东方学院，曾在中国东北任中东铁路管理局顾问。1904 年，史弼臣利用“华俄道胜银行”的资金，在奉天出版了中文、日刊的《盛京报》并出任主编。该报因筹办草率，没有规范的办报宗旨，只声称“一方誓开发北满之文明，一方为沟通华俄之感情”，1905 年日俄战争后因俄方战败无法生存被迫停刊。这张报纸因为生存时间短暂，没有产生太大的影响。

3. 日文报纸先后出笼

1904 年 2 月 8 日至 1905 年 9 月 5 日，日本帝国和俄罗斯帝国为争夺在朝鲜半岛和中国东北地区的政治经济霸权，进行了一场为期近 20 个月的战争。战争结果是俄国因内部动乱等原因战败，由此促成日本在东北亚取得军事优势，并取得在朝鲜、中国东北驻军的权力。

日俄两国为掠夺中国资源在中国的领土交战，清政府竟然荒唐地以“中立国”自居。战争改变了东北地区的政治，也改变了辽宁地区的报业格局。俄方报纸被迫北移，沈阳、大连等地的报业市场逐渐为日方报纸所占领。

远在中日甲午战争前夕的 1894 年 6 月，日本东京与大阪数十家报刊即分别举行大会，宣誓支持日本政府武力对付“清国”，并在报刊上载文鼓吹侵华战争是“文明对野蛮之战”。战争开始后，有 66 家报纸派随军记者 114 人、画工 11 人、摄影师 4 人，总计 129 人，到辽东半岛进行所谓的“采访”，日本报刊在国内的发行数也随之大增。

《营口新闻》

甲午战争后，日本在华办报出现了第一个高潮。自 1895 年至 1904 年日俄战争前，日本在其侵占的我国台湾出版报刊 20 家，同时在上海、北京、天津、汉口等地新办报刊 10 余家。日本人在东北出版的第一家报纸是 1902 年秋在营口创刊出版的日文《营口新闻》。

营口早在1861年中英《天津条约》后即开埠，成为国际列强最早进入东北的南大门。1897年日本在营口开设领事馆，是日俄战争前日本在东北唯一的领事馆。1903年春，根据《中俄交收东三省条例》，俄军撤离辽河以西部分地区，交出了山海关、营口等地，但拒不执行第二期撤军计划。日本新与英国结盟，准备发动日俄战争，因此乘机在营口出版了日文《营口新闻》。其时日商在营口仅32家，侨民百余人，《营口新闻》可以说是日本在战争前的一支先遣队，“半年后因日俄战争勃发而终刊”。对于这家短命的日文报纸，“人们所知甚少，后来连日本人也似乎很少提它”。[①]

《满洲日报》

1905年6月17日，日本报人中岛真雄在营口还创办了《满洲日报》。1904年7月25日，日本侵略军侵占营口，并设立营口军政署，结束了沙俄对营口的控制。第二年，日本人中岛真雄在这里创办了《满洲日报》，社址在营口中盛街（今通惠里），1907年迁至新市街的东街（今火车站以东的东街）。1907年随着军政署的撤销，报纸于10月17日停刊。该报后来被日本人认为是“能够称得起有报纸样子的报刊”，同时用日、英、中三种文字出版。英文版的主编滨材善吉，此时在军政署办外交。该报总编辑稻垣仲太郎，是中岛真雄的好友，一年后又随中岛在沈阳创办了《盛京时报》。中文版主编韩杰，1907年赴齐齐哈尔参加筹办黑龙江省第一家官报《黑龙江公报》。《满洲日报》创刊后“在营口引起轰动”。野心勃勃的中岛真雄为谋更大发展，以适应战后日本取代俄国在南满的一切特权的新形势，1906年10月在沈阳创办了《盛京时报》。为此，《满洲日报》于1907年10月停止出版中文版，第二年初迁到沈阳并入《盛京时报》。

《辽东新报》

创办于1905年10月25日的《辽东新报》，是大连地区最早的日文报纸。创办人是日本人末永纯一郎，社址在大连市敷岛町68号（今中山区

① 黑龙江日报社新闻志编辑室编著:《东北新闻史》，黑龙江人民出版社，2001年版。

七一街)。《辽东新报》创刊时每周出版两期。1906年1月1日起改为4版隔日刊。1906年4月3日改为日文4版、中文2版的日报。1907年10月因故一度停刊。1908年10月又开始出版发行，取消了中文版，改为日文6版。1912年10月增为8版。1920年4月，又发行晚刊。1926年时为日报8版、晚报4版。日文主笔有栗林己已藏、难波胜治等，中文主笔有金子平吉（金子雪斋）。历任社长为末永纯一郎、末永杰、吉仓汪圣、大来修治。据1926年统计，该报编辑部有29人，营业部有16人，职工总数为74人。每期发行45108份，发行范围为东北各地。1927年11月，该报为“满铁”收买，与《满洲日日新闻》合并，更名为《满洲日报》。

末永纯一郎是记者出身，中日甲午战争时曾作为随军记者来到中国，来到大连的时间是在1905年4月，住在西公园町一带。末永纯一郎在1905年5月4日向大连辽东守备军司令官递交了新闻发行特许权申请书。当月获得准许，与从日本东京雇来的职工十几人，在小林又七商店开始了报纸的创刊和发行工作。报纸开始用的是俄国人的印刷机，后来又从日本运来了各种机器。当时主持中文版面的是金子平吉，后来以创办中文报纸《泰东日报》闻名。

《辽东新报》发行初期是一周一次，后来改为一周两次。1906年1月1日开始隔日发行，当年4月3日开始变为日报，社址也由小林又七商店搬到了伊势町的高砂俱乐部。《辽东新报》的收入来源除了订阅费以外，还有广告费，并从日本关东都督府那里得到一部分补助金。《辽东新报》打出的办报旗号是“不偏不党，国家本位”，创始人末永纯一郎标榜的新闻理念是坚持公正中立，守护百姓的立场，但苦于经营艰难，也不得不向官厅求救。作为交换条件，《辽东新报》代都督府发行了《府报》。

1927年10月24日，《辽东新报》在“满铁”总社创办的《满洲日日新闻》的不断打压下，终于与之达成合并协议，实际上是《满洲日日新闻》终于买进了《辽东新报》。同年10月31日，《满洲日日新闻》和《辽东新报》同时宣布停刊。11月1日开始，新报纸诞生，名为《满洲日报》。

《安东新报》

创办于1906年10月17日，是由侨居中国安东（今丹东）的日本人出资合办的日文报纸。1908年经营权由小滨为五郎接管。1912年9月至1925年7月，该报先后将《安东每晚报》与《满鲜日报》并入该报。1916年小滨为五郎患病，由主笔川保笃继任社长，户田弘毅任编辑长，杉户小一郎任印刷人。1930年8月18日，该报登出“张学良赴北戴河遭遇不测”的消息，制造混乱，蛊惑人心。当时的辽宁省政府发专电给安东市筹备处处长令其追查。经查询，这条消息纯属造谣，该报不得不于8月19日以大字刊登“更正”，成为当时辽宁报界一大笑闻。该报在大连、长春、本溪湖、凤凰城以及日本东京、大阪，朝鲜平壤、新义州等地设有分社；1939年6月1日，在伪满洲国新闻整顿中该报因并入安东新闻社而终刊。

《满洲日日新闻》

创办于1907年11月3日。“满铁”拥有大半股份，隶属于“满铁”系。《满洲日日新闻》是由当时的“满铁”总裁后滕新平首倡、东京印刷株式会社社长星野锡、董事滕山雷太郎积极支持创办的。第一次世界大战期间，为迅速报道新闻，《满洲日日新闻》曾发行过晚报，不久停刊。1920年4月，该报再次发行晚报，加上日报共8版。1935年起发行10版，晚报4版，计14版。《满洲日日新闻》设有中文、英文两栏。1910年，英文栏分离为小型四版的《满洲日日新闻》，作为报纸的附刊发行。1922年7月24日，中文栏也分离成为独立的中文报纸《满洲报》。1927年11月，《满洲日日新闻》收买吞并了《辽东新报》，改称《满洲日报》。1935年9月，又收买合并大连另一家大型报纸《大连新闻》，复名为《满洲日日新闻》。至此，《满洲日日新闻》成为大连唯一一张大型日文日报。

《满洲新报》

创刊于1908年2月11日，由日本驻营口领事馆操纵。社长冈部次郎，主笔稻垣木庵，主任兼发行人小川义和。后来，小川义和一人身兼社长、主笔、编辑长三职。社址在营口市新市街。《满洲新报》被当时日本人称为“满洲三大报纸”之一，在大连设有支社，在旅顺、铁岭、公主岭、长春等地设有支局。《满洲新报》名义上是“以发展营口商业为目的”，实则隶属日本宪政会，为日本扩张经济侵略和军事侵略服务，政治色彩颇浓，曾被日本人吹嘘为“沿线新闻中的第一名”。1923 年 11 月，其发行所迁至日本人经营的“满铁”附属地内并移交“满铁”管理。报纸创刊初期发行 1800 余份，至 1926 年日发行 3000 份，1938 年改称《营口新报》。

《辽鞍每日新闻》

《辽鞍每日新闻》是 1908 年 3 月 10 日创刊的日文报纸，是辽阳地区最早创办的报纸。每周六刊，4 开 4 版，由日本人渡边德重主编并兼任发行人，渡边源次郎负责发行。发行所设在辽阳县佟家大街，后迁至大和街（今民主街）。

该报第一版发表社论、广告、地方事务所公告或新闻等，二版主要发表战事新闻，三版发表社会新闻、体育新闻及“桃色新闻”，四版全为广告。报纸日发行量仅 900 份。1931 年渡边重德与华人主笔周笑吾又出版了中文报纸《辽海公报》，每周 6 刊，4 开张，日发行 3000 余份。这两种报纸于 1940 年前后相继终刊。

4. 历时 38 年的《盛京时报》

（1）创始人中岛真雄

《盛京时报》的创始人中岛真雄是一个在华闯荡了 50 年的“支那浪人”。他精通汉语，熟知中国的风土人情并交游广泛。在华 50 年里，中岛真雄从事新闻工作 30 余年，先后办过 6 种报纸，其中不仅有中文报，还有蒙文报、日文报及日文报中的英文版面，办报活动从中国福州辗转北京，再迁至东北。

中岛真雄于 1901 年 10 月在北京创办了中文《顺天时报》。中岛真雄经营《顺天时报》的四年里，“功绩”很大，尤其是对日俄战争方面的报道，与俄国人在北京发行的《燕都报》展开对抗，不断地为战争制造舆论。1905年3月，日俄战争结束后，《顺天时报》出让给了日本公使馆，中岛真雄来到了东北这片因战乱而残破不堪的土地。

创办《盛京时报》前，中岛真雄先于1905年6月17日在营口创办了《满洲日报》。《满洲日报》创办一年后便在奉天创办了《盛京时报》。此时的中岛真雄并未马上与《满洲日报》脱离关系，而是一边主持《盛京时报》的工作，一边打理《满洲日报》的编采业务，直到1907年《满洲日报》全部停刊。

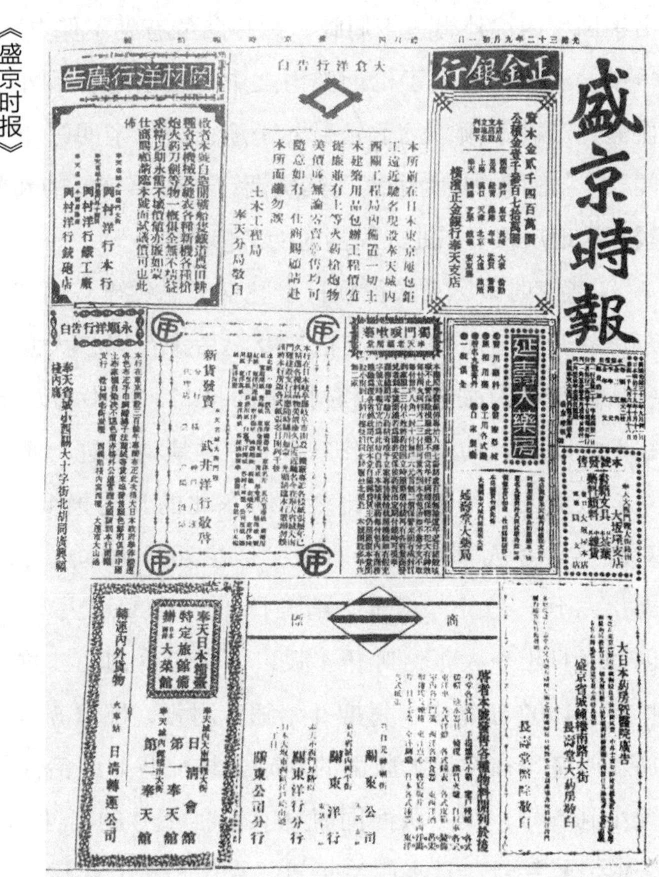
盛京時報

正金銀行
資本金貳千四百萬圓
公積金壹千參百七拾萬圓
横濱正金銀行奉天支店

大倉洋行告白
本所前在日本東京擁包鉅工遠近馳名現設奉天城內西關工程局內備置一切土木建築用品包辦工程價值從廉兼有上等火藥槍砲物美價廉無論官商傳均可隨意如有仕商賜顧請赴本所面議勿誤
土木工程局
奉天分局敬白

岡村洋行廣告
岡村洋行本行
岡村洋行鐵工廠
岡村洋行鉄砲店

延壽大藥局
延壽堂大藥局

永順洋行告白

新貨發賣
武井洋行敬啓

奉天日本御用
特定旅館
日清會館
第一奉天館
第二奉天館

轉運內外貨物
日清轉運公司

關東公司
關東洋行
關東洋行分行
關東公司分行

大日本藥房
長壽堂藥房敬白

《盛京时报》

（2）恭维清廷　兼顾百姓　左右逢源

关于《盛京时报》创办的动机，日本书刊多有评述：日俄战争后，“日本政府为了着手经营满洲而进行宣传工作，痛切感到必须设立一个言论机关”[①]。为了达到这一目的，中岛真雄在创办《盛京时报》伊始，一方面为了得到清政府的支持，不惜笔墨向执政者献媚，所谓“启民智、开风气、筹备立宪”；一方面极力宣传本国政策、粉饰日本帝国主义的罪恶行径，愚弄中国百姓。在办报过程中，中岛真雄考虑到中国官方与百姓在言论方面所能接受的底线，有时暂将真实的目的掩蔽起来，既博得清政府的赏识，也赢得一部分中国百姓的认同。《盛京时报》创刊号在要闻版头题发表《发刊之词》，恭维慈禧太后“宵旰励精图治”，赵尔巽“莅任以来竭力经营”，并引述“孟子曰：人心自侮而后人侮，家必自毁而后人毁，国必自伐而后人伐”，指出中国“内忧外患迫于眉睫，国势阽危有朝不保夕之势”，特别是在日俄战争中“土地人民陷于枪烟弹雨之中，死于炮林雷阵之上者，数万生灵肉飞血溅，产破家倾，父子兄弟哭于途，夫妇亲朋呼于路，痛心疾首，惨不忍闻”。尽管目的是为了表现其所谓“不偏不倚”的新闻立场，但客观上也比较真实地反映了东北人民当时的悲惨遭遇。

《盛京时报》很快得到日本驻奉天总领事荻原守一、盛京将军赵尔巽、东三省交涉使陶大均的支持，及至后来得以扩大发行、扩充版面，都与这些人的支持有关。《盛京时报》的报名，据中岛真雄自述，是袭用俄国占领奉天时发行的《盛京报》而定，并请清末进士张元奇题写的。在新闻采写、版面安排等方面，比之当时东北的其他报纸，《盛京时报》表现得相对成熟。《盛京时报》是日报，但星期日为休息日，因而周一不出报，每周出六刊。另外，逢日、清两国的忌日或重大节日亦休刊。《盛京时报》创刊时日出一大张，对开 4 版，每份售价铜元二枚。随着新闻信息的不断扩大，1907 年年中，每期开始随带附张，即日 6 版；1909 年年初，为了增加新闻量，在不扩大版面的基础上将一些非政治性新闻稿件的字体由 4 号缩小到 5 号，同一版面同时刊有两种字号的新闻稿件。《盛京时报》每日采取清代年号、日本明治年号、夏历三种方式记载年、月、日，从民国元年起改用民国纪元与公历。《盛京时报》采取立文、分栏、竖排编排。单数版为广告版面，双数版为新闻版面，也有广告与新闻共享一个版面的情

① 西村成雄：《辛亥革命在东北》。

况。先后创建的主要栏目有:《宫门钞》《代谕》《论说》《京师要闻》《东三省要闻》《专件》《译电》《各省新闻》《杂录》《奏折录要》《东三省汇闻》《市井杂俎》《白话小说》《演说》《世界丛谈》《文苑》《戏评》《漫画》等。在国内外新闻与东三省新闻栏内，以国名省名或城市名为标题分别编排，每文标题字数不等，但均可通过标题意会文意；本埠新闻稿件标题不另行，题与文用句号隔开。与国内其他报刊相比,《盛京时报》较早使用白话文和漫画，对日后国人办报起到了借鉴作用。该报每天一至两篇社论，也是当时国内一些只靠一人力量应对采、编、发的报纸不可比拟的。

（3）明确的市场营销理念

《盛京时报》在早期的办报活动中即已体现出其经营者的市场营销思想。为了迎合市场需要，经营者明确了报社内部分工，使采、编、发各成体系，借助报纸广告通报报纸最新变动，给读者小恩小惠以求更大的发行量。《盛京时报》的创办资金，一部分来自于创办营口《满洲日报》所得收益金，一部分从日本外务省领取补助费。《盛京时报》在属于中岛真雄个人企业的20年间，每月从日本外务省领取补助费，“20年间从未间断”；[①] 后来的大部分资金是广告经营所得。

明确的内部分工是《盛京时报》经营长久的一个保障。在创办之初即由几个日本人助手控制报社大权，将报社分为编辑与营业两个局，局下设部，如编辑局下设整理部（编辑）、取材部（采访）、编译部（翻译）、文化部（副刊）、校对部；营业局下设总务部（财会）、贩卖部（发行）、广告部、工务部（印刷）。此外，营业局除完成《盛京时报》各项业务外，还承揽社会各界的书籍、传单、名片等印刷，并且不断更新机器设备以招揽客户。《盛京时报》非常注重广告的刊登，以日商广告居多，美国、俄国、德国广告也有一些。为了让所刊登产品能够顺利销售,《盛京时报》在广告策划与编辑方面尽力营造出不同于以往的生活方式与观念的氛围，以吸引相对封闭的百姓眼球。医药广告在《盛京时报》的广告中占比例最大，其次是化妆品广告，

---

① 郁加陵:《中岛真雄在中国是怎样办报的》,《新闻研究资料》第36辑。

而对于广告的真实效力如何，是否如宣传一样好，《盛京时报》却漠不关心，即使明知有些广告纯属子虚乌有也照登不误。

（4）发行范围最广 办报时间最长 影响最大

《盛京时报》在沈阳站住脚后迅速扩展，发行范围以东三省为主，兼及京、津及华北各地。“该报独肆言中国内政，无所顾忌，故华人多读之，东三省日人报纸之领袖也”[①]，是中岛真雄所办的在华出版时间最长的一张报纸，也是当时东北地区发行量最大的一张报纸，还是日本人在华出版时间最长的一张报纸。此报从创办到 1944 年 9 月改为《康德新闻》奉天版，历时 38 年，是旧中国辽宁办报时间最长的一张中文报纸。该报在日本军国主义侵占我国东北中的作用，恰如当时报界流行的说法“胜似十万毛瑟”，日本前首相岸信介等 40 多个曾任伪满洲国要职的日本人，在 20 世纪 70 年代编纂的《满洲国史》中，称赞其为“在满日本人的先驱者”。

5. 日本在大连出版中文报《泰东日报》

创刊于 1908 年 11 月 3 日的《泰东日报》是日俄战争后日本侵略者侵占大连后出版的第一张中文报纸，也是东北地区办报时间比较长的日报。关于该报主办者有两种说法，一种认为该报属于“中日合办”[②]；一种认为该报属于日本人主办，理由是该报“历任社长均为日本人，仅‘编辑人’一职由中国人挂名，以造成中国人自己在办报的假象”[③]。客观地说，这张在 1945 年 8 月 15 日日本侵略者投降后还延续了一段时间，前后出版 37 年的报纸，在不同历史时期的表现难能一致。前期在金子平吉（金子雪斋）、傅立鱼等主持下“宣传十月革命”等方面相对开明，1928 年以后特别是日伪时期，该报俨然“成为日本军国主义进行文化侵略、奴化教育的阵地”[④]，基本属于日本人在华主办的报纸。

---

① 戈公振:《中国报学史》，三联书店，2011 年版，第 75 页。

② 黑龙江日报社新闻志编辑室编著:《东北新闻史》，黑龙江人民出版社，2001 年版，第 44 页。

③④辽宁省地方志编纂委员会办公室 :《辽宁省志·报业志》，辽宁人民出版社，2005年版，第16页。

（1）大连华商公议会初办《泰东日报》

大连原名“青泥洼”，1898年被沙皇俄国强行租借，中东铁路通车后成为一个海港城市，市内公益事业多为中国人的工商界组织——大连华商公议会兴办。日俄战争后，日本取代俄国侵占大连，华商公议会为保护民族工商业，效仿国内各地新兴商会出版商报，拟在大连创设舆论阵地。起初的《泰东日报》系由大连华商公议会会长刘兆亿、副会长郭学纯等发起，由华商集资兴办。后来为方便与日方交涉，免遭殖民当局刁难，资金持有者将资金“转让给日本人金子平吉”，“遂变为金子平吉一人经营”。《泰东日报》除首任社长刘志恒外，历任社长均为日本人，先后为金子平吉、阿部真言、风见章、高柳保太郎、宫胁襄二、井口陆造等。傅立鱼、李子民、蒋模庵、李永蕃、赵恂九、刘士忱等中国人先后主持参与该报的编辑工作。

《泰东日报》创刊初期为4版，1909年增为6版，1911年增为8版，1938年后增至10版。版面分《政治》《经济》《社会》《地方》《少儿》等专栏与副刊。第二次世界大战后期，由于资金紧张，报纸版面减至4版。1937年前，这张报纸每期发行3万份左右，1938年后达到12万，发行地不仅局限辽宁地区，东北华北各地也有相当的读者，在北京、天津、青岛、烟台、济南和日本东京均设分社。社址初为大连南山，后迁至奥町（今中山区民生街）85号，最后迁至飞弹町67号（今新生街62号）。

（2）金子平吉与傅立鱼“约法三章”

《泰东日报》初创人金子平吉是一个“传奇人物”，既是有名的“日本浪人”，又是相对有正义感的知识分子。金子平吉，号雪斋，日本福井县人。1894年中日甲午战争爆发，金子平吉因精通汉语被征为随军翻译，初入辽东，后入台湾。1904年日俄战争爆发，在台湾任职9年的金子平吉离台北上参战，于近卫师北团部任特殊翻译官。日俄战争结束后，金子平吉向所在师团司令部提出申请，自愿担任关东州民政署的经济情报调查工作。其间他对东北地区进行广泛调查，接触中国各阶层人士，深入了解风土人情。1906年1月，金子平吉拒绝了京都大学聘他为教授的邀请，以民间人士身份再度回到大连，出任由末永纯一郎创办的《辽东新报》中文版主编，后又接受大连华商公议会的“转让”，接办（实际是创办）《泰东日报》。

金子平吉主政《泰东日报》期间，思想相对进步与开放，他的办报宗旨为：“《泰东日报》乃天之机关，代天立言。非个人专有，亦非一国人所得而私之。凡合天道者皆褒之，不问其为日人或华人；凡背天道皆贬之，亦不问其为华人或日人也。”1913 年 8 月，金子平吉收到署名“笠渔”的来稿。文章立论精辟，笔锋犀利，为针砭时弊之精品。作者傅姓，名立鱼，曾追随孙中山革命多年，因在天津创办《新春秋报》从事倒袁运动而被通缉逃亡大连。金子平吉见傅立鱼学识渊博见解独到且富于办报经验，遂以《泰东日报》编辑长（主笔）的职务相邀，并接受傅立鱼的“约法三章”：一、《泰东日报》为中文报纸，当为中国人立言；二、若涉及中日两国之争端及民间纠纷，其是非曲直均服从真理；三、担任编辑长是暂时的，一旦讨袁时机成熟便须放行。在金子平吉主持下，尤其是傅立鱼执掌笔政期间，《泰东日报》发表过一些有利于中国人的言论，为民众鸣不平，声援兴办教育，报道大连人民的爱国活动等，对社会有很大的影响。

1915 年 1 月 18 日，日本驻华公使日置益向袁世凯提出“二十一条”强迫中国接受，引起中国人民的公愤。金子平吉断然支持傅立鱼撰文，指示“该怎样发社论就怎样写”。后来中国人民爆发大规模“排日和抵制日货”运动，金子平吉对此表明了自己的立场和看法，认为是中国人不得已而为之，日本是“侵略者或侵略主义”。

苏联“十月革命”两周年时，《泰东日报》于 1919 年 11 月 28 日至 12 月 10 日，在傅立鱼的策划下，连续 13 天在要闻版（第 5 版）转载了由该报编辑鹃魂翻译、取自美国一位曾在苏联亲身经历过“十月革命”并和列宁有过较多接触、对列宁有较深了解的记者魏廉撰写的总计约 6100 字的纪实报告《六个月间的李宁》（这里的李宁即列宁）。中共早期军事领导人关向应，1922 年在大连伏见台公学商科学校毕业后，曾进入《泰东日报》社当印刷工人。因撰文抨击日本侵略被当局驱逐出境的大连戏曲评论家、清末秀才毕宗武之子毕庶元，曾担任《泰东日报》主笔。1929 年夏，安徽奉台县人吴晓天以《泰东日报》编辑的身份为掩护，担任共青团大连特支委员、中共大连特支宣传委员。

1920 年 3 月，日本资本家和田笃郎强占金州三十里堡 3000 亩左右的水田，使当地农民无法生活。傅立鱼在《泰东日报》发表了《为三十里堡三千农民向山县关东长官乞命》的社论，金子平吉支持傅立鱼此举，并陪同傅立鱼赶赴旅顺面见关东厅当局，转呈农民请愿书，指控日本资本家勾结日本官府恃强掠夺农田。对此，和田笃郎以“损害名誉罪”控诉傅立鱼，金子平吉亲赴法庭为傅立鱼辩护。经过长达三年的争讼，中国农民终于胜诉，三十里堡所有被占的水田都得到了一定的补偿金。

金子平吉于 1925 年逝世，终年 61 岁，终身未娶。据遗嘱，按儒家习俗，葬于大连岭前墓地。其死亡时间一说是 1925 年 8 月 29 日，一说是 1925 年 8 月 28 日中午。死因也众说不一：一说胃癌[①]，一说死于殖民当局的暗杀。金子平吉去世后不久的 1928 年，傅立鱼的进步思想引起了殖民者的恐慌，他们将傅立鱼逮捕，随后将其驱逐出大连。

九一八事变后，日本统治当局加强了对该报的控制。《泰东日报》各主要部门的负责人全部换成了日本人，报纸完全成为日本侵略者宣传“大东亚共荣圈”“日满亲善”和“王道乐土”的工具，成为日本军国主义进行文化侵略、奴化教育的阵地。

1945 年 8 月 15 日日本侵略者投降后，《泰东日报》还延续出版了一段时间，同年 10 月上旬，被苏军勒令停刊。《泰东日报》在出报的前后 37 年里，对大连地区的新闻传播产生了一定的影响，前期相对客观公正的报道，赢得了大连人民公允的评价，至今仍有人称金子平吉是“大连人民敬仰的朋友”[②]。

① 王子平：《金子平吉其人其事》。

② 《辽宁师范大学学报》1988 年第 6 期《金子雪斋》。

第二节　官报发轫控制舆论导向

1. 东北国人第一报——《东三省公报》

在东北地区，“辽宁省国人报刊的创办，早于吉黑两省”。[①]然而，东北地区最早的国人自己办的中文报纸是哪一家，一直众说纷纭。比较集中的有三种说法：其一是至今没有得到实物考证的《大同报》；其二是由当时的奉天商务会长赵国亭创办的《东三省日报》；其三是在哈尔滨创办的《远东报》。还有人认为辽宁最早的国人所办的“宣传刊物是《刍报》”，“《刍报》的创办人便是留日学生朱霁青”[②]。但经多人多方考证，东北地区最早的国人自己办的报纸当为1905年由奉天省学务处督办、谢荫昌主办的《东三省公报》。

（1）盛京将军赵尔巽倡导筹办《东三省公报》

日俄战争后，刚刚饱受战争之苦的辽沈大地荡起一阵变法维新的大潮。1905年，清政府宣布对东北地区实施“预备立宪”，废科举，兴学堂，允许国人办报。同年，盛京将军增祺去职，清政府为了缓和各种矛盾以抑制东北人民的反抗斗争，派汉军正蓝旗人赵尔巽接任。赵尔巽到任以后，立即以变法维新者自居，实行了一些变法措施，使几近窒息的奉天城透进了一丝新鲜的气息。

由于长期生活在清政府的严密封禁和日俄侵略者的压迫之下，日俄报纸逐鹿东北，国人言论受到压制，因此在全国进入轰轰烈烈的办报高潮之时，东北地区仍没有一家国人自己创办的报纸。赵尔巽在出任诸省巡抚时，就大力支持官报。担任盛京将军后，马上开始着手实施办报事宜。1905年，他召

① 黑龙江日报社新闻志编辑室编著:《东北新闻史》，黑龙江人民出版社，2001年版，第32页。
② 朱诚如主编:《辽宁通史》第四卷，辽宁民族出版社，2009年版。

回在日本留学的谢荫昌回国筹建报馆，令其“任学务处编辑，专办《东三省公报》”[①]。

谢荫昌曾经担任《中外日报》编辑，亲历了报业创新和改革实践，也接受了维新思想的洗礼，同时，两年的日本留学对东西方各报纸的研读和考察也使其积累了一定的办报经验，因此在被赵尔巽召回奉天创办《东三省公报》之时，马上向其提交了创设《东三省公报》简章。经过一系列筹备之后，1905 年 12 月 21 日，由盛京将军赵尔巽倡导、谢荫昌主办的《东三省公报》在奉天鼓楼南关东印书馆内诞生。

（2）主办谢荫昌力主普及白话文打破官报模式

《东三省公报》“每逢刚日（即单日）出版”，每月 15 期，全年 172 期（春节等停刊 8 期）。总计报价纹银三两。主要读者是东北三省各地军政官员及城镇绅商等。全报分设 9 个栏目：首先是《按日恭录》宫门抄谕旨，以下依次为《论说》《电音》（即电讯稿）、《京省新闻》《本省要闻》《各国政学纪闻》《京省奏牍》《本省要牍》及《告白》（即广告），各种新闻报道包括政治、外交、军事、经济、教育、实业等门类，以及“数学、星学、物理学、化学、动植学、地哲学等类”，还有“生理、卫生、药学等”，范围比较广泛。

鉴于“三省人民能穷汉文义蕴者，究占少数”，谢荫昌等提出“本报宗旨，在于普及”。因此，“除著译，论说翻译新闻概以明浅文字外，如每日谕旨及各宪公牍之欲激发民聪者恭录原文外，另演京话于下，以期家喻户晓”。这种尽量采用白话文体的做法，打破了各地官报的旧有模式。

（3）《东三省公报》——东三省办报楷模

《东三省公报》创刊伊始即风行各地，在当时民众中所起的作用非比一般。它的创办使东北吉黑两省办报有章可循，成为它们效仿的范例。据《盛京时报》光绪三十二年初七日第二号第三版的《东三省汇闻》中记载：“禀工报馆（吉林），现有刘、董两志士组织报馆，今将其禀批照如左。据禀并

① 李治亭主编：《关东文化大辞典》，辽宁教育出版社，1993 年版，第 886 页。

清折均悉，举行新政以开通风气，启牖民智为先，而报纸实为开风气、启民智之利器，自未可视为缓，图查核所拟，吉林报章程系照东三省公报体例酌定事属可行，应准立案。”由此可见，《东三省公报》在当时处于开山先锋的地位，它的创刊为“沈阳乃至整个东北地区的国人办报掀开了新的一页”[①]。

1907年4月初东三省改制，盛京将军赵尔巽奉调离开东北，发行了大约一年零两个月共200多期的《东三省公报》终刊。是年冬，谢荫昌又参与创办了《奉天教育官报》。

《东三省公报》出版的时间虽然不是很长，对东北国人报刊的发展却有较大影响，如官办报刊招商集资作办报经费、由官署派销报纸、报纸栏目设置以及选派官署官员充任报纸访员等，多为后继的国人报刊效仿。特别是该报在刊载谕旨与重要文件时，“另演京话于下，以期家喻户晓”的做法，尤为各报重视，连日俄两国主办的报纸也纷纷效仿，在他们的报纸上专门设立白话专栏。

《东三省公报》作为东北地区最早由国人自己创办的报纸，是东北报业史上的一个里程碑，有着非常重要的意义。

2. 海城县知事创办的《海城白话演说报》

白话报刊是中国近代报业一个崭新的内容。从1876年至1919年，全国大约出版了200种白话报刊，《海城白话演说报》即是其中的一种。该报不仅是辽宁地区第一张白话报刊，同时也是近代东北第一家县报。

《海城白话演说报》于1906年10月在海城创刊，是用白道林纸铅印的书册式月刊，因此具有报与刊的双重属性。《海城白话演说报》具有鲜明的特点，全报文章采用白话演说词，收到了开启民智、推行新政的实效。该报的《发刊词》更是以东北民用口语撰写，读起来亲切有趣，在谈笑间将世界的形势、人民的生活以及新政的实行等热门话题一一做了简单明了的剖析：

“咳！你们知道，今日是什么世界？中国是什么时势？满洲东三省是什么地方？你们还是嘻嘻哈哈，混混沌沌，过了两个半天算一天，真是可怕呵

---

① 邱晨阳著：《东北国人第一报〈东三省公报〉研究》，沈阳出版社，2008年版，第35页。

可怕！你们必说：今日的世界，却是新鲜，什么轮船铁路，都活了七八十岁的人，没有听人说过的事；朝廷样样变法，保甲改了巡警，考试改了学堂，法子是比从前好，这关系国家的事，自有官府做主，我们不必问他。我们东三省，日俄两国的战是停了，和约是定了，前两年他们打仗的时候，我们吃的苦恼，是已经过去的事，亦不必再说他。咳！你们的话，多么糊涂，比喻说人家拿着六轮手枪，紧对着你的心坎，拿着又光又亮的刀子，切近着你的脖梗儿，你还呼呼的睡着也不醒，半夜里随便说几句梦话，你说可怕不可怕？”

据专家们考证，《发刊词》的撰写者就是这份报纸的创办人，时任海城县知事（县长）的管凤和。据史料记载，管凤和，字洛笙，与创办东北国人第一报《东三省公报》的主办人谢荫昌是同乡，均为江苏武进（常州）人。管凤和曾在直隶总督袁世凯军中任职，1905 年被袁世凯推荐上任海城县知事。

据《奉天通志》记载：管凤和上任海城知事后，“下车首重教育，将前任所招之武备学生改为简易师范，又设师范传习所，为三月速成班，创立两等小学校、女学校，甫一年城乡组成小学 370 处，又奉文保甲改巡警，划分 19 区，择要设防，而以总局统之，改修衙署及习艺所”。管凤和在任期间“性复勤敏，早作晏息”，积极推行“新政”，东北三省筹设咨议局之前，他就在海城率先成立了县地方议会，用以“结公众之团体，通官民之隔阂，谋地方之公益，求人民之幸福”。

创办《海城白话演说报》，也是管凤和推行的新政之一。除颇具特色的《发刊词》之外，《海城白话演说报》创刊号一、二期合刊中还比较详细地报道了当时县内外的各种政策及事件，而且在报中专设两个图片版，刊登照片两张：一张为海城地方议会开会纪念合影，一张为当年 6 月海城全县学界的合影。照片印刷十分清晰，是现存东北中文报刊中所见最早的新闻图片，体现了当时海城的人文及政治风貌，为后人留下了珍贵的历史资料。

两年后，管凤和因政绩优异，晋升奉天知府。管凤和离任后，《海城白话演说报》仍在继续出版。据 1911 年 3 月 18 日大连《泰东日报》报道，1911 年 3 月海城城乡自治会在防治鼠疫时仍编印白话演说报，按屯按户免费分送城乡百姓。由此可见，当时的《海城白话演说报》虽然是以县衙名义出版，但这份报纸不仅仅是政府的报纸，同时也以百姓为主要受众群。这在当时来说，是十分先进的观念，这种做法对推行新政，沟通官民，缓和当时的社会矛盾都起到十分重要的作用。

《海城白话演说报》声称："这个报是唤醒大众，叫大众睁眼向后看看。"这张报纸对辽宁新闻事业乃至东北新闻事业的发展都具有其不可否认的积极作用。如今《海城白话演说报》创刊号一、二期合刊仅存世一份，藏于上海复旦大学新闻学院资料室。

3. 为数不多的其他官报

晚清时期辽宁地区的官报仅 8 种，最具有代表性的《东三省公报》也只生存一年多的时间。这些官报生存期的短暂与当时摇摇欲坠的清朝统治有着必然的联系。赵尔巽等相对开明的官僚，一方面出于知识分子的政治敏感和对新生事物的推崇，主张推行"新政"，创办报纸，垄断话语权；一方面出于对朝廷所谓的"忠谨"和对封建制度的维护，遵从来自朝廷的"清规戒律"，打压遏制有进步倾向的报纸的发展。因此，这一时期辽宁地区的官报虽然异常活跃，但数量与质量仍然低于全国水平。

这一时期辽宁地区的官报除却《东三省公报》和《海城白话演说报》外，主要还有：

《东三省日报》

创刊于 1907 年 2 月 28 日。奉天商务会总会长赵国亭主办，汪洋（又名汪影生、汪子实）任主笔，社址设在沈阳现中街鼓楼南，隶属奉天商务会。发刊后每日一张半，有正副张之分。正张分载《上谕》、《宫门钞》（为当时清内阁军机处宣布的政令）、《辕门钞》（为当时总府及巡抚衙门门前所悬的牌示）、国内外要闻及本埠新闻；本市及各县新闻多按日记载。副张载诗词戏文等，多为语体文，另有长短篇小说和短小时评。主笔汪洋文笔犀利而且善于发现问题，由其撰写的时评少时只 10 余字，文字精练，概括性强，一时间为读者称颂。

继赵国亭之后，《东三省日报》由福建人张元诗经营，面向东三省发行，日销量在3000份左右。1910年，汪洋作为该报代表，赴南京参加中国第一个新闻团体——中国报界俱进会成立大会，回奉天后发起成立了东三省报界促进会，被推举为会长。《大中公报》被巡警捣毁后，汪洋努力地从中调解，使之得以复刊。1911年8月21日，《东三省日报》完全改为商办，停刊8天整理内部，29日出刊，每日对开两大张，设有《言论》《要件》《译件》《奏议》《专件》《国外通信》《白话演说》《时评》《宫门钞》《上谕》《专电》《路透电》《东三省要闻》《本城新闻》《牌批辕门钞》《社会琐闻》《沈阳谭屑》《中央要闻》《地方要闻》《人籁》《小说》《文苑》《杂俎》《插图》等栏目。该报政治立场异常鲜明，不仅鼓吹共和，而且倡言东三省脱离清政府而独立，在东北国人报刊首先报道武昌起义的消息，终于引起地方当局的不满，一天深夜，被四五十人的军警武力捣毁，1911年7月被迫停刊。

《营商日报》

1907年9月创刊，由营口商务总会总经理潘达球、助理李恒春及叶应增、陈章达、高继松五人联手创办。五人均为报馆董事，每年一人轮流担任总董事，监管报馆事务。该报1907年创刊至1937年终刊，其间，主笔、发行人等多次更换。

《营商日报》的办报宗旨是“促进本埠商业的振兴发达”，以报道“各省新闻、本埠商情”为主要内容。报馆地址在营口西大街营口商务总会东院。《营口商报》创办初期系集股经营，在办报章程中明确规定“不得招集外国洋人，以免日后交涉”。后来经营陷入困境，开办广告业务并且代办印刷。1921年成为营口商务总会机关报，资金由商务总会承担。该报为日刊，四版，铅石印刷，每期发行约2000份，1937年停刊。

《奉天教育官报》（又名《奉天教育杂志》）

全年出版10期，每期向全省各地官署与学校送阅，外省读者可以函订。任职于省学务处的谢荫昌为其早期主要编译者。在他的支持下，这张报纸一直出版到1928年，是全省延续到民国年间的报刊之一。

《奉天劝业报》

1910年8月16日创刊，为奉天劝业公所编辑发行。主要栏目有《谕旨》《折奏》《公牍》《牌批》《调查》《论说》《专件》《译丛》《杂录》等。

4.《大清报律》对辽宁报业的扼杀

在清末十多年里，清政府颁布了一系列有关报刊出版发行的法律法规。1906年7月制定了《大清印刷物件专律》，10月颁布了《报章应守规则》，1907年9月5日颁布了《报馆暂行条规》，1908年3月4日颁布了《大清报律》，1908年8月颁布了《钦定宪法大纲》，1911年颁布了《钦定报律》和《著作权章程》，初步形成一个集宪法、新闻法和著作权章程为一体的较为系统的新闻法体系。民国初期，南京国民政府公布了《民国暂行报律》，不久后被《中华民国临时约法》取代。1914年，袁世凯上台，重新加强对舆论的控制，未经国会讨论，迅速颁行两部新闻法，即《报纸条例》与《修正报纸条律》，之后又颁布《出版法》。

《大清报律》是1908年1月，由商部参考日本报纸法拟定草案，经巡警部略加修改，联合民政部、法部合奏，交宪政编查馆议复，批交奕劻、载沣、世续、张之洞、鹿传麟、袁世凯六大臣详加修改，于同年3月14日奉旨颁布的。从《大清印刷物专律》到《大清报律》，都是在清王朝宣布预备立宪、施行新法的口号声中制定的。“其目的显然并不是为了保证言论出版自由，使庶政得以公诸舆论，而是为了加强对新闻事业的控制”[①]。因此，《大清报律》与《报纸条例》一直是清末民初辽宁执政当局奉行的两部新闻法规，它们犹如两个“紧箍咒”钳制报界，禁锢舆论，打击进步报刊，放纵无聊小报，束缚限制着20世纪初辽宁地区报业的发展。

《大清报律》共45条。主要内容有：

一、报纸登记与管理办法。“凡开设报馆发行报纸者，应开具下列各款，于发行二十日以前，呈由该管地方官衙门申报本省督抚，咨民政部存案：

① 方汉奇主编:《中国新闻事业通史》第一卷，中国人民大学出版社，1992年版，第951页。

一、名称；二、体例；三、发行人、编辑人及印刷人之姓名、履历及住址；四、发行所及印刷所之名称及地址。”（第一条）“发行、编辑得以一人兼任，介印刷人不得充发行人或编辑人。”（第三条）“发行人应于呈报时分别附缴保押费如下：每月发行四回以上者，银五百元；每月发行三回以下者，银二百五十元。”（第四条）

二、新闻检查办法。“每日发行之报纸，应于发行前一日晚十二点钟以前，其月报、旬报、星期报、间日报等类，均应于发行前一日午十二点钟以前，送由该管巡警官署或地方官随时查核，按律办理。”（第七条）

三、失实处罚办法。“报纸记载失实，经本人或关系人声请更正，或送登辨误书函，应即于次号照登。如辨误字数过原文二倍以上者，准照该报普通告白例，计字收费。更正及辨误书函，如措词有背法律或未书写姓名、住址者，毋庸照登。”（第八条）“记载失实事项，由他报转抄而来者，如见该报自行更正或登有辨误书函时，应于本报次号照登，不得收费。”（第九条）

四、禁载事项。“诉讼事件，经审判衙门禁止旁听者，报纸不得揭载。”（第十条）“预审事件，于未经公判以前，不得揭载。”（第十一条）“外交、陆海军事件，凡经该管衙门传谕禁止登载者，报纸不得揭载。”（第十二条）“凡谕旨奏章，未经阁抄、官司报送者，报纸不得揭载。”（第十三条）“报纸不得揭载：诋毁宫廷之语，淆乱政体之语，扰害公安之语，败坏风俗之语。”（第十四条）

辛亥革命前后，全国各地民报勃兴，尤其是武昌起义已经敲响了清王朝统治的丧钟，也使封建报禁废弛于无形，更由于《临时约法》规定人民有言论、著作、刊行及集会、结社之自由，这给全国报业发展带来了新的生机，全国上下国人创办的报纸蓬勃发展。《大清报律》出笼后，立即遭到关内报界的抵制，“对于清政府钳制言论，摧残报刊、报人的种种措施，新闻界进行了不屈不挠的斗争”[①]。然而，东北地区的话语权仍被清廷遗老遗少所把持，他们残酷打压民报的发展，使得辽宁地区的报业仍处于万马齐喑的状态。

辽宁地区的主政官员首先借助《大清报律》加强对舆论的管控。作为

① 方汉奇主编：《中国新闻事业通史》第一卷，中国人民大学出版社，1992 年版，第 985 页。

一部报业法律，清政府试图通过其给民众及报界人士造成一个舆论民主的假象，但从《大清报律》来看，其规范的每一条都十分严厉苛刻。在辽宁地区，这种对舆论的遏制方式经常使用，许多报纸常常因为触犯某一条“禁律”便被开出“罚单”，有的报人遭到逮捕，有的报馆还要被关闭。中华民国宣告成立的第一个月内，为排斥异端，二度主政东北，辛亥革命爆发后又组织“东三省保安会”，以“会长”名义代替总督名义的赵尔巽，竟然指使张作霖枪杀《国民报》社长张榕、主编田亚斌。

1911 年寿世公与沈阳南关师范学校一些教员集资创办《微言报》，由于宣传辛亥革命思想，在清当局压迫下很快被查封停刊。1911 年 10 月 10 日武昌起义爆发，消息传到辽宁，10 月 18 日，赵尔巽通告东北中外报馆，“暂缓刊登”武昌起义消息。革命党人报纸《大中公报》将这个消息最先刊登在报纸上并印发“起义号外”，使得赵尔巽恼羞成怒，以《大中公报》违反《大清报律》第十四条规定的罪名，将报社经理杜葛岭及主笔沈肝若拘捕，并将杜葛岭打伤，制造了震惊中外的“大中报案”。不久，《大中公报》以登载巡警总局防疫所真相，《东三省日报》以主张共和提倡独立，均被捣毁，先后停刊。

另一方面，《大清报律》的有些条款对报纸上有些无关政治的栏目设置给予了一定的鼓励，致使一些无聊小报滋生，同时客观上也刺激了白话文的传播。《大清报律》第四条规定，发行人缴保押费时，“其专载学术、艺事、章程、图表及物价报告等项之汇报，免缴保押费。其宣讲及白话等报，确系开通民智，由官司鉴定，认为无庸预缴者亦同”。在这种政策的鼓励下，一些白话报悄然兴起，如 1909 年创刊的《奉天醒时白话报》《亚东白话报》等都是这部报律衍生下来的产物。当时辽宁的许多报纸为争夺市场，都设置了副刊，辟出专栏，刊登白话作品。与此同时，也产生了以《谭风报》为代表的一些无聊的小报，不谈国事，专谈风月，使当时陷入低潮的辽宁报业又雪上加霜。

第三节 社会转型引发民报勃兴

1.《大中公报》及革命党人报刊

1905年，孙中山倡导的中国同盟会在日本成立。总章规定：在国内拟设东西南北中五个支部。同盟会成立之初，先后有宋教仁、廖仲恺等同盟会领导人、骨干分子和众多会员赴辽宁活动。

（1）同盟会员赵中鹄主办的《东三省民报》

1907年春，在宋教仁的领导下，同盟会辽东支部成立，主要负责人是奉天实业学堂教员徐镜心和著名新军首领吴禄贞、蓝天蔚等。同盟会辽东支部成立前，奉天城内的文化书院和两级师范学堂里，已经秘密传阅同盟会机关报《民报》等革命党人的报刊。1906年末至1907年初，奉天文汇书院青年师生朱霁青、钱公来、赵海涛等人在沈阳创办了《刍报》（意为草根之报）。为了免遭查禁，《刍报》给人以出版地设在日本东京的假象，积极宣传革命与民主思想，抨击清政府的投降卖国行径，揭露帝国主义的侵略罪行。这张报纸虽然在当时新任东北总督徐世昌等遏制下仅出版了两期，但在辽宁报业的历史上也留下了光辉的一页。

《东三省民报》是同盟会在辽宁最早公开出版的报刊。1908年前后创刊，主办者为同盟会员赵中鹄。赵中鹄是辽宁海城人，自幼家贫，聪明好学，18岁即擅诗文，曾在县师范学校任教多年，桃李满城。《东三省民报》积极“宣传革命主义”，创办不久因经费困难而停刊。赵中鹄曾经以留学生潘志仁投海报国为题材编写新剧《当头棒》（又名《潘公投海》），经当时艺人刘艺舟等公演后，社会反响强烈。

（2）《大中公报》与主笔沈肝若

清末辽宁地区最著名的革命报刊，是由信奉天主教的袁昆乔（袁伯扬）[①]于1910年10月在沈阳创办的《大中公报》。报纸每日对开两大张8个版，发行量最高时计4000余份，销路遍及东北三省，并扩展到京津和朝鲜新义州。社址在奉天大北关。

《大中公报》主笔沈肝若[②]是同盟会员，有激进的民主主义思想。自日本留学归国，头上"已剪去发辫，身着西服"，"每日著论说与短评，亦多遇事直书，毫不忌讳"，公开号召推翻清封建王朝，对"预备立宪"的骗局多予揭露。当时，东三省人民要求清政府立宪，速开国会，有人用血书表达参政议政的诉求，以至断指血书的人相继出现，令执政者十分恐慌。《大中公报》对此大力宣传，报界也有人断指要求立宪，各界纷纷选举代表持血书进京谏政，袁昆乔一度被推举为报界代表。

1911年初，东北地区鼠疫流行，沈阳因染鼠疫一天就有数百人丧生。《大中公报》以大字标题，披露市民啜应凯一家8口死于鼠疫的典型案例，进而批评当局的防疫不力。同年1月，报纸发表记者蒋梦梅来信，以"乘车见闻"的形式，揭露日本人以检疫为名摧残华人的恶行，同时还揭露了省巡警总局防疫所真相。3月5日，报纸又刊文批评巡警无理干涉妇女乘车等现象。次日下午，警方四五十人捣毁报馆，社长杜葛岭被打伤，并将袁昆乔拘押一日。沈肝若怒不可遏，撰文怒斥防疫所，并函请东北报界一致行动。中国报界俱进会得知这一信息后，也向奉天当局发电抗议。上海《福州日报》3月17日发表社论《论摧残报馆之适速亡》，猛烈抨击当局派军警镇压《大中公报》的暴行。迫于舆论的压力，后经《东三省日报》经理、编辑人出面调和，这一冲突才暂时平息。当年10月15日，东三省总督赵尔巽又以违反报律等"莫须有"的罪名查封了印制"武昌起义号外"的《大中公报》，拘捕经理杜葛岭与主笔沈肝若。各界人士为此"大动公愤"，当局不得不让《大

---

① 一说为"袁渤阳"，见黑龙江日报社新闻志编辑室编著：《东北新闻史》，黑龙江人民出版社，2001年版，第37页。

② 一说为"沈旰若"，见朱诚如主编：《辽宁通史》第四卷，辽宁民族出版社，2009年版，第14页。

中公报》复刊。

《大中公报》在舆论的支持下复刊后，在报道时事政治新闻时，更加敢于发表言论，深受民众欢迎。沈肝若为此特设《三千毛瑟》专栏，经常用辛辣的笔调揭露帝国主义侵略真相，鞭挞军阀与土匪恶霸。1912 年 7 月 7 日，这个栏目有这样一段文字："中国的军港不多，租界不少；中国的进项不多，外债不少"，"人说曹汝霖不好，我说曹汝霖好，他将一国地图卖尽，然后可以平平稳稳当亡国奴。"类似这样痛快淋漓的文章，《大中公报》几乎每天都有刊载，以致"官场中之有弊者，无不畏之如虎"。[①]1913 年，报纸因对统治当局的深刻揭露而被捣毁后无奈停刊。据说，周恩来 12 岁那年来沈阳读小学，除学习课本知识外，还经常购阅《大中公报》《苏报》及《革命军》等进步刊物。

辛亥革命前沈阳还新办了两家革命党报纸，寿命都不长。一为《国民报》，因主办人张榕被害而终刊；一是《民声报》，主办者据说是有进步思想倾向的同盟会员艺人刘艺舟。《民声报》创刊于 1911 年 7 月 10 日，与上海革命党人的《民声报》南北呼应。该报以"开通民智、纠正民风、振作民气、扩张民权、宣传民情、发挥民意"为宗旨[②]，每日对开两大张，零售每期仅公制钱 4 枚，报价低廉。

沈肝若在主持《大中公报》笔政时，还兼任沈阳《微言报》主编。《微言报》为 4 开小报，约 1910 年 8 月之前创刊。这张报纸的参与者，大多是南方人，办报经费来自于教师集资。报纸篇幅虽小，在编辑与版面安排上却与大报相近，有时刊载插图，多为讽刺之作，加上沈肝若撰写的评论文章，创刊不久即发行到 1000 多份。辛亥革命前后，革命党人惨遭镇压，该报"因而牵连，停报潜避"[③]——终究不能办下去了。

2. 张兆麟自费筹办《奉天醒时白话报》

中国新闻事业发展到近代，出现了一项新的内容，即白话报刊的发展，

①《二十年来沈阳之报界 · 大中公报》，《盛京时报》1929 年 11 月 3 日。

②《中国近代报刊录》，福建人民出版社，1991 年版。

③《二十年来之沈阳报界 · 微言报》，《盛京时报》1929 年 11 月 1 日。

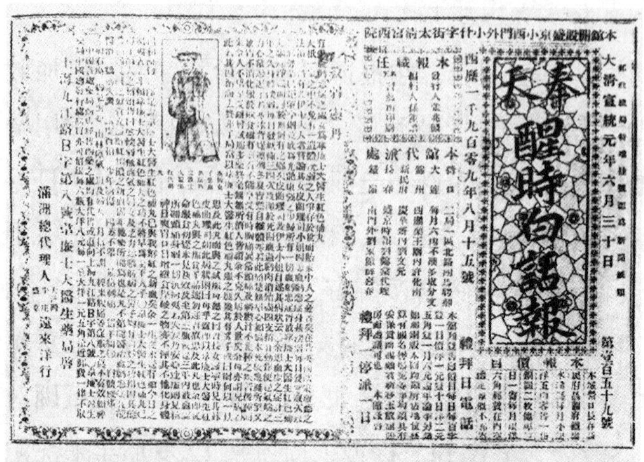

本館開設盛京小西門外小什字街太清宮西院

大清宣統元年六月三十日

奉天醒時白話報

第一百五十九號

西曆一千九百零九年八月十五號

禮拜日電話

禮拜一停派一日

特別廣告

大減價

《奉天醒时白话报》

“1876—1919 年，中国大约出版 200 种白话报。这以后文言报刊逐渐为白话报刊取代”①。清末民初，辽宁地区率先打起“白话”旗帜的是《海城白话演说报》，而真正与当时白话报标准契合的是 1909 年 2 月 21 日张兆麟在沈阳创办的《奉天醒时白话报》。

张兆麟（1865—1938），字子岐，回族，1865 年 12 月 3 日（农历十月十六日）生于河北通县常营村。祖父与父亲曾在清廷充任武职，在他四五岁时，家道中落，他和二弟只在本村念过私塾。稍长，在北京经营一个杂货铺，仍不能维持生活。1906 年出关，先住营口，后来沈阳。1907 年，张兆麟在营口创办了文言体的《醒世汇报》②。1908 年，营口海防同知以报馆

① 方汉奇主编：《中国新闻事业通史》第一卷，中国人民大学出版社，1992 年版，第 783 页。

②《东北新闻史》（43 页）谓《醒世汇报》;《辽宁省志·报业志》谓《营口醒世汇报》（17 页）。本书从前者。

受贿为由将其查封。于是，张兆麟只身来到沈阳筹办新报，预交保金500元，当年11月获官署批准。1909年2月21日，有着30多年报龄的辽宁地区最早最有影响的民办报纸《奉天醒时白话报》正式在奉天（沈阳）出版发行。

《奉天醒时白话报》创办之初即以“改良社会，开通民智，提倡教育，振兴实业”为宗旨，在《发刊词》中提出“以言论济世，以教义济人”。报纸的风格仿照当时北京的《北京白话报》，采用语体文的形式，不但刊登省内外的时政新闻，还不时刊登回族习俗、活动、民情和伊斯兰教教义及其活动等文章。《奉天醒时白话报》热心维护公众利益，经常刊登具有爱国主义思想的文章。1910年张兆麟参加在南京举行的中国报界俱进会成立大会后，其开通民智维护国家主权的思想更为强烈。一天，张兆麟在营口海口处看到英轮“子午号”非法没收中国人财物和殴打中国人的情景，十分气愤，回到住处后很快将这一事件以及自身的感受写成文章，以快件的形式寄往报社。消息在报纸刊出后，英国人十分恼怒，向设立在沈阳的东三省总督府提出交涉。营口警务厅传讯张兆麟，问有何见证。张兆麟义正词严：不但有见证，而且亲临目睹。在事实面前，英国人理屈词穷。《奉天醒时白话报》随后作连续报道，呼吁国人自办客运，招商募款，集资买船。在报纸的号召下，中国人自己的“肇兴轮船公司”开始运营，英商的“子午号”轮被迫停运。张兆麟还主张抵制日货，参加爱国游行，热心于公众事业，是当时奉天的知名人士。

《奉天醒时白话报》报社成员均为张家成员，直到张兆麟逝世后依然如此。张兆麟在营口创办《醒世汇报》时自任社长，请营口私塾先生孙普笙为主笔，弟张兆龄协助经营。二人故去后，1913年春由张兆麟大儿媳王维祺继任该报主笔。在奉天法政学堂求学的大儿子张友兰晚间帮助协理报务。小儿子张友竹在小学读书，每天放学后到街巷卖报。小儿媳杨宪英后来也参加报纸编辑工作。

王维祺原名王代耕，是辽宁报界最早的女主编。北京昌平人，因同张兆麟之子订婚而来到沈阳。1913年10月，日本报界在大连召开记者大会，邀请东三省内中国报界参加。22岁的女主编王维祺出席了这次大会并登台讲演。因为当时的日本报界还没有女主编，中日记者对王维祺的出现都很惊异。王维祺既会英语、日语，也擅长书法。在大连参观一个女子中学时，该校校长捧出笔砚，请她题字留念，王维祺当场挥毫书写了“敏于事”三个刚健遒劲的大字，令围观者赞叹不已。

作为辽宁民营报刊的第一人，张兆麟对于办报志趣坚决，勇进无退。据《盛京时报》介绍，当时的《奉天醒时白话报》“无官款补助，亦无他人入股，仅独立经营，只有开销，无有进款，以致该报出版以来，经费极其艰难，有时不得不中止出报，直到民元后，犹感经费之苦”[①]。初期的《奉天醒时白话报》没有自己的印刷厂，只能在奉天习艺印刷厂印行，不久，迁到小西关工夫市。1920 年以后，报社经济才见好转，有了固定地址，随着报纸的营业逐渐发展，这才设立了自己的印刷厂，有十六页平板机一台，八页平板机一台，初具规模。发行范围先是在奉天、营口、铁岭、开原、大连等地，后逐渐扩展到东三省，还远销北京。1926 年后，报纸销量不断增加，每天出版两大张，日销 7000 多份，在东北各地发展了 40 多个分社。经过诸多困难后，报纸发行量剧增，广告刊费也逐年提高，不仅购置地基、建筑楼房，置备工厂，而且先后购置四台印刷机，并承印《奉天市报》《新亚日报》等，到“九一八”前夕，已经建起了深宅大院。

九一八事变后，由于日本侵略者严密控制新闻，加上收买了《醒时报》（1920 年改为此名）接班人张友兰，报纸沦落为世俗小报，后期又登载了黄色社会新闻，1944 年 9 月休刊。

3. 民办小报的短暂勃兴

晚清时期的辽宁地区，在外报、官报相继发轫以后，私营民办报纸陆续创办，在短短的将近四年的时间里，包括《大中公报》和《奉天醒时白话报》在内，共创办 24 种报纸，仅 1911 年一年就创办了 10 种，包括《国民报》《谭风报》《民声报》《华商报》《微言报》《疾呼报》《满洲画报》《奉天画报》《民铎报》和《牖民报》。这一时期的民办报纸除了数量较多外，

① 《二十年来沈阳之报界・续》，《盛京时报》1929 年 11 月 2 日。

内容上更加注重贴近民众亲近民众，报纸的种类也非常丰富，不仅有大量的民报，也有一定数量的商报。这些报纸有着强烈的进步意识，言论发达是这一时期民报的特点。

这些小报为了生存，经常采用各种经营策略。首先，大力招募商业广告，推动小报的日常运作。“有时为了迎合市民大众，扩大发行量，也刊登一些低级趣味的文学作品”，但大多数作品是以娱乐休闲为目的，基本追求健康向上的文学品格，多发表小品文和诗词，如笔记、品菊、评花等。这时期的小报受梁启超文学社会论的影响，提倡文学的社会功能，主张用白话文写作，但因为创作手法尚不成熟，很少发表小说。

《亚东报》（又称《亚东白话报》）

1909 年 8 月创刊，由中国商人与俄国驻营口领事馆合资经营。经理郭俊臣，主笔许绍裘。社址在营埠东街。后该报因经济困难停刊，时间不详。

《民生报》

1912年7月24日创刊，日刊。创办人胡子晋自任社长兼主笔。胡子晋，广东人，南洋兄弟烟草公司营口分销公司总经理，具有民主进步思想，曾在营口创建自由党，后又成立同盟会营口支部。同盟会改组为国民党后，胡子晋又将同盟会营口支部改称国民党驻营口交通部，胡子晋任部长。胡子晋在营口运用报纸积极从事反对帝制争取民主的斗争。《民生报》创刊后订阅者日渐增多，日发行 1500 多份，停刊时间不详。

《谭风报》

1911 年 6 月在沈阳创刊。所谓“谭风”，即以谈论男女风情为主要内容。《谭风报》每日 8 开一小张，主办者王翔廷，主编宋彬即宋文林，民初由赵芰荷接办。赵芰荷是一个风尘潦倒的政坛失意者，“逐日游花国，兼嗜戏剧”[1]，所以该报“悉为菊坛花场之事”，文字多出于赵芰荷一人之手。而此

---

① 据《盛京日报》1929 年 11 月 9 日所刊《二十年来沈阳之报界》。

时尚未发迹的宋文林，据说也写得一手好文章，而后因为张作霖赏识被聘为私人秘书。此人九一八事变后投敌，是伪满洲国《建国宣言》的两个起草人之一。《谭风报》创刊之初，“一时争相阅之”，但订户非常少，“因印刷费无出之故，未及一年停闭”[①]。

4. 晚清时期辽宁地区报纸的广告

“广告费之消耗，以报纸为最巨；而报纸之支出，亦多仰给于广告。”[②]“广告信息通过报纸这个媒介传播，目前的史料证明，出现在清朝末年。”[③]辽宁地区的报业发展虽然比较晚，但在广告经营方面与同时期关内的报纸相比，并没有落后许多。报纸广告业的兴衰与当地的经济发展毕竟是同步进行，晚清时期辽宁报业发展的不均衡也表现为报纸广告方面数量与质量的相当大的差异。

（1）“广告”词汇的出现

1906年的《东三省日报》，报纸的“告白刊例”接着就是“广告”与“告白”。以后的报纸，“告白”只在报头处出现，“新闻”是“新闻”，“广告”是“广告”，受众的需要使报纸不自觉地完成了新闻与广告的视觉分离。1907年的《东三省日报》有整版广告加新闻中缝广告，并申明“不取分文”赠送广告版，标志着广告语汇的独立呈现。“本报现已改良所有登载广告，亦皆大加扩充，如有愿登广告者，本馆无不克己，以答诸君之惠顾……”[④]这些广告语汇准确把握客户心理，用语恳切“诚实”，即使放在广告比较成熟的今天也不过时。

（2）报纸的广告价格

报纸广告从固定传播转向流动传播，从自制媒体过渡到公共媒介，从免

---

① 据《盛京时报》1929年《二十年之沈阳报界》。

② 戈公振著:《中国报学史》，三联书店，2011年版，第197页。

③ 赵琛著:《中国广告史》，高等教育出版社，2005年版，第221页。

④《东三省日报》光绪三十三年二月十九日（1907年4月1日）一版。

费发布到有偿发布，清末报纸首开先河，并且能够在发布“实用信息”过程中从不规范到不断完善，直到逐渐为商家及各界人士所接受。报纸最初制定广告价格时大多参考其他报纸价格，然后随物价涨跌而波动。价格定高了，广告客源招揽困难；价格定低了，对于报馆来说将是不小的损失。这种变化可从《盛京时报》创刊至1911年的广告价格看出端倪。短短几年间，其广告价格在不停波动，字号、字数、价格、刊载时限，都处于经常波动状态。

1907年9月1日《盛京时报》“告白”刊例是：一行五号字二十一字起码，登一日者每行四角，登十日者每日每行三角，登全月者每日每行一角，登长年者价目面议。到了1911年，该报的广告价格随着报纸发行量的增加开始起变化，1911年9月12日《盛京时报》“告白”刊例是：一行五号字十五字起码，登一日者每行四角，登十日者每日每行三角，登长年者价目面议。

（3）报纸广告的设计

随着资本竞争的加剧，报纸刊数和广告版面迅速增加，不少报纸为增加广告收入，以一半左右版面刊登广告。新面孔的商品不但有文字说明，还配以图画，形式新颖，内容诱人，一定程度上提高了报纸广告的艺术感染力。为适应竞争的需要，报纸的广告版面不断扩张，商业气息越来越浓。同时，报纸广告的篇幅和内容均有增加，广告编排也日趋活跃，开始采用图解方法做分类广告和联合广告。如1907年4月1日《东三省日报》中的“本馆新出小学报”，而奉天老福顺堂的“官验咳嗽药”中的“官验”旨在表明此药的可信程度，以期引起读者好感而争相购买。

刊登广告的目的是为了盈利，清末的商家早就有此意识。商家在某种新商品上市前便邀请广告专业人士策划设计出一整套广告，定时发布。首次广告往往用较大篇幅，甚至整版，随后安排刊发一组大小不同的广告。每则广告力求从某一角度介绍商品或服务。虽然印刷水平有限，但丝毫不影响广告的创意，即使没有画面，美术字体的设计书写也悉心处理，工整完美。报纸为广告不吝惜提供充足版面，并时常在一版刊登整版广告，条框分割大小广告，字号、字体、行文都进行了颇具匠心的技术处理，简洁大方而非杂乱无章。

（4）广告公司的出现

报纸广告蓬勃发展，必然带来广告业本身的竞争，广告主与广告经营者逐渐分离，从而促使广告代理商出现。广告代理商最早是以报馆广告代理人和版面买卖人的形式出现，后来演变为专营广告制作业务的“广告公司”（规模较大）、“广告社”（规模较小）。

广告代理人开始只是跑跑腿为报馆招揽业务，从中收取佣金；随着业务的不断开展，开始代表报馆从事广告推销工作，为客户购买广告版面并从中获取酬金。报馆不再从事广告推销工作而把精力放在经营上。由于这项工作有助于增加报纸的收入和提高报纸本身的效率，广告代理工作受到报业的欢迎。广告代理人原以个人名义为报纸承揽广告和为外商承办广告，后来报纸广告业务不断扩大，报馆纷纷设立广告部，广告代理人有的成为报馆广告部的雇员，有的则独立经营广告社或广告公司。创办广告社和广告公司不需要很多资金和设备，为此广告代理商发展很快。广告代理商的产生，反映了当时社会对广告的需求在不断地增加，它的出现使广告业务逐步形成一个新兴的行业。

广告代理的产生，改变了广告的经营方式，而后又出现“广告批发代理”——向多家报纸预订固定广告版面，然后再将广告版面分售给不同的客户，广告价格可由广告代理商自定。随着广告公司业务的发展和不断壮大，在广告代理业务的演进中，又出现了“中间人”，也就是广告客户或广告代理公司在与报纸打交道时的联络人。由于他们与报馆有较深的关系，一些广告客户或广告公司都愿聘请或雇用这些“中间人”。“中间人”的好日子过了没有多久，个别实力比较雄厚的广告公司为了赢得更大的利益，自己设立专门部门，“中间人”的地位又开始动摇了。

第二章

民国初年及张氏父子主政时期的辽宁报业

1911 年 10 月 10 日，武昌起义的枪声敲响了清王朝统治的丧钟。《大清报律》等封建报禁废弛于无形，孙中山民国政府的《临时约法》规定人民有言论、著作、刊行及集会、结社之自由，给全国报业发展带来了新的生机，迎来了“报界的黄金时代”。从辛亥革命到九一八事变这 20 年间（特别是五四运动后十余年），是辽宁报业从幼稚逐渐走向成熟的发展时期，经过张作霖主政前、张作霖主政时到张学良“东北易帜”后，辽宁地区各种新创报刊达到 160 余种。如果不是日本侵略者悍然发动九一八事变，辽宁地区的报业一定能够逐渐缩短与关内报业的距离，“东北易帜”带来的国人“井喷状”办报热潮一定会留下一串串闪光的足迹。

这一时期的辽宁报业纵横交错。民报（国人自办私营的报纸）、官报（地方机关和社团办的报纸）、外报（日本人办的中文报纸与日文报纸）在不同时段交错发展，中国共产党的报纸也开始崭露头角。

民报历经曲折终于得以短暂勃兴。民国宣告成立的第一个月内，东三省总督赵尔巽就唆使张作霖枪杀了《国民报》社长张榕、主编田亚斌。尽管同盟会奉天支部于 1912 年 7 月在沈阳成立，但未能创办其机关报，而拥护民国、宣扬共和的《共和报》与《醒狮报》，也都出刊“未几即停”。1914 年 4 月 2 日，袁世凯以民国大总统令颁布《报纸条例》，被称为“世界上报律比较之最恶者”而受到全国抵制。辽宁地区主管报刊的三省民政长官及警察机关，以此《条例》为借口使不少申请新办的报刊胎死腹中。1918年9月7日，张作霖被北京政府特任为东三省巡阅使，其后的三年时间，辽宁民报未有发展，私营民报只有《醒时报》一家惨淡经营。进入20年代，张作霖开始对报刊管理逐渐放宽。“东北易帜”后，辽宁民报掀起勃兴高潮，各种新创民报近20种，而且种类繁多。

官报衰而不退，仍然是报业的主角。辛亥革命后，报纸作为媒介受到执政者的青睐，于是在辽宁地区，一批为新政权代言的官报相继应时而生。这些官报主要集中在沈阳及重要的港口城市营口、丹东等地。沈阳有奉天省议会创办的《东三省公报》（1912）、奉天学务公所创办的《国民常识报》（1912）、辽防长官署秘书厅创办的《亚洲日报》（1912）、奉天市政公所创办的《奉天市报》（1923）、奉天市政公署创办的《市政日报》（1927）、张学良扶植的《新民晚报》（1928）和沈阳市政公所创办的《沈阳市报》（1929）、营口市政公所创办的《营口市报》（1926）、安东警察厅主办的《警察公报》（1913）等。

外报渐成气候，占有相当大的份额。从1905年始至九一八事变前，日本人在东北共创办了230多种报刊，其在辽宁地区新创办的报刊就达到60余种。这些日人报刊名义上是开通民智、联络中日邦交，实则是以文化侵略为目的，包藏蓄谋并吞辽宁乃至东北的野心。1927年6月，日本政府召开“东方会议”，作为殖民统治机构的“满铁”相继收购《盛京时报》和大连的《辽东新报》，使得日本在东北的主要日文报纸和中文报纸，几乎都在“满铁”的控制之下出版发行。民国初年至1922年，日本人在辽宁办的报纸绝大多数是日文报刊。唯一一家英文报纸是《满洲每日新闻》，原为《满洲日日新闻》的英文栏目，是日本人为向欧美宣传其在东北的对外政策和“满铁”形象而创办。

中国共产党创办的报纸也崭露头角。1927年10月，作为东北地区的第一个党的领导机关，中共满洲省委在哈尔滨成立。在其筹建过程中及存续期间，中共中央先后派陈为人、刘少奇、陈潭秋、罗登贤等人担任书记。他们在白色恐怖中历经磨难，先后在东北创办了若干种报刊，亲自参与或指导党报的编辑发行，秘密从事党的宣传工作。九一八前，在辽宁沈阳，中共满洲省委先后创办了《满洲通讯》(1927)、《满洲工人》(1928)、《斗争》(1930)和《满洲红旗》(1930)等报刊。这些报刊尽管发行量不大，编印到发行还要考虑保密因素，但作为“群众的喉舌”与“灯塔”，在党所领导的反帝运动中，都发挥了积极作用，扩大了党的影响。秘密发行的满洲省委机关刊物《满洲红旗》，则是中共开拓东北地区新闻事业的先驱。

这一时期，《盛京时报》在中岛真雄的操持下，除极力为日本帝国主义扩张东北鼓噪之外，其文艺副刊在穆儒丐等人的主持下，客观上也为辽宁地区的文学创作和“东北作家群”的成长起到了一定的推进作用。《泰东日报》在傅立鱼任“编辑长”期间，在报纸上公开介绍列宁与“十月革命”，在当时的知识界产生了一定的影响。作为一张国人自办的报纸，《奉天醒时白话报》(《醒时报》) 在没有政治背景、没有财团支持的舆论环境中，坚持以报纸为利器为民众鼓与呼的精神可圈可点。张学良支持、赵雨时主办的《新民晚报》是这一时期辽宁报业的亮点，它不仅是东北地区的第一张晚报，也是一张代表进步思想的官报。其意义在于，它在创刊之日起即以“文艺杂俎”的形式揭露日本帝国主义的侵略野心，经常与日本人办的《盛京时报》展开争论，打破了当时新闻界沉闷的局面，体现出浓厚的民族独立意识和较强烈的爱国主义思想。

第一节　赵尔巽等清廷遗老遗少对进步报刊的“围剿”

1. 枪杀报人血案

1911 年 10 月 10 日，资产阶级发动和领导的武昌起义震动了整个中国，也震动了东北和辽宁大地。在这“天崩地解”的革命洪流面前，辽宁的政治形势产生了新的变化：以同盟会为代表的资产阶级革命派秘密集会，拟成立“关外革命军政府”，推举张榕为奉天省都督兼任总司令，准备宣告奉天独立，以响应武昌起义；以吴景濂为代表的立宪改革派，害怕革命，反对流血斗争，希望保留清政府和各地方政府实行政治改良；封建专制统治的代表、东三省总督赵尔巽一伙则决心顽抗到底。

辽宁地区地处东北三省之首，沈阳是东北三省的政治文化中心和经济军事重镇，这三种政治势力以沈阳为中心，进行着一场生死存亡的较量。1911年6月二度入主东北的东三省总督赵尔巽于10月12日接到清廷密旨，15、16日连续召开会议，商定应急对策，随后作了几项部署，第一项就是：发布新闻检查令，封锁武昌起义的消息。10月18日，下令通告东北各报馆，“暂缓刊载”武昌起义的消息，同时查禁印发“起义号外”的《大中公报》，派便衣军警捣毁了最先刊载起义消息的《东三省日报》。

1912年1月23日，赵尔巽指使时任统领的奉系军阀张作霖使用卑劣手段，诱杀了革命党人张榕、枪杀了《国民报》主编田亚斌[①]和宝昆等。一时间，奉天城腥风血雨，以反动势力枪杀报人为发端，辽宁地区报业在激烈的斗争中进入了一个艰难曲折的发展时期。

《国民报》于1911年春在沈阳创刊，主办人起初是广铁生，后为张榕。张榕是中国近代史上的风云人物，也是辽宁地区值得纪念的革命英烈，被孙中山先生誉为“关东革命第一人”。

张榕（1884—1912），原名张焕榕，字荫华。清光绪十年（1884）出生于奉天省兴京县抚民府营盘村新屯（今抚顺市东洲区营盘东面的新屯村），满族（汉军镶黄旗）。其家居奉天小北关取意西里。青年时，考入北京京师大学堂（北京大学）在译学馆就读。日俄战争时，他与两位同学赴东北，联络山林好汉组建关东自卫军，因清廷屡电查办被迫返京，在北京创办刊物，用以鼓吹革命。1905年9月，张榕参与在北京前门车站炸五大臣被捕，被处终身监禁。在狱中，张榕撰写了《行政法新义》等书，并在囚室墙上书写了“一声霹雳困龙起，震灭人天诸不平”等诗句。后在监狱长的帮助下越狱，遂赴日本东京，经黄兴介绍加入同盟会，不久返大连，成为中国同盟会辽东支部负责人之一[②]。

武昌起义后，辽东支部在沈阳设立秘密机关，为与保皇的奉天保安会对

①《东北新闻史》为“田亚宾”，《辽宁通史》为“田又横”，《沈阳读本》为“田亚斌”，本书从后者。
②《辛亥革命回忆录》第五辑，中华书局，1963年版。

抗，公开成立了以张榕为会长的奉天联合急进会，并将《国民报》作为机关报，张榕任社长，急进会执法总长赵中鹄兼任名誉经理，急进会秘书田亚斌任主编。

田亚斌原名心正，吉林通化人，毕业于陆军小学，是个文武兼优的青年革命党人，常以“田又横”为笔名向报纸投稿，批评时政，并绘制漫画讽刺官署。奉天联合急进会成立后，他对革命活动多有策划，由他主编的《国民报》“以反对帝俄侵略外蒙，需要变法图强为号召”，鼓吹“人道主义”和联合满汉人民共同建立“共和国体”。报纸经常刊登“寓意绘形讽时之作”，因而又被人称为画报；该报《晴天霹雳》专栏，反映民众呼声，经常发表令读者拍手称快的文章。

1912 年 1 月 11 日，孙中山临时大总统在南京任命革命党人蓝天蔚为关外大都督和海陆空总指挥，率师北伐，拟经烟台从庄河登陆北取沈阳。就在东北革命形势有了转机的时候，1912 年 1 月 23 日，赵尔巽的部属袁金铠假惺惺地出面调停张榕与张作霖和好，请他俩到大西关平康里德义楼赴宴。席上，双方举杯言和。宴罢，袁金铠托词溜走，只有少数兵员陪张榕前往蜚红馆。当张榕走进平康里胡同的时候，张作霖的侦探长于文甲等人一跃而出，对他连开数枪。就这样，辛亥革命在东北的先驱者、满族共和志士张榕为推翻腐朽的封建王朝献出了年轻的生命。随后，小北关容光胡同张榕住宅被张作霖洗劫查抄；张榕亲密战友宝昆、田亚斌等也相继遇难。

在这次“奉天大惨案”中，张作霖及其党羽杀害革命党 248 人，革命报刊《国民报》被迫终刊。拥护民国、宣扬共和的《共和报》与《醒狮报》也都“出刊未已即停”。曾在故乡开原组织武装起义的杨大实，一度参与《国民报》的编辑工作。张、田遇难后，杨大实利用《国民报》旧址新办《国民新闻报》以扩大影响，不久即宣告夭折。营口《民生报》主编胡子晋，民初组建自由党营口支部，“二次革命”后被取缔，《民生报》也随之停刊。

2. 袁世凯颁发的《报纸条例》对进步报纸的扼杀

1914 年 4 月 2 日，袁世凯以民国大总统令颁发《报纸条例》，妄图进一步控制新闻舆论。这个条例集中了日本等国报律中的限制性条文，成为“世界上报律比较之最恶者”，遭到全国各地新闻工作者的强烈反对与抵制。然而，面对这个被全国报业痛斥并唾弃的倒行逆施的“条例”，辽宁地区的执政当局却奉为神明。他们以《报纸条例》为据，从三个方面对新生或可能新生的报纸进行扼制：一是捣毁或查封进步报刊的报馆。二是主管报刊的三省民政及警察机关，以此“条例”为借口让申请新办的报刊胎死腹中——在辽宁省档案馆中，至今仍然留存一些办报人未获批准的呈文。三是随着《报纸条例》的实施，官署对报纸内容进行新闻检查。“沈阳城屡经戒严，检查报纸很严”，致使有的报馆被迫停办，有的报纸时办时停。同时，三省当局还严禁反袁报纸的传入，一经发现传播活动，立即加以责罚。

如此高强度钳制舆论的结果首先是报纸数量的大幅度萎缩。民国初期，孙中山任临时大总统的民国政府颁行《民国暂行报律》与《临时约法》后，民众获得较大的言论自由，全国新创报纸剧增，辽宁地区报业也曾出现了一股国人办报的短暂的高潮，先后有《东三省公报》《奉天商报》等10余种报刊面世。据《奉天通志》载：“倡惜未见，施行民国元年，人民有著作言论刊行之自由，载诸临时约法中，一时间报纸风起云涌，彼时奉天报馆约有十六七家，颇极一时之盛。”但《报纸条例》颁发后，“军阀专制，任便违反民意钳制舆论，致封闭报馆，取缔言论记载，以及拘禁枪毙记者之事屡屡而出”，使得“奉天报馆旋办旋停，所在多有”。[①] 地方当局检查报纸甚严，如认为于时局有妨碍即停止其营业，因此各报馆为“戒严法”所劫持，一时销售颇受影响。在将近六年的时间里，在执政当局的剿杀与封锁下，进步报刊相继被查封，新创报刊因为当局“不予支持”而难以诞生，再加上筹办者经费紧张难以筹措，本来稍见好转的辽宁地区报业一时间陷入凋敝状态。

进步报刊遭禁，造成的空白便被一些不谈政治的报刊或黄色小报所取代。如《谭风报》等为了争取读者不惜刊登低俗甚至下流的新闻。这类民办小报此消彼长，直到九一八事变也未结束。这些小报由于品位低下终不能登大雅之堂，在《盛京时报》等报纸文艺副刊不断做大的情况下更是难以生存，因此，能够在报业史上留下影响的几乎没有。

---

①《奉天通志》第144卷，第3305页。

第二节　在短暂勃兴中历经磨难的民报

1. 张作霖主政时期辽宁地区的民报状况

辛亥革命后，东北三省仍被清政府遗留下的封建官员所控制，因此对报刊的管理继续奉行本应废止的《大清报律》，新闻界自然谈不上当时所倡导的言论出版自由。1920 年以前，辽宁地区的民报只有四五种，而且都属短期行为。其间有政府打压的原因，也有的是由于经费甚少，“购阅者少，登广告者亦少，致报社不得收入，穷不能支。虽无暴力压迫，亦穷而不能持久。受穷者，莫如要饭。于是办报者，不得不歇业改途”①。如《谭风报》“组织虽甚简单，开销不多，然终因印刷费无出之故，未及一年停闭”②。

1916 年袁世凯暴毙、奉系军阀张作霖主政东北后的三年时间，辽宁民报未有发展，东北三省国人新办报刊较少，不超过 20 家。由于张作霖靠日本人撑腰，使得当时辽宁地区报刊多为日本人创办，延续的私营民报只有《醒时报》一家独撑，而且也是惨淡经营。进入 20 年代，张作霖开始对报刊管理逐渐放宽，特别是 1924 年，他与孙中山联手取得第二次直奉战争的胜利后，对国人进步报纸歌颂列宁、拥护“联俄”的文章与报道，一般也不追究。辽宁地区的民报由此迎来一个发展期。各种新创刊的民报近 20 种，而且从中心城市向二、三线城市拓展，营口、安东（今丹东）等中小城市都有报纸创刊，而且本埠新闻成为这些报纸的主要内容。

这一时期，新创报纸逐年增加而且种类也开始多样化，除一般报纸外，还产生了专以绘画为主要内容的画报。清末民初时，辽宁地区画报甚少，个别报纸为了加强报纸的视觉冲击力，只能增加一些插图活跃版面，有时为了招徕读者，偶尔附印一张画报不另收费。进入 20 年代，受关内报纸的影

①②《二十年来沈阳之报界》，《盛京时报》1929 年 11 月 17 日。

响，辽宁地区报纸特别是民报形成了一个办画报的热潮，沈阳先后创办《沈水画报》《大亚画报》等。这些画报多为4开周刊，采用石印或铅印，画稿由所聘画师绘制。每期仅五六幅，内容多为本埠社会新闻，画风近于写实与漫画之间。《沈水画报》由《东三省民报》附出，连续出刊10余年；《大亚画报》为5日刊，期发5000余份。20年代末，以摄影为主的铅印画报也传入辽宁，为当时没有文化或文化水平很低的受众开辟了一条获取新闻资讯的通道。然而，摄影类画报成本相对较高，一般为实力相对雄厚的外报经营，高昂的投入常常让民营报纸望而却步。

2. "东北易帜"带来的短暂勃兴

张学良"东北易帜"结束了割据东北的历史，东北三省的新闻事业也因此开始改变了多年来与内地新闻界隔绝的状态，因而也加快了辽宁地区报业的发展步伐。1929年，沈阳新办了《新奉午报》《红田字报》《东北民众报》《东北实报》等，连同仍在继续出版的《醒时报》《东三省公报》《东三省民报》《东北日报》《新亚日报》等，同时出版的国人报纸共计20多家。由此，《盛京时报》发文感慨"新闻界之有如此发达"，"然我地方政治之清明，与我地方明智之展进，亦实一大明证"。

此时期新创刊和继续出版的民营报纸除有沈阳的《醒时报》（1909）外，民营报纸主要还有：

《东报》

1922年，张煊在奉天创办了《东报》。这张报纸虽然在新闻史上少有记载，存在时间也不长，但影响较大，曾经受到陈独秀、张闻天等人的关注。

《东报》从创刊之日起，就经常以犀利的笔触对日本等帝国主义列强的侵略行径进行批判，并积极参与了宣传回收教育的活动。日俄战争结束不久，日本人开始在中国东三省建立学校，至20世纪20年代初，由日本人创办或控制的各类学校已多达450余所。日本在东三省的教育扩张行为很快引起国人的警觉。1923年，为抵制日本的教育扩张，时任奉天教育厅长的谢荫昌著文表示担忧，支持并帮助教育界人士成立“奉天教育权运动委员会”。奉天教育厅并于当年4月11日宣布收回教育权的决定，规定外国人在东北设立学校须经省教育厅批准并遵循中国的教育法规。《东报》积极投入到这场宣传回收教育的活动中。

《东报》的爱国行为引起日本人的强烈不满。1924年4月14日，《东报》刊载了揶揄日本皇太子和天皇制的文章，日本政府将其作为“不敬事件”，对东北当局提出抗议，认为《东报》是“冥顽的排日报纸”。为此，《东报》被当局勒令停刊一周。4月30日复刊。陈独秀在1924年5月出版的《向导》第64期上，为此事专门撰写了《欢迎奉天〈东报〉复刊》的文章。文章说：“爱国奋斗的奉天《东报》，受帝国主义的日本之压迫而停刊一个星期，我们心中是何等难受！现在又于4月30日复刊，我们心中是何等快乐！不但复刊，而且增加张数，郑重宣言决不畏难；同时对于收回教育权充分发挥，更作《明耻》一篇，以针日人所《盛京时报》之中国记者。此外复于日本运动办理奉天市电车表示反对，至日本军阀再向奉天当局要求永禁《东报》。我们一方面敬佩《东报》记者们勇于爱国奋斗不屈的精神，一方面觉处勇于收蒙的上海各报记者们，对于英、美、法、日接二连三的最近压迫，大都‘媚容可掬’！”

《向导》周报是中共创办的第一份公开发行的机关刊物，1922年9月13日在上海出版发行，由蔡和森任主编，高君宇、李达、瞿秋白、彭述之、张国焘任编委及主要撰稿人。陈独秀对《东报》的赞赏，表明《东报》的停刊事件在全国的影响还是很大的。

《新亚日报》

创刊于1920年以后，终刊时间不详。办报人为著名教育家陶明浚。陶明浚（1894—1960），蒙古族，奉天一中毕业后，1917年考入北京大学，五四时期曾率全班同学参加示威游行与火烧赵家楼活动。1920年秋毕业回到沈阳，先后在奉天高师、东北大学等任教，并经常为报刊撰写文章。“为了发展民族新闻事业，与日本人在东北所办的报纸抗争”[①]，创办《新亚日报》。《新

① 据《沈阳市文学艺术资料第一辑·陶明浚》。

亚日报》以“主张公论，研究学术”为宗旨，主张在外交上维护民族尊严，经常刊载“排日”的报道与文章，言辞比较激烈，反映了时人呼声，期发4000份。

《东边时报》

1923年12月1日由东边道（今丹东一带）尹王顺存发起，康荫叔、王大鲁、吕志厚筹办。社址在安东县兴隆街路南，后迁至广济街东段南胡同。创刊初由康荫叔任经理兼编辑长、王大鲁任编辑、吕志厚负责印刷兼发行，日发行500份。

《东边时报》为日报，对开4版。该报的宗旨是“发扬民权，提倡实业，振兴教育，援助外交”，栏目有《论评》《国令》《中外要电》及《要闻》《安东和各县新闻》《琐闻》及《译件》《小说》《公牍》《杂记》等。1929年，报纸的归属有所改变，改名为《东边商工日报》，成为安东总商会和道尹公署机关报。1931年九一八事变后，该报获“排日”罪名被日伪当局禁止发行。1933年7月1日该报改由日本人为主经营，向后新太郎为主办人，马东先为编辑长，常子宣为营业部长，在三道沟、浪头、宽甸、辑安（今集安）、外岔沟、新立及日本的大阪均设立支局。

1926年6月，《东边时报》出版子报《小安东报》，小安东报社附设在东边时报馆内，经理、编辑、印刷、营业等均由《东边时报》人员兼理。《小安东报》以“启迪平民知识，转移社会风化，提倡工商实业，公布每日钱粮行情，诱导人群道德思想，不偏不党”为宗旨，设有《评论》《中外要电要闻》《本外埠新闻琐闻》《小说》《杂俎及丛谈》《诗文》《小品》等栏目。每日发行一小张，定价小洋2角。

《丛报》

1925年创刊于安东（今丹东），系文人业余合办，没有专职编采人员，由宏业号书局代印，8开2版。该报主要刊登地方新闻、市场信息和广告。社址在安东，每日印2000份，全部赠阅，由合办人之一王巨川每日按赠阅名单送报。办报经费主要是逢春节、端午节、中秋节到商家和读者家挨门

“讨赏”，用户根据自己的能力及受益情况“赏钱”不等。办报人每月有10至20元收入。该报历时两年多，于1927年因内部意见分歧而停刊。

《平民日报》

创刊于1928年2月，由寄居沈阳的进步青年知识分子苗渤然个人主办。社址在奉天小西门外。苗渤然是辽宁新民市人，早年毕业于奉天省立文学专门学校，政治上追随孙中山，有强烈的民主主义革命思想。他自筹经费，自任社长及主笔，好友丁起、贾力夫、陈惠等人协助其编辑出版。

《平民日报》不依附于任何政治经济集团，办报宗旨是“反对帝国主义、封建主义与军阀独裁统治”，开发民智，宣传文化，并指导民众正确了解社会现象。内容有新闻、批评、研究、专著、调查、闲语、通讯等。报纸报道内容比较新，敢替老百姓说话，问世之初即在社会上特别是教育界引起很大震动，发行量由2000份迅速增加到5000份，并远销到吉林、哈尔滨等地。日本关东军制造的“皇姑屯事件”发生后，该报在5日的报纸上“慷慨陈词”，对日本帝国主义的卑劣行径表示强烈的愤慨，动员人们起来反抗，保卫东北边疆。1929年，该报由于经费不继而停刊。

《文画日报》

1928年11月23日出刊。美术工作者常逸然与杨际青兼主编及发行人，印刷人为李亚东。社址在营口双庙子街（今双庙里）11号。

该报宗旨是“提倡艺术，研究文艺，文画并重，维持风化”，“不涉及政治党派”。内容有埠内新闻和社会新闻、文苑论说、小说杂谈等。日出一张，4开4版。每期发行750份。1929年1月尚出版，终刊之日不详。

《东北民众报》

1929年10月10日创刊，由爱国知识分子陈言集资兴办。陈言自任社长兼总编辑，阎宝航被聘为名誉社长，经理为刘西野，常年法律顾问是上海大律师吴迈。编辑部人员有周东郊（中共党员）、王一叶、赵雨之、刘剪平等。该报有自己的印刷厂，内有大16页和8页印刷机各一台。日刊一大张半，日发行量最高达1.5万份以上，在东北各县及关内大商埠设有支社和分销处，社址在沈阳市钟楼南灰市胡同。

该报以爱国爱乡为办报宗旨。1929年，汪精卫、冯玉祥、阎锡山等在北平召开所谓“扩大会议”，共同反对蒋介石。南京方面得此消息后，立即派吴铁城、张群等来沈，拉拢张学良以对抗“扩大会议派”。“扩大会议派”也派孔繁蔚等人到沈阳做说客，联合张学良反对蒋介石。在张学良踌躇未决之际，《东北民众报》于6月的一天，发表了《论保境安民》的社论，社论说，“东北地处边陲，为中国北方之屏藩，现强邻虎视眈眈觊觎已久，大有防不胜防之势。一旦东北健儿挥戈入关，逐鹿中原，实给强邻可乘之机，后患不堪设想，如失之东北，必波及整个中国……东北军不可入关，保境安民实为上策”。张学良最终还是兴兵入关，接着即发生九一八事变，《东北民众报》的劝谏可谓一语成谶。

《东北民众报》反对日本帝国主义的侵略，不断揭露日本侵华暴行，为此，日本驻沈阳领事一再向当局提出抗议，并威胁“《东北民众报》宣传抗日，有碍邦交，请即予以取缔”。鉴于当时民众的抗日情绪不断高涨，当局不愿施压报社。日方见此计不行，便责令“满铁”让沈阳车站拒绝邮递这张报纸，致使东北各县镇、内地大埠一时见不到该报，使报纸受到重大损失。为此东北民众报社向大连南满铁路总公司提出抗议，并要求赔偿经济损失。“满铁”只得略有收敛，答应可以邮寄报纸，但必须将送到车站的报纸每日由日本人非法检查。

九一八事变后的第二天上午，日军即派出一辆满载日本宪兵的汽车闯进报社院内，查抄了报社财产。社长陈言及编辑人员均到外地避难，历时二年的《东北民众报》因此终刊。

3.《奉天醒时白话报》更名《醒时报》

1921年，回族报人张兆麟将经营数年的《奉天醒时白话报》改名为《醒时报》。将“奉天”二字去掉，表现了张兆麟欲将报纸立足沈阳覆盖辽宁甚至进军东北的勇气与决心；将“白话”二字去掉，不是要舍去报纸“白话报”的风格，而是强化报纸贴近生活进而改造社会的功能。在以后近30年的办报生涯中，张兆麟与家庭成员一起逐渐将报纸做大做强，不仅使《醒时报》与《东三省公报》《东三省民报》并称为“沈阳报界三老”（据《奉天通志》），而且与《盛京时报》《泰东日报》一起，成为近代辽宁地区报业史上办报时间最长的三张报纸之一，还与《正宗爱国报》《竹园白话报》《民兴报》并称为当时的“四大回族报纸”[①]。既无政治背景，又无财团支持，《醒时报》的产生与发展在辽宁地区报业历史上堪称为一个奇迹，在全国的报业史上，这样成功的例证也不是很多，它当之无愧地“以鲜明的爱国爱教等为办报宗旨，以白话报的特点成为在辽沈地区近代报业上最有影响的私营报纸”[②]。

与国内同时期的杰出报人一样，张兆麟一直秉承“报业救国”的理念，即中国要富强，就必须进行改革；要改革，就必须举办报业，发挥报纸的先导作用。早在营口创办《醒时汇报》时，他就疾呼国人自强，反对列强侵华。即使在日伪统治时期，《醒时报》作为点缀得以幸存，不得不刊发“宣传满洲建国”一类的文章，但对侵略者带来的民生之苦，《醒时报》也刊发打油诗“社会生计真教难，贫民饿得眼发蓝。虽有粥厂解饥渴，无衣无住仍号寒”等，从侧面折射当时沦陷区人民的悲惨生活，表现出良知在抱的悲悯情怀。

作为近代辽宁民营报刊的始作俑者，张兆麟最可宝贵之处就是“对于办报，志趣坚决，勇进无退”。近代辽宁民营报刊，存世率都不高，有的因为政治上高压，有的因为资金匮乏，多则三五年少则一二年即宣告结束。《醒时报》在办报之初，既缺乏资金设备，又无背景支持，独立经营，无人参股，经常是用这一期的卖报钱作下一期以支撑门面。因资金困难，报馆不得不一再迁移，还出现过无钱付印刷款，张兆麟押衣取保的现象。面对这些，张兆麟初衷不改，不向《盛京时报》等低头，在关乎国家、民族的大是大非面前，立场坚定，始终冲锋在前。1927 年 4 月 12 日，沈阳 10 万人举行游行抗议日本在吉林临江设立领事馆，张兆麟除在报纸上主持舆论外，还以记者的身份走在游行队伍的最前列。后来，日本人在关于报纸的调查中说《奉天醒时白话报》是“沈阳唯一的白话报，在以回教徒为中心的下层群众中颇有

① 张巨龄：《清末民初的回族报刊与丁宝臣等五大报人》。

② 王卓杰：《〈醒时报〉与张兆麟兄弟》，《沈阳故宫博物院院刊》2009 年第七辑。

实力，是排日的先锋”。

即使在报纸资金得以良性循环的所谓鼎盛时期“已成富人矣”，张兆麟也保持清醒的头脑，不让报纸偏离为民鼓呼的轨道。1934年冬，总结自己大半生，张兆麟写了《六十年大事记》一诗，并以“自咏”为题发在《醒时报》的报耳处：“半世飘零感叹频，出关千里备艰辛。营川设学遭人忌，沈水发刊救我贫。六十余年名利淡，七旬祝寿岁华新。于今又话从前事，不禁凄怆泪沾巾。”从诗的字里行间，能读到一个民营报刊创业的艰辛与苦恼，也能读到一位报纸当家人惨淡经营的五味人生。

作为公众人物，张兆麟热心公益事业，敢于担当，扶弱济困。早在晚清时期，他就在营口创办过清真学校。1910年10月，当他见到奉天回回营一带有不少回族儿童在街头游荡，得不到应当受到的教育，就与铁荣久、赵希珍等商议创办清真学校。从日本归国的杨启东女士也积极参加了办学。1911年1月初，沈阳流行鼠疫，官方成立隔离所但条件恶劣，而且回、汉混住生活很不方便。张兆麟得知后，奔走呼号，争取到阿訇的支持，在清真寺成立了奉天清真防疫所，并由他主持工作。他动员回族医生参与防治，不仅被隔离人员得到妥当安置，而且检疫消毒及时。这次鼠疫沈阳死亡250余人，由于回民得到妥善防治，因疫情而死者仅19人。1917年，直鲁豫三省遭受严重旱灾，奉天成立“直鲁豫灾区筹赈会”，张兆麟在奉天城庆丰茶园（今大舞台）负责募捐。之后他又去大连劝捐。在他的努力下，这次募捐活动成果很好，募得灾款10万元，购玉米数吨。经过他几次与铁路交涉，这些玉米及时送到灾民手中。1918年秋，阎宝航在沈阳创办“奉天贫儿学校”，张兆麟也力所能及地给予资助与声援。

第三节　官报——衰而不退的报业主角

民国初期的官报（地方机关和社团办的报纸）不是很多，但仍属当时辽宁地区报业的主角。张作霖主政前后，忙于军阀混战，并不重视报纸的宣传作用，但在兼具官僚、报人乃至教育家多重身份的赵雨时、王维宙、王光烈等的主持下，《东三省公报》等官报还是相继创刊出版，在宣传政府的政令法规的同时逐渐贴近民众，贴近读者。

1.《东三省公报》的创办与衰落

《东三省公报》报纸名称与此前赵尔巽支持谢荫昌创办的《东三省公报》报名相同，但不是同一张报纸。这张《东三省公报》由奉天省议会创办，创刊于 1912 年 2 月 18 日（民国元年正月初一）。社址在奉天小北门外，曾有严为总经理，荣孟枚为总编辑，王光烈为主笔，关海清为编译，王斐章为发行人。报纸创刊时是对开一大张，不久改为两大张，发行 8000 余份，最多时达 3 万份。报社下设印刷厂，有大六页印刷机 4 台。

《东三省公报》开始时为官办，不久改为官商合办，王光烈为商股之一。翟文选任奉天省长后，王光烈又请求官方收回官股，由他个人经营。

王光烈（1880—1953），字希哲、昔则、更生。辽宁沈阳人。早年毕业于京师大学堂师范馆。历任沈阳两级师范学校、法政专门学校、公立外国语专门学校教员。1912 年任《东三省公报》主笔，不久改任总经理。《东三省公报》自始至终都是地地道道的官报面目，从不登载反帝反侵略的消息，以“宣传民众公意，维持东省治安”为办报宗旨。《奉天通志》记载了报纸的创办过程：“省议会议长孙百斛、袁金铠、曾有严诸人，以奉天处特别地位，国体变更不能无一言论机关以沟通南北之情戚，乃特组织公报。”由于是官报，以“注重开通民智，针砭时弊，鞭挞邪恶，维护社会治安”为主要内容。《东三省公报》印刷为黑底白字，阅读较为困难，但比较强调新闻的真实性。其《启事》说：“本城各访友鉴：此后采寄新闻，务求确实。至摭拾陈言，抄袭旧报种种昧行，知者幸自改焉。再不论何界，如热心报务，能以重要新闻见寄者，本报极为欢迎。”其专刊《暮鼓晨钟》（后改为《警铎》）办得很活，其文字大多关乎国计民生，被读者称为“醒世格言”。1923 年《警铎》的一篇文章分析当时的时事很精辟：“请出上台，逼迫北京，总统难。南北纷纷，互相争权，统一难。放大期满，收回失望，交涉难。钱财缺乏，运动不到，做官难。捐税繁重，无力缴纳，人民难。百物昂贵，工资低廉，贫人难。”此外，这张报纸也刊登一些社会新闻，标题四字对仗，内容相对较为低俗，像“饭庄整顿”“女工招生”“继母斯贤”“逆儿可恶”“淫妇无情”“汲井得尸”等。

1919年12月，《东三省公报》又出副刊《小公报》（每周一次），随报附送，内容多“不登正事，只谈风月，以迎合下游社会堕落心理为能事，贻害青年”。标题也没有统一规范，隶书、小篆、楷书等各种字体，让人眼花缭乱。《小公报》到1926年9月先行停刊。《东三省公报》为了多赚钱，大量刊登广告，每日约出8000份，在辽宁地区各县乃至吉黑两省均设有分馆和代办处。报纸的影响力不断扩大，后期最多达到3万多份，使得报纸的经济基础一直强劲。“九一八”后，这家报纸继续出版，伪满洲国时改为《大亚公报》，王光烈为社长。此时的王光烈是所谓道德研究会的副会长，思想极其陈腐，以反对新文化为己任。其投靠日本人后，报纸性质发生了巨大变化，编排仿效伪满洲国机关报《大同报》，先前仅有的一点思想机锋也消失殆尽。1933年4月，《大亚公报》宣布停刊。从《东三省公报》到《大亚公报》，一张报纸历时21年，生存期之长，在辽宁报界还是不多见的。

2. 奋力抗争的《东三省民报》及其可悲结局

《东三省民报》创刊于1922年10月20日，初由东三省民治促进会主办，后得到张学良政府的扶持，是一张旨在唤起民众、宣传反日救国的进步报纸。

东三省民治促进会是第一次直奉战争后，高崇民、赵锄非等人在奉天创建的一个政治团体。1922年，第一次直奉战争张作霖兵败退回东北，下决心励精图治：对内方面，接受了一些民族民主主义新思想，兴办实业，发展教育，重用人才；对外方面，设法抵制日本在东北日益扩张的权益。为抵御中央军阀和外省军阀的侵占和吞并，张作霖效仿湖南、四川等省，实施“联省自治”。同盟会会员高崇民、赵锄非等人利用这个时机，申请成立东三省民治促进会。其宗旨是：促进民主，唤醒民众，团结东三省爱国人士，共同为反日救国而奋斗。高崇民任总干事，后任总会长，《东三省民报》就是他领导创办的。

《东三省民报》为日刊，两大张。社长几易人选。最初是宋大章，后改赵锄非，又易罗廷栋，1929年又换为陈渊泉。九一八事变前，经张学良推荐，赵雨时兼任报社社长。沈阳著名报人安怀音、陶明浚等，一度曾任该报的主笔。社址在奉天大南门里文庙胡同。1929年后，“每月由军署军需处拨给补助经费大洋三千元，嗣改由省署政务厅派员到馆监视发行”[①]。赵雨时接手时，增加附刊《沈水画报》加以赠送。发行量一般在2万份左右，日发最高达3万多份，是当时东北地区发行份数最多的一家国人报纸，与《东三省公报》和《醒时报》一起被誉为沈阳报界“三老”。

《东三省民报》印刷设备相对齐全。编辑部装有无线电收音机和京津长途电话，重要的消息在当天下午2时之前即能发表。报纸设有《东三省新闻》《地方琐闻》《时政述评》《社会奇闻》《小说》《文苑》《笔记》和《教育》等栏目，涵盖内容涉及地方政治、经济、文化、趣闻等诸多方面。报纸突出宣传这样几个方面的内容：一、大力阐发三民主义精神；二、发展经济，收回失去的主权；三、注重社会问题，努力解决民生；四、提倡国有文化，传播文化知识，扶助教育。

创刊伊始，《东三省民报》即配合民治促进会开展收回旅顺大连的群众运动，刊载文章揭露日本与袁世凯秘密换文，要求废除“二十一条”，按期于1923年归还旅顺、大连。这个运动在东北各地影响很大，三省大中城市纷纷举行集会游行，要求取消“二十一条”，“收回旅大”。

日本侵华势力由此将《东三省民报》视为“排日”报纸，经常刁难该报。1924年4月14日，《东三省民报》刊载日本皇室的消息，日本领事将此作为对天皇“不敬”事件提出抗议，张作霖勒令该报停刊一周。4月30日，《东三省民报》刊文支持奉天教育会收回我国在“满铁附属地”教育权的倡议，日本领事馆又照会查封该报。

日方的蛮横行为更加激起民报的抗争。9月28日，《东三省民报》发表长篇连载文章，针对日本银行的鲜银券不可兑换的问题，严词抨击日本对中

---

①《奉天通志》第144卷，第3306页。

国的文化经济侵略。11 月 10 日，民报又举办征文活动，专门向读者征集反对日本侵略我国的文章，在读者中产生极大反响。

1925 年 4 月，《盛京时报》发表了署名“傲霜庵”《驳文化侵略》的文章，文章攻击中国人民反对帝国主义文化侵略的斗争，为帝国主义在思想文化领域对中国人民的侵略行为进行辩解。文章发表后，立即遭到了《东三省民报》回击，安怀音等人在《东三省民报》上发表文章，对“傲霜庵”的文章逐条进行了驳斥，由此在沈阳引起了一场关于“反文化侵略”的论战。这次论战吸引了很多进步青年，如在南关师范学校读书的周东郊、在文会中学读书的李跃奎、在第四小学教书的吴竹邨等，他们不仅认真阅读有关文章，积极开展讨论，而且有的还写文章，发表在《东三省民报》上，投入到反对帝国主义文化侵略的斗争中。

1925 年“五卅惨案”刚刚发生，《东三省民报》就报道了英、日帝国主义在上海杀害中国人的滔天罪行，一连数日几乎以整版的篇幅，详细报道“五卅惨案”的具体经过和全国各地声援上海工人罢工斗争的情景。奉天学联等在大力开展宣传工作的同时，积极进行募捐活动，《东三省民报》每天都把捐助者的姓名、单位和所捐款额向全市人民公布，并义务代办各种募捐事宜。批批捐款源源不断汇往上海，有力地支援了上海工人阶级的斗争。

“东北易帜”后，《东三省民报》得到张学良的扶植，开始以“宣传军事政治、启发民智、提倡道德”为办报宗旨，与《新民晚报》一起成为反对日本侵华的一个重要舆论阵地。

1929 年 11 月，《东三省民报》就日本人在柳条村惨杀华人案和日本人办的榊原农场阻挠东北大学修桥的事件，进行了针锋相对的报道。在当年 11 月 25 日发表的社评中严正指出：“我国为数千年之文明古邦。鸦片一役，海禁大开，国际资本主义如泛涛之袭至……莽莽神州，竟成了国际竞争之地。中国今日虽为名义之独立国家，然数十年沉吟于列强均势之下，因早已陷于殖民的悲境矣。东北民众几沦于外之劳动者，日人虽号召‘共存共荣’，然其特殊权力之坚持，辽宁一隅一日之间发生两国不幸事件若干次。东邻谋我已如是。”这篇社评反映了当时办报人的思想，也表达了当时奉天执政者张学良的立场。

九一八事变日军占领沈阳后，《东三省民报》公开提出“沉着、冷静、不屈服”的口号。后大汉奸赵欣伯以私人名义占据了《东三省民报》，改名《民报》为关东军服务。从此，报纸宣传的调子变了，文化汉奸张梦九任该报主笔，大肆宣扬所谓“东亚之乐园”“共存共荣”等等，报纸沦为美化日本侵华的“传声筒”。报纸从创刊初历经 11 年的风雨后，1933 年停刊。

3. 辽宁第一张晚报《新民晚报》

1928 年 6 月 4 日凌晨，奉系军阀张作霖在沈阳皇姑屯京奉铁路与南满铁路交叉处被日本人谋杀。当年 12 月 29 日，张学良在奉天省政府大礼堂宣布“东北易帜”，12 月 31 日，张学良被南京国民政府正式任命为东北边防军司令长官。从张作霖罹难到张学良“易帜”半年多的时间里，各种政治势力在沈阳进行着激烈的角逐。日本人办的各种报纸竞相为日本帝国主义在辽宁地区的侵略企图制造舆论，混淆视听，张学良急需有自己的报纸发出自己的声音，于是，辽宁地区第一张晚报，也是张学良扶植的官报《新民晚报》，于 1928 年 9 月 20 日在沈阳创刊。

创刊后的《新民晚报》隶属于东北边防司令公署。社址开始设在商埠地，后移至文庙胡同。社长初为钱芥尘，不久由赵雨时接任。主编王乙之（王益知，张学良秘书），编辑许之平、林霁融（胡诌博士），中共党员李郁阶也在该报任编辑。主编王乙之从东北大学毕业后即担任张学良的秘书和随军记者，学识渊博，才华出众，办报期间大胆经营而且能及时了解政府、军队的政治经济军事信息，善于沟通与政府各部门的关系，报纸很快得到张学良的认可。

当时，全国虽然已经产生晚报，但还没有形成潮流。戈公振《中国报学史》统计全国民国以后产生的报纸（1911—1927）基本都是日报或其他，没有一家晚报名列其间[①]。《新民晚报》的创办无疑开启了东北地区创建晚报的先河，不仅具有办报的实力，也兼具市场的眼光，一是避开《盛京时报》等

---

① 戈公振著：《中国报学史》，三联书店，2011 年版，第 167—169 页。

的出报时间另辟蹊径寻找自己的生存空间；二是下午出报能抢发上午发生的国内外新闻以飨读者。《新民晚报》为4开一张的日报，创办伊始即改变了当时各日报当天编辑第二天零售的习惯，重要新闻当天编发，傍晚出报后，因为消息迅速，立即受到读者欢迎，甚至出现争相传阅的局面。《新民晚报》除正刊4版外，附张4版设有两个副刊:《晚钟》与《小说海》。前者为文化副刊；后者专门连载长篇小说，“创刊号”同时刊载4部长篇小说的开头，形式非常壮观。该报后期扩充为日刊两小张，每周还附《新民画报》一张。

《新民晚报》是张学良扶植的报纸，是张学良为“刷新东北”而创办的[①]。张学良常常通过报纸宣传自己的政治主张，他的一些重要谈话，都是经过《新民晚报》刊载后在民众间传播。“东北易帜”前后，该报多次报道张学良的讲话与行踪，特别是张学良的“易帜通电”，经《新民晚报》刊发后举世震惊，在国内外引起强烈反响。当时沈阳城出版的报纸，发行量都不足观，日销总数不到5万份。《新民晚报》充分认识到办报的艰难，该报在《创刊小言》中指出“办报有三难”：一在教育未普及，读者少；二在通信不便利，消息多是明日黄花；三是国弱民穷，购买力有所不及。为了使报纸得以畅销，《新民晚报》采取多种手段：一是“文字力求浅显，俾使老妪都解”；二是“印刷力求敏速，寄递尽量提前”；三是开“破天荒之廉价”，每份零售仅铜元二枚。相比其他国人办的报纸，《新民晚报》的资金相对充裕，“于凤至每月（对该报）补贴一千元，并供给消息”[②]，对重点作者与作品也能付出比较高的稿酬，因此该报创刊不久，就每日“发行两万份，为东北第一”[③]。

《新民晚报》非常注重报纸的可读性与文娱性。晚报的报头出于清末遗老、后沦为大汉奸的郑孝胥之笔。晚报从创刊之日起，就非常重视文艺副刊，李郁阶主办该报副刊时，以“大孩子”为笔名经常发表作品。为了争取读者，晚报“创刊号”即刊登了当时著名的小说作家张恨水的社会小说《春明新史》和言情小说《天上人间》。晚报的文艺副刊《晚钟》经常发表国内

① 孟杰主编:《沈阳市志》第13卷，沈阳出版社，1990年出版。

②③《一九三〇年东三省民国报纸调查》,《吉林日报》(日文) 1930年12月3日。

著名作家的作品，“对新文学在东北的传播起了很大的作用”[①]。

张学良非常关注《新民晚报》，甚至出面为《新民晚报》组稿。张恨水是张学良比较喜欢的作家，创作的长篇连载小说在京沪有着广泛的读者。为了使《新民晚报》能顺利刊载张恨水的作品，1929年8月，张学良邀请张恨水来到沈阳，在帅府老虎厅与他进行了长谈。张学良得知张恨水寄来的100部《春明外史》正由《新民晚报》代售，便派副官去买了20部，发给帅府中任事者。张学良还安排张恨水游览了沈阳故宫和北陵，并设宴欢迎张恨水，同时邀请省城文化新闻界人士出席作陪。随后，张恨水将自己在北平《晨报》、无锡《锡报》上同时发表的小说《天上人间》，交给《新民晚报》连载。不久，张恨水又写了一篇散文《张恨水旧年怀旧》，在《新民晚报》1929年2月19日至23日连载。后来，张恨水又为《新民晚报》撰写了长篇小说《黄金时代》。

《新民晚报》的创办无疑是对以《盛京时报》为首的日本人所办报纸的挑战。企图垄断辽宁地区报业的《盛京时报》对《新民晚报》的产生与发展非常忌妒，为此两报经常展开“笔战”。1930年初，《盛京时报》主笔菊池贞二以“傲霜庵”为笔名发表文章，说“虎头蛇尾”本是“虎头无尾”之误，《新民晚报》主编王乙之撰文批驳其谬论，两报争论了很长时间。1931年夏，张学良将军赴南京开会，归途突染伤寒，病在北京。《盛京时报》借机造谣中伤，说张将军“病逝”，妄图在东北军内部制造混乱。《新民晚报》洞察日本人的阴谋，王乙之为此连夜进京核实，并将张学良在协和医院养病的照片发表在《新民晚报》上以正视听。

该报后期扩充为日刊两小张，每星期还附刊《新民画报》一张。九一八事变前夕，《新民晚报》因张学良进山海关，于1931年9月16日自动停刊。

5. 杰出的爱国报人赵雨时

清末及民国初期，辽宁地区报业有一个与关内报业迥异的现象，即大多办报人（《醒时报》张兆麟除外）都具有官员、报人、教育家三重属性，

---

① 白长青著：《辽海文坛鉴识录》，当代世界出版社，2002年版，第69页。

至少是亦官亦报。《东三省公报》（1905 年）总编辑谢荫昌，《海城白话演说报》管凤和，《亚洲日报》王维宙，《东三省公报》（1922 年）王光烈等，大都是地方政府的官员，办报前或办报后也都有从事教育事业的经历。新民晚报社社长赵雨时，即是这一群体的杰出代表。谢荫昌后期主要办教育，管凤和、王维宙办报的时间都非常短，王光烈办报的时间虽然较长，但其在“九一八”后为日本侵略者办报不遗余力，作为知识分子的气节尽失。赵雨时主办的《新民晚报》虽然时间不是很长，但在报纸规模、办报思想等方面，确有自己的建树，使《新民晚报》在辽宁地区报业历史上不仅是第一张晚报，也是一张比较贴近读者的官报，特别是在日本人办的报纸面前它敢于“亮剑”，比之其他报纸，还是令人钦佩的。

［报人小传］赵雨时（1898—1948），辽宁兴城人，民国时期著名的新闻业者、教育家、社会活动家。1927 年印行的《兴城县志》中记载：“原名沛霖，字雨时，现年 29 岁，国立北京大学毕业，法学士，历任农工商部商品陈列所顾问，新民大学教授，北京民治通讯社、天津华北新闻、东方时报、上海新闻报记者，督办中俄会议公署专门委员，镇威上将军公署谘议，奉天省宪法起草委员长，省议会议员。”《中国国民党百年人物全书》中记载，赵雨时“兴城人，沈阳和平日报社社长。1948 年当选第一届国民大会新闻代表”。有学者多方查证，其生平略历为：赵雨时，别字畏园，幼年失怙，24 岁卒业于北京大学法科，26 岁当选奉天省议会议员，27 岁当选省议会省宪起草委员会委员长。1927 年任北京京师学务局局长。主持北京第一届全市运动会。1928 年 9 月，在张学良支持下创办《新民晚报》，“九一八”后任《北京晨报》主笔，1933 年创办北京复生新闻编译社，1936 年 5 月 1 日创办西安《西京民报》，1937 年 10 月任鸡公山东北中学校长。1938 年 2 月任东北青年教育救济处副主任，1947 年任沈阳和平日报社社长。1948 年底在沈阳去世，年仅 50 岁。

赵雨时一生大半在与新闻打交道中度过，在沈阳的两度办报经历，特别是主政《新民晚报》期间，与日本侵华势力支持的《盛京时报》的笔战，在近代辽宁地区报业史上留下了光辉的一页，使其成为近代辽宁地区报业史上的重量级人物之一。

1928 年“皇姑屯事件”后，张学良对日本人在奉天办报的状况十分不满，特别是对“皇姑屯事件”，日本人所办的《盛京时报》等信口雌黄，蓄意曲解事实，使得张学良下决心办一份深受市民喜爱的报纸，以驳斥日本人所办报纸的谬论，同时教育东北民众爱国爱乡。1928 年 8 月，张学良召集幕僚商议办报事宜，决定这张报纸叫《新民晚报》。身为幕僚且有于京沪办报经历的赵雨时立即被张学良选中，任命他为新民晚报社社长。

赵雨时刚刚担任新民晚报社社长时，可以说是白手起家。虽然能在资金上得到张学良的支持，但在东北地区办晚报，既无先例，也缺乏人才，稿件来源也成问题。办报之初，编辑部只有三名编辑人员，即赵雨时与总编辑王乙之，编辑许之平。还有一些外聘的记者与撰稿人，对其略有薄酬。面对诸多困难，赵雨时等人多方策划，努力开发新闻资源，联络感情争取作者，并适当降低报价，很快使报纸在沈阳打开局面，进而影响到吉林黑龙江两省。

为了使东北民众更快了解张学良政府的执政主张，《新民晚报》大量地刊登张学良的讲话与通电，将张学良的爱国主张通过报纸向民众传达。“东北易帜”的通电，《新民晚报》率先刊登，并在当日报纸配上青天白日旗，并发了启事：“今日东省易帜，全国统一，本报待休刊一日，以资庆祝。”1929 年 1 月，张学良枪毙杨宇霆、常荫槐的“老虎厅事件”，以及张学良致杨宇霆夫人的信，也是《新民晚报》率先报道的。每逢新年，张学良与夫人于凤至都发来新年贺词及照片，向读者祝贺新春，逐渐拉近了新政权与广大民众的距离。

赵雨时是典型的爱国报人，主政《新民晚报》期间，与日本人所办的《盛京时报》进行多次笔战，在担任辽宁省报界联合会主席时，决定报联只吸收国人报纸参加，不接受任何外国报纸参加联合会以及相关活动。赵雨时在繁忙的办报期间，仍然笔耕不辍，重大稿件总是自己动笔。《新民晚报》停刊后，赵雨时辗转北平担任《北平晨报》主笔。这期间，他写下了 80 多篇社论，内容多是抨击日本侵占东北的文章，后来这些社论集束为《北平晨报社论集》，1934 年由北平社会局出版。这本社论集收集从 1932 年 3 月 10 日起至 1933 年热河失守之日止赵雨时撰写的 83 篇社论。赵雨时当初并不赞成出版这本集子，他有几个理由：不娴于文艺，言之不“能”尽其词，一也；政治无恒轨，言之不“敢”尽其词，二也；基于一时之需要，言之不得不与心违，三也；由于一时之观测，言之不免竟与事悖，四也。赵雨时认为:“社论题材，全以当时之新闻为基准，故当时读之，犹能一目了然。迤至为时既久，则其事已为人所淡忘，再读其文，遂不免恍若隔世。报纸文字，不若深山名著之可以传之久远，事过则废，理有固然。”[①] 此番话，不失为报人之言，既反映赵雨时虚怀若谷的德操，也道出报人劳作的苦衷，更说明赵雨时对新闻时评这一文体的准确把握与深刻理解。

在办报的同时，赵雨时还参加各种社会活动，是辽宁地区卓有成绩的教育家和社会活动家。赵雨时一生三次担任教育职务，一次是 1927 年担任北京京师学务局局长；一次是 1937 年迁到河南鸡公山的东北中学校长；一次是 1938 年担任东北青年教育救济处副主任。此外他还在步入社会初期在北京的新民大学任教一段时间，早年在家乡方安堡村出资兴建一所小学。作为东北新闻界代表，他还陪同著名报人戈公振访问东北，也曾担任辽宁省报界联合会主席。1931 年 5 月，赵雨时以国民议会辽宁代表身份与四川新闻界的代表陈铭德一起，联名提出“扶植新闻事业案”，在当时新闻界引起不小的震动。此外，1932 年 4 月 9 日，赵雨时与王化一、卢广绩等以东北人民代表资格，前往国际调查团下榻的北京饭店与李顿会谈，向他介绍九一八事变经过，希望国际社会主持公道。

解放战争期间，赵雨时受陈诚之邀担任沈阳和平日报社社长，为国民党反动派摇旗呐喊。解放前夕，赵雨时追随进步人士王化一，为争取沈阳和平解放而奔走。原东北军少将师长王理衰在文史资料《在沈阳酝酿起义及其结果》一文中，记述了沈阳解放前夕，东北军五十三军一部酝酿起义时，赵雨时参加筹备会议并担任对群众宣传任务的史实。

---

① 诎然:《姥爷赵雨时》。

6. 其他官报生存状况概要

《亚洲日报》

发刊于1912年，与1902年在广州创刊的《亚洲日报》同名，但报性却很不一样。报社地址在奉天城内的大红袍胡同，由辽防长官署秘书厅主创，创办人是时任奉天南路观察使的王维宙。王维宙（1874—1955），清末沈阳举人，曾在奉系军阀中官居要职，后为张学良幕僚。先后任奉天南路观察使、黑龙江龙江道尹、奉天财政厅厅长、吉林政务厅厅长，1924年后任吉林省省长，1927年后任国民党政府委员、东北政务委员、东北边防司令长官公署秘书厅厅长。在任东北边防司令长官公署秘书厅厅长期间，王维宙深得张学良信任和尊重，1928年曾代表张学良赴北京与蒋介石商谈“东北易帜”。

《亚洲日报》日刊，每期两张，报纸的内容大多是传递官方声音，编辑们每期都撰写一些社论及短评。报纸有时刊登一些插画用以活跃版面。王维宙身居要职致使报纸编印的资金比较充裕，报社还有自己的印刷设备。由于发行渠道不畅通，办刊两年后，于1914年终刊。

《奉天商报》（后称《东北商工日报》）

由奉天商学会出资兴办于1920年，当时的社长是时任总务会长的高崇民，总编辑是盛桂珊。原为民族资产阶级的报纸，1928年，张学良改组商会，成立商工联合会，9月20日更名为《东北商工日报》，每日对开一大张半，期发两万余份。社长是卞宗孟，编辑人员有苏子元、李笛晨（二人均为中共党员）、朱焕阶、周晶心、胡石如等人。该报前期发展较为平缓，也在各地设立分社负责发行，但发行量不大。如1927年其在安东（今丹东）设立分社，行销数量仅有30份，远不及同期的《盛京时报》《东三省民报》等报纸。自改名后，其办报宗旨发生大变化，“除刊登工商经济信息外，还不断揭露日本侵略东北的罪行，号召商工界发扬爱国主义精神”。到苏联海参崴学习的共产党员苏子元，回沈阳后经人推荐落脚该报，担当副刊编辑。该报总编辑盛桂珊是他在20年代搞新文学创作时的老友，支持他发表文艺作品。他撰写的《玫瑰色的蔷薇》，引起了地方当局的注意。1929 年 2 月，他把共产国际第六次代表大会决议文件全文刊登在报纸上，引起了日本驻沈领事的注意，要求当局追查稿件的来源，下令逮捕苏子元。在《东北民众报》总编辑陈言掩护下，他安全地转移到吉林龙井《民声报》任编辑。由于《东北商工日报》思想进步，引起日本人的打压，在九一八事变后被迫停刊。

《奉天市报》

1923 年 12 月创刊。社址在沈阳大西门里市政公所。主办人为辽宁地区著名报人赵雨时。《奉天市报》是纯正的官报，日刊一大张，以“普及市民知识，发扬市政意义”为办报宗旨。因其是奉天市政公所的机关报，内容除代登该所公文告示外，可读性很差，读者很少。报纸为官厅强迫派阅，每期出版大约 3000 份。报社没有印刷设备，主要由《醒时报》承印。

《营口市报》

创刊于 1926 年 3 月 17 日，经辽沈道尹公署核准由营口市政公所主办。社址在营口市政公所东院西大庙内。报纸的办报宗旨为“导扬市政，启发市民之知识，促进市民之责任义务”。报社下设编辑、发行、印刷三部。报纸栏目有《论著》《公务文牍》《布告》《新闻》《专电》《杂俎》《文苑》《广告》等。先是每周 2 刊，后改为日刊。报纸由养正学校印刷所承印。报价全年小洋 3 元，每周 3 角，零售 8 分，终刊时间不详。

《新满公报》

1929 年创刊，始由亲日派分子徐铁珊于安东（今丹东）倡办，日报，4 开 2 版，发行约 1600 份。因创办草率，设备简陋，报纸印刷质量极差，字迹模糊难以辨识致使发行量逐年下降。1933 年 6 月 3 日与《东边日报》合并而宣告停刊。1934 年 3 月 1 日《新满公报》再度出刊，社址在安东广济街 41 号，报纸内容完全为日本侵略者在东北的统治服务。社长杉山宗作宣称该报“对本省各县管辖的村民群众，担负起上意下达，下情上闻的任务”。该报被当时的伪省署各县视为省公署机关报。发行范围除辽宁地区外，还有哈尔滨以及日本的东京、大阪和朝鲜的新义州等地。

《安东市报》

1929 年 8 月 20 日试刊，9 月 1 日正式出报，是安东（今丹东）市政筹备处主办的官方报纸。社址在安东金汤街。报社设编辑处主任（总编辑）1 人（由市政筹备处处长遴选委任），常务编辑（副总编辑）1 人，编辑若干人，收发兼校对员 1 人，会计兼庶务 1 人，交际员（记者）3 人，誊写雇员 2 人。该报的办报宗旨是“公开市务，启发知识，领导民众，促成健全而有秩序的社会”。自称内容求新颖，消息求灵通，文字简洁通俗，力避古奥冗滥。报纸开辟 14 个栏目，有《国内要闻》《国际新闻》《东北政闻》《本市琐闻》《命令及法规》《市务披露》《公告》《论著》《常识》《卫生》《教育》《杂俎》《自由专栏》《钱粮行情》。

《安东市报》每周 6 刊，星期一无报。发行渠道主要是通过商会向全市各商号劝订。每月小洋 3 角，除星期一及节假日外，按日出报。出报后，责成各区区长派人按订户分送。报纸于 1931 年 4 月停刊。

第四节　中共满洲省委领导下的秘密报纸

中共满洲省委自 1927 年 10 月成立，至 1936 年奉命撤销。在领导东北三省各族人民反对军阀压迫与反对日本帝国主义侵略的斗争中，相继创办了很多内部党刊与机关报刊。几任领导人陈为人、刘少奇、陈潭秋等，在极其严重的白色恐怖中，亲自参与指导党报党刊的编辑发行工作。这些党的报刊对于扩大东北地区党的队伍，促进党所领导的民主革命与民族解放斗争，曾经发挥了重要的作用。

中国共产党的“八七”会议后，陈为人根据中共中央的指示到东北开展工作。1927 年 10 月 24 日，陈为人在哈尔滨主持召开东北第一次党员代表大会，传达党的“八七”会议精神。大会决定成立中共满洲省临时委员会，并推选他为临时书记兼宣传部长，同时决定，临时省委的所在地迁至沈阳。

中共满洲省委在沈阳开展工作期间，创办了《满洲通讯》《满洲红旗》等多种报纸与刊物。这些报纸以油印为主，基本是不定期秘密发行。

1.《满洲通讯》在沈阳创刊

《满洲通讯》于 1927 年 12 月 1 日在沈阳创刊，主编为中共满洲省委第一任书记陈为人。报纸为油印，不定期，通过秘密渠道发至东北地区各基层党支部。

《满洲通讯》是遵循《中央政治通讯》的宗旨而出版的。其《发刊词》确定报纸的内容是：“一、公布临委的政策、重要决议及一些政治上工作上的指示；二、转载中央或北方局的重要通告；三、登载各级党部重要工作报告，各级同志对党的各种意见。”《满洲通讯》第一期主要刊载临时省委成立时的政治报告与各项决议。

《满洲通讯》为月刊，有时为工作需要，一个月内也出刊两期。每期刊载的各地工作报告，常附有省委常委的复信，肯定成绩，指出不足，颇有针对性。第五期所刊《入党须知》《秘密工会章程》等，首次为东北地区党组织提供了建党与开展工会工作的规范。

《满洲通讯》另一个突出的特点是：提倡党内民主，勇于批评与自我批评。第四期全文刊载某同志给陈为人的信，批评陈为人“不常到外面与群众接触”，有时对下级态度“傲慢”。当时，陈为人以英美烟草公司的高级职员身份为掩护，不可能经常与群众接触，但《通讯》郑重刊登省委常委的复信，表示对“第一次接到下级同志对上级党委的批评”热烈欢迎，并检讨，常委过去“互相间的批评很少”，“常有个人式非集体化的倾向”，今后“惟有努力地去改正”。

《满洲通讯》还刊载了之的同志对省委的质疑信，就军工运动与农民运动的策略问题提出了不同意见与建议。这些批评性稿件增强了该报的思想性与指导性，同时也活跃了党内的民主生活，极为难能可贵。

1928 年，满洲省委召开扩大会议时，陈为人等 12 人被捕，《满洲通讯》

被迫停刊。

2. 陈潭秋创办的《满洲红旗》

《满洲红旗》是中共满洲省委于 1930 年 9 月 5 日在辽宁地区创办的宣传革命的秘密报纸。

1930 年 8 月，中共中央派陈潭秋化名为“孙杰”到沈阳担任第 12 任满洲省委书记。中共满洲省委改为“中共满洲行动委员会”。为了加强党的宣传工作，省委书记陈潭秋和宣传部长赵毅敏带领宣传部的几位同志创办了省委机关报《满洲红旗》。

陈潭秋是满洲省委 12 任书记中最有办报实践经验的领导人之一。早在中共一大之前，他就与恽代英等创办了《武汉星期评论》；1925 年初出席中共四大后回到武汉，又与董必武创办了《楚光日报》；1928 年他与刘少奇、韩连惠以“潭少连”为名代行中共北方局工作时，曾创办党刊《出路》。1930 年 9 月，陈潭秋赴上海参加了决定停止“立三路线”的中共六届三中全会并当选为中央候补委员。《满洲红旗》在此前后创办，是当时革命斗争的需要，也是陈潭秋作为省委书记的政治诉求。

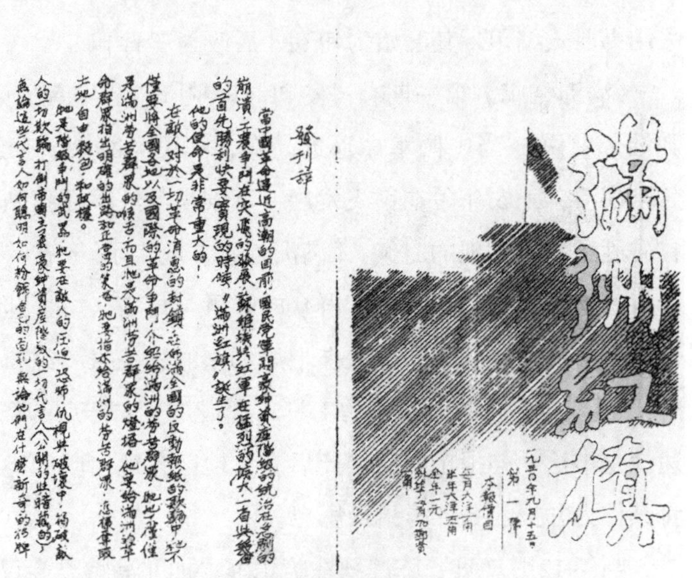

滿洲紅旗

一九三〇年九月十五日
第一號
本報價目
每月大洋一角
半年大洋五角
全年一元
外埠另加郵費

發刊辭

當中國革命達近高潮的面前，國民黨軍閥豪紳資產階級的統治在急劇的崩潰，工農爭鬥在突飛的發展，蘇維埃與紅軍在猛烈的擴大，一省與幾省的首先勝利快要實現的時候，“滿洲紅旗”誕生了。

他的使命是非常重大的！

在敵人對於一切革命消息的封鎖，在所有全國的反動報紙的欺騙中，“滿洲紅旗”不僅要將全國各地以及國際的革命爭鬥，介紹給滿洲的勞苦群眾，她也不僅僅是滿洲勞苦群眾的喉舌，而且她是滿洲勞苦群眾的燈塔。她要給滿洲的革命群眾指出明確的出路和正確的策略，她要指示給滿洲的勞苦群眾，怎樣奪取土地，自由，麵包，和政權。

她是階級爭鬥的武器，她要在敵人的壓迫，恐怖，仇視與破壞中，揭破敵人的一切欺騙，打倒帝國主義豪紳資產階級的一切代言人（公開的與暗藏的），無論這些代言人如何聰明，如何粉飾自己的面孔，無論他們在什麼新奇的招牌

《满洲红旗》

赵毅敏也是一位经过考验的青年革命者。“五卅运动”时在法国参加了华工与留学生赴法使馆请愿活动，不久在德国加入中国共产党，被派往莫斯科东方大学深造。1930年化名“刘昆”到沈阳，任新改组的中共满洲省委宣传部长。

由于反动当局的破坏，中共满洲省委自刘少奇因病离任后，半年之内三次改组。其间，在省委所在地沈阳以及南满等地，几乎没有中共党团的报刊。《满洲红旗》的及时出版，对于全党统一思想，振奋精神，巩固与扩大党的队伍，起到了极大的推动作用。

《满洲红旗》的主要内容是：解说革命的策略和党目前的中心口号，登载群众革命斗争的消息，论文要带有充分的指示性和最高限度的具体性，文字要通俗浅近，能为群众阅读和理解。稿件大致围绕四个方面采编：一是全国各地革命斗争的消息，二是反映劳苦大众生活的通讯，三是短小而有针对性的评论文章，四是有趣而富有战斗性的文学作品。报纸虽然用蜡纸刻印，但内容丰富，体裁多样，既有言论，也有京津沪汉及东北各地的消息，还有城乡来稿与漫画。版面编排灵活美观，比之东北当时的一些铅印小报丝毫也不逊色。出版流程是，“稿件先由宣传部秘书一个人编辑，经赵毅敏审阅后，交给一个住机关的女同志刻写，油印并分发。为了便于秘密传阅，报纸采用书册式编印。其开始为旬刊，后改为三日刊”。

《满洲红旗》第一期有《发刊词》《社论》《编者的话》《征稿启事》。《发刊词》中说：“当中国革命逼近高潮，国民党军阀、豪绅资产阶级的统治在急剧崩溃，工农斗争在突飞发展，苏维埃与红军在猛烈扩大，一省与几省的首先胜利快要实现的时候，《满洲红旗》诞生了。”在《发刊词》中，报纸十分肯定地提出党的报刊是“群众的喉舌与灯塔”，是“阶级斗争的武器”。这个提法与一个月前中共中央在上海创办的机关报《红旗日报》发刊词是一致的：“报纸是一种阶级斗争的工具，党报是工农群众的喉舌。”《满洲红旗》迅速地重申这一办报主张，使此后东北地区各地出版的党报党刊有所遵循，都将其作为办报的方针与指导思想。

当年12月7日，陈潭秋在哈尔滨参加北满特委会议被捕。1931年2月，中共满洲省委改组，赵毅敏继续担任省委宣传部长。《满洲红旗》由旬刊改为单张三日刊。

九一八事变后，日本关东军侵占沈阳。当年 11 月，中共满洲省委宣传部秘书杨某不慎在街头被日本军警搜身，发现身有反日小报被拘，累及赵毅敏及其他省委领导相继被捕。《满洲红旗》等报刊被迫停刊。1831 年，正在东北的中共中央委员罗登贤奉命组建新的满洲省委，并于年底将省委所在地迁至哈尔滨。《满洲红旗》得以继续出版，继续宣传中国共产党的主张，同时发表一些东北军民抗击日寇的消息。1932 年九一八事变 1 周年，《满洲红旗》改名为《东北红旗》，1933 年 6 月改为《东北民众报》，1935 年 4 月终刊。

3. 代表“穷光蛋”发声的《满洲工人》

《满洲工人》原名为《满洲工农兵》，1928 年 3 月在沈阳创刊。原为中共满洲省委主办，1928 年 11 月改为由新成立的省委职工运动委员会主办，同时更名为《满洲工人》。报纸期发 200 份，油印，是“对外发行”的旬刊。《满洲工人》的《发刊头一声》写得通俗风趣，说这份小报是“几个穷光蛋”凑钱办的，目的有三：一是“把我们满洲工人阶级的知识，把我们的痛苦说出来，并且想办法来解除我们的痛苦；二是把我们的敌人（帝国主义、军阀、官僚）的罪恶、压迫工人、贪赃卖国宣传出来，誓死反对他们；三是把各地穷苦工人一切情形全登出来，交换意见，使天下的工人阶级团结起来谋取我们将来的幸福”。小报不大品种却很齐全，设有《论文》《短评》《诗歌》《漫画》等栏目，以及报道工人生活的通讯与介绍苏联情况的文章，文字通俗，内容丰富。

4. 只许党员内部阅读的《斗争》

《斗争》是 1930 年 10 月 1 日中共满洲省委在沈阳创办的党内刊物，由继任的满洲省委书记陈潭秋与宣传部长赵毅敏主编，与《满洲红旗》几近同时出版。

陈潭秋为《斗争》创刊号撰写了署名文章《斗争的任务》。文章明确提出:“《斗争》是党内集中指导的刊物，是全党党员在观念上、认识上、工作上、行动上惟一的指针”，而“不是发展党内民主讨论的刊物”。在陈潭秋的主持下，《斗争》不再刊登教科书式的文章与文件汇编，主要刊载针对党内思想倾向而发表的言论，如时政评论、思想评论、杂文、随感等。《斗争》保持严格的内部发行制度，“只许党员阅读，绝不有（能）交给非党同志或有遗失，必要时上级党部可随时收回”。《斗争》与《满洲红旗》封面都加以伪装，以免被当局在邮检中扣留。《斗争》第一期的封面是《民间歌谣》，《满洲红旗》创刊号的封面是上海大东书局印行的《国民必读》。

5. 受到刘少奇重视的文艺周报《冰花》

“东北易帜”前后，中共满洲省委除编印各种党的报刊外，还指示各地团组织利用合法条件，创办公开出版的文艺刊物和“灰色报刊”。《冰花》即是这一时期比较有代表性的文艺小报。

《冰花》周报于1929年秋在沈阳创刊。主办者郭维城等是东北大学附中高中文科班的学生。他们爱好新文艺，喜读进步书刊，在国文教师董袖石的指导下，组成冰花社，集资出版《冰花》周报。

《冰花》提倡文艺作品必须具备时代精神，还要有东北地方特点。时任中共满洲省委书记的刘少奇，去哈尔滨指导中东铁路工人斗争后回到沈阳，看到了仅出刊两三期的这张文艺小报。1929年11月11日，刘少奇主持召开省委常务会，在讨论工作时提及奉天等地文艺刊物，委婉地批评有些同志“没有指导他们”。

刘少奇责成省委组织干事杨一辰找郭维城谈话，帮助他们进一步办好这张小报。在中共满洲省委的帮助下，《冰花》的编创水平有所提高并日益畅销，最高期数达到2000份。《冰花》发表了很多反映东北人民苦难与抗争的文学作品，每期还刊载一些革命文艺理论文章，此外还译载苏联、日本作家如小林多喜二的作品。

第五节　势头强劲的中文外报

1920年以后的张作霖主政时期，由于得到张作霖的放纵，日本人在辽宁开始大肆创办中文报纸，《关东报》《亚东时报》等先后出版。它们与原有的《盛京时报》《泰东日报》一起，形成极大的影响力，不但冲击辽宁地区的国人报业市场，致使相当一部分国人报纸相继退出舞台，而且在一定程度上左右着辽宁报纸的舆论导向，有时甚至触到张作霖的“痛处”，令其恼羞成怒又无可奈何。报纸的发行量也比较可观，据“满铁”1926年统计:《盛京时报》30000份,《泰东日报》11951份,《满洲报》19547份,《关东报》4500份。

1.《关东报》

《关东报》创刊于1920年9月1日。一说初为日本人创办后为华人资助的中文报纸，社长为前日本海军政务次官永田善三郎[①]，一说是纯粹的日本人办的中文报纸[②]，申请立案者为都甲文雄，社长是永田善三郎。出生于旅顺（今大连市旅顺口区），毕业于日本早稻田大学政治经济科的王子衡等先后任编辑长（总编辑）。社址在大连德政街15号。

《关东报》始为日报6版，后增为12版，主要发行地区是大连，东北、华北地区也有少许订户，在沈阳、长春、哈尔滨、天津及日本东京、大阪等地设有150余所支局和通信所。1932年，关东报社改组为日中合办合资公司。

这是一张自称“促进日华亲善”的通俗报纸，以华人口吻任意评说国事。直奉战争时，东北各地“舆论分歧”，地方当局惧怕引起老百姓的恐慌，下令东北各地报纸暂时停止出版。《关东报》利用大连地区报纸不受奉

① 辽宁省地方志编纂委员会办公室：《辽宁省志·报业志》，辽宁人民出版社，2005年版，第30页。
② 赵建明:《近代辽宁地区报业研究》。

系政府管辖这一契机，连续发表评论取悦读者，使报纸的发行量一度看好。1923年前后，大连出现股票市场。《关东报》以所谓银本位派刊登股票标准价格行情，一时身价甚高。后来由于银本位价格低落，加上办报资金困难，报社处于“不甚兴旺”时期。

1931年，大连商会会长刘先鸿和刘召卿等人筹资改组了关东报社，邀请日本人市川年房任社长。此时报纸虽为华人出资，但在日本殖民当局控制下，仍为日本帝国主义侵略和掠夺的政治服务。“该报无自作之论说时评，文艺版亦纯系剪取外报，故毫无价值可言，行销一千份左右”[①]。1937年与《满洲报》一起在所谓新闻整顿中停刊。

2.《满洲报》

《满洲报》创刊于1922年7月24日，社长为日本人西片朝三。西片朝三是日本新潟县人，1899年日本济生学舍医专毕业，任大阪府检疫官后赴美留学。1910年任东京万世桥医院院长。1920年到大连任《满州日日新闻》副社长，主办中文版，其以善于经营著称报界。1922年该报中文版改刊为《满洲报》，西片朝三任社长；1935年春收买《东亚日报》，改名《民声晚报》。《满洲报》是中文版报纸，发行对象主要是面向中国读者。西片朝三制订的办报宗旨是：“中文报纸要迎合中国人的心理，不能骂中国人。”在编辑人员的选用上，《满洲报》基本聘请中国人任主编和编辑。九一八事变前，一般编辑的爱国思想可隐约闪烁于报纸的字里行间，所以在经历了两次直奉战争和“郭松龄反奉”后，报纸仍能循序在辽宁发展并且在东北产生一定的影响。1925年，通过采访和接触，该报对张学良和于凤至有了一定的了解，对张学良做过专题报道。张学良执掌东北政权后，于凤至也在东北的政治舞台上崭露头角，其人品和才气逐渐为人们接受。其间，《满洲报》编辑出版发行一部极具影响力的人物志书籍《东北人物志》，西片朝三特邀于凤至为此书撰写了序言。《东北人物志》出版后，在社会上引起很大的反响。该书篇幅巨大，共收录10094位男士，234位女士，共10328位人物。该书首次

---

① 杜吉仁：《东三省的报纸》，《现代评论》1926年第4卷84期。

收录女士人物开文明之先。这本书在当时是东北地区收录人物最全的一本工具书，直到现在还在继续使用。张学良、张作相等东北军政各界名人都有题词，而于凤至的序言更是锦上添花。

3.《亚东时报》

《亚东时报》1926 年由日本人中野初太郎在安东（今丹东）创办。该报为日刊，“每逢中日两国佳节及纪念日并礼拜日停刊一日”。其创刊词说：“当此时，见用汉文以创刊《亚东时报》，惟盼望报道正确而敏速之事实，唤起健全之舆论，进则为天下木铎，退则为两国民亲善之楔子，以不辜负此重大使命。”该报创刊时，杨宇霆发来亲笔题词：“鼓之舞之以春神。”报纸对开 4 版，一版主要是时事要闻，稿件多是由日本东京转译而来，二版是各地专电，三版为广告与市价表，四版为副刊。当时安东为日本人占领，报纸的创办者又都是日本人，政治倾向不言自明。其要闻版设有《社说》《时论》栏目，有时冠以“晨钟暮鼓”，内容大多是站在日本政府的立场上为其殖民侵略美化狡辩。

1927 年该报《时论》栏目发表一篇文章，题目是“荻川将军纵横谈”。文中对甲午赔偿没有把辽东地区明确划入而耿耿于怀。说日本的殖民侵略“不如此，则不能以防卫自国；不如此，则不能以保全中国之领土；不如此，则不能以维持东方之和平”。为了追求所谓的“中日一体”，报纸还连载日文小说。报纸格调低下，市井新闻靠猎奇以吸引读者眼球，如本埠新闻中《逼良为娼涉讼》《悍妇借口潜逃》《醋娘子娼窑施威》等。报纸还大量刊登妓院广告、算命广告。由于有日本政府背景，该报对“满铁”唯命是从，在“满铁”成立 20 年时，报纸刊登大幅广告，宣传“满铁”的使命是“人类福祉增业，日华共存共荣”，以此误导读者。

因为格调低下，反华情绪明显，读者数量日见下降，《亚东时报》只得于 1927 年停刊。

4. 紧跟政治形势的《盛京时报》

1912 年中华民国成立之后，由于执政当局对国人报刊的打压以及国人报纸资金的不足与新闻观念滞后，《盛京时报》得以迅速扩张。1912年民国政府在南京成立，中岛真雄对大清王朝仍然心存幻想，在宣传报道上表现得首鼠两端。东北地区已经“下旗改历”，《盛京时报》仍然袭用“宣统”年号的字样，并刊文讽刺中国人剪辫，说：“若以剪发与易服并为一谈，对于财政上的损失未免过巨，想亦必为有识者之所公认也。”10天后，见清朝的灭亡已成定局，《盛京时报》很快变换嘴脸，发文“祝福”民国成立，向当时的东北执政者献媚。急遽的时局变化也让中岛真雄看到了报纸的卖点，《盛京时报》迅速将报纸扩大为每日对开两大张，同时另加《白话演说》《时评》《小说文苑》《丛录》等栏目及铜版照片并各种插图，而且报价不增。

为了与《远东报》等俄办中文报纸在东北抗衡，1912年始，以日本报人为主，东北三省连续召开三届中日记者大会。1914年10月17日，《盛京时报》在沈阳承办了第三次东三省中日记者大会。会议规模参加人数以及会务接待等均超过上两届，《盛京时报》为提高自己的报纸地位做足了文章，使报纸的声誉一时间直线上扬。

1916年10月18日夜，《盛京时报》在中岛真雄的主持下举办了一个自称“满洲前所未有的盛大晚宴”庆祝报纸创刊10周年。晚宴邀请中日各界来宾大约300人，耗资号称3000元巨款，炫耀报纸的经济实力与社会影响力。此次报纸的10年庆典，可谓是《盛京时报》阶段性走向成熟的转折点：经营管理方面，扩大规模——加紧建设报馆的新楼；设备更新——回日本采购先进的轮转印刷机；报纸编辑方面，一是招兵买马——增加编采人员的数量，提高编采人员的质量，二是改革与充实报纸内容，在原来的基础上，扩大副刊版面与内容。1918年，中岛真雄又创办了《蒙文报》，将之作为《盛京时报》的附属事业，面向蒙古族民众发行。

中岛真雄在创办《盛京时报》之前，先后创办了《顺天时报》等四张报纸。深知新闻人才对报纸的不可或缺，特别是“主笔”的选择与聘用至关重要。《盛京时报》招聘的记者与编辑，大部分毕业于上海东亚同文书院，另外还聘用部分中国学者任编辑。“主笔”日本人菊池贞二加盟《盛京时报》的时候，仅是二十几岁的青年学生。其人于1094年来到上海，1908年毕业于上海东亚同文书院，1919年被中岛真雄聘任为《盛京时报》的发行及编辑人，并开始在该报《论说》栏以笔名“傲霜庵”发表文章。菊池贞二在文章中常以“吾国”自称，貌似公正的立场，锐利的语言，老辣的文笔，在当时很有读者。菊池贞二在讽刺张作霖的文章中，常以《左传》中的“夫己氏”代指张作霖，尖酸刻薄，冷嘲热讽，不仅揭露了“胡帅”的穷兵黩武，也暴露了日本侵华势力褊狭善妒幸灾乐祸的性格。

1918 年，为了使报纸更加贴近中国读者，中岛真雄吸收毕业于日本早稻田大学的中国人穆儒丐加盟该报。穆儒丐到《盛京时报》后即创设《神皋杂俎》副刊，在小说栏内首先连载他创作的小说《女优》，继而是长篇纪实小说《梅兰芳》，一时轰动沈城。

张作霖主政东北后，由于政治上依赖日本关东军的支持，对《盛京时报》采取任其发展的态度，《盛京时报》因此也得到更大的发展空间。1922 年 10 月 1 日，《盛京时报》在哈尔滨创刊了《大北新报》，它是中岛真雄在中国创办的第 6 张报纸，也是最后一张报纸，宣称是《盛京时报》的“北满版”。20 世纪 20 年代初，东北的日人报纸一度受到国人的抵制。先是因为“青岛问题”，在辽的山东籍商号拒绝订阅日本人办的报纸，接着在“五卅运动”期间，辽宁的日本人办的报纸接连受到冷遇。“郭松龄反奉”时，国人报纸慑于张作霖的禁令，不敢对此报道，日人报纸却逐日详细报道“反奉”战况，导致《盛京时报》《大北新报》等销量大增。

张作霖依靠日本人的势力平息事件后，对《盛京时报》非常不满，甚至放出“查封”的口风。此时的中岛真雄也感到“身心逐渐衰老”，于是他给日本新上台的内阁长官加藤高明写了一封亲笔信，历述自己在福州、北京、营口、沈阳等地以“报纸救国”的经过，提出《盛京时报》交给“满铁”经营。不久，日本币原外相通过日本新任奉天总领事船津一郎转告，批准了他的要求。1926 年，“满铁”以持有 57% 的股份成为该报的主宰，当年 5 月，该报成立了新的领导机构，佐原笃界为新任社长，中岛真雄“永远脱离了办报生活”。

1929 年，中岛真雄彻底隐退，此时的《盛京时报》完全摆脱了中岛真雄的影响，真正进入了“满铁”经营时期。中岛真雄的继任者对“易帜”后张学良执政的东北地区，仍然是采取既打又拉的编辑策略。九一八事变前后，终于揭去原来所谓“持论公正”的面纱，开始大张旗鼓地为日本帝国主义侵略中国制造舆论。

5. 穆儒丐与《盛京时报》副刊

报纸副刊是民国时期中文报刊的一大特色与亮点。民国时期辽宁地区的报纸，不仅在新闻的采发、报纸的发行、广告的植入等方面展开激烈竞争，报纸副刊更是一个各展风姿的领域。《盛京时报》《泰东日报》乃至后来居上的《新民晚报》这些相对有实力的报纸，在文学副刊上投入大量的人力物力，聘用当时有名气有能力有影响的副刊编辑人员，通过征文等形式，组织社会各界写手撰写了质量很高数量很大的文学作品，从而使各自的报纸副刊形成相对固定的读者群体。特别是《盛京时报》的文学副刊，几十年间，密切关注全国文学走向，在它的周围聚集了相对稳定的创作群体，在普通读者与知识分子中间具有相当的影响力。在不同历史时期，《盛京时报》不仅刊发了大量的文学作品，还为中国现代“东北作家群”的产生与成长客观上起到一定的推动作用。

《盛京时报》从创刊起即开始连载小说，几十年间从无间断。其中仅1906—1919年间刊载的小说数量近500篇，文字总量达到500万字，内容涉及侠义、侦探、言情、狭邪、谴责、政治、历史、神怪、探险等诸多领域。其中半文半白的“白话小说”，如《王莽摄政记》《法国盛衰记》《不倒翁》《俄灭波兰记》等，宣传维新变法，提倡科学、男女平等、婚姻自由，得到关内文学主流刊物的关注与评介。同时，一些侦探小说、鸳鸯蝴蝶派小说也有大篇幅的连载，如《空谷佳人》《豪侠姻缘传》《撒地玫瑰叶》等，另有反映同时代新闻人物的传记体小说《梅兰芳》等风靡一时。

1907年《盛京时报》开始出现《小说》的栏目。民国时期《盛京时报》的版面出现了更大的变化，1918年元月，整个四版被冠之“神皋杂俎”，把文艺性作品集中起来，标志着这张报纸文艺副刊的相对成熟。《神皋杂俎》文艺副刊采取栏目编辑法，分为《小说》《笔记》《笑林》《别录》《杂报》《启事》等栏目。

诗歌创作方面，《盛京时报》在1920年前主要选发旧体诗词。写作旧体诗词的作者很多，其中“梦石瘦人”创作最为突出，文学价值也颇高。随着全国文艺启蒙运动的兴起，《盛京时报》副刊于1921年5月26日开辟《新诗》栏目，与关内白话诗的兴起遥相呼应。同年4月20日，沈阳的金光耀（金小天）发表了《问牵牛花底话》，开辟了东北新诗创作的纪元。1924年，《盛京时报》新年征文征集题目为“春的赞美”和“回忆”的主题征文。1925年，《盛京时报》迎合当时新诗热的潮流，将《新诗》一栏放置在头版，并且同时刊载3首，自此新诗在《盛京时报》上达到了发展的高潮。在它的推动下，辽宁地区涌现了一大批有影响的新诗人，如赵惜梦、安怀音、酡颜三郎（萧军）等。《盛京时报》发表新诗虽然比小说晚十几年，但速度发展很快，到1925年，不仅有了叙事诗、抒情诗、哲理诗、象征诗、诗剧、诗文小说，而且出现了金小天的2100行的长诗《青春之歌》。在此期间，国内很多著名的作家诗人都有作品在《盛京时报》刊载，如郭沫若、刘大白、徐志摩、冰心、俞平伯、胡适等。

《盛京时报》副刊编辑大都由有影响的作家文人担任。“关东才子”王光烈、早期同盟会成员徐镜心等都任过《盛京时报》的副刊编辑。这些优秀的副刊编辑中，最有影响的当数满族作家穆儒丐。

穆儒丐，19世纪80年代前半期出生在北京西郊香山的满洲旗人家庭，原名穆都哩，后更名穆笃哩。“都哩”在满语中的意思是“辰”，所以也称为穆辰公，号穆六田。穆儒丐1905年赴日本早稻田大学留学，1911年前半年毕业回国，1916年春天来到沈阳，开始为《盛京时报》执笔的工作，1918年1月12日成为《盛京时报》的文艺副刊《神皋杂俎》主编。

《盛京时报》是穆儒丐从1918年到1944年间进行文学活动的主要舞台。他负责编辑的《神皋杂俎》文艺副刊，内容丰富，不仅有《小说》《笔记》《戏评》《书评》《品花》《文苑》等栏目，还有《自由论坛》《民间疏通》等由读者投稿的评论专栏。穆儒丐能编善写，创作有《梅兰芳》（连载起始时间不详，1919年4月6日结束，共121集）、《香粉夜叉》（从1919年11月18日起连载至1920年4月21日，共123集）等长篇小说以及多篇短篇小说。《梅兰芳》以现实人物为主人公描述了“梅兰芳”获得成功的奋斗历程以及梨园内的故事；《香粉夜叉》以沈阳为舞台，通过一对男女学生的悲惨恋情揭示社会矛盾。这些作品都是白话文，具备连载小说的特点与引人入胜的风格，在当时的东北报界与文坛都属罕见。

民国时期，在穆儒丐等编辑们的主持下，《盛京时报》每年都有有奖征文活动。《盛京时报》第一篇新年有奖征文的广告于 1914 年 11 月 29 日刊登，之后经过磨合期，从 1919 年开始固定了征文活动的形式，每年新年举行一次，一直持续到 1931 年。发表在《盛京时报》新年版当天的入选者名单，有的是笔名，很多人的资料不详。1919 年以《幻想》一文获得一等奖的是梅奇，1924 年以《结婚》获得二等奖、以《净街（戒严令）》一文获得三等奖的是王雪影，1923 年以《马弁（军阀军官护卫兵）》获得二等奖、以《宜春里》获得三等奖的王益知是以后《盛京时报》的对手《新民晚报》的主编。

20 世纪 30 年代在全国文学界颇有影响的“东北作家群”的大部分作家都在《盛京时报》发表过作品，有的作家从事文学创作的“第一行脚印”也是从这里走出。1925 年考入张学良在沈阳办的东北陆军讲武堂第七期学习法律和军事的萧军，1929 年，写出了他的第一篇白话小说《懦……》，以“酡颜三郎”为笔名，愤怒地揭发了军阀残害士兵的暴行，发表于当年 5 月 10 日《盛京时报》文艺副刊。接着，萧军又在《盛京时报》上发表了《端阳节》《鞭痕》《汽笛声中》《孤坟的畔》等小说。作家马加的文学活动也是从《盛京时报》开始的。1925 年的新年征文中罗慕华以《恐怖》一文获得二等奖，他是沈阳市新民县文会中学的语文教师。他的学生中，就有后来成为东北知名左翼作家的马加。马加是受了罗慕华和他的同事——偶尔可以在《神皋杂俎》上看到他名字的王莲友的影响，有机会接触到新文学，开始了文学创作的道路。马加在 1929 年时以《箫声》一诗获得《盛京时报》新年征文新诗组的二等奖（署名“白晓光”），当时他还是东北大学的在校生。

6. 不拘一格用人才的《泰东日报》

《泰东日报》大致可以分为前后两个历史时期。前期是 1908 年 11 月至 1928 年 8 月，分界点是傅立鱼被日本统治当局驱逐出境。其间 20 年，它在同辽东租借地当局推行的殖民文化的斗争中脱颖而出，很快由地方商报转变成大连市民的日报；后期是指傅立鱼被迫离开大连之后，至 1945 年 10 月上旬终刊，其间 17 年，逐渐沦为日本军国主义侵略中国的文化工具。

1913 年 8 月傅立鱼入《泰东日报》为编辑长后，在金子雪斋的支持和帮助下，不拘一格地广纳关内外办报人才，锐意改革报纸版面，开辟政治、经济、社会、地方、副刊、少儿等内容的专栏，丰富报道内容，针砭时弊，传播爱国爱乡思想，反抗日本当局的歧视和压迫，维护大连中国居民切身利益，报纸的进步政治色彩显著增强，成为大连市民欢迎的一张日报。

俄国十月革命后，《泰东日报》顺应世界潮流，开始关注大连工人阶级，宣传大连工人运动的报道显著增多。从 1918 年开始，报纸上多次出现“满铁”沙河口工场（大连机车厂前身）、川崎造船所大连工场（大连造船厂前身）等大连日资企业工人罢工的消息。

五四运动前后，《泰东日报》发表了不少介绍祖国内地新文化新思想运动和俄国十月革命的文章，登载了一些赞颂社会主义革命和马克思主义的文章。1918 年 8 月 11 日，《泰东日报》发表署名“华林”的文章，指出：俄国革命爆发，“必发生一种极大之变动，为社会之革命”。同年 8 月 14 日，《泰东日报》发表署名“鹃魂”的文章《俄政府之态度与远东未来之风云》，称赞“博尔希维基党（布尔什维克党）以实行社会主义为职志……列宁造社会学之极诣，明人生幸福之策源，一反旧俄罗斯祸害人群之恶劣政策，遂靡然全国”。

1919 年 3 月 4 日，《泰东日报》发表李大钊的《战后之世界潮流》一文，预言社会主义“这种社会革命的潮流，虽然发轫于德俄，蔓延于中欧，将来必至弥漫于世界”。1919 年 10 月 6 日和 7 日，《泰东日报》头版连续发表《匈国劳农政府经过实况》的文章，通过介绍匈牙利人民革命政府成立的经过，第一次把俄国十月革命比较客观全面地介绍给大连人民，并表达了鲜明的支持无产阶级革命的态度。

五四运动前后，傅立鱼聘请北京大学马克思学说研究会成员刘涧躬及石三一、沈紫暾、汪楚翘、安怀音等一批关内的进步知识分子到大连，担任《泰东日报》记者。他们在报纸上发表文章，宣传新文化新思想，宣传反帝反封建反军阀政府，号召大连的中国青年关心国事，勇敢地干预国政，肩负起救国的责任。1919年3月16日，《泰东日报》发表社论《对于大连华人教育问题之希望》，揭露辽东租借地当局所拨教育经费“不平等殊甚”，“大连华人子弟就学者最多亦不过四分之一”。针对辽东租借地部分中国学龄儿童不能就学，有幸进入公学堂的孩子受到日本奴化教育的严重现实，傅立鱼与沈紫暾等爱国知识分子在《泰东日报》上发表文章，提倡创办社会教育团体，“如青年会之类，但必须是中国人独立自主的，不受外国人的津贴和干涉”。这一号召得到大连各界中国人特别是许多华商的响应。

大连工人阶级和大连人民有了团结战斗的组织后，《泰东日报》的爱国报人抓住“国庆节”的契机和新闻由头，大力倡导大连人民开展国庆纪念活动，“做爱国的好国民”。1919年10月10日，《泰东日报》就纪念中国人民的“国庆节”，发表题为《庆乎吊乎》的文章。从1920年开始，《泰东日报》在每年的“国庆节”之前，都大造舆论，号召大连的中国人开展国庆纪念活动。1925年10月11日，《泰东日报》和《满洲报》《关东报》三家中文报纸，都大篇幅地报道大连中华团体有志联合会组织开展的中华民国第14个国庆纪念活动盛况。报道中说，10日早晨，大连各界中华儿女3000余人汇集市中心的西公园“满铁”运动场（今址为劳动公园东火车头体育场）。8点钟，纪念国庆典礼仪式开始，首先升国旗唱国歌，面对国旗，行三鞠躬礼，“追悼革命先烈”。大会总指挥——大连中华青年会代表杨志云（共青团大连特支书记）登台致辞，讲述辛亥革命精神，指出国家“内政外交”的种种弊端，特别是“五卅”以来军阀政府对“沪案”处理的软弱无力，号召“吾同胞当更努力前进，以完成先烈未竟之功，以尽国民责任”。

1926年，以大连工人为主体的“国庆”大游行再次出现街头，《泰东日报》再次加以报道。20世纪20年代后期，大连人民在日本帝国主义的高压下，仍不间断地采取不同形式开展“国庆节”纪念活动，充分体现出爱国爱乡的大连城市精神，这与《泰东日报》持续多年的国庆宣传报道的舆论推动密不可分。

《泰东日报》的爱国倾向吸引了许多进步青年，从这里走出了一位杰出的革命家——关向应。关向应原名关致祥，1902年生于金县（现大连市金州区）大关家村。关向应1922年毕业于大连伏见台公学堂附属商业科，托人进了《泰东日报》当勤杂工，有机会接触许多报纸杂志，探求救国救民的道理。1924年春，关向应成为大连第一位共青团员，1925年1月，在莫斯科东方大学加入中国共产党，把自己的一切献给民族解放和共产主义的伟大事业。

7.《泰东日报》编辑长傅立鱼——一个激进的革命党人

傅立鱼，字新德，号西河，1882年生，安徽英山（今属湖北）人。1899年于安徽大学堂肄业，旋以官费赴日留学，毕业于日本明治大学分校。留日期间，参加了同盟会。回国后，任安徽省视学官。武昌起义后曾参加安徽、江苏等省的革命军事行动。南京临时政府成立，任外交部参事。1912年在天津创办《新春秋报》，次年，以发表激烈反袁世凯言论，遭到缉捕，被迫亡命大连，应聘为日本人主办的中文《泰东日报》编辑长（总编辑）。

为了促进和激发大连人民的爱国理念，从1921年开始，每年10月10日大连中华青年会、大连中华工学会、中华增智学校、大连中华印刷职工联合会、中华党民学校、电铁青年团等团体都发起组织“双十”国庆大游行。白天举行爱国游行，夜晚则举行提灯游行。《泰东日报》每年都对游行进行突出报道。在一次报道中，《泰东日报》这样写道：“游行队伍军号洋洋，国旗飘飘，诚挚热烈之爱国心高逾云表。”1924年8月，大连7个中华团体为了斗争需要，组织了“大连中华团体有志联合会”，傅立鱼被推任为执行委员长。1926年3月12日，《泰东日报》发表了中共大连地下组织撰写的纪念性文章《孙中山逝世一周年纪念的动议》，号召大连人民纪念这个日子，学习孙中山先生的革命精神。

大连中华青年会是大连第一个青年爱国进步团体，它的成立标志着旅大地区具有民族民主思想的知识分子和不甘当亡国奴的爱国人士的新觉醒。首先提出创办这一民间团体的人就是傅立鱼本人。傅立鱼早在1918年就在《泰东日报》上撰文提议“设夜校及半日学堂”，使受日本统治的大连中国人，特别是青年能于工作时间之外入学听讲，以发达其智力。傅立鱼立志要办教育的想法，来源于当时大连残酷的教育现实。1920年时，大连地区只有十几处可以让中国人上的小学，并无中学。能够入学就读者，也是学习日本语、日本地理、日本历史等。为此，傅立鱼为创办中国人的教育机关到处奔走呼吁，广泛接触各方面人士，争取得到普遍拥护与支持。

经过几个月的努力，傅立鱼和陈德麟、王建堂等为发起人，于 1920 年 5 月 30 日，借大连敷岛町日本基督教青年会馆（现中山区七一街 5 号）召开了第一次发起人会议，一致同意成立“大连中华青年会”。在那次会议中，傅立鱼被推举为大连中华青年会委员长，并负责筹建大连中华青年会工作。

傅立鱼还为开创社会新文化阵地不懈奔波，并主编了进步刊物《新文化》(后改为《青年翼》)，邀请孙中山、李大钊、萧楚女等人撰稿，发表了不少歌颂十月革命、支持国共合作和“唤醒同胞”的文章。该刊物被认为是“东北三省独一无二的进步期刊”。大连中华青年会以传播新文化、新思想为己任，以爱国教育为中心内容，开办昼夜学校、识字班，举办“星期讲坛”，用这样一些方法来宣传新思想、新文化、新观点。

1923 年元旦后，青年会又创立了简易图书馆，订阅了大量国内外著名书刊。其中有《共产党宣言》《社会科学概论》《列宁传》《三民主义》等书籍，《新青年》《新中国》《新潮》《觉悟》等刊物。被殖民统治的大连中国人特别是青年，通过这些进步书刊，开始接触了社会主义的学说和思想，民族意识得到新的升华。

受日本殖民统治的大连人民，不仅读书受教育的机会很少，甚至连参与运动会的资格都没有。日本殖民主义者经常举办各种体育活动和庆祝活动，但是不准中国人参加。于是，青年会先后成立了武术班、游泳队、足球队等，经常进行表演比赛和对抗赛。1926 年 8 月 31 日，日本当局举行“满铁”游泳大会，邀请青年会的学生参加比赛，这是大连中国人第一次与日本人在水上公开进行较量。青年会派出最佳阵容，以显示中国人的力量。结果，青年会选手不负众望，夺得了 6 项游泳冠军。

日本统治大连地区的时候，每年 5 月份的第一个星期天总要开一次运动会，这样的运动会也是禁止中国人参加的。傅立鱼当时很不服气：“既然你日本人能办，我们中国人也一样可以办。”于是在每年 5 月的第二个星期天举行中国人自己的运动会，以与日本殖民主义者在第一个星期天举行的运动会相抗衡。1922 年 5 月 14 日，在他的组织下，举行了中华第一届陆上运动大会，参加的团体有 10 余个，个人参加比赛者 500 余名，大连同胞奔走相告，参观者计 4 万余人。这次运动会规模大、人员多、奖品也多，远远超过了此前日本人举行的运动会，也是大连人前所未见的场面，《泰东日报》第二天撰文称之为“大连破天荒之盛举”。

历届运动会傅立鱼都是主要组织者，或担任委员长或担任主席。运动会的举办规模也越来越大，到 1924 年第三届运动会举办时参加的团体有 23 个，其中包括由日本人办的金州公学堂、旅顺公学堂、沙河口公学会，以及电铁青年团等工人团体均报名参加。更可喜的是，“进德女学校”的女学生，冲破了传统势力的束缚，也来参加比赛。男女运动员人数达 1100 多名。《泰东日报》发表消息，形容“会场内外观众达数万之多，人山人海，无立锥之余隙”。

大革命失败后，傅立鱼利用他的社会影响，掩护和营救过多名共产党人，接待过途经大连到苏联去的瞿秋白、蔡和森等无产阶级革命家。

1928 年 7 月，日本统治当局以“政治结社”及拥护张学良“东北易帜”的“罪名”，将傅立鱼逮捕，后强行驱逐出境。

1929 年，傅立鱼继罗隆基之后担任天津《益世报》主编，同年夏，在北京创办《新中华报》，进行反日宣传。“九一八”前后，应邀到天津《大公报》协助胡政之从事经营管理方面的工作，曾多次募款支持东北义勇军。抗日战争爆发，隐居于天津，1945 年初因脑溢血病逝。

8. 蜂拥而上的日文报纸概述

日俄战争后，东北地区的外报市场基本为日本人垄断，从 1905 年至九一八事变前，日本人在东北创办了 230 多种报刊，在辽宁即达 60 余种，而且大部分是日文报刊。俄文报纸《新边疆报》迁至哈尔滨后，辽宁地区的外报市场基本为日本报刊一家独霸，据戈公振《中国报学史》记载，截至 1927 年该书出版，辽宁地区日文报刊在沈阳有 5 种［《奉天新闻》（1911）、《奉天每日新闻》（1918）、《奉天商工周报》（1922）、《大陆日日新闻》（1909）、《满蒙经济新报》（1923，半月刊）］，大连有 6 种［《辽东新报》（1905）、《满洲日日新闻》（1907）、《满洲商业新报》（1917，原名《大连经济日报》）、《大连新闻》（1920）、《关东新报》（1920）、《极东》周刊（1924）］，营口有 2 种

[《满洲新报》(1908)、《营口经济新闻》(1922)]，铁岭有1种[《铁岭时报》(1911)]，开原有2种[《开原新报》(1919)、《开原实业新报》(1923)]，安东（今丹东）有3种[《安东新报》(1906)、《满鲜纵横评论》(1920)、《满鲜时报》(1920)]，抚顺有1种[《抚顺新报》(1921)]，辽阳有1种[《辽鞍每日新闻》(1908)]，本溪湖（今本溪）有1种[《安东新闻》(1912)]。

这些报纸的主要读者是在辽宁地区的日本移民。这一时期，日本到东北的移民逐年增加，截至1917年，东北的日本人已达111095人。日本政府通过报纸向他们宣传日本经营东北的方针政策，刊载有关东北的经济消息，介绍东北的风土民情等。利用报纸尽量满足日本侨民的文化生活需求其实只是表象，日本政府的根本目的还是经济渗透，从各个城市报纸的名称即可看出，日文报纸中经济类居多。借助报刊实现对东北实行经济侵略，进而达到政治侵占，是这一时期日本报纸的野心所在。

这一时期辽宁地区的日文报纸基本集中在沈阳与大连地区。沈阳最有影响的是《奉天新闻》。《奉天新闻》创刊于1917年9月，创办者为佐藤善雄。佐藤善雄是当时活跃在东北地区新闻界的重要人物之一，1885年生于日本仙台，1903年8月考入上海东亚同文学院，1906年毕业至《盛京时报》，担任主编与发行人。1915年，日本对华提出的“二十一条”，日本在华各报几乎异口同声地支持，而佐藤善雄认为日本政府这些条款多是无理苛求，遂产生创办一张报纸，“将中国方面所思所想表达出来，让日本加深对中国的了解”的想法。

《奉天新闻》创刊后，以向日本介绍东北地区的政治经济状况为办报特点，力求客观公正地报道中国方面的消息，向日本官民传达中国官民对于中日关系的看法。佐藤自任社长兼主笔，以该报为阵地质疑日本的殖民政策，并经常登载中日双方关于两国关系的不同看法，甚至包括中方言辞激烈的批判日本对华侵略的文章。1931年9月18日，日军发动了事变，当时兼任日本联合通信社奉天支局长的佐藤负责向东京总部发出的第一封电报上没有提“中国奉天军队”，而使用了“似乎是匪贼组织”这样模棱两可的说法。事变后军方为封锁真实情况，对媒体进行了严格审查，这封电报激怒了日本关东军。随着来自军部的压力不断加大，佐藤善雄不得不辞去联合通信社奉天支局长的职务，暂时回国。9 月 1 日，发行了 20 年的《奉天新闻》正式停刊。

1927 年前后，沈阳等地的日文报纸在原有基础上数量略有减少，大连地区的日文报刊却直线增长。这是因为，日军在 1904 年 5 月以“租借”的名义侵占大连以后，对大连地区一直实行军事管制，推行殖民统治新秩序，逐步实现对大连地区思想文化领域的全面控制。“据不完全统计，到 1945 年战争结束为止，大连先后出版发行的报纸杂志多达 295 种，在其中的 42 种报纸中，中文报纸只有 3 种，英文报纸仅 1 种，其余的全是日文报纸”[①]。

20 世纪 20 年代大连最有影响的日文报纸是《辽东新报》《满洲日日新闻》(1927 年合并为《满洲日报》)、《大连新闻》等。《辽东新报》自创刊以来，一直得到关东都督府的支持。1912 年《辽东新报》版面增加至 8 版。1913 年，末永存一郎病逝，由他的弟弟末永节出任社长。1926 年末该报仍保持早刊 8 版，晚刊 4 版，发行量为 45108 份，拥有职工 274 人。“满铁”的机关报《满洲日日新闻》到 1926 年末，发行量已达 41812 份，拥有职工 240 人，俨然是东北报界中强化殖民宣传推行殖民文化灌输殖民思想的舆论重镇。1927 年“满铁”将《辽东新报》收购，与《满洲日日新闻》合并为《满洲日报》后实力大增，成为东北最大的日文报纸。

1920 年创办的《大连新闻》是大连地区日文报纸的后起之秀。该报是由律师立川云平和小泽太兵卫自筹资金，为促进大连市政改革创办的。当时的《辽东新报》与《满洲日日新闻》已成强势媒体，新办日文报纸很难打开市场。为了拓展市场，该报不惜重金在 1921 年聘任了在日本报界崭露头角的宴性确成为编辑长（总编辑），从日本聘任松井柏轩为主笔。宴性确成凭借灵活的处事能力和敏感的政治嗅觉，不但使该报在两大媒体间得以生存，而且发展壮大，成为大连新闻界能够与这两大媒体抗衡的新兴媒体。经过短短 4 年的打拼，特别是宴性确成登上社长“宝座”后，密切配合殖民当局的政策要求，准确领会军方意图，主动与右翼势力勾结，《大连新闻》在大连地区报界后来居上，成为与《辽东新闻》《满洲日日新闻》合并后的《满洲日报》并列的两大日文报纸之一。

① 朱诚如主编:《辽宁通史》第五卷，辽宁民族出版社，2009 年版，第 238 页。

《大连新闻》成功的“秘诀”是“大造武装侵略东北的舆论”①。1926年10月，以日本在东北和内蒙古的法学工作者、社会学研究者、记者、“满铁”高级职员、中小企业主、殖民统治机构的职员和在乡军人为核心的日本官办右翼政治团体——“满蒙研究会”在大连成立。这个组织以“在政治、经济两方面指导在满日本人如何维护自己的发言权”为使命，以解决满蒙问题及开发产业为宗旨。1928年5月，遵照日本关东军旨意，大连新闻社出面组织召开了“满洲青年议会”。该会议参加成员以“满铁”社员为核心，召集日本在东北各地的代表，在“大连满铁俱乐部”模仿议会的形式，讨论日本在满洲的问题，大造“满蒙危机论”。《大连新闻》详细报道了大会实况，并配发言论煽动在华日本人的反华情绪。1929年，以“满洲青年议会”为基础，大连地区围绕《大连新闻》成立了右翼组织——“满洲青年联盟”，先后在东京、大连等地多次举行报告会与演讲会，释放侵占东北有理的荒谬言论，《大连新闻》与之唱和，为这些荒谬言论寻找理论根据。这些活动，《大连新闻》的主要经营人都有参加，报纸对这些活动都作了大量报道，使该报在日本读者中的位置显著提升。《大连新闻》创办之初，标榜“代表民间、不偏不倚、力主公平”的宗旨，显然是有着相当的欺骗性。

第六节　新闻团体与报人活动

1. 三次中日记者大会

中华民国成立后，日本侵华势力扶植的宗社党迅速瓦解，因而提出要“特别致力于（在中国）内地扶植（亲日）势力，并促使他国承认在该地区（即东北三省）的优势地位”，等待“最有利时机之到来”，从而取得“满洲

① 朱诚如主编：《辽宁通史》第五卷，辽宁民族出版社，2009年版，第241页。

问题的根本解决”，即侵占中国东北。为达此目的，日本在东北地区的新闻机构异常活跃。从民国元年（1912）开始，由辽宁地区日本人办的报纸为主导，分别在吉林省城、大连、沈阳连续三次召开中日记者大会。三次大会的规格逐步提高，影响也越来越大，日本人主办的报纸的经营者与编辑者参与其间的也越来越多。特别是在沈阳由《盛京时报》承办召开的第三次中日记者大会，接待规格更高，日方人员更多，充分暴露了日本报纸妄图网罗舆论界以左右东北三省局势的野心与企图。

1912年1月18日至20日，第一次东三省中日新闻记者大会在吉林省城吉林市召开。发起者为吉长日报社、新吉林报社、吉林时报社，主办者为日文报纸《吉林时报》。他们首先在《泰东日报》刊登广告，刊发《东三省中日记者大会办法》，说明参加会议的资格以及经费来源等。“会员为中日两国报社、通信社各派一二人及驻东北特派通信员，会费每人吉洋五元，如有不敷由发起人筹措；由发起人通报并通报广告后，与会会员姓名须于中华民国二年正月初五前寄至吉林省城吉长日报社，以便照送吉长铁路及南满铁路往复火车票各一份；各会员出发应先电告，以便在车站招待并导往预备寓所，川资及旅店费由各会员自备；大会程序由发起人拟定于会期前公布。”《办法》中还将会议日程安排予以公布。东北地区报社（报馆）、通信社的51名中日记者参加了会议。到会国人报刊共17家20余人，辽宁地区有沈阳的《东三省公报》《亚洲日报》《奉天国民新闻》、营口的《民生报》主要负责人参加。到会的日本人的报纸与通讯社共10家30多人，有大连的《辽东新闻报》《满洲日日新闻》《泰东日报》，沈阳的《盛京时报》《满洲新闻》，安东（今丹东）的《安东新闻》，铁岭的《铁岭时报》。日本大阪《每日新闻》驻沈阳通讯员也参加了会议。其中《辽东新闻》与《满洲日日新闻》由社长率队各有8人，人数居各报之首。

会上，日方代表在发言中大篇幅地论述日本的大东亚政策，胡说“日本在东三省的目的是保护中国”，极力袒护与美化日本对中国的侵略政策。中方代表沈阳《东三省公报》的陶秉章在发言中给予驳斥，批评“部分新闻家”混淆视听，提醒国人报纸警惕日本方面的新闻侵略。

第一次记者大会历时三天。主要涉及会议、宴请、参观三个方面，会议最后没有形成制度性的文件。对此会议，《盛京时报》与《泰东时报》均作重点报道，都说这次会议是东北新闻界“从来未有的盛会”。

第二次东三省中日记者大会于1913年10月25日在辽宁大连举行。由《满洲日日新闻》《辽东新闻》《泰东日报》发起，《泰东日报》具体承办，东北地区的大部分报纸都有代表参加，上海、北京也有新闻从业者慕名而来。沈阳《东三省公报》的陶秉章，《大中公报》的袁昆乔，《醒时报》的张子岐、张非祺（女），《盛京时报》的中岛真雄，《奉天日日新闻》的吹野勘，《满洲日日新闻》的皆川秀孝等报社社长、记者代表与会。此次大会参与地区广泛，辽宁地区的海城、营口、安东（今丹东）等都有代表参加，在140多名中日记者中，仅大连记者团就有45人。与第一次中日记者大会不同的是，国人报纸的参与者是日人报纸的三倍。

与会代表审议了“议案报告”。通过的“议案报告”主要包括五个方面的内容：一是力行大亚细亚主义，二是反对分争领土之暴论，三是促进实业之进行，四是融合两国之误解，五是主张两国经济之同盟。此次大会从政治角度清晰地说明了中日新闻界所负有的责任，议案中将“反对领土分争”和“实行大亚细亚主义”放在首位，说明了当时报人对日本企图领土侵略的清醒认识。

第三次东三省中日记者大会，原定1914年5月在沈阳举行。因第一次世界大战爆发、日本国内“遭大丧之变”以及日本侵占中国山东半岛事件等，延至当年10月17日召开，由《盛京时报》承办。

比之上届大会，参加人数略有减少，为103人。日本报纸29家54人；国人报纸23家49人，包括辽宁地区《东三省公报》5人，《醒时报》3人，《营口新闻》与《营商日报》各1人。吉林只有二报三人到会:《吉长日报》2人、长春《晓钟日报》1人。黑龙江省报刊没有参加会议，大会的“东三省”之名已经名不副实。大会因日本人侵占山东引起国人反对，只有日本驻沈阳总领事到会致辞。

这次大会的主办单位《盛京时报》，有意将此次会议的规模超过上两次，为参会人员提供很多优惠条件，向国人报刊到会人员提供返程车费及免费食宿，并赠送礼品组织参观游览。《盛京时报》在头版头条刊发社论《欢迎中日记者大会》，并数日刊发连续报道。

沈阳市马车公司为大会赞助专车两辆。大会还得到南满医学堂、日本官烟专卖处及英美烟公司、岛合洋行等企业的赞助，分别向代表赠送写真贴画明信片、烟草、石碱等物品留作纪念。大会得到当地企业的赞助，这在三次大会中是唯一的一次，可以看出企业对大会的重视；借此推销企业的产品，也说明报人已经初步有了广告经营的意识。

就在这次大会结束不久，日本政府于1915年1月正式提出旨在灭亡中国的“二十一条”。这个秘密条款的详细内容经我国著名记者邵飘萍及时披露后，在国内引起极大反响，全国各地民众以各种形式表示愤怒与抗议。因此，原定每年一次的东三省中日记者大会中断后再也没有举行，同时，日本在辽宁地区的报纸也不同程度地遭到抵制。

2. 不同时期的新闻团体

（1）东三省报界促进会

1910年9月，由上海《时报》《神州日报》发起，联合全国43家报纸，在南京成立了中国报界促进会。这是中国新闻工作者第一个全国性质的组织团体，也是国人办报的一次阶段性的总结。辽宁地区的《东三省日报》《大中公报》《微言报》《奉天醒时白话报》《营商日报》五家报纸的代表沈肝若、张兆麟、汪洋等参加了这次中国新闻工作者的第一届盛会。这些代表回辽宁后，很快发起成立了东三省报界促进会，《东三省日报》的“总撰述”汪洋被推举为会长。东三省报界促进会虽然涵盖“东三省”，但并没有形成预期的合力，一是因为外报仍然占据报业市场的多半份额，二是因为时逢辛亥革命的前夜，不可能也不允许更多地开展活动。尽管舆论环境难以尽如人意，但促进会的领导者们也做了许多有益报业开展的工作。《大中公报》首次被捣毁时，汪洋竭力从中斡旋，使报纸得以尽快复刊。

（2）大连记者协会

辽宁的新闻团体，除或主持或参加东三省中日记者大会以外，数年内基本没有活动。1922年6月，由佐藤四郎、窦性确成、马场力等，将居住在大连的新闻从业人员集中起来，成立了大连记者协会。同年10月，记者协会向关东州厅长官伊吉院和民政署长田中提出了《关于实施满洲新闻法》的决议文。1923年7月，该记者协会在大连的大和旅馆召开了有56名记者参加的集会，创建了总会，并制定了规约，确定每年春秋两季召开定期总会。同时，为作出关于报道时事问题的决议，可召开临时总会。重要事项必须由总会和临时总会决议。决议的事项必须有三分之二以上的会员出席，出席者三分之二以上同意，方可生效。记者协会的常任干事是窦性确成、津上善七，而协会经费则由会员捐助。协会成员包括大连日本报刊、通讯社的65个编辑记者，是“援用（日本）新闻约法”成立的。

大连记者协会是辽宁地区报业在民国时期成立的第一个较有规模的记者组织，尽管它的成立因由日本人牵头有些殖民味道，但也反映了当时报人群体自觉联合的一种表达。

（3）营口报界联合会

1923年，营口报界联合会成立。联合会包括外省市及日本国报纸在营口设立的分社、分局、支局50余家。其中中文35家、日文16家、英文1家。会长吕汇川、副会长傅荣杉。

（4）辽宁报界联合会

1930年成立的辽宁报界联合会是辽宁地区最早的由中国人创办的报界联合会，不接受任何外国报纸的人员参加。辽宁报界联合会的成立大体有两个背景：一是中日舆论战的需要。当时中日关系紧张，由此上升为国人报刊与日刊之间的论战，张学良支持的《新民晚报》与侵华势力支持的《盛京时报》展开公开论战，国人报刊迫切需要一个组织，共同与日刊抗争。另一个是维护自身权属的需要。

大会成立于 1930 年 9 月 1 日，会址设在辽宁省议会（今沈阳市沈河区正阳街）。大会规定，凡在辽宁出版的报刊，在地方官府立案者，由两名会员介绍，经委员会审查合格即可成为联合会成员。联合会设委员 5 人，由全体会员选举产生。设主席一人，任期一年。下设庶务、会计、文书三个部，各部设干事一人。到会的多是当时辽宁地区知名的国人报社的社长与总编辑，有《东三省民报》赵雨时，《东三省公报》王光烈，《新民晚报》经理张秉乾，《醒时报》社长张兆麟，《东北商工日报》经理赵晋如，《东北民众报》社长陈言，《大亚画报》代表李逊梅，《新亚日报》社长陶明浚，《东北日报》社长丁袖东等。老报人赵雨时被票选为本届联合会主席，王光烈、张兆麟、赵晋如、陈言、赵雨时为本届联合会常务委员。

（5）铁岭报界联合会

1930 年 11 月，铁岭报界联合会宣布成立。《东三省公报》《新民晚报》《东北民众报》《东北商工日报》《东北日报》《救国公报》《华北日报》等报社驻铁岭分馆的经理、代办处主任、分社社长、记者等 32 人与会并成为联合会会员。主席由石松权担任，其职责是主持该会一切事宜。

（6）沈阳市新闻记者协会

1931 年 5 月，沈阳市新闻记者协会在沈阳成立。发起人有王光烈等。该会的发起宗旨是：以共同研究新闻事业之发展，互相辅助发扬舆论精神，完成指导民众使命为目的。《醒时报》《新民晚报》等报社社长及记者近百人参加协会。然而，九一八事变的到来，很快使这个记者团体遭到解散的厄运，其存在四个月后便夭折。

沈阳市新闻记者协会存在的时间虽然短暂，但它的出现开启了沈阳报界团体的先河，在辽宁地区报业史上留下了一行不可磨灭的足迹。

第三章
沦陷时期的辽宁报业

1931 年 9 月 18 日，日本关东军在沈阳蓄谋制造了九一八事变。

九一八事变后，日本侵略者为了钳制舆论、压制民族解放意识，对有抗日倾向的中文报纸大肆砍杀，使辽宁地区稍见勃兴的民族新闻事业发生了急剧变化。日军侵占沈阳（1931 年 11 月 20 日改称奉天）后，9 家国人办的报纸中，2 家被查封，4 家被迫停刊，1 家被强行更名，只有 2 家被允许出版。在大连，日本殖民当局于 1932 年 6 月设立关东局出版物检阅事务所，专司对报纸杂志的“取缔检阅”。中文《东北文化月报》停刊与《大同文化》合并，改由奉天事务所发行，而《大连日报》《大陆》《满洲时报》《极东周报》都因被指控“越轨”而先后停刊。在丹东，《商工日报》因刊登日本在东北侵略的消息，报馆亦被强行封闭。

与此同时，日伪当局大力发展亲日的中文报纸和日文报纸。《盛京时报》将哈尔滨《大北新报》办成《盛京时报》的“北满版”。《泰东日报》自傅立鱼被驱逐出大连后，再无当年“为民请命”的风骨，“九一八”后，日本统治当局加强了对该报的控制，各主要部门的负责人全部由日本人担任，使该报完全成为日伪统治的工具。同时，一批为日伪当局服务的中文报纸纷纷出笼，沈阳有《大亚公报》《奉天公报》《奉天日报》《民声晚报》等；鞍山有《鞍山日日新闻》；锦州有《锦州新报》《辽西晨报》；阜新有《阜新矿业所报》；安东（今丹东）有《新满公报》《安东新闻》《安东时报》；抚顺有

《抚顺新闻》等。这些报纸为宣传所谓“圣道”，把伪满政权说成是“独立国家”“王道乐土”；灌输和鼓吹军国主义，宣扬侵略有理、“大和民族优越论”；大肆污蔑抗日联军和各地群众的反满抗日活动。

1932年10月24日，伪满洲国政府颁布伪《出版法》。这部法律集日本《新闻管理法》《大清报律》和中国《出版条例》为一体，仅“不得揭载”的事项就规定了8条。1932年12月1日“满洲国通讯社”成立，伪满洲国政府要求各报政治版只许采用所谓“国通社”稿。报纸出版前，伪警察局要进行严格审查，送审大样需加盖“检阅济”（审查完毕）的图章，否则不能付印。

尽管如此，中国人民反侵略之心是无法征服的，进入各报社的爱国进步人士，经常利用副刊发表有进步倾向的作品。对此日伪当局十分惶恐，从1936年始至1942年初对东北境内的报纸进行了三次“整顿”。

第一次“新闻整顿”是1936年9月，伪国务院总务厅正式成立满洲弘报协会，将沈阳、大连、长春、哈尔滨四个中心城市的10家日伪报纸，吸收为第一批加盟社，进行统一集中管理。辽宁地区中文报纸《盛京时报》《泰东日报》，日文报纸《奉天日日新闻》《满洲日日新闻》，英文报纸《满洲每日新闻》为加盟社首批成员。第二次新闻整顿是1937年5月，由满洲弘报协会按照中日报纸“一省一报”的方针，通过收买、兼并、关闭、新办等手段，使加盟社报纸扩为29家，全面控制伪满各省的报纸。沈阳仅保留《盛京时报》。1938年7月15日，盛京时报社又帮助锦州（当时称省）创办了《辽西晨报》，使之成为锦州最早的报纸。大连中文报纸《满洲报》《关东报》停办并入《泰东日报》。安东《东边时报》《安东日报》《国境每日新闻》停刊合并创刊《安东新闻》。第三次新闻整顿是1941年8月25日，伪满洲国政府公布了伪《满洲国通讯社法》《新闻社法》《记者法》，即所谓的“弘报三法”，由康德新闻、满洲日日新闻、满洲新闻三大新闻社统管各地中日文报纸，进一步实行新闻垄断。

太平洋战争爆发后，日本侵略军势力日趋衰竭，每况愈下。日伪当局唯恐人心动摇，后方不稳，遂从严封锁失败消息，进一步加强新闻统治。1943年，首先在伪新京（今长春）成立伪满洲新闻协会，统辖全东北的中日文报刊，由盛京时报社长担任理事长。翌年9月，又把东北中文报纸统一改为《康德新闻》，总社设在长春，其他各地报社全部改为支社，《盛京时报》变成《康德新闻》“奉天版”。这样，全东北的报纸不仅是言论一致，体制上也变为一家，成为名副其实的“一家之言”。至此，辽宁地区的报业萧条到了极致。1945年8月15日，日本无条件投降，伪满政权垮台，“一家之言”的日伪报纸也随之灰飞烟灭。

第一节　沦陷初期的日伪新闻管制

1. 国人报纸惨遭摧残

九一八事变的第二天，日本侵略当局立即对辽宁地区的国人报纸进行打压，沈阳的9家国人办的报纸中，2家被查封，4家被迫停刊，1家被强行更名，只有2家被允许出版。

两家被查封的报纸是《新民晚报》与《东北民众报》。《新民晚报》是张学良支持赵雨时等爱国报人创办的辽宁地区第一张晚报，自1928年创刊之日起，即旗帜鲜明地反对日本帝国主义的侵略，与日本人办的《盛京时报》经常唱对台戏，在报纸上经常揭穿《盛京时报》的谣言，因此，受到《盛京时报》“编辑人”菊池贞二等的忌恨。1931年9月19日，日本关东军刚刚占领沈阳，菊池贞二就带领日本宪兵包围并查封了《新民晚报》，好在之前因张学良长期在北京滞留，报社的编辑人员提前做了准备，没有造成更严重的后果。

另一家被查封的是爱国知识分子陈言于1929年创办的《东北民众报》。《东北民众报》在发行方面与满铁多次抗争，日本方面也早已恨之入骨。9月19日上午，日本关东军派出一辆满载日本宪兵的大卡车，闯入东北民众报社院内，查封报纸并抄收报社财产，社长陈言和编采人员只得到外地避难。

四家被迫停刊的报纸是：民办的《新亚日报》《大亚画报》和辽宁商工总会主办的《东北商工日报》、辽宁红十字会主办的《红十字报》。也是9月19日上午，日本南满铁路株式会社附属的新闻情报机构“日中文化协会”的头目都甲文雄，用卑鄙的手段，将《东三省民报》等六七家国人报纸的主办人，用汽车挟持到一家小楼内，声言今后任何报纸不得刊发反日言论，否则将予以取缔。会后，坚持民国政府立场，不愿违心宣传“拥日”的这四家报纸被迫停刊。

被迫更名的是《东三省民报》。九一八后的一段时间里，报纸仍然宣传“沉着，冷静，不屈服”的口号，大汉奸赵欣伯秉承日本人的旨意予以接管，更名为《民报》继续出版。《民报》出版后，办报思想发生了本质性的变化，赵欣伯对日本人唯命是从，努力为日本侵略者的“东亚之乐园”“新国家之前途”“协合会之使命”的歪理邪说提供理论依据。《东三省民报》主笔张梦久，继续为该报写社评，宣扬“日满不可分”“共存共荣”等谬论，赞颂日军侵占中国东北的“功绩”，使该报沦为货真价实的汉奸报纸。

两家被允许出版的报纸是《醒时报》与《东三省公报》。

《醒时报》在张兆麟的主持下，也刊发过一些反日文章，同时也参加过抵制日本经济侵略文化侵略的活动，但它在回族民众中很有影响，日本占领者对此只得“网开一面”，准予继续出版。然而，在日伪的高压下，《醒时报》此后只能刊载一些市井趣闻类稿件，比如连载张恨水的言情小说《啼笑因缘》和武侠小说《明清八义十三侠》等。1934年底，张兆麟之子张友兰与儿媳王维祺接办报纸后，报纸彻底沦为市井小报，直至1944年停刊。

由于《东三省公报》“九一八”之前很少刊登反日的文章，“九一八”后却大量刊登“拥日”的消息，因此日本关东军特准其继续出版。1933年，伪满洲国机关报《大同报》出版，原《东三省公报》社长王光烈被日伪委任为《大同报》首任社长。《东三省公报》不久更名为《大亚公报》，王光烈兼任社长。

1905年日本侵占大连后，即开始对该地区实行思想文化专制，把新闻、言论机关视为贯彻“国策的先锋”。九一八事变后，日本统治者更加重视舆论的政治作用。1932年6月，日本殖民当局在大连设立关东局出版物检阅事务所，专司对报纸杂志的“取缔检阅”。此间中文《东北文化月报》停刊，与《大同文化》合并，改由奉天（今沈阳）事务所发行，而《大连日报》《大陆》《满洲时报》《极东周报》都因被指控“越轨”，先后被勒令停刊。《泰东日报》《关东报》《满洲报》因是日本人办的中文报纸，在“九一八”前后，对日本帝国主义的侵略行径都有直接间接的配合，不但得以保存下来，而且能够享受很多“优惠”政策。

在丹东，日军将曾报道过日军侵略罪行的《商工时报》主笔和经理抓去，毒打凌辱后放回。随后又强迫经理与日军签订合作办报协议。经理乘机逃脱后，日军又强迫安东商会将该报“借予”日军出版。

2. 日本人报纸在九一八事变的报道中极力混淆视听

民国时期的《盛京时报》为了取悦中国读者，在中日关系的报道中常常做出“中立”的姿态。但随着九一八事变的发生，该报的舆论倾向立即原形毕露。报纸部分原来主要以对中国社会经济状况进行评论性报道为主的板块，开始对中日关系及中国的政治问题进行关注。而对于九一八事变本身，《盛京时报》最初虽也以“中立”的态度报道其经过及原因，但在字里行间及具体技术手段的运用上，则显现出其为日本侵略行径进行辩解的意图；而随着该报逐渐加大对国民政府的丑化和批评，以及对国际舆论的片面性宣传，其从舆论上帮助日本侵略中国的面目彻底暴露了出来。

1931 年 9 月 18 日傍晚，日本关东军虎石台独立守备队第 2 营第 3 连离开原驻地虎石台兵营，沿南满铁路向南行进。夜 10 时 20 分左右，以日本关东军铁路守备队柳条湖分遣队队长河本末守中尉为首的一个小分队以巡视铁路为名，在奉天北面约 7.5 公里、离东北军驻地北大营 800 米处的柳条湖南满铁路段上引爆小型炸药，炸毁了小段铁路。并将 3 具身穿东北军士兵服装的中国人尸体放在现场，作为东北军破坏铁路的证据，诬称中国军队破坏铁路并袭击日本守备队。这就是九一八事变的真相。

九一八事变爆发后，《盛京时报》于 9 月 20 日连续报道事变的爆发及经过，是最早报道该事件的中文报纸之一。首先，报纸以重大新闻事件的处理方式，以引题、主题和副题三合一的形式概要明确报道事变爆发的原因和经过："北大营兵炸毁南满路　寻致南满各地成战场　彻夜而闻炮枪轰轰隆隆"；进而在消息的具体内容中以超常规的字号和加黑的字体报道事变发生的经过："十八日晚间，北大营一部分官兵炸毁柳条沟附近之南满铁路，因而引起中日两军之大冲突。卒之省会四郊遽成战场，炮声枪音轰轰隆隆，直至十九日，午后三时犹在严重交战状态中。"接着以"炸路之华兵曾被击退一次"为题进一步描述事变的过程："十八日满铁南行第十四次列车通过后，于午后十一时许，在北大营西方，突有中国正规兵，依将校指挥之下，爆炸南满铁路，一齐开枪攻击，该守备军对之立即开枪应战使华军遁走于北方。"在该报道中，《盛京时报》以大字的方式突出"炸路华兵"四个字，并强调此次事件是在"将校指挥"下"中国正规军"所为，以此表明事变的发生是由于中国正规军在挑衅，也由此表明日本的军事行动是自卫反击。为进一步证明日军行动的"自卫"性，《盛京时报》在报道事变发生及其经过的同时，发布《日军司令官莅沈出示安民》和《市民对于战事以为日军演习》两篇消息进行佐证。前者告知日本关东军司令官本庄繁中将接到冲突警报后立即乘特别列车赶往沈阳，于19日12时到达，并在东洋拓殖会社设立司令部，旋即发出"安民布告"，宣布日军负责治安以对良民"格外保护"。后者则报道说，沈阳市民对枪炮声习以为常，因此对事变一无所知，以为是夜间演习而安然入梦，天明直立街头观日军进城"如看热闹"，"而日军亦纪律严肃，对于市民秋毫无犯"，掩盖日军在事变中屠杀中国军民的事实。两篇新闻表面是报道事变发生后日本关东军和当地民众的反应，以及沈阳城社会秩序的良好和安定，实质在证明日本的军事行动是出于"自卫"，为日本占领沈阳提供合理依据。

在对事变的经过进行描述后，9月22日，《盛京时报》详细刊登出《日本侧决定奉天案方针》，宣称："本事件之真相，虽未判明，但日军军事行动，为自卫权之发动，必为国际法上当然容许之处置。"9月26日，《盛京时报》刊登日本政府发表的"满洲案"真相声明。其中心意思只有两条：一是宣称"自卫"，向外界表白这次事件非同小可，是由于日本的"生命线"南满铁路被中国军队炸毁，所以日本不得不起来行使自卫权。二是表白"不扩大"，即向西方列强表示日本除"自卫"外，绝无任何野心。

九一八事变后，中国政府的反应成为各大中文报纸关注的重点，而对政府不作为进行批评的报道是重点内容之一。作为拥有日本背景的中文报纸，《盛京时报》大量利用国内舆论对国民党政府不抵抗政策的批评以及对蒋、张统治的不满，来渲染政府的不作为。在此期间，《盛京时报》不断发表言论批评和丑化张学良和蒋介石，离间二者的关系。事变发生后，该报发表文章，把蒋、张视为中日冲突的祸首，指责蒋、张等人发动内乱、铲除异己的行为是嗜杀好战；而东北受制于军阀之下的二十年，“三千万民众，吮骨吸髓，经其横征暴敛，致有产者变成无产，无产者流亡走险，饮恨泣血”，以此为日本的侵略行径进行辩解。此外，《盛京时报》不断发表丑化东北军将领特别是张学良形象的文章，尤其是发表系列文章将张学良塑造成为搜刮人民、聚敛钱财的地方军阀，并暗示张学良组织锦州防卫，采取抵抗主义只是拥兵自保、蒙蔽国人，证据就是宣称张在锦州兵力只有5万，而在北平用以自卫之军15万。事实上，之所以如此报道，是因为张学良在锦州建立临时“省府”，组织辽西防卫，成为日本迅速占领整个东北的绊脚石，所以日本不遗余力丑化张学良和东北军，以此降低其政治地位，瓦解东北抗日军民斗志。

大连的中文报纸《泰东日报》与《盛京时报》一样，极力为日本的侵略行径披上合法的外衣。1931年9月20日，《泰东日报》在一版头题位置，以“中日不幸事件勃发 沈阳全入日军掌握”为标题，美化日本人的侵略行径，将九一八事变的责任全部推到中国人身上。消息说，“北大营北侧柳条沟附近之南满路，于本日午后十时半忽为中国军队破坏，遂即发生冲突，故日本守备队即将北大营一部占领，继更为扫荡附属地附后之中国军队，即将开始军事行动”。

在这两张报纸的鼓噪下，其他日本人办的中文报纸基本是同一口径。《关东报》《满洲报》等几乎同时刊登同类的消息，为日本关东军的侵略行为贴上“自卫”的标签，更有甚者，认为日本人的武力侵略是“不得已而为之”。九一八事变后，中国在国际联盟起诉日本，国联曾派调查组来辽宁调查。调查结果是国联要求日本将满洲归还中国。日本不仅拒绝了国联的决议，并退出国联，态度十分蛮横。1931年12月3日的《满洲报》，以头版整版的篇幅，报道了这一事件。表面上持客观报道的态度，实质上是从各个角度为日本的侵略行径标上“合理”的标签，欺骗中国读者，为日本侵略东北鸣锣开道。

3. 日伪大力创办新报

（1）中文报纸

1932 年 3 月 1 日，伪满洲国在“新京”（长春）宣告成立。日伪政权在打压国人报纸的同时，大力创办日伪报纸，使日伪的中、日文报纸在东北各地泛滥。从九一八事变到 1936 年初，日伪在东北新办中文报纸 14 家、日文报纸 8 家、俄文报纸 1 家、朝鲜文报纸 1 家。其中，辽宁地区最多，仅在沈阳就新办了 3 家中文报纸。这 3 家报纸分别为《奉天公报》《奉天日报》和《民声晚报》。

《奉天公报》1931 年 9 月 21 日创刊。日本人若月太郎任社长，中国人杜振远任编辑长。它的办报宗旨就是维护殖民统治，具体实施就是宣传“共存共荣”，关注中国政局，防止排日活动。1937 年 8 月，停刊并入《盛京时报》。

《奉天日报》创刊于 1932 年 4 月 1 日。社长菊地秋三郎，聘三名中国人任编辑。

《民声晚报》创刊于 1933 年 12 月 1 日，主办该报的是大连中文《满洲报》的社长西片朝三。社址在奉天大西路南一座三层白色小楼中。西片朝三聘任《满洲报》副刊编辑韩冈瑞为编辑部部长，由韩在奉天招聘大学生杨君实、赵伯恒以及老资格记者董博文、陈雨天、王秋萤等人为编辑部成员，马星垣为经理部长。该报 4 开 4 版，所载资讯全部来自伪满当局通讯社的日文电稿。据闻，西片朝三在九一八事变前，将社会人士赈济辽西水灾的大笔义款揣进个人腰包，事发后被驱逐回国。《民声晚报》实为其子小西片经营，1937 年 8 月 3 日宣告停刊。

在安东（今丹东）日伪新办 2 家中文报纸。一家是九一八事变后接管的《东边日报》，同年 11 月以原报名出版。日本人向后新太郎任社长。另一家是 1934 年 3 月 1 日创刊的《新满公报》，社长为杉田宗作。

其他中小城市也有日本人新办的中文报纸出版。抚顺，原有日文报纸《抚顺新报》，社长洼田利平，1931 年 12 月 26 日新办了中文《抚顺民报》，洼田利平兼任社长。铁岭，原有日文《铁岭时报》，编辑长本多正，于 1934 年 10 月 10 日新办中文《铁岭公报》，本多正任社长，聘中国人张慕周为编辑长。《铁岭公报》为铁岭县公署的机关报，日刊 4 页，发行数 1200 余份，以“日满亲善”为主要宣传内容。辽阳，原有日文《辽鞍每日新闻》，社长渡边德重。1932 年 10 月 1 日新办中文《辽海公报》，渡边德重兼任社长。山海关，日伪于 1934 年 4 月 29 日新办了日文《山海关日报》，黑川重幸任社长，1934 年 7 月 1 日，又新办中文《山海关公报》，社长由黑川重幸兼任，副社长为中国人范宗泽。

（2）各级公署的公报

从 1932 年始，伪满各省、市、县公署均出版所谓的“公报”，类似于清末民初的“官报”，似乎是各级公署上情下达的文件，实质是通过各种所谓政务信息向民众传达日伪统治的各种信息。此类公报大都是“册报”的形式，有的是周刊，有的是旬刊，内容以政府的政令信息为主，间或刊载上级政府以及其他地区的行政信息，虽然不是公开发行，但发行量也很大，起到一定的新闻传播作用。这些“公报”主要有：

《大连市公报》，由大连市役所（市政府）主办，“每月 1 日、10 日、20 日三回发行”。内容大多是通告、“规则”等，比如 1932 年 3 月 4 日的《大连市公报》刊载的内容是市长小川顺之助公布大连市立实业学校的学则。《奉天省公署公报》，于 1932 年 4 月 16 日创刊。由伪满奉天公署发行，财政厅印刷。《宣抚公报》，1932 年 11 月 23 日创刊，对开 2 版，由西丰宣抚会发行。该报积极为日伪宣传服务，创刊号即发表《祝贺友军剿匪成功》《祝贺王道政策》等反动文章。

《安东省公报》，1935 年 1 月在安东（今丹东）创刊，大 16 开，册报，由伪满洲国安东省公署总务厅编辑。《锦州省公报》，锦州省分署总务厅编辑发行。《奉天市公报》由伪满奉天市公署总务处调查科编辑，12 开，册报。《鞍山经济时报》，1937 年 1 月在鞍山创刊，16 开，册报，由鞍山商工会议所主办。《抚顺县公署公报》，于1939年1月31日创刊，16开，册报，由伪满抚顺县公署主办。

（3）日文报纸

张作霖统治时期，据不完全统计，辽宁地区的日文报纸达42种。东北沦陷初期，日文报纸成倍增长，仅大连地区即有38种，在《满洲日日新闻》领衔之下，有《大连经济日报》《北满洲》《周刊极东》《大连海市日报》《大连商工新闻》《国际兴信所所报》《国际帝国兴信时报》等。沈阳有《奉天每日新闻》《奉天新闻》《奉天日日新闻》《满洲国官报通信》等。锦州有《锦州日报》（1932年5月），鞍山有《鞍山日日新闻》（1932年6月）、《北安日报》（1934年7月），开原有《开原新报》，本溪有《安奉每日新闻》等。

4. 按伪《出版法》实行严格新闻检查　极力把伪满洲国从中国分裂出去

1932年9月12日，伪满洲国政府颁布了《治安警察法》，不仅取消了人民群众集会结社的自由，而且剥夺了人们从事文化活动的权利。该法规定：凡在公共场所张贴标语、传单、宣传画者，伪警可以“扰乱秩序”的罪名予以禁止或扣留；对各种出版物的检查和取缔，均由警察和宪兵来进行。1932年10月24日，伪满洲国政府又抛出了伪《出版法》。这个《出版法》集日本《新闻管理法》《大清报律》和中国《出版条例》于一体，全文共52条，报纸、期刊一应出版事宜均规定在内。仅不得“揭载”的事项，就规定了8条，诸如“变革”伪满“组织大纲”，“危害”伪满“存在之基础”，“泄露”伪满“外交及军事机密”，“波及国交上重大影响”、“煽动”对所谓的国家“犯罪”，“惑乱民心及扰乱财界”，等等。伪《出版法》还规定，伪国务总理大臣随时得以“有障碍”于外交、军事或财政，抑或“维持治安之需要”，禁止或限制报纸、期刊的新闻报道。总之，这些规定都是为了达到控制报刊言论的目的。

伪《出版法》还对报纸出版采取事先许可主义，不经许可不准出版，并令已经出版的各报，限期该年底前造报职工手册，备文呈请立案，其以前取得的官厅许可完全无效。各地的伪警察机关，也有所谓的《管理新闻章程》公布，其条文皆为限制报纸出版。此外，还有限制报纸存在的所谓“新闻事业调查”，各报今天刚填完日本特务机关的“调查表”，明天又要填报日本宪兵队的“调查表”，后天再填报伪警察机关的“调查表”。对于这些频繁的填表调查，如果编辑人员忽略未填报，日伪机关立即给予斥责。这些“调查表”中，以日本特务机关要求的最为详细，数十个项目，如“国籍原籍”“思想倾向”“对满洲国做何感想”“对现在满洲国政治有无不满”“愿为满洲国国民否”“是否在满洲国结婚、有无子女”“对旧政权及中国有何感想”“报纸的销售如何”……最令人头痛的是“登载新闻的标准”常常令填表人左右为难。各报的社长、总编辑和印刷厂管理人，每日均须填报“调查表”3份，日本特务机关和宪兵队各存留一份。这种“调查表”，仿佛是中国报人的“生死簿”，牢牢掌握在日本特务机关手中让人举步维艰。

日伪当局对报纸新闻的检查，由日本特务机关的第二班负责。除日伪办的报纸外，一切国人报纸皆在它的统制之下接受新闻检查。报社每天必须把报纸大样送去审阅，没有“检查济”（审阅完毕）的图章，不准付印。伪警察机关也设有检查股负有检查新闻之责。有时，日本特务机关第二班可指挥伪警检查股，对国人报纸进行一些间接的发难。日本宪兵队的司法系与日特第二班联络，专办关于“反满抗日”报纸和记者的惩办之事。在检查新闻的同时，日本特务机关还令报纸登载新闻须分清“本国”与“外国”。其所指的“本国”，就是东北以内的消息；关内方面的消息，必须冠以“中国”字样。而且要求“中国”方面的消息要减少登载，以突出所谓的“满洲国”。同时严令：报纸对日军必须称为“皇军”或“友军”，而对抗日义勇军和抗日联军，则必须称之为“匪军”。自1933年起，各报每日须派记者到日本特务机关抄录日伪公布的新闻。这些新闻除夸耀所谓皇军战功和伪满洲国“王道乐土”外，便是“中国某地发生内战”“皇军在某地大捷”等。各报抄得此类新闻后，必须一字不动地刊出，如有一报将此项新闻有所修改或登载在不显眼处，其编辑人员立即被传讯质问，“性质”严重者便被处以“巧妙编排，反满抗日”的罪名。

5. 成立伪满洲国通讯社　形成垄断通讯网

九一八事变前后，东北是国际社会关注的热点地区，辽宁更是新闻舆论的焦点。各国通讯社林立，仅日本的通讯社就有两家，一家是电报通讯社，一家是新闻联合社。此外还有朝日新闻、每日新闻等报社的“联络处”和“记者站”。各国通讯报道机构纷纷增派大量记者，竞相报道九一八事变的真相以及事变后东北的真实情况。特别是国联所派的李顿团在东北进行调查期间，沦陷后的东北，顿时成为世界信息关注的中心。这种局面不利于日本帝国主义掩盖其血腥的侵略罪行，为了控制中国人办的报社与通讯社，统一宣传口径，日本政府出笼了“一个国家一个通讯社”的政策。

1932 年 12 月 1 日，日伪政权在日本新闻联合社、电报通讯社东北分支机构的基础上，成立了伪满洲国通讯社（简称伪国通社），同时将东北各地中国人和外国人办的通讯社全部强令关闭。这样，伪国通社就垄断了伪满经济、政治、社会、文化各方面的新闻资源，由它独家向各报、电台供给新闻稿。伪国通社设在新京（长春），在奉天（今沈阳）、大连等设有支社，在安东（今丹东）、锦州等 13 个市县设立支局，还在一些市县设立通讯部和通讯员。这些支社、支局向总社发送地方新闻，接收总社发来的中文、日文、俄文等电讯稿，分发给与伪国通社签订通讯契约的各家报社，从而使东北各地的报纸，其正刊的新闻完全采用伪国通社的电讯稿。伪国通社发来的稿件，往往有谕令式的通知，通令各报，某条新闻须绝对刊登，某条新闻应当如何标题，各报的编辑人员必须照办无误，否则就以“巧妙编排，反满抗日”的罪名，给予惩处。

伪国通社直接隶属于日本关东军司令部，实质上是日本通讯社在伪满所设的分支机构，通过它来垄断东北的新闻机构与新闻资讯。伪国通社的任务是采集、编辑、发行新闻稿，为伪满境内的日、英、俄、朝鲜等文字的报纸及无线电提供新闻。伪国通社的第一任社长是日本人森田久，其他理事与监事也由日本人充任。伪国通社机构较庞大，内设通讯局、编辑局、总务局、业务局、印刷所等，并在中国东北各地、关内及日本东京、大阪设立分社、支局等机构。

为了进一步严格控制伪满的新闻传播，日本还实行所谓的“日满通讯网一元化”。1937年4月12日，伪国通社与日本的同盟社（伪国通社成立后日本的原有通讯社合并为同盟社）订立了契约关系，在双方签署的协议中包含的条款有：伪国通社人员到日本即为同盟社成员，同盟社人员到伪满就是伪国通社成员；两社人员在所在地受两社领导，开展业务；伪国通社在伪满发表的新闻，拿到日本或其他国家算作同盟社的新闻，反之，同盟社在日本发表的新闻，到了伪满就是伪国通社的新闻。由此可见，伪国通社与同盟社乃异名同体，都是日本政府垄断新闻资源的工具。

伪国通社在沦陷时期建立了囊括全东北的新闻信息网。到1940年，伪国通社计有6个分社，26个支局，4个通讯部，9个商通部，形成了自上而下的垄断通讯网。此后，伪国通社又通过同盟社，利用其海外通讯网与同盟社联盟的外国通讯社，如英国的路透社，美国的联合社、合众社，法国的哈瓦斯社，德国的德意志社，意大利的斯泰劳尼社，苏联的塔斯社等通讯社，形成了国际通讯网，收采、发送国际新闻，除供东北各地报社使用外，还供给日伪官署、军宪机构、银行、会社等使用。此外，伪国通社还出版《新民》画刊、《支那事变画报》《满洲国现势》《协和日记》，发行《满洲国读本》，翻译日本的战争文学，等等，为日本帝国主义的侵华活动效力。

第二节　沦陷中期的两次新闻整顿

1．“弘报协会”统一管理的加盟社——日伪统治下的“一家之言”

伪满洲国成立以后，东北人民在中国共产党的领导下，武装抗日的烽火遍及各地。在辽宁地区，东北军和国民党军队中一部分人公然违背国民党中央的意志进行抗日；民族资产阶级代表也纷纷成立抗日救亡团体，开展宣传、募捐、支援等活动；辽西、辽北、辽南均有抗日义勇军掀起抗日斗争。

为此，日本关东军和伪满傀儡政权在不断进行武装讨伐的同时，十分害怕“从言论机关发出的惑乱民心之类的言论”配合各地的抗日斗争，不断地对东北地区的报纸进行新闻整顿，以期进一步加强新闻统制，全面控制“言论机关”，达到奴役东北民众的目的。

在进行第一次新闻整顿之前，日伪首先成立强制管理报纸的高度垄断机构——伪满洲弘报协会。然后，将沈阳、大连、长春、哈尔滨四个城市的11家日伪报纸列为加盟社，进行集中统一管理，使报纸成为日伪统治的“一家之言”。

1932年，伪满洲国刚刚建立，日本帝国主义便在伪满政府内设立了思想文化统治机构——资政局弘法处。1933年，资政局撤销，弘法处的业务划归伪满国务院总务厅新设立的情报处，负责控制各地的宣传情报机构，在文化领域实行法西斯化的殖民文化专制，用所谓的“官制文化”统治文化界。为了适应时局的需要，1935年，关东军以其报道班为核心，在伪满政府内设立弘报处，对东北人民进行言论控制，严格管制新闻舆论及通讯工作，限制新闻通讯自由。当时实行的是报道、言论、经营三方面高度集中统一的“官制文化”统治。伪满弘报处是关东军和伪满政府为全面垄断中国东北的新闻通讯和报刊发行而设立的统治机构，是为实行殖民文化统治而设立的专门机构。

1935年10月，日本关东军报道部、伪满洲国弘报处和“满铁”等部门的有关人员集中一起，成立了一个统筹新闻机构的“弘报委员会”。日本关东军参谋长板垣征四郎任委员长。这个“委员会”就如何控制伪满的言论机关，达到“钳制思想、舆论一致”的目的，多次进行研讨，最后决定：为了能够使“指导”报纸、通讯社及其相关的宣传机关经营合理化，必须设立一个有特殊法人身份的弘报协会，作为伪满弘报协会的执行机构。

1936年4月7日，伪满洲国国务院颁布了第51号敕令，决定“设立株式会社满洲弘报协会”，并强调这个机构将把报社的言论、报道和经营统一管理，纳入日本关东军“实施”的所谓国策轨道。8月10日，在新京（长春）大和旅馆召开了建立伪满洲弘报协会的筹资会议。会议决定：伪满政府出资100万元、“满铁”出资75万元、满洲电信电话株式会社出资25万元，共计

200万元作为协会的资本金。1936年9月28日，伪满洲弘报协会正式成立，由长期负责“满铁”宣传舆论工作的原日本中将高柳保太郎出任第一理事长（1938年2月由森田久接任）。该协会成立后，立即着手对东北新闻界进行了第一次整顿，采取控股方式将伪满洲国通讯社和其他一些主要报社控制在手中，使其成为伪满洲弘报协会的会员。

伪满洲弘报协会表面看是一个行业自律组织，属协会性质，实质是关东军与伪满当局为了适应时局的需要，对东北人民进行高压言论控制，严加管制新闻舆论及通讯工作而建立的。它直接受控于伪满政府弘报处，是关东军和伪满政府为全面垄断中国东北的新闻通讯和报刊发行而设立的统治机构，是为实行殖民文化统治而设立的专门机构。

伪满洲弘报协会将沈阳、大连、哈尔滨、新京（长春）四个中心城市的10家日伪报纸吸收为首批加盟社。辽宁地区的报纸有5种：沈阳的《盛京时报》（中文）、《奉天日日新闻》（日文），大连的《泰东日报》（中文）、《满洲日日新闻》（日文）、《满洲每日新闻》（英文）。《哈尔滨时报》（俄文）作为准加盟社参与其中，虽然不算加盟报纸，但也享受同等“待遇”。伪满洲国通讯社的业务也归伪满洲弘报协会管理，其对外取消伪国通社机构，完全由协会对内对外播发新闻电讯和摄影照片。这样，伪满洲弘报协会很快成为日伪的新闻垄断机关，不仅使日伪报纸在宣传口径上达到统一，而且在组织机构与经营管理方面更加集中统一，通过新闻统制、业务统制、经营统制，使东北地区的报纸新闻“综合化”，言论“统一化”，经营“合理化”。

伪满洲弘报协会的首脑机关为理事会，下设一局二部，即通讯局、总务部、事业部。通讯局下设通讯部、调查部。通讯部掌管采访、编辑、通联三课；调查部下设资料、计划两课和“满洲情况”介绍所。总务部下设事务、经理和管理三课。该会为加强对各加盟社的统制，在宣传报道方面，所有记者的采访、编辑乃至报纸出版等，均受伪满洲弘报协会的指导与控制。在经营管理方面，各加盟社一切经济计划、支出，均由伪满洲弘报协会决定方可实施。在组织建构方面，各加盟社的一切重大人事安排也要由伪满洲弘报协会决定。该会每隔一个月召开一次加盟社长会议，协会理事长、理事和各课长都出席会议，协议经营、编辑的方针与措施。在不召开社长会议的月份，召集各加盟社的责任编辑参加碰头会，实行事务上的联络控制。每周一、四召开业务协调会，由各加盟社驻京代表、日本关东军报道部、伪满洲国国务院弘报处、伪满洲国治安部和伪满协和会的代表参加，共同协议决定“弘报宣传方针”和有关事项，并立即传至各加盟社执行。

伪满洲弘报协会的成立使日伪政权对东北地区的新闻管制更加严厉，使各加盟社报纸的经营管理、新闻报道、言论等更趋一致，毫无特色与个性可言，令辽宁的报业沿着畸形发展的道路越走越远。

2.“一省一报”严格控制加盟社报纸　报纸模式一律为“岛国风格”

1934 年 10 月，日伪政权将辽、吉、黑、热（热河省）4 省重新划分为 10 个省，即奉天省、吉林省、黑龙江省、热河省、滨江省、三江省、间岛省、安东省、锦州省、黑河省；又将内蒙古兴安省（伪满建制）的 4 个分省，提升为兴安西省、兴安南省、兴安东省、兴安北省，总计 14 个省。1937 年后，又设置东安、北安、四平省等，将伪满洲国增至 19 个省 1 个特别市。1937 年，日伪政权进行“第二次新闻整顿”，由伪满洲弘报协会按照中、日文报纸各“一省一报”的方针，对其统制外的中、日文报纸，通过收买、兼并、关闭和新办等手段加以整顿，使加盟社报纸扩大为 29 家，从而全面控制了伪满各省的报纸。

这次新闻整顿，由伪满洲弘报协会遵照日伪提出的中、日文报纸“一省一报”的方针，组织实施。由日伪增加投资 300 万元，作为整顿经费。1937 年 5 月，伪满洲弘报协会提出了《满洲第二次新闻整顿方案》。方案规定：通过收买、兼并、关闭等手段，对 28 家非加盟社报纸进行整顿，使之纳入伪弘报协会统制之下。这次新闻整顿，前后经历了近四年时间，兼并和关闭了 19 家报纸（日文报纸 7 家、中文报纸 11 家、俄文报纸 1 家），收买和保留了 8 家报纸（日文报纸 3 家、中文报纸 5 家），同时还新办报纸 5 家（日文报纸 3 家、中文报纸 2 家）。

辽宁地区的报纸经过“整顿”仅余不及 10 家。

沈阳：中文报纸《民声晚报》《民报》《大亚公报》《奉天日报》停刊，全部并入《盛京时报》；日文《满洲日日新闻》于 1938 年 12 月将总部由大连迁至沈阳，在大连设立支社，并将日文《奉天日日新闻》停刊。

大连：1937年8月，通过收买，中文《满洲报》《关东报》停刊，并入《泰东日报》。1940年7月1日，《满洲日日新闻》大连分社改为大连日日新闻社。

安东（今丹东）：通过收买，于1939年6月1日，中文《东边日报》改名为《安东时报》，日文《安东新报》《国境每日新闻》停刊，二报人员合并，新办日文《安东新闻》。

锦州：由锦州新报社在出版日文《锦州新报》的基础上，于1938年6月创刊了中文《辽西晨报》。

加盟社之外仅保留两张国人报纸，一张是1937年创刊于哈尔滨的《滨江日报》，一张是1908年创刊于沈阳的《醒时报》。之所以保留这两张报纸，日伪有着别样的动机。伪满洲弘报协会理事长森田久表面说得冠冕堂皇，"从以前的关系和市民的立场来看，也有希望纯粹的民间报纸存在的呼声"，究其实质，无非是：一是保留一两张民办报纸为所谓的"东亚共荣"作点缀，二是"民间报纸"操纵起来更便于进行欺骗宣传。1935年初，年过七旬的张兆麟已经将报纸交给其长子张友兰经营，日本特务机关以月300元的高薪，聘张友兰之妻王维祺（该报编辑人）为日本"花王石硷"的宣传员，从而使这张报纸，除被迫采用伪国通社电讯外，成为只刊载社会新闻，不再涉及政治的市井小报。

两次"新闻整顿"后，东北暨辽宁地区的报纸特别是加盟社报纸，从办报业务、组织结构到版面编排、经营管理，基本统一成为日本报纸的模式即所谓"岛国风格"，日本殖民特色在报纸业务上得到充分的体现。

第一，组织结构上实行日本式的社长制。社长之下有的设主干，有的设取缔役，协助社长工作。在机构设置上，实行日本报业的三局一所，即总务局、编辑局、营业局、印刷所。规模较大的报社，局下还设部，如日文《满洲日日新闻》编辑局下设整理部、政经部、学艺部、联络部、调查部等；所谓的民间报纸《醒时报》，虽然不在加盟社之内，也在原来家族式管理的基础上实行三局两所体制，编辑局下设编辑部、采访部等。在人员配置上，所有文种的报社都是日本人掌握实权，只有个别中文报社编辑局长一职勉强由中国人担任。

第二，报纸出刊采用日本“朝夕刊”形式。每日早、晚各出刊一次，一般早刊对开两大张8版，晚刊对开4版。日文《满洲日日新闻》、中文《盛京时报》等都是采用此种形式。一般小报则每天只出刊一次，或早刊或晚刊，一般4开4版，或者4开6版或者8版。

第三，报纸的版式几乎是日本报纸的再现。各报版面多少不一，但在版面安排上是惊人的一致。报头都在一版右上角。一版重要新闻与专稿占12栏，广告为2栏；二版本埠新闻、社会新闻占11栏，广告为3栏；三版一般为不定期的专刊版，正文占9栏，广告为5栏；四版一般为副刊，正文占10栏，广告为4栏。四版以后的版面也是一样，正文与广告的栏数是固定的，各文种大报版式基本如此。日文报纸比中文报纸多《国际新闻》与《日本国新闻》两个栏目，在编排处理上也缺乏个性与特色。

第四，新闻语体多为“协合体”，常常令人费解。日文报纸采用新闻体日文当然无可厚非，中文报纸经常出现日化的中文，词不达意文理不通，一般读者很难读懂。“提携”“开催”“圣业”“圣战”“弘报”“日支”“亲邦”“开拓”“慰安”等日化的中文语言大量充斥版面，冲淡了中国读者对母语的亲近程度，无疑成为日本侵略者对东北进行文化侵略的一个重要组成部分。

第五，印刷质量提高，报纸广告收入增加。伪满洲弘报协会为扶植加盟社报纸，资金不断增加，从200万元增加至800万元，各加盟社资金不足的部分全部由其补贴。加盟社报纸全部采用轮转印刷机，个别日文报纸还拥有日本产新式迭式高速轮转印刷机，提高了报纸印刷的速度与质量。

广告发行方面，经过新闻整顿，报纸数量减少，各报的广告收入显著提高。大连《满洲报》《关东报》停刊并入《泰东日报》，《泰东日报》的广告收入增加了50%。加盟社报纸的发行量也逐年上升，1939年的总发行量是1938年的二倍，中文报纸的期发数，达到每292人一份报纸。各报的收入，一般日文报纸的广告收入占总收入的60%。销报收入占总收入的40%；中文报纸广告收入一般为总收入的40%，销报收入占总收入的60%。

3. 加盟社在辽宁地区报纸的侵华宣传

在加盟社中文报纸中，较有影响的是沈阳的《盛京时报》、大连的《泰东日报》、长春的《大同报》、哈尔滨的《大北新报》。辽宁地区的两张报纸创刊最早，影响也最大;《大同报》是伪满洲国的政府机关报，创刊于1932年3月1日，社长是辽宁地区的著名文人王光烈,《大北新报》原为《盛京时报》的“北满版”，1933年6月1日脱离《盛京时报》独立经营，因此，《盛京时报》理所当然地成为加盟社报纸的“老大”。《泰东日报》在“吃掉”《关东报》与《满洲报》以后，经济实力与报道实力也显著提高。

这一时期的《盛京时报》，作为日本关东军的舆论工具，可以说是立足于辽宁，称雄于东北。1932年7月，社长佐原笃升病逝，染谷保藏接任社长。1936年9月,《盛京时报》归属于伪满洲弘报协会，成为第一批加盟社成员。1937年8月,《盛京时报》吞并了沈阳《大亚公报》《民报》《奉天日报》《民声晚报》四家报纸，日出对开两大张8个版，最多时三大张半14个版，在新京（长春）、大连、哈尔滨、北京、天津乃至日本的东京、大阪都设有支社（局)，日发行量高达18万份以上。此阶段的《盛京时报》充分展示其两面性：一方面，极力宣扬日本帝国主义的侵华业绩，竭力为其在东北的殖民统治效劳，妄评中国时政，造谣生事，制造事端，努力为日本侵华制造舆论；一方面，报道有一定新闻价值的社会新闻、刊发较有质量的文学作品以争取读者。

1937年卢沟桥事变后,《盛京时报》几乎每天增发所谓“号外”，近一年时间，达270余种。这些“号外”以报道战争进行情况之名，行替日本全面侵华鼓吹之实。在报道中,《盛京时报》完全站在军国主义立场，对侵华过程中的每一战役悉数报道，颠倒黑白，歪曲真相，千方百计掩盖日本发动侵略战争的军国主义本性与罪行。

其一，张扬日本侵略军的实力与战绩，用以震慑国人。在日本侵略军攻击占领华北、华东乃至华南的各个节点,《盛京时报》都给予突出报道。华北地区沦陷，1937年7月23日,《盛京时报》出版的“号外”是《华北事变（七七事变）画报》，整版是日本侵略军攻城略地的新闻图片，有的是日军官兵穷凶极恶的架势，有的是日军官兵取得胜利后的狰狞面目。淞沪战役打响后，《盛京时报》的“号外”也是同样鼓吹，8 月 13 日，“号外”刊登《日军已包围平绥线 华军难免全灭》的消息，给进攻上海地区的日军打气。8 月 16 日，“号外”刊登《日飞机空袭南京 加予重大损害》，为后来的“南京大屠杀”做舆论上的铺垫。日军进攻华南，9 月 22 日的“号外”刊发《日海空军精锐大举炸毁广州》的消息，为日军的侵略行径鼓噪呐喊。1937 年 11 月 26 日，对于德国、意大利、日本的所谓协约，《盛京时报》“号外”不惜篇幅，刊发《日德意邦交愈臻亲密 东京柏林罗马枢轴告竣 防共战线高奏凯歌》的综合新闻，进行鼓吹。举凡“号外”的字里行间，都弥漫着对日本军国主义侵略行径的赞美，“日军神速势如迅雷”“无敌空军大活跃”“日军似入无人之境”“无敌日军堂堂入南京城”等词句比比皆是。

其二，无理指责中国政府，为日本侵略者的强盗行径寻找理由，混淆是非。1937 年 7 月 18 日，面对国际社会的指责，《盛京时报》“号外”刊登文章《日政府之态度列国必能谅解》，重谈“大东亚共荣”的陈词滥调；1937 年 8 月 11 日，《盛京时报》“号外”又刊载《华方不示诚意 对沪惨案回避责任》一文，无端指责中国政府，千方百计为侵略者的强盗行径寻找理由。

在这些“号外”中，个别消息在指责污蔑中国政府与人民的抗日斗争时，也透露出中国人民反对侵略武装抗战的决心。1938 年 3 月 17 日，“号外”刊登文章《毛泽东的预言 余若有 80 万兵，必能打破日军》，1937 年 7 月 18 日《盛京时报》的“号外”以《华方节节准备抗战 共产党开始反日活动》，侧面反映出中国共产党在全民抗战中起到的中流砥柱的作用。对国民党方面的抗日将领，“号外”在极尽丑化的文字中，也能看到确有敢于用生命与鲜血与日寇周旋的爱国人士，1937 年 7 月 20 日，《盛京时报》“号外”刊发《张自忠对日侧要求 于受诺似有难色》的消息，文章虽然不长，位置也不显著，但能让人感觉到一位爱国将领誓死保卫祖国的决心。

《泰东日报》兼并《满洲报》《关东报》，成为伪满洲弘报协会的加盟社后，经济实力与报道能力大增，每日出版对开两大张 8 个版，合增至三大张 12 个版，期发行量 3 万份，三分之二行销东北地区各地，成为辽宁地区的第二大报纸，也是大连地区唯一一家中文报纸。

加盟社的日文报纸中，辽宁地区的《满洲日日新闻》影响较大，与北满的《哈尔滨日日新闻》和伪新京《满洲新闻》并称为“满洲三大日报”。《满洲日日新闻》创刊于1907年11月3日，由大连南满洲铁道株式会社经办，1927年与《辽东新报》合并改称《满洲日报》，1935年8月与《大连新闻》合并，恢复《满洲日日新闻》旧称。1936年9月，《满洲日日新闻》脱离“满铁”加入满洲弘报协会，成为第一批加盟社。1938年12月1日，按照日伪“新闻整顿”要求，《满洲日日新闻》将沈阳《奉天日日新闻》兼并，将社址迁至沈阳。

此时段的《满洲日日新闻》一改民国时期的面目，报道思想与宣传内容都作了大幅度调整，社会新闻与经济新闻逐渐减少，时评与所谓“有深度”的文章有所增强，极力为日本统治者建言献策。报纸每天都刊登一篇“社评”，内容多是对日伪统治提供理论依据，进而“匡正”日伪政权的所作所为。1940年4月26日刊发“社评”《急谋根本的对策——油坊休业与专管制度》，对当时食用油如何控制市场，提出所谓的见解；5月1日刊发“社评”《贸联推进的目标——认清重大的使命》，对当时日伪政权管制东北中国民众，进行所谓的分析，甚至提供具体盘剥中国民众的办法；5月2日“社评”《物资困难与生活方式的根本改革》，5月3日“社评”《企划政治的考察点》，5月16日“社评”《国民生活的简单化》，皆为对当前问题发表的“积极”的意见，俨然是日伪政权的参谋与助手，即便点滴揭露日伪政权在东北的困境，也是站在日本统治者的立场上作的“善意”的批评。该报对日伪统治下辽宁地区的民不聊生，也有客观的报道，但绝不是对中国人的怜悯与同情，而是暴露一些问题让日本人改变方式使殖民统治更加牢固。

《满洲日日新闻》刊登的国际新闻较多，对于欧洲战况，时有该报欧洲特派员的通讯。较之中文报纸，其经济新闻仍然占有相当的篇幅，《东边道资源概况》《营口港的将来》《满洲经济政策的重点转换》等文章，多方面分析伪满洲国的经济走向，竭力为日本统治者掠夺东北资源出谋划策。

第三节　强化新闻整顿将报业推向末路

1. 为进行总体备战成立的大弘报处及“弘报三法”

1936年，德、意、日三国商定了《反共产国际协定》，一年后，意大利加入了这一协定，德、意、日三国轴心正式形成。1940年9月7日，《德意日三国同盟条约》在柏林正式签订。为了适应日德意军事同盟的建立与日美矛盾加剧的形势，1940年末，日伪政权从各方面进行一系列的战备动员。作为日本侵略战争基地的伪满洲国，也开始进行了总体备战，搞“新体制运动”，改组“政府”机构，使其成为“高度国防国家体制”。在新闻统制方面，解散了伪满洲弘报协会，扩充了伪满政府的弘报处，由伪弘报处直接监督和控制新闻事业，并公布了所谓“弘报三法”，以强化弘报宣传。

伪满洲国的“新体制运动”于1940年11月开始进行。宗旨是“精简中央，加强地方”，伪中央政府减少部局人事费15%，并撤销了一些机构，执掌战时宣传和控制思想言论的伪国务院总务厅弘报处相反却增加了编制，扩大了权限。扩大后的弘报处根据《中央地方行政事务合理化要纲》，接管了原属伪治安部的关于电影、新闻、出版物的检查和伪交通部的关于广播、通讯的检查，接管了伪民生部的关于文艺、美术、音乐、唱片、图书等文化行政事务和原属伪外务局的对外宣传实施业务。新的弘报处设事务、情报、监理、新闻、放送、宣传、映画等八个室，由于其机构和权力比之原弘报处大了许多，因之被称为“大弘报处”。

在扩大弘报处的同时，伪满洲国于1940年12月解散了满洲弘报协会。此举是为了建立所谓“弘报新体制”，强化伪满政府直接操纵宣传舆论。当时《盛京时报》上有一篇《政府当局谈》的文章，专门就此改动作了解释：“政府曾将新闻放送检阅事务及其他弘报关系事务，统合于弘报处，以谋取行政事务合理化及弘报机能强化。同时对于通讯新闻组织经重新检讨结果，鉴于时局紧迫，一方面谋通讯新闻事业之更活泼活动，他方为避免事务重复之无益，政府认为直接监督满洲国通讯社及全国通讯社，尤属当前良策，兹决定解散株式会社满洲弘报协会之方针。”

为了使此“方针”得以顺利实施，1941年8月25日，伪满洲国政府颁布了伪《满洲国通讯社法》《新闻社法》《记者法》，即所谓“弘报三法”。

伪《满洲国通讯社法》规定：伪国通社为伪满特殊法人，它起着伪满弘报大动脉和轴心作用。其事业范围为：（1）搜集国内外信报；（2）对于国内新闻社和放送局，供给国内外信报；（3）对于国外通讯社和新闻社，供给国内外信报。《通讯社法》规定：仍实行“一国一通讯社”的方针，“供给信报之事务，非满通社不得为之”。

伪《新闻社法》规定：报社作为特殊法人，其设立、合并、关闭，属于伪满政府的命令事项，诸如“新闻社须经国务总理大臣的批准”，伪满政府“认为公益上有必要时，可将新闻社合并”，伪满政府“认为公益上有必要时，有权命令解散新闻社”。同时还规定，报社须依伪满政府之命，“将其指定事项刊登或不刊登于新闻纸上”，伪满政府“对于新闻社有权发布监督上或公益上所必要的命令”。

伪《记者法》为记者下了定义，“所谓记者系指在满洲国通信社及新闻社从事勤务，而以文章、通信、图书作信报有新闻纸之内容者”。还规定，“帝国人民欲取得记者资格，需经记者考试及格者。但帝国人民得国务总理大臣之认定，虽不经考试，亦可取得记者资格。”该法严格规定了记者的考试、登记、惩戒等事项，其目的显然是为了压制言论自由、保守战时机密，迫使记者为日本军国主义的侵略政策、战争政策服务。

2. 第三次新闻整顿：三大新闻社垄断报业

伪满政府颁布“弘报三法”的同时，对东北地区的报纸又进行了第三次新闻整顿。比之前两次新闻整顿，此次新闻整顿更为严酷，为了适应战时“弘报新体制”的需要，成立三大新闻社统管东北地区各地中、日文报纸，以进一步垄断报业。这三大新闻社是：

康德新闻社

伪满政府出资200万元，于1942年1月22日在原满洲弘报协会所在地的新京（长春）弘报会馆成立。辽宁地区的盛京时报社、安东时报社、辽西晨报社与新京（长春）的大同报社、哈尔滨的大北新报社等11家中文报纸统归其管辖——全部改为康德新闻社的支社，以原报名出版报纸。大连泰东日报社，因属辖“关东州”而未划入康德新闻社，仍独立出版《泰东日报》。

康德新闻社在统合各地已有的中文报纸的同时，还在没有报纸的偏远地区设立支社，创刊中文报纸，以利“思想战”。

满洲日日新闻社

设在沈阳的南满最大的日文新闻社。1942年1月，在实行“弘报新体制”中，由满洲日日新闻社统管辽宁地区的4家日文新闻社。它们是：奉天每日新闻社、安东新闻社、锦州新闻社、热河新闻社。由满洲日日新闻社统一组织出版《满洲日日新闻》《奉天每日新闻》《安东新闻》《锦州新闻》《热河新闻》等日文报纸。《大连日日新闻》与《泰东日报》一样，仍然独立出版。

满洲新闻社

设在长春的一家伪满中央级日文新闻社。1942年1月，在实行“弘报新体制”中，由满洲新闻社统管北满的5家日文新闻社。它们是：哈尔滨日日新闻社、齐齐哈尔新闻社、三江日日新闻社、东满日日新闻社、东满新闻社。并由满洲新闻社统一组织出版《满洲新闻》《哈尔滨日日新闻》《齐齐哈尔新闻》《三江日日新闻》《东满新闻》等日文报纸。

3.《康德新闻》：伪满政府倒台前的“猖狂一跳”

随着战局的发展，日本帝国主义的侵略日渐颓败，伪满洲国也趋于日暮途穷的境地。1944年3月，伪满政府弘报处召开弘报协议会，研讨在“决战体制下”完成“弘报之使命”。4月6日，伪满政府发布《日字新闻统合要纲》，决定将满洲日日新闻社与满洲新闻社合并，以结集其总力，准备思想

康德新聞

王代理委員長晉宮
榮蒙賜見致修聘禮

對朱委長及王督辦賜勳

希協力隣組經濟運營

敵增援機不堪一觸

決戰財政基礎全固

助長增產加強戰力

確立高度決戰體制

迎合戰時緊急需求

活用資材勞力

調經丸 婦人病

濟生調經丸

《康德新闻》

战。5月1日，满洲日日新闻社与满洲新闻社合并，在长春成立满洲日报社，出版日文《满洲日报》。为实施“一国一报”的方针，将原属满洲日日新闻社和满洲新闻社管辖的各地日文新闻社，全部改为满洲新闻社的支社，报名也全部改为《满洲日报》，只是在报纸的报头下面标明所在地名，作为它的地方版。

1944年9月，康德新闻社也奉伪满政府关于中文报纸“一国一报”的方针，将各地支社出版的中文报纸，全部改为《康德新闻》，在报头下面标明所在地，作为它的地方版，如《盛京时报》的报头即是《康德新闻·奉天版》。这种高度垄断的“弘报新体制”，使日伪报纸在宣传报道上基调更加一致，舆论更加一律，甚至有时各地报纸的某一版面，从内容到编排上也一模一样。有时报纸皆设同一名称的专栏。在宣传内容上，更加露骨地代表日本帝国主义的利益，鼓吹什么“击碎英美”“建设东亚”“国人奋起，协力亲邦”“决战下致力国民精神之统一”“国民同襄圣战，慰劳友邦将士”，以及捏造日军侵华战果，散布诬蔑东北军民抗日的谣言等，替日本帝国主义和即将土崩瓦解的伪满洲国作舆论上的最后效命。

《康德新闻》集众报为一个面目，无疑是伪满洲国政府灭亡前在报业方面的“猖狂一跳”。一年以后的8月15日，日本天皇宣布投降，东北暨辽宁人民14年的亡国奴生涯宣告结束。1906年于沈阳创办的《盛京时报》宣布停刊，1908年于大连创办的《泰东日报》也于1945年10月上旬宣布停刊。其他一应中、日文报纸也全部相继终刊。辽宁地区的报业从此掀开了新的一页。

第四节　抗联报纸与爱国报人的抗争

1. 抗日联军与城乡革命群团的报纸

（1）抗日联军的报纸

九一八事变前夕，中共满洲省委即已获悉日本帝国主义即将武装占领中国东北地区的信息。因此，在事变发生的第二天上午，满洲省委就在沈阳小西门附近省委机关召开紧急会议，讨论应对事变的措施，并提出斗争的任务、方针、策略、口号等。此后，为了反抗日本帝国主义的侵略，中共满洲省委相继作出组织抗日武装的号召，从此，不愿做亡国奴的东北各阶层人民和一部分东北军爱国官兵，冲破国民党不抵抗政策的禁锢，纷纷组织各种形式的抗日义勇军、自卫军、救国军。

东北抗日联军经历了东北抗日义勇军、东北反日游击队和东北人民革命军三个阶段，至1937年已发展到11个军、3万余人。1933年，活跃在辽宁地区的南满游击队创办了抗联的第一张报纸《红军消息》。至1940年末，东北抗日联军共创办了24种报纸，其中包括辽宁地区的9种。这些报纸虽然是油印小报，但它们在辽宁报业史上，却留下了不可磨灭的一页。

《红军消息》——《人民小报》

1933 年 3 月，中国工农红军第三十二军南满游击队，在中共磐石县委领导下，创办了油印小报《红军消息》。南满游击队政治部宣传科长马连元负责编印出版工作。八开纸单面印，每月出三期，有时出增刊。《红军消息》出版后，得到中共满洲省委的重视与指导。1933 年 9 月 11 日，中共满洲省委宣传部给磐石县委的信中指出："游击队政治部编的《红军消息》，因为只看到两期（6、7 期），不能提出更多的具体意见。只提出下列意见：1.《红军消息》里面，应当多反映红色战士的生活和英勇作战的情绪，要更多地吸引并鼓励红色战士投稿；2. 要多多反映人民革命军帮助并组织群众分粮减租抗税抗债的斗争情形；3. 要多多反映群众热烈拥护人民革命军的情形；4. 要登载各地群众拥护并募捐援助人民革命军的消息。能够更好做到上列四点，就能达到每个红色战士和群众以及反日义勇军部队里的战士，愿意读并且抢着读红军消息的目的。"中共磐石中心县委根据上述意见，为了办好报纸和扩大读者范围，同年 10 月将《红军消息》改名为《人民小报》，由县委直接管理，派有办报经验的县委委员纪儒林负责编写出版工作，使报纸版面的安排与报道内容均有很大改观。

《人民革命报》

1933 年 9 月 18 日，南满游击队改编为东北人民革命军第一军独立师。同月，独立师政治部创办了《人民革命报》。报纸八开纸单面油印，每月出三期，每期内容约 2000 字至 2500 字。多数报纸配有新闻内容极强的漫画、宣传画；报道文体有社论、文件、评论、消息、通讯等。国内新闻的报道量约占整个版面的 80% 以上。报道内容主要是抗日游击区军民共同生活和战斗的情况，人民革命军部队消灭敌人的战斗，人民受苦受难的情形，还有中国工农红军长征的消息。遇有纪念活动时，该报还单独出版"副刊""纪念号"等。1934 年 9 月 18 日，为了纪念东北革命军第一军独立师成立一周年，报纸特别印行了《人民革命军副刊》，用竖行稿纸油印，10 页，内容依次为

“庆祝东北人民革命军第一军独立师光荣胜利的战斗”“人民革命军第一军第一团一周年来英勇善战的总结”“一年来第一团之其他几个主要战斗成绩”等。1935 年 9 月 18 日，为纪念九一八事变四周年，报纸还单独出版了《人民革命报·纪念号》。

《人民革命报》在印行文字报纸的同时，还出版了《人民革命画报》。16 开，单面油印。报纸第 65 期（1935 年 9 月 11 日出版）报道的是我人民军队活捉一队伪军，部队首长对俘虏们讲话的情形。“画外音”是：“咱们都是中国人，都应拿起枪杆，打击日本强盗，不当日本奴隶！”画面是围绕一大批战利品，人民军战士和附近群众的活跃场面。1935 年 11 月 14 日出版的 67 期《人民革命画报》，画面报道的是南满一军和东满二军胜利会师的场景。画面虽然简单而粗疏，但对于大多数不识字的抗联战士来讲，影响更直接，接受起来更容易。

《人民革命报》1934 年离开磐石，随南满一军政治部南下，1936 年初终刊。

《东边道反日报》

1934 年 12 月 5 日，中共满洲特委创办，同时还出版《东边道反日画报》。两报均为 8 开纸单面油印，编辑出版工作由全光负责。两报以抗日军民为宣传对象，积极报道东北人民革命军抗击日寇的战斗成果，反映广大群众自动募捐支援人民革命军的抗日决心，揭露人民在日伪统治下民不聊生饥寒交迫的生活惨境。两报于 1936 年停刊。

《南满抗日联合报》

1936 年 7 月下旬创刊。8 开 2 版，单面油印。东北抗日联军第一路军总司令杨靖宇为“创刊号”书写了“南满抗日联合报万岁！”的题词。

当时办报条件非常艰苦，为了躲避敌人的疯狂“讨伐”，中共南满省委秘书处编辑部主任、第一路军政治部宣传科长傅世昌和南满省委宣传部印刷主任李永浩，曾在辽宁的新宾、桓仁，吉林的通化一带山沟里坚持出版报纸。他们在山洞里用松树明子照明，捣碎蓟草挤汁做印油，进行艰苦的编辑工作。从现存仅有的两张“号外”看,《南满抗日联合报》充满了革命乐观主义精神，面对强敌，也表现了大无畏的牺牲精神。1937年8月25日“号外”，一版头题刊发社论《中日大战》，全文800字，从七七事变到日寇进攻华北华东，深刻剖析了侵略者的强盗野心，指出，“中国人有四万万五千万，日军常备军不过25万；中国人四万万五千万，日本人仅四千万，中国胜利是必然的。”当日一版同时还刊发了一条消息:《统率二十万红军的毛泽东对日寇香月司令发出撤退河北省的通牒》，标题醒目，文字精短，读后令人心情振奋，鼓舞军民坚定抗战的决心。8月30日的“号外”，发表了5条消息，一组短讯，第一版是关内抗日消息的报道，二版为东北抗日联军的活动报道。

1938年11月前，该报因斗争环境日趋恶化被迫停刊。

《中国报》

1938年12月创刊。8开或16开，单面油印，每周一期。由东北抗日联军第一路军政治部和中共满洲省委秘书处合办，办报负责人为全光。该报是中共满洲省委于1938年底召开宣传工作会议时为进一步加强宣传鼓动工作决定创办的。会议同时还决定出版党刊《列宁旗》。

《中国报》创刊后，传播消息迅速，在敌我双方都引起强烈反响。抗联官兵从报纸中获取很多世界反法西斯斗争的消息，士气得到鼓舞和提升；日伪当局对此比较恐慌，曾对《中国报》评论说，“就其宣传活动情况所见，南满省委又于抗联一路军总政治部内设中国报社，热衷于煽动、激奋士兵及群众之抗日情绪。”①

该报1939年末停刊。

《中国画报》

1936年7月创刊。16开或32开，单面油印。不定期出版。由中共南满省委秘书处和东北抗日联军第一军政治部主办。抗联官兵中大多数为工农子

---

①《东北抗日运动情况》第58页。

弟，很少有人识字，《中国画报》是为了使中国共产党的抗日主张更快地为广大基层官兵所接受而创办的。现存1937年8月20日出版的《中国画报》第9期，通过简洁生动的画面，报道了日本海军陆战队在上海被中国军队挫败的消息。画面上，中国军队英勇对敌，日本军队溃不成军，文字说明是：自九一八事变以来，万恶日寇继续不断霸占我国领土，近日以“华北事变”为借口，大举向我关里进攻，全国同胞忍无可忍。现在，在中国共产党与中国红军领导之下，全国各军已组成全中国统一的抗日联合军。共产党国民党第二次合作，于阳历八月十日在上海北平及山海关一带正式对日开战矣云。

（2）城乡进步群团的报纸

东北沦陷后，城乡进步团体纷纷创办报刊，向各层面读者宣传抗日主张，进行抗日救国的宣传教育。沦陷初期，东北境内的共青团组织创办机关报刊16家，工会组织创办机关报4家，反日总会创办机关报3家。在这23家报纸中，包括抗日联军中共青团组织在内，辽宁地区城乡进步群团创办的报纸达10余种，仅大连地区，即有中共地下党组织、工会先后创办的《大连人民》《曙光》《大连工人》和《店员之声》等。随着抗日斗争的深入与日伪政权的伪《出版法》、伪《治安警察法》的出笼，这些报纸在肃杀的舆论环境中难以生存，大都于1937年伪满洲国的两次新闻整顿前终刊。这些报纸主要有：

《青年义勇军报》

1933年9月在南满抗日游击区创刊，原由磐石红军报社出版，1935年8月并入共青团磐石中心县委机关刊物《战斗青年》。

《工人之路》

1932年在沈阳创刊。油印小报，先由中共奉天特委主办，1933年由奉天工会接办，不定期出版。

《奉天青年》

1932年在沈阳创刊，油印小报，“专载拥护苏联与红军的消息与论文”，共青团奉天特委主办，不定期出版。同时还出版团内刊物《转变》，一月二次，按期出版。

《反日青年》

1934 年 4 月在南满抗日游击区创刊，8 开 2 版，单面油印，不定期出版，由共青团磐石中心县委编印，1935 年 5 月仍在出版。

《东边道青年先锋》

1935 年 4 月 10 日于南满抗日游击区创刊，11 月附出《革命青年画报》，由共青团南满特委编印。

《青年民众》

1935 年 8 月 20 日在南满抗日游击区创刊，8 开 2 版，单面油印。共青团南满特委主办，以青年民众为读者对象。1936 年 5 月 25 日该报改名为《救国青年》，不定期出版，确定为共青团南满省委机关报。

2. 进步报人利用副刊表达爱国情怀

在东北沦陷的 14 年中，辽宁地区报纸的副刊主要有：沈阳《盛京时报》的《文学》副刊（1932 年），《奉天日报》的《明日》副刊（1934 年），《民声晚报》的《文学七日刊》（1935 年），《民报》的《平凡》周刊（1935 年）；大连《满洲报》的《星期》副刊（1932 年）及《文艺》专刊（1936 年），《泰东日报》的《文艺》周刊（1932 年）、《响涛》副刊（1934 年）、《开拓》周刊（1936 年）、《七日谭》文艺副刊（1941 年）；抚顺《抚顺民报》的《飘零》副刊（1933 年）、《彗星》副刊（1935 年）；营口《营商日报》的《野火》副刊（1934 年）等。

九一八事变后，日本侵略者高压的统治政策使辽宁新文学遭到摧残，报刊几乎全部停办，文坛冷落沉寂。伪满洲国成立后，日伪狼狈为奸，为了镇压东北人民的反抗，采取怀柔欺骗手法，宣传“王道政治”，提倡“日满共和”，急需报纸大造舆论，这就给报纸创办副刊提供了有利条件，也给文艺创作提供了新的园地。东北沦陷初期，哈尔滨因为与苏联接近，报纸副刊比辽宁地区进步活跃，萧红、萧军、舒群、白朗等东北作家围绕《新报》等报纸副刊发表了大量的进步文学作品，同时也受到日伪当局的扼制。与此同时的辽宁地区报纸副刊，虽然没有哈尔滨报纸的副刊那样激进，但也能与关内的文学思潮、作家与作品进行相当程度的互动，随之产生一些文学社团，围绕报纸文艺副刊形成相对固定的作者群，创作并发表了相当数量的文学作品。

20 世纪 30 年代是中国境内报纸副刊最为活跃的时期。关内的报纸以京沪为中心，产生了一些有影响的报纸副刊，这些副刊以散文、新诗、小说等为主要文学样式，以抗日斗争为主题，发表了大量的爱国主义题材的作品。报纸副刊历来不受地域所限，作家与作品有着相对的灵活性，辽宁地区报纸的副刊不可能不受到关内报纸副刊的影响，同时也得到了关内作家的支持。1933 年夏，辽宁地区出现了一些凭借报纸副刊为阵地的文学社团，如冷雾社在沈阳《民报》上办《冷雾》副刊。他们以诗为主，受现代派诗人戴望舒影响较大，追求所谓完美的艺术表现形式，主张为艺术而艺术；飘零社在抚顺借《抚顺民报》创办《飘零》副刊，多刊载短小精悍的杂文与小品；新社在沈阳《民报》创办《萝丝》副刊，大量翻译和介绍西欧一些古典作家和作品；白光社借《奉天公报》出刊《白光》，发表一些短诗与散文，也有短篇小说的创作。鉴于日伪政权的极度高压，大部分报纸副刊具有“以文会友”的特点[①]。

1937 年七七事变后，日本帝国主义为扩大侵略战争，巩固傀儡政权，逐步加强殖民地思想文化统治，《满洲报》《奉天日报》等大批报纸废刊，许多报纸的文学副刊亦相继被取消。1941 年 3 月，日本占领者为扭转东北沦陷区的文学艺术“尚在水准以下之跛行状态”，使之与第二次世界大战爆发后日本帝国主义的军事侵略、经济掠夺形势相适应，精心炮制了《艺文指导要纲》。这个“要纲”规定了沦陷区文艺的性质，勒令文艺只能为“实现日满一德一心、民族协和、王道乐土、道义世界为理想的天皇的圣意”而存在。为达此目的，日伪政府控制报纸副刊的内容，并成立伪“满洲艺文家协会”

①《东北现代文学史》，沈阳出版社，1989 年版，第 138 页。

等由日本侵略者严密监视、一手控制的御用组织。至此，卖国投降的汉奸文学逐渐充斥报纸副刊。

1941年12月8日太平洋战争爆发后，日本侵略者又大肆鼓吹“决战文学”，疯狂迫害进步文化人士，“反匪排共”“东亚明朗”“圣战完遂”成为这一时期作品基本的主题，报纸副刊上经常出现“时局作品”“东亚必胜小说”“决战吟”等专刊、特辑，直接替垂死挣扎的日本侵略者发出战争叫嚣。同时，大批日本法西斯文学作品被源源不断地翻译、介绍到东北沦陷区，日本侵略者已经不仅是在东北镇压中国抗日爱国进步文学，扶植卖国投降的汉奸文学，而且是妄图用日本本土的法西斯“文学艺术”来取而代之了。

然而，禁锢愈深，反抗尤烈。1941年冬来到沈阳的爱国作家田贲，在《营口新报》《盛京时报》等或直或曲发表了一系列进步文学作品，向当时“鸳鸯蝴蝶派”充斥、汉奸文学盛行的报纸副刊注入了一丝活力。

田贲是东北沦陷时期著名的爱国作家，也是借助报纸副刊敢于直面丑恶并与之坚决斗争的青年作家。田贲，满族，本名花喜露，字维祺，笔名黑田贲夫（黑暗土地上的勇士之意）等。1912年农历十二月二十七日出生于辽宁省盖县熊岳城南孤家子村一个贫苦的农民家庭。1934年夏，毕业于海城第三师范学校。读书期间，他积极参与新文学的创作与宣传活动，并加入中国共产党的外围组织“留日东北青年救亡会”。1941年冬，中共地下党将田贲调往沈阳，以大东区凌云公所小职员的公开身份为掩护，开始了职业革命生涯。田贲在他的文学评论和理论文章及文艺随笔中，主张文学应当从“才子佳人”中解放出来，反映劳动人民的现实生活。他在《营口新报》副刊《星火》发刊词中说:“《星火》是为人开花的，不是为谁开花的。”期望读者不止于知识层，且应有农夫、樵子、老妇和壮汉，他告诫当时的作者:“在羊肠路上继续微行，也要控制自己的步伐不失严正”，巧妙地对当时帮助敌人粉饰现实的作家与作品给予无情的鞭挞。

田贲的散文诗《塔·城·一切建筑》发表于1944年4月7日的《盛京时报》《文学》副刊上。时间是田贲被捕前的21天。作者以新鲜又别具一格的隐喻，告诉人们“这地球已有些不像适于人类的家”，鼓舞被侵略压榨的人民“兴起伟大的人类作业”，摧毁人类相噬的延续与繁衍，重建人类幸福的乐园。

大连的《泰东日报》虽然在东北沦陷后走向低沉，但傅立鱼的影响犹在，报纸副刊因为有着爱国情怀的编辑们的努力，仅在1931年至1938年间，《泰东日报》副刊《文艺》发表的剧本就有20余部，其中以郭沫若的《棠棣之花》最为著名。此期间该报副刊还发表了其他进步作家的作品，如阿英的《眉史》、胡风的《春归的时候》《夜行人》等。《满洲报》副刊《晓野》，1932年发表了王秋萤的三个剧本《青春拜别》《衣锦还乡》《末路》，也是值得珍视的。这些刊物在日伪的高压统治下仍然能够坚持宣传进步文化，历史不应当忘记它们。

晚清至八一五光复辽宁地区部分报纸一览表

报名	刊期	开版	创刊时间	终刊时间	主办者	主办人	社址	语种
新边疆报	周3期		1899.8	1904	沙俄远东舰队	阿尔泰米耶夫	旅顺	俄
营口新闻			1902	1904			营口	日
营口商报			1905.5.15	1907		大井宪太郎	营口	日
满洲日报		4开4版	1905.7.26	1907.10	营口军政署		营口	日
辽东新报	隔日刊	4版	1905.10.25	1927.11	关东都督府	末永存一郎	大连	日
东三省公报	隔日刊	大张8版	1905.12.21	1907.2	奉天学务处	谢荫昌	奉天	中
安东新报	日报	对开4版	1906.10.17	1939.6.1		川保笃	安东	日
盛京时报	日报	对开1张	1906.10.18	1944.9.14	日本外务省	中岛真雄		
海城白话演说报			1906.11		海城县署	管凤和		
东三省日报	日报	1张半	1907.2.28	1911.8	奉天商务会	赵国亭、汪洋	奉天	中
安东时报			1907.6				安东	
营口醒时汇报			1907.7	1908	民办	张兆麟	营口	中
营商日报	日报	4版	1907.9	1937	营口商务总会	潘达球等	营口	中
满洲日日新闻（1918.8改为奉天日日新闻）	日报	8–14版	1907.11.3	1945.8	日本关东厅、“满铁”	后藤新平	大连	日、英

续表

报名	刊期	开版	创刊时间	终刊时间	主办者	主办人	社址	语种
内外通讯（1918.8 改为奉天每日新闻）			1907			松宫琴子	奉天	日
简明日报			1907					中
满洲新报			1908.2.11	1938.4	日本宪政会	小川义和	营口	日
辽鞍每日新闻	日报	4 开 4 版	1908.3.10	1940.6		渡边德重	辽阳	日
泰东日报	日报	10 或 12 版	1908.11.3	1945.10	大连华商公议会发起	金子平吉	大连	中
安东每夕新闻			1908.11	1912.9		嘉纳三治	安东	日
南满日报（1912 年改为奉天日日新闻）		8 版	1908.12			松田懿磨	奉天	日
南满日报			1908.12	1912.8		矢野勘	奉天	日
辽阳报			1908					
东三省民报			1908			赵中鹄		中
奉天醒时白话报（1921.2.21 改为醒时报）	日报	2 大张	1909.2.21	1944.9	民营	张兆麟	奉天	中
大陆日日新闻			1909.6.1			吉野直治	奉天	日

续表

报名	刊期	开版	创刊时间	终刊时间	主办者	主办人	社址	语种
亚东报（亚东白话报）			1909.8		民办集股	郭俊臣	营口	中
大中公报		2 大张	1910.7	1913	民办	袁昆乔	奉天	中
铁岭时报			1910			西尾信	铁岭	日
国民报			1911 春			张榕	奉天	中
华商报			1911.7			赵子西	营口	中
铁岭日报	日报		1911.8.11				铁岭	中
奉天官报			1911.9.22		奉天度支司衙门		奉天	中
微言报	日刊	1 小张	1911		民办	寿世公	奉天	中
开原新报			1912.2.1				开原	
东三省公报			1912.2.18	1933.4	奉天省议会	曾有严	奉天	中
奉天商报			1912.2.18			卞宗孟	奉天	中
奉天公报			1912.2				奉天	中
民生报	日刊		1912.7.24		民办	胡子晋	营口	中
满洲每日新闻	日报	8 版	1912.8.5	1941	“满铁”机关	滨村善吉	大连，后迁长春	英、日

续表

报名	刊期	开版	创刊时间	终刊时间	主办者	主办人	社址	语种
亚洲日报	日报	2张	1912	1914	辽防长官署秘书厅	王维宙	奉天	中
国民日报			1912	1914		广铁生	奉天	中
警察公报			1913		安东警察厅		安东	中
营口新闻			1914.5	1914.9		李雨亭	营口	日
健报			1914	1915		张复生	奉天	中
谭风报			1915	1916		赵芰荷	奉天	中
奉天新闻			1917.9			佐藤善雄	奉天	日
铁岭每日新闻			1917.11.3				铁岭	
大连经济日报			1917	1923改名			大连	日
营口华商报						山口中山	营口	
满洲实业新闻								
辽阳新报			1919.10					
小公报	周一刊		1919.12	1926.9	《东三省公报》附张		奉天	中
大连新闻	日报	12	1920.5.5	1935		小泽太兵卫	大连	日

续表

报名	刊期	开版	创刊时间	终刊时间	主办者	主办人	社址	语种
关东报	日报	12 版	1920.9.1	1937	日本海军	永田善三郎	大连	日
营口商业会议所月报	月刊		1920.9.24	1928.2		田中七	营口	日
奉天商报（1928.9 改为东北商工日报）			1920	1928.9				
营口实业会报			1920		日本商工团			日
抚顺新报			1921.2.14			立坂本格	抚顺	日
抚商日报			1921	1929.12		渠子元	抚顺	中
营口经济日报		4 开 4 版	1922.3.30	1925.5.9		落合丑彦	营口	
满洲报	日报	8 版	1922.7.24	1937		西片朝三	大连	中
东三省民报	日报	2 大张	1922.10.20	1933	东三省民治促进会	宋大章等	奉天	中
奉天画报			1922			赵子贞	奉天	中
东报			1922			张煊	奉天	中
开原实业时报			1923.1.1			蓧田仙十郎	开原	
东边时报	日报	对开 4 版	1923.12		民营	康荫叔	安东	中
奉天市报	日报	4 开 4 版	1923.12		奉天市政公所		奉天	中

续表

报名	刊期	开版	创刊时间	终刊时间	主办者	主办人	社址	语种
铁岭日报	日报		1923	1924			铁岭	中
铁岭公报			1923				铁岭	中
自治周报	周报					天占渊	奉天	中
辽宁地方日报			1923	1931	奉系军阀组建的俄军团		奉天	俄
丛报		8 开 2 版	1925	1927			安东	中
广告世界			1926.2					
东北日报	日报		1926.5	1944		丁袖东	奉天	中
小安东报（附设《东边时报》）						吕志厚	安东	中
新亚日报			1926.11	1929		董荣庭等	奉天	中
营口市报	日报		1926.3.17		营口市政公所		营口	中
满蒙日报			1926			周元恒等	奉天	中
奉天大亚图画周报	周刊		1926			陆一勺	奉天	中
中华商报			1926			费香九	奉天	中
市政日报	日刊		1927.4	1928	奉天市政公署		奉天	中

续表

报名	刊期	开版	创刊时间	终刊时间	主办者	主办人	社址	语种
奉天商报			1927.10		奉天总商会		奉天	中
满洲日报			1927.11	1935	日本“满铁”		大连	日、中
大亚画报			1927	1931		沈叔邃	奉天	中
东方小报			1927				安东	中
国境每日新闻	日刊	对开 8 版	1928.1.1	1939.6.1		中野初太郎	安东	日
国境日日新闻								
平民日报	日刊		1928.2	1929 年初	民办	苗渤然	奉天	中
晚霞报			1928.5	1928.9				
新民晚报	日刊	4 开 2 张	1928.9.20	1931.9.16	张学良扶持	钱芥尘等	奉天	中
文画日报	日刊		1928.11		民办	杨际青	营口	中
蒙边日报	日刊		1928			李一樵	奉天	中
安东商报			1928			袁慎礼	安东	中
东北民国日报	日刊		1929.8		国民政府执委会		奉天	中
安东市报	周 6 刊		1929.9.1	1931.4	安东市政筹备处		安东	中
东北民众报	日刊		1929.10	1931.9	集资	陈言	沈阳	中

续表

报名	刊期	开版	创刊时间	终刊时间	主办者	主办人	社址	语种
红卍字报			1929.12	1931.9		李大贞	沈阳	中
东边商工日报	日刊		1929	1931		袁华东	安东	中
辽宁日报	日刊		1929	1930		马昂雷	沈阳	中
新满公报	日刊	4开2版	1929（第二次1934.3.1）	第一次1933（第二次不详）		徐铁珊	安东	中
公众阅报			1929		沈阳县电话局		沈阳县	中
曙光报			1929			柏烦尘	营口	中
辽宁新报			1929			马耕非	营口	中
东北实报			1929			金韬	沈阳	中
政声			1929	1930.8			台安县	中
新奉午报	日刊		1929			王国光	沈阳	中
开原新报			1929				开原	
东北时报			1930.8					
满洲红旗	3日刊		1930.9.15	1931.12迁哈尔滨	中共满洲省委		沈阳	中
国民新报			1930			张法友	沈阳	中

续表

报名	刊期	开版	创刊时间	终刊时间	主办者	主办人	社址	语种
沈阳晚报			1930			宋格谨	沈阳	中
辽宁全民报			1930				沈阳	中
新辽午报			1930			张学成	沈阳	中
开原公民日报			1930			李毅	开原县	中
救国公报			1930			吴家兴	沈阳	中
新晨报			1931.1.1			赵雨时	沈阳	中
每日新闻	早晚刊		1931.5			多田英吉	安东县	日
奉天公报			1931.9.21	1937.8		若月太郎	奉天	
东边日报			1931.10	1940	《辽鞍每日新闻》所办		辽阳	中
抚顺民报			1931.12			洼田利平	抚顺	
辽海公报	周6刊	4开	1931	1940		渡边德圣		
锦州新报（1942.1改为满洲日日新闻锦州版）	日报	4开4版	1932.4.8	1942		井下万次郎	锦州	日
东北公报						刘潜修	大连	中
满洲报						王念曾	大连	中

续表

报名	刊期	开版	创刊时间	终刊时间	主办者	主办人	社址	语种
辽阳公报						周笑吾	大连	中
奉天日报			1932.4			菊地秋四郎	奉天	中
鞍山日日新闻	日刊	4开6版	1932.6.16	1945.8	鞍山守备队	上川利三郎	鞍山	日
大亚公报	日报	2大张	1933.4	1937.8.1		王希哲	奉天	中
奉天晶画报			1934.2			丁袖东	奉天	中
民声晚报		4开4版	1933.12.1	1937.8.3		西片朝三	奉天	中
新满公报			1934.3			杉田宗作	安东	中
广告大观			1934.10			张子泰 张友贤	营口	中
抚顺旬报			1934.11			丸川顺助	抚顺	中
鞍山经济时报			1937		鞍山商工会议所		鞍山	日
阜新矿业所报	周三刊	8开	1938	1945		浜田茂治	阜新	
满洲新报（1938.4.20改为营口新报）		对开4版6版	1937	1942		古川米吉	营口	日、中
小时报		4开或8开	1938.7.30	1941.6	盛京时报社		奉天	中

续表

报名	刊期	开版	创刊时间	终刊时间	主办者	主办人	社址	语种
辽西晨报		4开4版	1939.7.15	1942		下野重三郎	锦州	中
鞍山商工公会公报			1939.1.15	1943		中山正三郎	鞍山	日
协和报			1941	1945		酒井	抚顺	中
康德新闻（锦州版）	日刊	4开4版	1942.1.23	1945.8	伪康德新闻社锦州分社		锦州	中

第二编

东北解放战争时期

第一章 解放区报业的创建与发展

（1945 年 9 月—1946 年 6 月之前）

解放区报业是对解放战争时期中国共产党领导下的新闻报业的统称。辽宁地区的解放区报业与东北解放战争的进程基本同步，大体上分为三个阶段。第一阶段即从 1945 年 9 月之后中共进入东北，开始创建新闻报业；第二阶段是国民党军队对东北解放区开始全面进攻，东北民主联军进入战略防御，即“让开大路，占领两厢”的战略实施，这时的解放区新闻报业也随之迁移收缩；第三阶段是 1946 年 11 月底至 1948 年 11 月，这一阶段的东北解放战争出现了转折，中共开始从战略防御进入战略反攻，直至解放全东北，辽宁地区解放区报业也随之进入渐趋繁荣阶段。概括地说，在整个东北解放战争中，辽宁地区的新闻报业经历了“创建发展”“迁移收缩”“渐趋繁荣”这“三部曲”。

1945 年 8 月 10 日，朱德总司令在延安向八路军在晋绥、晋察冀、冀热辽根据地的部队发布了“即日向辽宁、吉林进发”，配合苏联红军收复东北的命令。东北民主联军首先进入南满，主要是辽宁地区。经过一系列的剿匪、建政、锄奸、清算和军事斗争，建立起在东北的第一块根据地。在重庆谈判期间，毛泽东、周恩来就给延安党中央拍发电报，要求各地要尽快出版报纸，“早出一天好一天，越晚越吃亏”。在建立根据地的同时，辽宁地区的中共党政机关遵照这一指示，在印刷设备奇缺，纸张油墨等办报材料严重不足，生活环境极其艰苦的条件下，克服重重困难，在锦州、本溪、大连、沈阳、安东（今丹东）、抚顺、营口等地相继创办了《民声报》（1945 年 9 月 11 日）、《先锋报》（1945 年 12 月）、《新生时报》（1945 年 10 月）、《东北日报》（1945 年 11 月 1 日）、《人民呼声》（1945 年 11 月 1 日）、《安东日报》（1945 年 11 月 22 日）、《民众报》（1945 年 11 月 23 日）、《群报》（1945 年 11 月）、《胜利报》（1946 年 1 月 1 日）、《东北公报》（1946 年 2 月）等十几种报纸，解放区的新闻报业初现雏形。这些报纸都积极宣传中国共产党争取和平民主的立场，揭露蒋介石发动内战的真相，报道解放区军民英勇自卫奋勇杀敌保家卫国的形势。报纸这一中共舆论阵地，在解放战争初期，起到了宣传群众、组织群众、武装群众的作用。

第一节　东北大区报——《东北日报》的创建

《东北日报》是中共在新开辟的东北解放区办起来的第一张大区报纸。

中国共产党历来重视革命舆论的巨大宣传鼓动作用。在与国民党争夺东北、建立根据地的过程中，中共提出的口号就是“两万干部十万兵、一张报纸夺取东北”。1945 年 8 月底到 11 月，中共中央和八路军陆续派大批干部和部队进入东北，其中就有一批肩负着建立解放区新闻报业这一光荣使命的新闻战士。

1945 年 9 月底，中共中央东北局在沈阳成立，彭真任东北局书记。东北局成立后做出的重要决定之一，就是要创办一张大区报纸，以此来实现党中央“发展东北我之力量并争取控制东北”的战略目标。而筹办《东北日报》的使命，则由东北局书记彭真亲自指导，中共中央东北局宣传部具体承担。

1. 彭真临阵点将　李荒就任总编辑

《东北日报》的首任总编辑李荒，是中共东北局书记彭真亲自点名推荐

东北日报

解放戰略重鎮錦州
守敵十萬全部就殲

社論
慶祝錦州大捷

歡慶我軍錦州大捷
哈市人民加緊支前

致命一擊

錦州介紹

《东北日报》

的。在研究筹办《东北日报》的时候，彭真点将说：“李荒在哪里？他在晋察冀办过报，对办报有经验。”[①]

李荒是东北人，1916 年生于辽宁省营口市。1935 年在北平（今北京）参加了中共领导的“一二·九”运动，1936 年加入中国共产党，1937 年毕业于北平东北大学。七七事变后赴晋察冀军区从事宣传工作多年。1944 年调任《晋察冀日报》编委和编辑部时事主编。日本投降后，冀热辽军区成立了“东北前进工作委员会”，李荒被任命为冀东区党委宣传部副部长，随李运昌部队经山海关回到沈阳。当彭真点将时，李荒正在进军新民的途中，接到东北局的电报后，立即返回沈阳就任《东北日报》总编辑。

《东北日报》首任社长李常青（1904—1960）也是由东北局任命的。李常青出生于吉林省延吉市。他早在 1931 年 10 月就加入了中国共产党，还曾

① 郑奇志著:《李荒传略》，辽宁人民出版社，2007 年版。

担任过北平市的市委书记。在任北平市委书记时，参与组织领导了震惊中外的“一二·九”运动。七七事变以后，担任中共晋察冀分局宣传委员会书记等职务。1945 年 9 月来到沈阳，先是担任东北局宣传部秘书长，负责筹办《东北日报》。《东北日报》成立后，担任了该报的第一任社长。

《东北日报》副社长廖井丹（1914—2006），出生于四川省长寿县。青年时代立志“仗剑救民于水火”，积极参加革命活动。1937 年加入中国共产党。1940 年担任过晋绥《抗战日报》社长，并兼晋西区委宣传部副部长等职务。

《东北日报》初创时编辑部的工作人员主要有：林火（韩冰野）、叶兆麒、宋士达（宋振庭）、杨永平、陆地等。领导后勤工作的同志有：向叔保、李平、董晨、王大任、林德光、史宁等。党总支专职人员有刘柯、武通甫等。

创刊时《东北日报》的报头，是东北抗日名将吕正操题写的。

2. 初创社址“山海关”之谜

《东北日报》最初的办报地址是现在沈阳市一经街和三经街之间的浩然里路北，两座同样外形的青砖二层小楼，东边一座用作编辑部，西边一座是印刷工厂。

据《东北新闻简史》介绍，就连 1979 年新版《辞海》有关条目和复旦大学新闻系编辑出版的《中国新闻事业史讲义》里，都讲《东北日报》的创刊地址是在“山海关”。其实《东北日报》创刊并非在“山海关”，而是在沈阳。原来，当时的国民党政府与苏联政府签有《中苏友好同盟条约》，苏联驻军受外交条约的限制不准中共在沈阳公开出报。为了报纸既能在沈阳出版，又不使苏军为难，于是便在报纸刊头下边写上“山海关”的“借用”地址作掩护。就这样，这个“借用”地址，从 1945 年 11 月 1 日《东北日报》在沈阳创刊的第 1 期，用到了第 10 期。直到国民党军队向山海关进犯，东北日报社和驻沈苏军商洽成功，1945 年 11 月 11 日，报头才正式刊出社址在沈阳市的字样，但没有具体地点。

3. “发刊词”开宗明义

《东北日报》是一张什么样的报纸？它的立场是什么？在创刊号上《东

北日报》开宗明义发表了《发刊词》，摘录如下：

“东北人民经过长期艰苦奋斗之后在苏联红军援助下，开始解放了。过去我们有话不得说，有苦无处诉，本报就是东北人民的喉舌，它以东北人民的利益为利益，以东北人民的意志为意志，反映人民的要求，表达人民的呼声，为巩固中苏友好团结以保障远东和平，为东北人民自己做主的民主自由繁荣的新东北而奋斗。一切都为东北人民而服务，这就是我们的宗旨，我们的天职。

“最近中国共产党中央委员会所提出的和平民主团结的建国方针，也就是本报今后努力的方向。

“本报就站在这样的立场肩负着这样的任务而诞生了，它是东北人民的报纸。东北的同胞们！全国同胞们！东北人民已经从异族的统治下解放出来，但是仅是解放的开始，还需要我们进一步扫除一切反人民的反动势力，才能达到真正的解放。我们东北人民需要民主，需要自治，需要武装自卫，扫清一切敌伪残余势力，以安定社会秩序，安定经济秩序，需要民主自由的文化教育，需要取消一切经济统治并救济灾民难民，减轻负担改善民生。本报愿与我东北同胞共同奋斗，以促其早日实现。

“本报草创伊始，资力人力诸多不备，见闻又甚有限，尚冀各界人士，请不吝赐教。”

在《发刊词》里，虽然没有言明《东北日报》的东北大区中共党机关报的身份，但是，其中的“本报是东北人民的喉舌，它以东北人民的利益为利益，以东北人民的意志为意志，反映人民的要求，表达了人民的呼声，为巩固中苏友好团结以保障远东和平，为东北人民自己做主的民主自由繁荣的新东北而奋斗。一切都为东北人民而服务，这就是我们的宗旨，我们的天职”明确公告各界读者愿为东北人民喉舌的阶级立场。同时申明“最近中国共产党中央委员会所提出的和平民主团结的建国方针，也就是本报今后努力的方向”，进一步表明了《东北日报》政治上从属中国共产党的态度。

4. 恶劣的办报环境与敌对势力的破坏

《东北日报》的面世，为东北地区关心国家前途和命运的广大读者带来了与国民党报纸不一样的声音，受到民众的欢迎，这也自然引起了潜入沈阳的国民党特务们的极大恐慌，因此经常有国民党特务和日伪余孽汉奸进行捣乱破坏，诸如向报社的住所打黑枪、将报社张贴的标语撕掉等时有发生。当时《东北日报》所处的办报环境错综复杂，除了避免苏军干涉外，还要防范敌、伪、顽反动势力的捣乱和破坏。因此，报社的地址对外是保密的。报社人员的活动也采取半公开、半秘密的方式。为了掩敌耳目，那时，办公地点不悬挂“东北日报社”的牌子，而是悬挂“文化社”“辽宁省教材编审处”等牌子。为保证报纸的正常出版，东北局专门为报社派来一个警卫连负责保卫工作。

这期间，出报是一件非常艰苦的事情。报纸印刷没有固定地点。为了能把报纸印出来，报社千方百计四处寻找可以印报的印刷厂。《东北日报》在以前的伪满洲日报社的印刷厂印过，在原盛京时报印刷厂印过，也曾到一百多华里外的本溪印刷过。

《东北日报》创办在1945年11月初，当时的沈阳天气骤冷，办公室内一度无取暖设备，编采人员需要忍受寒冷工作和生活。由于经费紧张，报社只能为当地聘用的工人筹款发薪，而来自解放区的干部则依然是供给制，不发工资。他们的生活状态也仅仅是“衣能蔽体，食能充饥”。报纸的印刷质量也因为经费不足、物质匮乏而显得粗糙，基本是有什么纸就用什么纸，有什么颜色的油墨就用什么颜色的油墨。

5. 初创时期的版面及发行

《东北日报》在沈阳创刊之初，每日仅4开2版，直到第7期才扩为4开4版，每版仍分11栏，立题、立文、小5号字。由于各方面的办报条件十分欠缺，编采力量严重不足，因此，报纸版面的呈现无论从内容到形式都比较单一，缺少地方新闻，缺少除去时政新闻版面之外的其他种类的版面。从1945年11月1日创刊至11月5日，《东北日报》的前5期稿件，采用的全部是新华社电稿，而且这些电稿也大部分剪自关内各解放区的报纸，电头大多是10天以前的。但这种局面从第6期开始逐渐得到改善。

从11月6日的第6期开始，《东北日报》的版面上出现了第一条地方新闻，标题是“辽宁省政府成立后，各地人民一致拥护”［从1945年8月抗战胜利后到1949年4月前，在现辽宁省境内曾先后建立中国共产党领导的辽宁省、安东省、辽南行署区、辽北省（部分地区）、辽吉行署区（部分地区）、热河省（部分地区）、辽东省和辽西省等8个省区。1945年10月12日，中共辽宁省政府在沈阳正式成立，首任省政府主席张学思。11月25日省政府迁到本溪市。当时辽宁省政府直辖沈阳市、本溪市和本溪县。1948年7月11日，东北行政委员会发布民字第26号命令：辽宁省政府与辽南行政公署合并，称辽宁省。1949年4月21日，东北行政委员会发布民建字第15号令，重新调整了行政区划，撤销了辽宁省建制，同年5月1日和17日，辽东、辽西省人民政府分别在安东、锦州市成立]。紧接着在第二天的报纸版面上又出现了《辽西各县先后召开代表大会，一致选举张学思为省主席、朱其文为副主席》的地方新闻。11月12日一版发表《实行民主自治，大连市政府成立》的消息。11月16日报道消息《解决市民急需，沈阳市府拨发煤粮救济和贱价分给贫苦市民》。11月18日发表消息《本市北市区群众大会控诉特务汉奸罪行》。11月20日刊登《辽宁省政府体恤民艰　废除苛杂　重整税制》的消息。在《沈阳文艺工作者举行茶会联欢》的消息中提到，由辽宁省文艺工作团华君武同志作司仪。从此，报纸上的版面内容开始逐渐丰富。1945年11月11日，报纸第一次发表社论。这一期刊登的社论题目是"两个划时期的会议"，论述辽宁省和沈阳市的各界人民代表会议的重要意义。11月14日起，报纸版面开始有了文艺副刊的雏形，在报纸的第四版上刊登了第一篇文艺评论《新鲜、活泼、真实、生动》和《把眼光放远一点》《东北人民大翻身》的演出方面的文章。11月16日的第4版开始登些短小的文艺作品和通讯。11月18日发表《本报最近采访要项》，开始有了与读者的沟通。11月10日起，开始登广告，11月12日刊出《延安语言广播》和《张家口新华社广播时间与节目》等。

为了扭转国际国内新闻来源靠剪报，新闻不新、消息迟滞的问题，报社积极努力，在极短的时间内就在原敷岛中学（今沈阳军区政治部院内）设立了电台，并由周叔康等人负责电台工作。从11月9日起，每天可以收录新华社电稿，从此，《东北日报》在国际国内新闻方面有了自己的渠道。11月19日发表消息《国民党军队在美机掩护下，结合伪军全面猛攻山海关，我军忍痛转移新阵地》。

《东北日报》创刊号一版头题是《毛泽东飞返延安，国共商谈获重要成就》，左下角的《发刊词》题为“它是东北人民的报纸”。《东北日报》以崭新的面貌出现，受到沈阳人民及全东北人民的欢迎。到1945年11月15日，报纸印刷也移到原《盛京时报》印刷厂，质量有所提高，报纸发行数量也迅速上升到几千份。当时的报纸还不具备规范的发行渠道，报纸印出来后，大都是派人送往沈阳市内与邻近地区的机关、部队，一般是免费赠阅，同时在社会上零售一部分。

由于蒋介石调动大批精锐部队进入东北，东北局机关根据“让开大路，占领两厢”的指示，避免和国民党军队正面接触，主动由沈阳向辽东方面转移。因此，《东北日报》在沈阳仅出了21期，便随同东北局机关搬迁到了本溪，直至12月5日，才在本溪复刊，中间空了三期。以后又由本溪转移到梅河口、长春，最后到哈尔滨解放区。1948年12月12日迁回沈阳。在解放战争期间，《东北日报》从创刊初期的期发数千份逐渐增至几万份，最多时曾达到20万份，创这一时期东北报业之最高纪录。

第二节 《安东日报》的创办

1. 三批新闻干部千里跋涉会安东

1945年秋至1948年11月东北地区全境解放，辽东解放区机构建制随着战争形势多次变化，区域内报纸也变化频繁。在辽东地区，中共最先创办的解放区报纸主要有《安东日报》《辽东日报》等。

1945年9月10日，苏军进驻安东地区之后，立即对安东实行了军事管制，并采取集中受降的方式，对安东的万余名日军进行缴械。当时，中国共产党在安东市只有少数党员活动，基本处于隐蔽状态。中共中央在“向北发展”的战略方针中明确指示东北局，务必在短期内控制安东等地。9月17日，胶东区党委根据中共中央的指示，派出由吕其恩等人率领的部队进驻安东，与地下党组织联系后，成立了安东市保安司令部和东满人民自卫军。1945 年 10 月 19 日，中共中央向东北局发出了“关于集中主力与国民党争夺辽宁、安东的方针”。而此时，安东市地方政府仍在敌伪组成的维持会手中。10 月 31 日，中共对盘踞在市郊三股流的敌伪武装进行围剿，经 3 个小时的激战，大获全胜。三股流之战后，苏军看清了维持会的反动本质，同意中共接收敌伪政权，并协助中共解散了敌伪维持会，收缴所有反动军警组织的武器。到 11 月，除苏军接管的安东市以外，安东地区的主要城镇均被中共地方组织和人民军队所控制。待肖华率领的主力部队开进安东后，中共接收安东市的条件已经基本成熟。在与安东国民党组织和安东维持会以及日伪残余等反动势力的几番较量之后，1945 年 11 月 5 日，安东市政府宣告成立，吕其恩出任市长，张雪轩任副市长。同时，安东省工委又组建了中共安东市委员会，这是中共安东地方党史上的第一个市级党组织，由吕其恩担任市委书记，张雪轩任副书记。当时的安东市民，由于长期接受的是日伪政权的奴化教育和国民党的所谓“正统”的反动宣传，对中国共产党的情况所知甚少，因此，对中共建立的新的政府机构，大都抱着冷漠观望的态度。为了迅速扭转这一局面，抢占舆论阵地，安东市委、市政府成立后马上着手创办《安东日报》等。

据丹东市史志办公室林盛先主编的《战火中的摇篮》一书中《六千里路苦学与苦练》一文载，1945 年秋，按照党中央的战略部署，党组织从山东先后抽调三批新闻干部（包括一部分未从事新闻工作的青年干部）奔赴安东，开创了辽东地区的新闻出版事业。

第一批新闻干部是从山东《大众日报》派出的刘敬之、刘云沼、李干法，他们于 1945 年 9 月出发，从龙口乘船渡海，到庄河登陆，然后进入安东。在地方党组织主持下，由刘敬之负责，接收了地方伪维持会操办的《辽东民报》，同时也接收了报社的所有设备和部分人员，又从辽东军区调来报务人员，由刘云沼领导收译新华社电稿，出刊电讯快报。与此同时，开始了筹办《安东日报》的工作。

第二批新闻干部是 1945 年 10 月出发的，于 11 月中旬抵达安东。这批干部由陈楚、姜丕之带队，有吉伟青、邢路、韩川、刘爱芝、赵健、郭允贤、胡枚正、田洪发、洪兰、孙冉等二十多人。随后赶到的还有白汝瑗、耿兆贵、王居瑶、王光、王旭、于英、姜辉、刘克等。这些人成为辽东新闻战线最早的领导成员和骨干力量。这批干部到来之后，由中共安东省工委主办的中共安东省委的机关报《安东日报》便于 11 月 22 日正式创刊了。

第三批新闻干部是 1946 年初到达安东的，来的是宣传干部团。随这批干部来到报社的有江村、史屏、张帆、于民一、赵明、王璟等。

这三批新闻干部的到来，为《安东日报》和辽东地区的中共新闻报业的创建，提供了宝贵的人才资源。

《安东日报》也是中共在辽东创办的第一份报纸。该报后来虽然几经流转合并，但党报性质始终未有改变，在辽东地区颇具影响力。①

2.《安东日报》的组织结构

《安东日报》报头由安东省民主政府副主席刘澜波题写。《安东日报》在最初创办时为 4 开 2 版，周 6 刊，后改为 4 开 4 版，周 6 刊，星期日无报。社址在安东市二经街 4 号。社长由陈楚担任，总编辑为白汝瑗，副总编辑姜丕之，刘敬之任编委兼总编室主任，特派记者韩川，采访科长邢路，通联科长郭允贤、耿兆贵，秘书主任吉伟青。

《安东日报》创办之初的编辑力量大多来自山东解放区各报社。安东日报社长陈楚、总编辑白汝瑗、副总编辑姜丕之、编辑主任兼通讯部长刘敬之等 80 余人，分别来自山东解放区的《大众日报》《鲁中日报》《渤海日报》以及胶东《大众报》等。

1945 年 12 月 2 日中共安东省工委作出《安东日报》为省工委机关报的决定，由江华、林一山、许言、刘汉、陈楚等组成党报委员会，以加强对党报的领导，同时成立了编辑委员会，陈楚任主任，白汝瑗、姜丕之、刘敬

---

①《安东日报》1945 年 11 月 22 日至 1946 年 5 月 6 日为中共安东省委机关报。1946 年 3 月中共辽东省委在本溪创办《辽东日报》，1946年5月6日至10月24日，《安东日报》与其合为《辽东日报》，办报地点在安东、临江，是中共辽东省委机关报。1946 年夏转到通化、临江办《辽宁日报》。1947 年春至当年 5 月，又变为《辽东日报》在临江、通化、安东办报，是中共辽东分局机关报。1948 年 8 月 11 日又恢复为《安东日报》。

之、吉伟青、邢路为编委会委员。

3.《安东日报》的办报宗旨

《安东日报》1945年11月22日创刊时，在一版头题的位置，发表了社论《我们的使命》。社论主要论述了《安东日报》办报的宗旨和任务。社论中说："本报的使命简单说起来，就是全心全意地为人民服务。过去受敌人压迫忍气吞声，有话不敢说，眼泪往肚子里流，就是这样，说不定什么时候，还要'大祸从天降'……现在不同了，过去所不敢说的今天要大声地说……"并明确提出，《安东日报》愿意做"人民的喉舌"。

《安东日报》的第2期在一版显著位置发表了刘澜波题写的《安东日报》创刊题词："说老百姓要说的话，做老百姓要做的事，为东北人民大众的民主自治而奋斗。"更进一步明确地表达了该报的办报宗旨。

在《安东日报》的第2期二版上面，除去刊登新华社稿件外，开始出现了"本报讯"。如该版的头题《追悼抗日反满烈士，刘副主席吕市长亲临致祭》，另外还有本报讯《二十二位回民集体参加工人自卫队，政府发给他们三个月救济粮》《职工总会成立救济委员会，发放粮盐卅多万斤，救济贫民和失业工人》。

值得关注的是，在这一版上出现了第一篇征稿启事，全文如下：

> 本报欢迎投稿：一、本报欢迎各界人士踊跃投稿，不论政治、经济、文化、科学、艺术，均所欢迎。但必须是现实问题，回绝无病呻吟。二、体裁不限，论文、述评、新闻、通讯、小品、诗歌、散文、戏剧、小说、民谣等均可。三、来稿不论刊载与否概不退返，如需退返，请在稿末注明。四、来稿最多不超过一万字，特约稿或特殊重要稿件不限。五、来稿请誊写清楚（最好用钢笔写），并注明笔名、真实姓名、通讯地址。六、来稿必须绝对保证材料的真实性。七、来稿选用后，将千字发给稿费十元，稿费每月终结算一次。八、欢迎各界提出各方面的疑难问题，本报当尽力予以解答。
>
> 本报编辑室

从这则征稿启事的内容不难看出，初创时期的《安东日报》除去希望尽快扩大报纸的社会影响、积极征集稿件、建立通联队伍之外，还明确提出来稿“不论政治、经济、文化、科学、艺术均所欢迎，但必须是现实问题，回绝无病呻吟”，体现了《安东日报》关心社会现实民生，全心全意为人民服务的办报精神和愿做人民“喉舌”的办报宗旨。

1946年1月18日《安东日报》开辟了《工人通讯》专版，刊登工人的来稿和来信，并发表关于如何办好这一专版的《编者的话》和《欢迎工友组织读报通讯小组》以及《通讯员条例》等。2月18日在《工人通讯》专版发布消息：本报宴请工人通讯员，姜丕之致辞，吕其恩市长也赶来祝贺。同时配发编辑部文章《把工人通讯运动普遍开展起来》。

4.《安东日报》初创时期的主要报道内容

纵观《安东日报》初创时期的报道内容，大体可以归类为以下几个方面：

一是民主政权建设、减租减息、组织生产、扶贫救灾。1945年11月26日一版报道《推进民主政治，建设人民政权，安东市划分8个分区，有8名干部任区长》。11月30日一版报道《安东市造船工人翻身出头，向特务流氓分子等讲理清算，有史以来第一次痛述苦情》。12月5日一版发表《金汤区政府继续救济贫民共发出谷子13万多斤》。12月20日一版发表《六合成、鸭绿江造纸厂相继开工，工人参加工厂管理工作》。1946年2月7日，发表吕其恩市长春节广播讲话《军政民团结起来，建设和平民主繁荣的新安东》。3月22日、28日及4月11日、15日、20日分别报道市首届人代会、参议会消息。4月29日发表《在大胆放手的方针指导下，本省各县5个月来共发动组织群众近40万人，8个县培养积极分子7000人参加减租减息》的消息。

二是揭露蒋介石假和谈真备战的阴谋，反对美国干涉中国内政，反映人民要求和平、保卫解放区、捍卫抗日胜利果实的意愿。1945年11月23日一版报道国民党统治区人民群众开展大规模反内战运动，同时转发新华社电稿《进攻山海关之国民党军队，全系美军舰掩护登陆》。11月30日二版转发新华社电讯《大后方教授、学生一致反对国民党挑动内战——昆明6000学生罢课呼吁和平》。12月8日一版发表社论《拥护朱德对东北问题态度，制止内战保卫已得的民主自由》。12月9日报道安东7000余学生、军队纪念“一二·九”运动10周年，举行盛大反内战游行示威。

三是对重大事件的报道。《安东日报》对当时民主政府秉承民意枪毙战犯、原伪安东省次长渡边兰治，大汉奸、原伪安东省长曹承宗；解放凤城、宽甸，消灭三股流的残余日伪军；解除大东港的反动武装；扑灭敌伪在通化的暴乱；宽大释放伪市长董静仁，以及东北苏军大批撤退、李兆麟将军被暗杀等重大事件，都进行了及时报道。

5.《安东日报》初创时的副刊

《安东日报》在成立之初是没有副刊版面的，只是偶尔在版面上出现副刊类稿件，比如“小秧歌”之类。直到1946年1月12日，才在报纸上明确推出副刊版——《现实》。《现实》应该是《安东日报》历史上副刊版的最早样式。

该版在《见面的话》中表明创办副刊《现实》的背景、目的和意义。它说：

> “现实”——这小小的文艺园地，愿意在“全心全意为人民服务”的使命下，担起它所应负的责任，但这绝不是编者和几个人所能完成的。因此，它竭诚盼望文艺作者、文艺爱好者和广大读者的赐稿。只要和人民大众有利益的作品，都深深表示欢迎。
>
> “现实”——它是属于人民大众的副刊，它反对为文艺而文艺的谎言，绝对没有门户之见，它愿意表达出群众的意见和呼声。因此，我们希望广大读者，运用这小小的园地，说出自己心里想说的话，在文艺岗位上为广大人民兴利除弊。

该版的征稿启事中对稿件是这样要求的：一、本刊欢迎文艺性质的作品，但望写现实问题，而非无病呻吟。二、体裁不限，报告文学、小说创作、散文随笔、诗歌民谣、电影戏剧、典籍评介均可。三、来稿如需退还者请在稿末注明。四、来稿最好在五千字以下，过长者本刊酌情转寄文艺杂志。

《现实》版的第一期登载的稿件有小说《孩子的恨》（作者岳山），读后感《读过〈腐蚀〉》（作者青辰），以及随笔《江边离感》（作者白刃）。1946年1月20日《安东日报》又在《现实》版的第二期介绍了著名诗人艾青的诗《向世界宣布吧》。这是艾青到延安后，为在中国共产党领导下的边区人民生活得如此愉快自由而作。

但是，《现实》版在出了这两期之后便戛然而止。无论是1946年5月6日《安东日报》与《辽东日报》合并之前，还是《安东日报》恢复出版之后①，半个版主要登载学生们的文章，其内容多为对时局的感慨等，其中还有诗歌《献给东北新青年》等。

此外，1946年1月18日第四版上开始创办的《工人通讯》（第一期）中，偶尔也会有工友作者发表的"小秧歌"类稿件。

1945年10月31日至1946年10月24日，《安东日报》在陈楚、刘敬之、姜丕之等领导下，新闻事业得到了迅速的发展，仅一年的时间，便建起5个印刷厂，组建了辽东图书出版社，又创办了东北地区第一所新闻干部学校，实现了以厂养报、以厂养校。陈楚社长当年曾自豪地说："楼上楼下，电灯电话，创业当年，家大业大。"

这一时期的《安东日报》也出现了广告。第2期二版的下面一则是安东地区爱国赛犬会发的"锻炼竞技"，一则是"安东大兴公司启事"，还有一则是"东满司令部安东电业公司公告"。

6.《辽东日报》与《安东日报》合并

1946年初，中共东北局决定将辽宁、安东两省工委合并组成中共辽东省委②。中共辽东省委决定，从安东日报社抽调陈楚社长，带领白汝瑗、刘敬之、

---

①笔者现所能见到的《安东日报》不全，《安东日报》均没有像《现实》版这样明确的副刊版了，而继之出现的是带有新闻性和综合性副刊类的栏目或稿件的新版面，比如，1946年2月2日第四版的《生活》版（第一期，东满人民军政学校俱乐部编）。

②辽东省委先辖安东及辽宁两个省分委，后又辖辽南省分委。

吉伟青及编辑、记者和电讯、印刷等全套的新闻干部，奔赴本溪准备出版中共辽东省委机关报《辽东日报》。编委会由陈楚、白汝瑗、刘敬之、吉伟青、邢路组成。姜丕之留任中共安东省分委机关报《安东日报》社长兼总编辑。但是，由于国民党军队的猖狂进犯，《辽东日报》没能创刊就于3月末撤出本溪，转到凤城。根据形势需要，陈楚同志决定，把凤城人民政府接收的几家小印刷厂接过来，合并一起组成了报社凤城印刷厂。

5月5日由本溪撤到凤城的报社全体同志回到安东。《安东日报》发表了两报的通告：从本月6日起，《辽东日报》与《安东日报》合并出版《辽东日报》，是中共辽东省委机关报。《安东日报》停刊于147期。

5月6日出版的《辽东日报》，继续《安东日报》期数，为148期，版面由原《安东日报》的四开小报改为对开大报。报社编委会成员恢复《安东日报》创刊时的任职，所不同的是，姜丕之改任第二总编辑。同时，成立新华社辽东分社，刘敬之兼任社长，韩川任特派记者。吉伟青、史屏任经理部主任，徐华和王璟先后任出版部部长。辽东日报社还设置了党总支委员会，在编委会领导下开展工作。报社的主要领导都是总支委员，吉伟青兼任总支书记。党总支下设七个党支部，编辑部党支部书记是刘敬之，秘书处和经理部支部书记是史屏，安东市邮局党支部书记是王一民（处于战争时期，邮局的主要任务是发行报纸，所以归报社领导），印刷厂的党支部书记是于民一，新闻工作学校的党支部书记是姜丕之。

在《辽东日报》1946年5月6日创办至10月24日停刊5个多月的时间里，主要以反奸清算、减租减息、剿匪安民、开展土改、发展生产，建设辽东解放区以及针对蒋介石发动内战，号召全党全民紧急动员起来，武装自卫，积极备战，保卫辽东，保卫安东，支援前线为报道内容。

第三节　辽宁中西部地区创办的报纸

1.《民声报》——中共在东北创办的第一张正规报纸

中共在东北创办的第一张报纸，是由当时新成立的中共辽西地委与辽西专署主办的《民声报》。《民声报》创刊于 1945 年 9 月 11 日，它的创办时间甚至比东北大区报——《东北日报》还早了一个半月。八一五光复日本投降后，为了尽快地建立东北根据地，中共中央决定将在冀东抗日根据地工作的东北籍干部调回东北，以利于更广泛、更迅速地开展群众工作。而此时，东北籍干部、冀热辽十六分区临（榆）抚（宁）昌（黎）联合县委宣传部长陆锦[①]正打算找东北工委分配工作，刚好路过锦州，与在锦州任辽西地委书记的原冀东十六分区地委书记徐志和辽西专署专员、原冀东十六分区地委城工部长白士毅（原名白砥中，后改为张士毅）俩人见面，徐志和白士毅二人便挽留陆锦在锦州工作，暂时帮助接收伪报馆、伪国通社、印刷厂等，并利用接收的人员、设备、器材等筹备出版中国共产党自己的报纸，以宣传中国共产党的方针政策，反映劳苦民众的呼声。就这样，经多方努力，1945 年 9 月 11 日，共产党在东北的第一份正规的报纸《民声报》诞生了。《民声报》的社长何伟是中共从延安派来东北参加建立东北根据地的"老八路"，陆锦则担任了《民声报》的总编辑。

《民声报》是一张 4 开 4 版、隔日出刊的铅印小报，期发数过万，多时高达 5 万份，报纸每份两角钱，发行渠道主要是靠报童零售，并向一些驻地部队、机关等分发，颇受各界读者欢迎。

《民声报》的创建，受到了当时中共各方领导的重视，中共热东区党委书

---

① 原名刘光，1914 年出生于吉林省农安县。1938 年初任东北青年抗日救亡宣传队队长。1937 年在汉口参加东北救亡总会，1938 年春在长沙参加湖南文化界抗战后援会等群众性抗日救国组织，并为其理论刊物《反攻》组稿，同年秋到达延安并加入中国共产党。

记兼冀东军区司令员李运昌就亲自到民生报社指导工作，并为报社选派干部。

当时，由于处于战争年代，报纸初办，编采力量不足，报纸主要刊登的是电稿，而报社电台的工作人员也多是接收过来的伪职人员，其中还有两名日本人。设备仅有一台日本产的三灯交流收报机。为了加强办报力量，建设一支稳定的电台技术队伍，陕甘宁边区委派警备一旅三支队队长康静[①]来到锦州了解民声报社电台情况，并被任命为电务科长。锦州地方党组织也先后从辽西省督察专员公署军政干部学校挑选4名青年学生充实到报社电台学报务，同时还留用了一名日本电务技师钉崎卫。[②]钉崎卫担当技师后，技术过硬，工作认真，对办好《民声报》做出了贡献。

报社初创时，只设编辑部和经理部两大部门。编辑部的人员都是按版面来分工，经理部人员则是负责生产、管理、出版和发行等工作。当时报社的校对工作缺少人手，专员张士毅的爱人肖军（现名陈健）肯于帮忙，于是报社就请她来做校对工作。

报社实行供给制，经常是高粱米饭、白菜汤、窝窝头、咸菜，生活十分艰苦。

《民声报》在锦州期间共出版了40期，现仅存第20期一张报纸，这张报纸发稿40篇，其中本地稿件9篇。

2. 中共在本溪出版的第一张报纸——《先锋报》

就在《民声报》创办之后不久，在辽宁中部地区很快又出现了一张由中共方面主办的报纸——《先锋报》，它也是中共在本溪出版的第一张报纸。

本溪《先锋报》的前身，原是抗日战争时期在河北省一带由冀热辽军区第十六军分区政治部主办的随军油印小报，其内容主要反映中共党、政、军、民在河北、冀东、辽西等地的抗日斗争情况，以鼓舞广大抗日游击健儿

---

① 现名郝学明，曾任毛泽东的警卫员。

② 钉崎卫原为侵华日军中的电务技师，被俘后，在中国共产党的耐心教育下幡然醒悟，对日本侵华给中国人民带来的灾难深感罪过，感知有罪于中国人民，并决心背叛原来的立场，自愿留在八路军中为中国革命事业服务。1948年他还加入了中国共产党。钉崎卫于1956年回到日本，以在《民声报》工作的经历素材，写出近10万字的回忆录《黎明前的洗礼》，1982年出版。

浴血抗战的斗志。

1945 年 9 月 18 日，冀热辽军区第十六军分区第十二团进驻本溪市并对本溪市实行军事管制。先锋报社也随部队来到本溪继续出版发行，只是报纸从油印小报发展成 4 开 4 版的铅印报纸，并且还增加了时事新闻版。受到当时办报条件的限制，《先锋报》不定期出版，每期发行量为 1000 至 2000 份。社址在溪湖区河东原日伪书店“弘文堂”的旧址。

《先锋报》原本是以中共部队官兵为主要宣传对象的一张军报，但报社随部队到了本溪之后，深感刚刚解放的本溪大众，对中国共产党以及共产党的主张、共产党所秉持的方针政策还基本处于懵懂状态，对抗日战场上的真实情况还不太了解。为了尽快地扭转这种局面，报社对报纸版面所刊登的内容作了调整，此时的报纸除了反映军队作战、训练等情况外，又增加了介绍抗日根据地的战斗生活和抗日英雄的丰功伟绩，揭露美蒋打内战的阴谋等内容；还刊登一些中共中央领导人的讲话和著作，如毛泽东主席的著作《新民主主义论》《论联合政府》及其在中共第七次代表大会上的讲话，朱德总司令的《论解放区战场》，等等，也转载新华社发布的消息、重要文章等。

《先锋报》只设一个编辑组，而编辑仅乔国钰、杨文阁、王盛荣几个人。当时从延安回到东北的著名作家舒群还为该报撰写稿件。调整后的报纸内容令读者耳目一新，所以每期报纸一出版，不到一个小时就被抢购一空。本溪市第一任市委书记李立果及市长田共生，都对该报给予很高评价。

先锋报社的主要领导人有东北人民自治军沈阳卫戍区政治委员唐凯、辽东军区政治部宣传部副部长汤从烈。报社设有编辑组，具体负责组稿、编辑、出版、印刷、发行等工作。印刷厂有工人 50 余人。《先锋报》出版所用的纸张、设备全是从日伪手中接收过来的。从 1945 年 9 月到 12 月，《先锋报》在本溪共出版 20 多期，后因形势发生变化，卫戍区机关、部队与进入辽东的山东部队合编为东北民主联军辽东军区，《先锋报》与军区《战士报》合并，该报停办。

3. 中共在营口首次创办的报纸——《群报》

《群报》也是东北解放战争时期中共在辽西地区创办的一份重要报纸。

《群报》于 1945 年 11 月 11 日创刊，是中国共产党在营口首次创办的报纸，地址在营口菜市胡同。

抗战胜利后，营口的政治局面十分复杂，国民党在营口成立了市党部，汉奸王殿忠纠集伪官吏、地方绅商、国民党党员等组成地方治安维持会，互相勾结，企图把持政权。为了保卫抗战胜利果实，中国共产党在营口成立了营口市工委和特派员办事处，建立武装（冀热辽十六军分区七十二团），依靠人民的力量同国民党反动势力进行了坚决斗争，一举粉碎了国民党“和平接收”和军事进攻的阴谋。1945 年 10 月 20 日，特派员办事处成立了营口市民主政府，营口第一次解放。在这期间，中共在接管市政权机构后，派吕品（中共地下党员）、张革等人接收原国民党营口市党部的渤海民报社，利用其办公室和印刷设备，筹建了营口《群报》。《群报》为日刊，4 开 4 版，办报宗旨是“团结群众，面向群众”。第一、二版转发新华社电稿和地方要闻，第三版刊登本市新闻，第四版为文艺副刊。每期发行 1000 至 2000 份。报社除出版报纸外，还会同市内有关部门大量翻印毛泽东主席的《论联合政府》《新民主主义论》等著作。

该报社工作由中共营口市委宣传部长马成德领导，编辑部负责人为柳门（吴振山）、孔庆举，行政财务负责人王泽禄，印刷厂负责人张革。

1946 年 2 月 9 日，报社随军战略转移，撤出营口，到海城县析木城扳子屯。三天后东北民主联军收复营口，报社随之迁回到原市女子国民高等学校院内，报名改为《营口日报》。由于设备受损，报纸由铅印改为石印，由 4 开 4 版改为 4 开 2 版，由日刊改为不定期出刊。1946 年 3 月，报社第二次随东北民主联军转移到海城农村，不久便停刊。

4. 县长罗长维创办的《盖平报》

《盖平报》创刊于 1946 年 2 月 19 日。抗战结束后，在派往东北的中共东北籍干部中，时任晋西北根据地晋绥行政公署经济总局、统制贸易局秘书和商业科长的罗长维与晋绥边区东北籍干部大队回到辽宁。同年 10 月，受中共辽宁省工委派遣，罗长维来到盖平县（今盖州市）开辟工作。当时，盖平县尚未解放，县内不仅有日伪残余势力组织的“维持会”，还有国民党的地下党部，他们依靠反动武装警察，进行反共反人民的活动，等待国民党来接收，气焰十分嚣张。罗长维等中共干部通过发动群众，建立地方武装。1945年11月初，中共主力部队解放了盖平县全境，罗长维率领干部群众配合主力部队，接收了盖平敌伪政权，建立了盖平县委和盖平县民主政府，还先后建立了十七个区镇政府和大部分乡村政权，以及县区武装、青年会、妇女会等群众组织，罗长维也被任命为第一任县长。当时，旧的社会基础尚未清理，人民政权刚刚组建，群众还没有充分发动起来，不少人存在着盲目的正统观念，对中共缺乏认识，持观望态度。为了更好地发动群众，宣传中共八年抗战的历史功绩等，罗长维与政委（即中共盖平县县委书记）赵君哲于同年12月主持了县报社的筹建工作，1946年2月19日《盖平报》创刊，报纸为8开，3日刊，鲁琪负责编稿和采访，赵君哲审稿。报社地址先是在县印刷厂院内，后迁至县政府院内，报纸由印刷厂发行。

《盖平报》的任务是配合中国共产党宣传全国革命斗争形势和任务，报道城乡反奸反霸斗争，开展减租减息运动、恢复生产和参军支前等情况，组织群众建立人民政权。1946年末国民党军队向东北各地大举进犯，盖平县工作转入战时状态，《盖平报》即停刊。

5. 中共辽阳地委机关报《辽河新报》

《辽河新报》于1946年1月14日在辽阳创刊。这是辽阳市第一张中国共产党办的报纸，是中共辽阳地委机关报。该报为4开4版，3日刊，每期发行4000余份，面向辽阳专区领导下的6个市县。宣传内容主要有马列主义和中国共产党的方针政策；报道新闻，评述时事；揭露蒋介石消极抗日、积极反共的阴谋，引导群众在两个命运、两种前途的大决战中认清斗争方向。每期报纸大样都要送地委领导审查。

《辽河新报》的社长为俞质明，总编辑为胡枚正，编辑人员有路逸、高凌汉、耿仲琳、白天明、钢铁城、伍齐、武翁皓等。以后伍齐任秘书，谷乐任总务部长，武翁皓负责厂务部和校对。

《辽河新报》的印制设备是从接收日伪财产中收集来的四五台平板印刷机、一台半开的小裁纸刀、几十部大大小小的电动机，从辽阳泰记书局接收的手摇铸字机和几副铜字模，以及一部分印报的纸张。报社的编辑室和印刷厂只有两间房。

《辽河新报》在创刊过程中得到了冀热辽十六军分区二十三旅六十六团的支持。辽河新报社的社址就是原属六十六团政治处的一个小印刷厂。辽河新报社没有自己的电台，新华社电稿全靠部队帮助。由于国民党军队进犯，《辽河新报》于 1946 年 2 月 20 日停刊，共出 7 期。报社随辽阳地委转移至岫岩筹备出版《千山日报》。

第二章
辽宁中共报业的迁移收缩

东北解放战争初期，先行进入东北的中国共产党，面临着国际国内错综复杂的政治局面和节节逼近的国民党优势兵力，处境十分困难。在敌强我弱的条件下，中共中央及时调整了在东北的战略方针，将“掌握全东北”调整为“让开大路，占领两厢”，其目的是要更广泛地发动群众，在东满、北满、西满广大农村及中小城市建立巩固的根据地，逐步积蓄力量，为战略上的大反攻做准备。因此，在东北解放战争中，这一阶段也被称之为“战略大转移”。此时的辽宁地区解放区报业也随之进行转移，进入了迁移收缩的阶段。

第一节　《东北日报》的随军四次大转移

《东北日报》从 1945 年 11 月 1 日创刊到 1946 年 5 月的半年多时间里，随着东北解放战争形势的变化，先后经历了四次转移。

1. 第一次——从沈阳到本溪

1945年11月23日，几辆从沈阳出发的车子冒着严寒抵达本溪的工字楼，而车上乘载的就有从沈阳转移到本溪来的东北局主要领导彭真等。作为东北局的机关报，《东北日报》此次也奉命随东北局转移到本溪。

对于刚组建不到一个月的《东北日报》来说，这个转移的命令来得有些紧迫。报社的人员和设备、物资都要求限时撤离，时间十分仓促。报社负责后勤工作的人员组织人力一边联系车辆，一边拆卸机器，一边装运纸张，然后兵分两路，一路经苏家屯转乘火车去本溪，另一路由汽车拉着辎重物资，顺公路直奔本溪。到达本溪后，报社又经过几天的忙碌，报纸于1945年12月5日复刊，至1946年2月2日，共出了40期日报和8期号外。《东北日报》在本溪期间刊登的稿件虽然仍以刊登新华社电稿为主，但是地方新闻逐渐在版面上增多，主要报道本溪、抚顺、安东等地区的反奸、反霸、反特、反专制的群众运动，起到了教育群众和组织群众的作用。

在本溪办报期间遇到的物资困难比沈阳还要大。用于印刷的物资极其匮乏，从沈阳带来的纸张到本溪不久就用得差不多了。为了坚持出报，当时做后勤工作的王大任等人冒着危险，两次化装潜入沈阳，通过中苏友协的关系，运出两批纸张。印刷油墨也严重不足，黑色的油墨用完了就用杂色的。在本溪出版的40期报纸中，就有12期是用蓝色油墨印刷的。到后来质量好的纸用完了，就用质量差的纸印。在油墨色杂、纸张质量差等不利条件下，报纸无法正常两面印刷，于是就改成单面印刷。

入冬后，本溪大雪封山，天寒地冻，由于好多报社工作人员在匆忙的迁移中，没有带来棉衣，御寒也成了报社面临的一大问题。当时，没有棉服的记者如果外出采访，只能辗转四处求借大衣。在这样的困难环境下，《东北日报》依然坚持出报。这期间，华君武和严文井均在报社工作。

[**报人小传**] 华君武，1915年生于江苏无锡，少年上学期间就进行漫画创作，20世纪30年代业余曾为上海报刊作画。1938年到延安，1940年加入中国共产党，为《解放日报》作过大量时事漫

画。1945年底到《东北日报》，初任文字记者，后在文艺部专司时事漫画。在《东北日报》期间，共发表漫画190多幅。其中影响最为广泛的就是关于蒋介石的人物漫画。

［**报人小传**］严文井，原名严文锦。1915年生于湖北武昌。1935年到北平图书馆工作，1938年赴延安，任延安鲁艺文学系教师。1932年开始发表作品，1941年在桂林出版第一部童话集《南南和胡子伯伯》，1944年出版长篇小说《一个人的烦恼》等。1945年到东北，担任《东北日报》副总编辑兼副刊部主任，写有反映土地改革的报告文学《一个农民的真实故事》和童话《丁丁的一次奇怪的旅行》。解放后历任中宣部文艺处处长，中国作家协会党组副书记、书记处常务书记，《人民文学》主编，人民文学出版社社长、总编辑等。

2. 第二次转移——从本溪到海龙

1946年1月下旬，在国民党军队逼近沈阳，并图谋向本溪进犯的时候，东北日报社又随东北局向吉林省海龙县（今梅河口市）转移，同时又组织一部分工作人员去往通化，进行后方基地建设。为了保证到达海龙县能马上出报，工作人员将印刷设备、纸张、字模、铅字等能拿能带的物资装满了汽车。而个人生活用品却极其简单，每个人所带的只有一个小小的行李包。

《东北日报》在海龙办报的时间是从1946年2月7日到4月22日。这段时间虽然不长，但报社的变化却很大。一是东北局确定由宣传部长凯丰直接负责领导报社。二是从关内陆续来了一批干部，有王揖、穆青、常工、陈学昭、林聿时、赵熙天、史勘等，充实了编辑力量。三是编辑部已初具规模，开始组成新闻部、通采部和副刊部。四是自1946年3月24日（第93期）起，该报把第二版辟为地方新闻专版，地方新闻的稿件有所增加。3月31日（第100期）起，该报把原4开报纸改为对开版大报；4月28日（第123期）开始，该报开始用毛泽东主席的字体拼成的报头。报社在海龙期间，国共两党刚达成停战协议不久，在重庆刚开完政治协商会议，但国民党竟横生枝节，颠倒黑白地胡说“日本投降前东北没有共产党军队”。并以此为由，将东北排斥在军事停战和政治协商之外，在美国的援助下，继续增派军队到东北，并令军队迅速抢占战略要点。为了批驳国民党的无耻谰言和揭露国民党阴谋独霸东北的行径，《东北日报》在报道反奸、反霸和地方民主政权建设消息的同时，自1946年2月下旬起，在一个多月时间里，集中地发表了一批有关东北抗日联军历史的文章，其中有穆青、魏东明等撰写的《阐述抗日联军斗争简史及东北建设意见——周保中将军答本报记者问》《东北抗日联军斗争史实》《中国共产党与东北抗日联军十四年斗争史略》《中国共产党与东北人民的血肉关系》等访问记、调查报告、人物介绍和专论等十多篇报道，同国民党进行了针锋相对的斗争。用大量生动具体的事实，有理有据地阐明了东北抗日联军在中国共产党的领导下，在东北沦陷的14年中坚持斗争，对全国抗战做出的巨大贡献。

［报人小传］ 凯丰（1906—1955），原名何克全，生于萍乡市湘东区老关镇三角池村。《抗日军政大学校歌》词作者。1938年2月，任中共中央长江局宣传部长，并参加党报《新华日报》编委会。1940年底，凯丰在延安任中宣部代理部长。1942年9月，凯丰筹组了中央编译局，亲自编写了《抗日民族统一战线教程》等著作，还编译了几本题为《马克思主义》的小册子。中共七大以后，凯丰任中共中央东北局宣传部长，参加东北解放战争，1945年11月1日，他领导创办了东北局机关报《东北日报》。是解放后第一任中共沈阳市委书记。

3. 第三次转移——从海龙到长春

1946年4月18日东北民主联军解放长春后，《东北日报》随东北局于4月25日进入长春。而此时，国民党正在集中兵力攻打四平，如果四平被国民党攻下，近在咫尺的长春将受到严重威胁。5月6日，《东北日报》发表专论《国民党的危机》，全面地分析了国民党在政治、经济和军事上的弱点和危机，指出："国民党反动派若继续坚持独裁与内战方针，不仅将使它本身达到崩溃的命运，而且也将使全国和平局面遭到严重的破坏，从而引起全国政治经济可怕的糜烂。要制止这一空前严重的危机，端赖全国人民向国民党反动派的严重斗争。"此外，报纸还用长春地区人民所见所闻感受的事实，做了对比性报道：国民党一度接收长春后，任命日本侵略者的走狗汉奸姜鹏飞为接收大员，汉奸、特务、日伪余孽受到重用，横征暴敛，物价飞涨，工人失业，学生失学。而东北民主联军进驻长春后，因敌人破坏造成的水、电、粮、煤四大困难，很快得到解决；工厂复工，学校开课，物价下降，市面繁荣。"想不到民主联军来了，有这样的能力，四五天内交通、电灯、用水恢复得这样快""民主联军对待老百姓和自家人一样""国民党来了要穷人命，共产党来了要穷人活"，等等，报纸把这些群众心声，都及时刊登出来了。

4. 第四次转移——从长春到哈尔滨

《东北日报》在长春办报不到一个月，国民党军队在占领四平后，开始图谋长春，《东北日报》随东北局撤出长春。1946 年 5 月 22 日国民党军队进占四平市，《东北日报》出版了 5 月 23 日报纸后，下午乘车撤离长春，24 日抵达北满重镇哈尔滨。

1946 年 5 月 22 日下午 6 时许，报社突然接到东北局紧急命令，要求在翌日清晨以前，全部撤出长春，北上到哈尔滨。接到命令后，报社立即着手准备，除去编辑部和工厂部分人员要把 23 日的《东北日报》编排妥当，按时印出之外，其余人员尤其是后勤部门的人员全部投入到转移的工作中去。《东北日报》自从创办以来几经转移，已经使报社的工作人员积累了在极短时间里拆装设备、装卸物资、流动办报的能力和经验。因此，他们只用了一夜和一个上午的时间，不仅把《东北日报》所需要的设备器材和生活物资装上了列车，而且还帮助东北局宣传部、东北电影制片厂、东北书店等单位装运了部分物资。列车在 23 日下午离开长春。两个车头拉着几十节车皮，缓缓地向哈尔滨驶去。这是从长春向外撤出较晚的一列火车，火车司机都是临时请来的。列车刚刚离开长春不久，这座城市便被国民党部队包围了。

5月28日《东北日报》在哈尔滨恢复出版。这一天，国民党军队占领了吉林市。30日，蒋介石亲抵长春督战，命令蒋军向松花江以北进犯。此时，东北人民解放战争进入了最艰苦的困难阶段。随东北局迁到哈尔滨的东北日报社，这时候已有200多名职工，又奉命管理新华社东北总分社、东北广播电台、东北画报社、东北书店以及石砚造纸厂。鉴于战局形势危急，报社做了最坏的打算：就是从哈尔滨北撤佳木斯。为了及早准备，社长李常青带领部分人员去佳木斯建立二线基地，并在东安（今密山县）建立三线基地，经营《东北日报》的后方基地，以便应急。不久，东北局发布了“七月决定”，动员1.2万名干部下乡，报社也派出一批干部参加下乡工作。自此以后，报社把解放战争和土地改革作为报道的中心任务。

从创刊到1946年7月，东北日报社因时局动荡，不停搬迁，历经四次大转移。其间，除在转移过程中中断过出版外，一直都在坚持出报，而且报纸由小到大，地方新闻日益增多，办得越来越有针对性和鼓动性。其中，比较突出的报道是：介绍中国共产党及其领导下的东北抗日联军英勇奋斗的史实，阐明中国共产党领导人民解放东北争取和平的伟大意义，并对国民党反动派以美国为外援增兵东北挑起内战，向人民“收复失地”表示坚决的反对。同时，对当时中共发动群众进行反奸清算斗争等中心工作，也进行了若干报道。那时，《东北日报》发行量达到过2万份的可喜数字。

第二节 辽东地区报纸的随军大转移

1.《辽东日报》《辽南日报》及通化《辽宁日报》的风云际会

1946年5月6日，《辽东日报》与《安东日报》合并出版辽东省委机关报《辽东日报》，刊期仍接《安东日报》，自148期为《辽东日报》创刊。在国民党军队节节逼近的严峻形势下，按照上级指示要求，1946年5月末，在安东战斗打响之前，辽东日报社工作人员开始分批撤出安东。

首批撤出安东的人员由王璟、王居瑶带队，共20多名干部和技工，配有12名战士的警卫班，带走8台16页机、8台小8页机、两台铸字机以及裁纸机、字模、铅字等印刷设备和纸张，共装8条木帆船，逆鸭绿江而上，越过拉古哨电站大坝以后，又装上十多条小木帆船，继续向上游进发。经辑安浑江口、沙尖子，漂泊了一个月，抵达朝鲜楚山郡。从此，报社的人员、设备和材料物资都在这里集中，楚山郡就成为辽东日报社各批撤退队伍的大本营。报社在此每天出一期铅印《电讯快报》。当时中共辽东分局和辽东军区等13个单位在这里设留守处，中共第七后方医院也在这里，新开岭战役中数以千计的中共伤员也都转到这里治疗，报社人员还在这里参加了抢救伤员的护理工作。

6月22日中共辽东省委决定成立辽南省分委和辽南行政分署。根据中共辽东省委指示，辽东日报社派出邢路、徐华、江村、白天明等20多名同志，携带印刷设备和收报机，随辽南省分委去岫岩筹办辽南省分委机关报。因敌军疯狂进犯，经历艰苦的游击生活，直到1947年7月1日，在瓦房店正式创办了《辽南日报》，发行到辽南8个县，共2万多份。《辽南日报》于1948年9月3日停刊，9月4日改名为《辽宁日报》。

1946年9月，国民党在东北的兵力不断扩大，制定了“南攻北守，先南后北”的计划，妄想先占领南满，然后消灭北满中共主力。10月中下旬，国民党军在已经占领了长春、沈阳、抚顺、鞍山、本溪等地之后，便向南满的安东、通化疯狂进攻，南满中共处境极为困难。

1946年10月24日，国民党军队进占安东。10月22日《辽东日报》在印完最后一期报纸，发表《告安东人民书》后，宣告停刊。随即由新闻学校全体师生和报社的部分干部共130人组成的报社第二批撤离人员，由姜丕之、刘敬之带队，早7时出发撤出安东，先乘火车到凤城，后徒步行军，历时23天，撤到长白县城。另有部分同志，乘船携带印刷设备，掩护病弱同志过江到朝鲜的新义州。

10月24日晚8时，陈楚社长带领最后一批撤离的人员，乘汽车携带轮转机和收发报机以及其他物资材料，经鸭绿江大桥撤到新义州。第二天就架起新闻台天线，开始印发《辽东电讯》快报，供转移到此的各单位领导传阅。

1946年10月25日至1947年3月，在国共两党争夺南满的紧要关头，《辽东日报》人员分三批撤至新义州、楚山和临江、长白等地。10月底，东北局决定，成立中共辽东分局和辽东军区，陈云任辽东分局书记、辽东军区政委，萧劲光任辽东军区司令员。在临江的七道江会议上，陈云坚定地指出，坚持南满斗争，一个人也不撤，坚决建立南满革命根据地。所以辽东分局当年在中共党内也称南满分局。[①]

1947年1月19日一保临江战斗即将取得胜利，形势开始好转，报社积极准备向临江集中，重新出报。1947年2月中旬二保临江战斗获胜，从此，报社转移在楚山的大部分干部和印刷设备，开始向长白县迁移，准备到临江出报。1947年3月，三保临江战斗胜利后，辽东分局决定原《辽东日报》与通化的《辽宁日报》合并，转于临江出版辽东分局机关报《辽东日报》。《辽东日报》由陈楚任社长，胡绍祖任副社长，白汝瑗任总编辑，姜丕之任第二总编辑，陈绪宗任通联部部长，吉伟青任时事报道部部长，崔奇、张珂、吴于冰、孙萌任编辑，骆风任通讯部部长兼管新华社辽东分社工作。社址在临江的一座两层楼里，报纸为对开2个版，共出了两期，两个报社所有转移在外地的干部和印刷设备都向临江集中。四保临江大捷，中共全歼国民党军队八十九师及五十四师一个团，生俘7800余人，毙伤敌团长以下660多人。四保临江的胜利，使得中共从此由战略撤退转为战略反攻。辽东日报社按辽东军区的提议组成了前线记者团，这个记者团边采写边编稿。

1947年5月15日《辽东日报》由临江搬到通化市复刊，报纸为对开4版的日报，期数接撤退安东前的《辽东日报》，社址在通化市东门外山下的伪法院大院，分散转移到外地的干部都回到这里集中。编委由陈楚、胡绍祖、白汝瑗、姜丕之、陈绪宗、吉伟青组成。6月9日《辽东日报》刊登了陈云政委在千余干部大会上报告形势与任务的消息，还刊登了为建立根据地，准备大反攻，辽东分局、辽宁省委抽调大批干部下乡，参加土改工作等

① 丹东日报社汇编:《坚持南满时期的〈辽东日报〉》专集，《纪念这段历史》。

内容。

在《辽东日报》1946年5月6日创办至10月24日停刊5个多月的时间里，主要以反奸清算、减租减息、剿匪安民、开展土改、发展生产，建设辽东解放区以及针对蒋介石发动内战，号召全党全民紧急动员起来，武装自卫，积极备战，保卫辽东，保卫安东，支援前线为报道内容。

辽东日报社在奉命进行战略转移的过程中，也付出了血的代价。1946年11月初记者吕晓野同志随市职工联合会的同志撤退，在安东县佛爷岭的太平山地区被国民党军队包围，突围中光荣牺牲。1947年6月9日驻新义州的安东省直机关办事处负责人，组织50名同志先回安东维持社会秩序，准备迎接主力部队进市。天将拂晓，这50名同志便从新义州来到安东。这中间，报社的胡良田同志在火车站与小股残敌遭遇，不幸牺牲。

2. 转移途中的特派记者与"新闻台"

1947年1月上旬由于战局紧张，《辽东日报》与《辽宁日报》都不能出版，辽东分局专电调特派记者韩川，带一组新闻台的人员到临江，为分局领导收发电讯。随同韩川去分局的译报员和报务员是任继斌、苏洛夫、王新智和刘桐林。新闻台的任务是：收译延安新华总社电讯，收译党中央密码电报，收译国民党中央社电讯，向哈尔滨总分社译发辽东前线电讯。在《辽东日报》停刊的1至4月期间，他们为《东北日报》提供辽东前线电稿共30多篇。每人每天都工作10小时以上，为分局领导提供了充分的情报，发布了许多捷报。同时，他们还按陈云同志的指示，每天都用指定的电话，向临江县委宣传部传播我军取得胜利的战绩，宣传部用红绿纸写出"好消息"快报，张贴到街面上，宣传群众，鼓舞斗志。

在战略转移不能出报的特殊时期，《辽东日报》新闻电台的6名同志和特派记者韩川，从新义州、楚山到临江，始终跟随辽东分局和陈云同志，做到了不能出报也不漏一个重要消息。新开岭战役大捷的通讯，就是特派记者韩川从辽东军区得到消息，写成通讯后立即在新义州印成捷报并发出的电讯。国民党军一八四师于5月30日在海城起义并向全国通电，特派记者韩川用连续报道的方式，将这一起义的全过程及时发布出去。

韩川是个倚马可待的优秀记者。在国民党一八四师起义时，韩川赴该师采访师长潘朔及副师长、参谋长等人。初次见面，但见韩川头戴一顶毡帽，身穿对襟小棉袄，颇似当地农民。直到看了“特派记者证”，才受到热情接待。第二天，新闻通讯《一八四师说话了》见报后，潘师长等钦佩地说：“八路军真有人才！”辽东省委书记肖华听了潘师长讲述采访经过后，马上指示后勤部给韩川做一套料子衣服，让他有统战任务时穿上，并说：再穷也不差这套衣服！通讯《一八四师说话了》，在社会上得到各方面的好评，全国各大报都全文登载。

1947 年 11 月 3 日，韩川从楚山刚到临江时，在辽东军区得知一条振奋人心的重大新闻：中共部队于 10 月 31 日至 11 月 2 日，在宽甸至赛马之间的新开岭，全歼蒋军号称“千里驹”的二十五师，毙伤敌官兵 2100 余人，俘虏国民党军师长以下 6200 余人。这次战役是首创东北战场全歼国民党一个整师的范例。国民党军师长李正谊被转到临江。这次战役没有随军记者采访，新华社敌后分社在转移途中也不知道这一消息，韩川当即采写了《李正谊师长会见记》，经肖华副司令员特批，通过军用电台把这一消息和通讯发给了新华社东北总分社，很快就在全国各报发表。报社撤到新义州出版的《电讯快报》也印发了这一捷报。转移途中的辽东日报社新闻学校全体师生，也在辑安县城看到了这一重大新闻。

第三节　辽宁中西部地区中共报纸的随军大转移

1. 最先转移的《民声报》

在当时的辽宁地区，最先进入迁移状态的是辽西地区的报纸。

1945 年 11 月，国民党在美帝国主义的支持下大举向东北进犯，中共决定实行战略转移，撤离锦州，北转热河和赤峰（此时，辽西地委归属中共热河省委领导）。刚刚创建两个多月的《民声报》也排在转移的队伍中。

《民声报》何伟社长和陆锦总编辑先后召集党员大会进行动员，讲形势并批准了一些积极分子入党，同时，研究转移路线和准备好携带的设备与物资。决定保住电台等设备，带走万能铸字机、铜字模、八页印刷机、切纸机、铅字、纸张等。对过去的伪职人员和工人的要求是，愿走就走，愿留就留。

11月25日，《民声报》的大部分工作人员乘北去的火车撤出锦州，奔向北票。社长何伟、总编辑陆锦带着两个通讯员，坐着胶轮大马车最后离开报社，奔向北票。

2. 陶铸与转移中创刊的《胜利报》

1945年10月，中共主动撤离中长路一带大城市，向北满和南满东西两侧转移。就在转移的艰难岁月里，中共辽宁地区党组织在辽宁地区和吉林西部地区先后出版了两种报纸。一是《胜利报》，二是中共西满分局于同年初在郑家屯出版的对开4版《民主日报》。

陶铸从延安到沈阳后，就任当时的中共辽宁省委书记，但苏军不久即要求中共撤出沈阳市。遵照党中央"让开大路，占领两厢"的指示，东北局决定以法库为中心建立根据地，并任命陶铸为辽西省委书记。陶铸在向各地派人接管政权、建立地方武装的同时，决定创办《胜利报》。

1946年元旦，由中共辽西省委主办的《胜利报》在辽宁省法库县创刊。报名是省委书记兼宣传部长陶铸拟定的，他还亲自为该报题写了报头。

《胜利报》创刊号发表社论《祝新年胜利》，提出了争取和平、反奸清算、发展生产等三项任务。同期刊载的《给通讯员的第一封信》中，申明"《胜利报》是为辽西老百姓服务的……它同敌伪的报纸、国民党的反动报纸根本不同，它要反映人民的真实情况，说明民主政府和人民军队的政策和方向，团结一切民主力量同人民的敌人作斗争"。该报头几期，用主要篇幅阐述当时形势和共产党的主张，很受读者欢迎。《胜利报》最初只有七八个人，包括总编辑王名衡（即作家天蓝）、副总编辑张仲纯、编辑部主任殷参[①]和编

① 辽宁省成立后，1958年殷参为辽宁省委常委、《辽宁日报》总编辑。

辑王遵佗（女）等。陶铸曾多次要求他们：办报要面向实际，有的放矢，并为该报题词："深入民间，实事求是。"[①]

《胜利报》在白城子时，遵照陶铸的指示，一度曾将他很欣赏的《老百姓》副刊单独出版。陶铸叮嘱主编俞未平说：《老百姓》一定要文字通俗，文章短小，内容多样，让初识文字的老百姓能看得懂，不识字的老百姓能听得懂。这个小报，专为识字少的人设了《一周天下大事》《老百姓读书》等栏目，内容有生产经验、批评表扬、歌谣、漫画，有时还把新事编成东北民歌、大鼓词，不但能读，还可以唱。

陶铸与当时地方组织都很重视统战工作。《胜利报》为了加强统战工作的报道，专门开设了《曙光》《新青年》专页，除刊载《什么是国民党？》《什么是"国军""中央军"？》《共产党和人民解放军》等政治常识性文章外，还经常邀请知名民主人士、教授、作家、爱国青年等为该报撰稿。他们以自己的亲身感受，揭露国统区政治腐败、民不聊生的景况，帮助广大青年提高认识，投身革命。这里有一个轰动一时的《国事痛》的故事。

在洮南，《胜利报》连载章回体小说《国事痛》，读者争相传阅，轰动一时。这部小说由编辑部集体创作，许立群、吴梅、张仲纯等人执笔，最后由许立群定稿。他们以抗战胜利前后的史实为依据，博采中外报刊发表的内幕史料，参照著名小说《官场现形记》等的写作笔法，刻画人物、叙事论理都用群众口语，时庄时谐，淋漓尽致，嬉笑怒骂皆成文章。这部仅 13 回、加一段"楔子"的小说，控诉了沦陷 14 年的亡国恨，揭露了蒋介石"不抵抗"政策的历史罪责，抨击了国民党军队进犯解放区，蒋介石又把内战强加在东北人民头上的新罪行，事理分明，有的放矢。该小说连载结束，书店很快就将其汇印成书，行销东北各地。有的民间艺人将它改编成评书、鼓词连续说唱。《国事痛》的连载，把当时进行的形势教育推向高潮。东北局宣传部对《国事痛》给予很高评价，并颁发了奖金。

由于国民党军队进犯法库，《胜利报》于 1946 年 3 月 4 日迁郑家屯（今辽源市）出版。在郑家屯创刊不久的西满分局机关报《民主日报》与《胜利

---

① 刊在该报第 5 期。

报》合并，以《胜利报》为名继续出版，社长许立群，总编辑兰干亭。由于在战争状态下，《胜利报》几经搬迁，报纸的出版发行工作困难重重。5月下旬，在四平保卫战后，《胜利报》先由郑家屯迁至洮南，1946年6月1日，中共辽西省委改称中共辽吉省委，机关驻洮南。1946年11月初，《胜利报》又随已改组为中共辽吉省委的新省委迁到白城子继续出版，以后又与在梅河口出版的《辽宁日报》合并直到形势好转。1948年1月，辽吉省委作出《关于胜利报改版的决定》，要求该报把实现地方化、群众化、通俗化，作为进一步办好报纸的努力方向。这一方向经过该报的不断实践而成为一项肯定性经验，在东北各地党报中广为采用。

1948年3月中旬，中共攻克四平，辽北全境解放。陶铸在百忙中到《胜利报》总编辑办公室，就四平解放后的宣传报道做了系统的长谈，要求该报大造保胜利果实，求解放、蓄优势，团结一切可以团结的力量，夺取全国胜利的舆论，鼓舞人们把革命进行到底。《胜利报》迅即派人赶到四平市，出版了《胜利报·四平版》。1948年8月随省委由白城子迁回郑家屯出版的《胜利报》曾出“路东版”，12月1日又从郑家屯迁至四平市，“路东版”与“四平版”合并，于1949年1月2日更名为《辽北新报》。

在三年解放战争中，《胜利报》严格履行党报的职责，忠实地宣传党的方针政策，记录了革命根据地和游击区人民群众出生入死，参战支前的卓著业绩。

3. 转移中的《群报》改为《营口日报》

1945年10月20日，中共在营口市成立了民主政府，营口市第一次解放。就在中共积极建立民主政权，创建巩固的东北根据地的同时，国民党也加紧了争夺东北的步骤。为了抢占东北，国民党将营口定为从海上登陆的跳板。11月1日和5日，杜聿明等国民党官员分别乘美舰来接收营口。均遭失败后，随即派出重兵对营口进行军事进攻。1946年1月8日，中共营口市委根据上级指示撤出城区，配合东北民主联军与国民党军队展开争夺战。2月9日，《群报》随军战略转移，撤出营口，到海城县析木城扳子屯。三天以后，中共对营口发起猛攻，只用一夜的时间便夺回营口。中共收复营口后，报社立即迁回。社址改设在原市女子国民高等学校院内，报名改为《营口日报》。由于设备受损，报纸由铅印改为石印，由4开4版改为4开2版，由日刊改为不定期出刊。1946年3月，蒋介石集中4个师的兵力向营口发起全面进攻，中共营口市委撤往东部山区，开展游击战。报社第二次随东北民主联军转移到海城农村，不久便停刊。

4.《盖平报》在战火中停刊

《盖平报》的任务是配合中国共产党宣传全国革命斗争形势和任务，报道城乡反奸反霸斗争，开展减租减息运动、恢复生产和参军支前等情况，组织群众建立人民政权。1946年末国民党军队向东北各地大举进犯，盖平县工作转入战时状态，《盖平报》即停刊。

第四节　《文化导报》等国统区中共报纸的顽强抗争

1.《文化导报》的创刊背景

《文化导报》创刊于1945年11月24日，社址在沈阳市和平区衡阳街26号（今沈阳市税务局所在地）。

1945年11月下旬，国民党军队逼近沈阳，《东北日报》奉命随东北局转移到本溪，凯丰提出，要利用中共和苏联红军的特殊关系，在《东北日报》撤出沈阳之后，迅速办一张报纸，这样即便是国民党军队占领沈阳这个城市，在这座城市里依然有代表中共方面的进步的报纸存在，依然可以让群众听到党中央的声音。于是，中共委派从延安鲁艺文学系毕业的鲁企风（本名王继克）以中苏友协的名义筹办新的报纸。沈阳市委也指派中苏友协文化部副部长郑文参与办报。《文化导报》就是在形势日趋恶化，斗争更加尖锐的政治背景下诞生的。

2. 报社的组织结构

参加筹办这张报纸的还有中苏友协文化部副部长、老报人王秋萤，创刊时被任命为主编。《文化导报》是在《东北日报》离开沈阳的第二天——即 11 月 24 日创刊的。该报在发刊词中强调，要加强中苏友好，活跃文化生活，珍惜民主自由，为建设一个繁荣的新沈阳服务。该报创刊时是对开 2 版（后改为 4 开小报），周 6 刊，最多时发行到五六千份。报头用的是正楷行书。办报目的是指导和从事中苏文化交流，宣传马列主义和党的方针政策。

由于时局所迫，该报领导人几经变动，主编王秋萤在一个月后退出，改由鲁企风任主编。郑文调离后，东北局宣传部派纪云龙到该报编辑副刊。社长职务由中国银行沈阳分行行长韩立如（民主人士）兼任。报纸印刷由中苏友好协会印刷厂的经理杨林（东北局委派的）协助。1946 年初，该报招考进来一些进步知识青年，如王文彦、于丹民、田泽笠、王一帆、陈相新等做编采工作。此外，还有后期到报社担任编辑的中共地下党员田泽长及李寿如、郁其文等人。这批青年为办好这张报纸做出了相当大的贡献，有些青年还牺牲了自己的生命。

3. 旗帜鲜明的舆论导向

《文化导报》在办报过程中，始终保持了自己的战斗风格和党性原则。稿件来源除了设专人收听从张家口发出的新华社消息，剪用革命报刊（如长春市苏军办的《光明日报》）发过的报道外，还经常派人到本溪出版的《东北日报》搜集新闻稿件。该报记者采写的新闻也占有一定版面。为了体现民主建国精神，《文化导报》在一版连续刊登市委书记金人（本名张君悌）写的《论和平民主新阶段》等文章。二版的《科学园地》《大陆》副刊，连载苏联卫国战争小说《无私与恐惧》及抗日联军史料，特别是刊载田贲的《不，先不要放下武器》《人民是正直的》《你们的和我们的》《他们的钱是谁的》等作品，影响广泛。于丹民写的杂文《瘸子国》、丁帆写的小说《不可惑忘的记忆》和《黎明》《怪现象》《再向你们唠叨几句》等散文，也都是针对性、战斗性、革命性很强的文章。同时，该报有关揭穿国民党反动派种种阴谋的报道，也给读者留下很深的印象。

抗日战争胜利后，毛泽东主席去重庆谈判，国共两党签订了《双十协定》。可是墨迹未干，国民党军警特务在昆明西南联大制造了杀害进步学生的事件，即震惊全国的“一二·一惨案”。当天夜里，编辑王文彦从广播中收听到国民党中央社颠倒黑白的宣传后，立即由鲁企风执笔写出报道，第二天该报将消息登在第一版上，教育界大哗，掀起以南满医科大学为首的许多学校的学生上街游行，抗议国民党的独裁统治，声援昆明学生的正义斗争。1946年2月，国民党反动当局利用接收抚顺煤矿的国民党特派员张莘夫被杀事件，在全国掀起反苏反共的浪潮。该报根据凯丰的指示，将从收音机中听到的《解放日报》社论《重庆事件和东北问题》，用特大字号标题全文发表，对国民党制造的反苏反共宣传给予揭露，以正视听。

《文化导报》由于得到苏联驻军的支持，克服了经济窘迫的困难，在面临国民党特务制造的白色恐怖中，坚持战斗了3个多月。

4. 报社被封　于丹民牺牲

1946年3月16日，在苏军撤离沈阳后，国民党当局强行解散了沈阳中苏友好协会，查封了《文化导报》及辽宁中苏友好协会印刷厂办公室。“街道上满地是铅字、刊物、印刷纸和衣物、枕头……”[①] 并下令逮捕编辑人员。其实，就在国民党占领沈阳之际，潜伏在警察局的中共地下工作人员已经发出敌人要对《文化导报》的人员下毒手，请立即转移的通知，得到通知的报社同志烧毁文件迅速离开。但记者兼行政负责人于丹民因正忙于工作，不幸被国民党军警抓走。于丹民被捕后，面对敌人的拷打，坚贞不屈，并进行绝食斗争，最后英勇牺牲。《文化导报》从创刊到终刊，共出版104期。

[报人小传] 于丹民，原名于继贤，辽宁省海城县人。1924年3月3日出生于海城县高坎村。17岁考入沈阳南满医科大学，攻读病理学。1945年8月考进《文化导报》，并改名于丹民，开始做记

① 丁帆：《引路人——忆鲁企风同志》，《党史纵横》1994年第7期。

者，后兼管总务即行政事务负责人。他写的杂文《瘸子国》发表在《文化导报》副刊上，形象生动地批判了国民党右翼分子及其对共产党的污蔑。1946 年 3 月 16 日，于丹民正为职工发放工资时，国民党特务突然闯进来，把于丹民投入秘密监狱。在监狱里，于丹民受到特务的严刑拷打，但他始终坚贞不屈，并进行了绝食斗争。仅仅关押了 23 天，当组织正在千方百计营救他的时候，不幸惨遭敌人杀害，时年 23 岁。

第五节　《东北公报》的曲线抗争

1946 年初，沈阳的中共党政军各部门根据上级指示，分两路撤出沈阳城。沈阳市临时人民政府决定留下市委城工部转入隐秘状态开展工作，继续与国民党反动派斗争。当时，国民党南京政府的先遣人员已到达沈阳，沈阳城内反共之风日趋猛烈。为更好地利用舆论阵地传达中共方面的进步声音，同国民党反动派进行斗争，市委城工部决定办一张报纸。

中共地下党员李格政当得知他的同学丁袖东经营的《东北日报》[①]就要破产停刊的信息后，马上与丁袖东取得联系，几经协商，达成一致的意见，决定利用丁袖东的设备，将《东北日报》的牌子改换成《东北公报》。在取得了驻沈苏军支持的前提下，于 2 月上旬，《东北公报》的牌子如期挂在原《东北日报》原报社楼门旁[②]，《东北公报》正式出版。

《东北公报》是 4 开 4 版小报，日发行量 3000 多份，且一经出版，很快被抢购一空。为掩人耳目，《东北公报》的社长名义上是丁袖东，但他不管编采业务，只管经销报纸，以便于筹措办报经费。编辑部的活动由沈阳市委城工部指派的郭春雷（化名郭耕坡）负责，不久又由李伯岚（化名朱厚福）

① 不是东北局主办的大区报《东北日报》。

② 社址位于沈阳市沈河区万寿寺街 78 号，现小西路什字街路南，已拆除。

来领导。《东北公报》还秘密成立了中共党小组，李格政（化名李鲁夫）为党小组组长，并担任《东北公报》的主笔，兼管设计版面和支应对外事务。编辑记者还有鲁明达、李菊贞（化名李立）、陈书林（化名陈娟）、李淑英（化名伟光）、曹书章、刘万昌等人，这些同志都是党内外的积极分子，并持有报社发给的记者证，可以名正言顺地到社会上去活动。

当时国民党特务组织打着《中苏友好同盟条约》的旗号，以“正统”的姿态公开污蔑中国共产党为“乱党”。在一片“反共”的叫嚣声中，《东北公报》采取了针锋相对的对策，于创刊号上公开刊登了国共两党“双十”协定会谈纪要的摘要，详细报道了中国共产党反对内战、要求和平建国的主张。当时的《东北公报》由于制不起锌版，报纸上的刊头都是木刻的。二版设有《世纪风》专栏，宣传新民主主义思想，反对蒋介石的一党专政，宣传共产党、八路军和新四军抗战八年的功绩。这个版下半部《文艺新潮》栏目，经常发表进步小说、诗歌和散文。三版是时事新闻版，大部分稿件来自新华社和苏军司令部，此外还刊登李明哲从解放区寄来的稿件。四版是社会新闻和广告。为了打击和揭露国民党的阴谋诡计及丑恶面目，激起人民的斗志，扩大宣传范围，李格政等编辑部的人员还经常在夜间刻印宣传材料。他们各骑一辆自行车，到工厂、学校、闹市进行散发。当时收音机还很少见，广大群众对重庆谈判知之甚少，甚至对共产党有种种误解。《东北公报》利用报纸这个舆论平台，让读者更多地了解中国共产党，使反内战、要和平建国的话题逐渐成为民众舆论的中心。

1946 年 4 月，国民党接收大员和军队开进了沈阳城，开始“整顿”新闻出版行业，国民党办的各种报刊在社会上争相出现，《东北公报》暂时停刊。为使这块新闻阵地取得合法地位，李格政以“国民党员”[①]身份，通过国民党市政府社会科白文硕的关系，取得了继续出版的合法权。尽管能出版，但内容再像过去那样公开揭露国民党的丑行是不行了。办报经费也十分困难，靠一个叫薛凯的青年资助，于 4 月下旬将日刊改为旬刊。旬刊仍由李格政负责组织编排出版，报道内容除了刊登资助人薛凯的一些小资产阶级情调

① 组织派遣。

的文章外，也夹杂一些对国民党反动派不满的消息，如揭露国民党官员的裙带风、贪污腐化、大搞劫收的人和事。即使如此，《东北公报》旬刊的出版也越来越困难。旬刊出了10期之后，于1946年7月停刊。原《东北公报》的许多编辑记者纷纷转入地下，秘密刻印小报传单，继续和国民党反动派进行不屈不挠的斗争。

第三章
中共战略大反攻后辽宁地区新闻报业渐趋繁荣

东北解放战争初期，中共审时度势，做出了“让开大路，占领两厢”，建立巩固的东北革命根据地的战略决定。随之，部队主动撤出锦州、沈阳等大中城市。中共东北局派出大批干部深入农村，成功地进行了惩治汉奸，剿灭土匪的运动，组织民众建立民主政权，积极开展减租减息和土改运动，建立了巩固的东北根据地，有力地支持和保障了中共在东北战场上的兵源和供给，在与国民党的对决中，中共由最初的劣势逐渐转变为优势。1948 年 7 月以后，东北的战略决战时机已经成熟，中共中央决定在东北战场与国民党军队展开决战。从 1948 年 9 月 12 日至 11 月 2 日，中共发动了辽沈战役。战线北起长春，南至北宁线上昌黎、滦县，只用了 52 天时间就解放了东北全境。随着全东北战场形势的大逆转，辽宁地区的解放区报业也逐渐进入了一个新的历史发展阶段。

第一节 《东北日报》的大发展

1. 毛泽东为《东北日报》题写报头

随中共中央东北局迁到哈尔滨的东北日报社，各项工作都得到了较大的发展。报社员工已增至200多人，报纸版面也改为对开4版。1946年12月18日,《东北日报》换用毛泽东主席亲自题写的报头。

1945年11月1日，时任东北局宣传部部长的凯丰领导创办了东北局机关报《东北日报》。1946年底，时值该报出刊一周年之际，凯丰致信毛泽东，请求为《东北日报》题写报名，毛泽东欣然题写并回信：

凯丰同志：书四本及来信收到。报头写了一个如左，请斟酌采用。你身体谅好些？我病了大半年，现在好多了，大约再有半年，当更好些。

各同志均此问候。

毛泽东

一九四六年十一月十四日

另据《人民日报》2006年3月14日第九版《纪念凯丰同志诞辰100周年》一文中载："凯丰同志在东北写信给毛泽东同志，汇报《东北日报》工作情况，并请题写报头。毛泽东同志欣然为《东北日报》题写了报头，并对凯丰同志表示亲切问候。"

2.《东北日报》快速发展 自建印厂纸厂

《东北日报》在哈尔滨期间同南满的交通基本断绝。在此种不利的外部环境下,《东北日报》的期发数仍然达到4万至5万份，成为哈尔滨报纸发行前所未及的最高纪录。此时的《东北日报》版面扩大，栏目增多，编采力量增强，报道内容除去宣传党的方针政策之外，更加突出军事和土改方面的报道，更加注重副刊版面的经营，凝聚了一大批有影响的作家和进步的文学青年，地方新闻也更加贴近人民群众，贴近生活。1947 年 12 月至 1948 年 11 月，中共开始从战略防御转入战略反攻，直至解放东北全境，这一阶段的《东北日报》已经成为东北解放区众媒体的旗舰。

在哈尔滨，《东北日报》先后由李常青、廖井丹任社长，李荒任总编辑；副总编辑严文井、王揖、张沛。编辑部已有 80 多人，除新闻、通采、副刊三个部门外，又增设了城市工人部、农村部与评论部，还开始建立了以松江省为主，并向黑龙江省南部、嫩江等省发展的通信网，使报纸与实际工作紧密结合。

报社的后勤工作也大为加强，先后建立了石砚造纸厂和哈尔滨、佳木斯等几处印刷厂。报社在哈尔滨复刊不久，根据东北局的指示，为解决纸张困难，东北日报社派出管后勤的刘力子、董晨，带着几名干部和一排战士，到吉林图们附近，在一座饱受战火破坏的日本纸浆厂的废址上，建立了中国新闻史上第一个由报社自办的大型造纸厂——石砚造纸厂。纸厂很快就进入了生产状态。虽然生产出来的新闻纸质量较差，但数量却相当可观，不但解决了《东北日报》的出报用纸，而且还可以供应东北书店的用纸。这时期，《东北日报》发行量迅速增加，到 1948 年末，已近 8 万份，最高曾达到 20 万份。

3.《东北日报》的军事新闻

《东北日报》在哈尔滨两年多的时间，正处于国共在东北战场激烈博弈的阶段，因此，《东北日报》在这一阶段的军事新闻始终占据版面的重要位置。纵观这一时期的军事报道内容，大体上可分为以下几个阶段：第一阶段是国民党军队集结优势兵力向解放区进攻，中共采取攻势防御；第二阶段是中共在 1947 年初的“三下江南，四保临江”，迫使国民党军队处于被动挨打的地步；第三阶段是中共军队转入全面反攻，使国民党军队从最初的不可一世转为防御；第四阶段是东北人民解放军（东北民主联军于 1948 年 1 月改此称谓）于 1948 年 9 月发起辽沈战役，迅速解放全东北。

这时期的《东北日报》每天一、三版的重要位置和其他版的一部分版面，都刊登军事报道，不仅形式多样（有消息、通讯、评论、解放区介绍、每月每周战况、图片、地图和各种形式的文艺作品），而且内容丰富（有军事分析、胜利捷报、功臣英雄介绍及揭露敌人罪行，人民踊跃参军支前，拥军爱民等内容）。《东北日报》尽力做到紧跟斗争形势，把军事宣传报道放在突出地位，如实报道了东北人民解放战争中的重要战斗和其中感人的细节。为做好军事报道，报社投入了大量的人力。负责军事报道的是东北日报社新闻部的军事组、时事组与通采部，三者有明确分工：时事组编发新华社的电讯稿，军事组除了摘编民主联军各部队报纸的消息外，后来还办了一个《解放军人》专刊，一般每月两期，总共出了12期，主要请被解放的国民党军官兵现身说法，揭露其军队内部的黑暗腐败。

通采部主要是派记者专门进行军事采访。从1946年底开始，先后派往部队随军采访的有刘白羽、华山等4人。这个时期，随着记者逐渐深入战争实际，战地通讯成了报纸的重要报道形式，特别是在东北民主联军开始大反攻后，出现了许多优秀的通讯报道。其中刘白羽和华山采写的战地通讯数量最多。据统计，从1947年到1948年两年间，两人各写通讯50篇左右。其他如杨赓、穆青、张沛、常工、煌颖等同志也写了很多军事报道。《东北日报》这一时期的战地通讯，比较生动地反映了东北人民解放战争胜利进程中的各个侧面。

在哈尔滨期间，军事宣传重点抓了三件大事。

一是通过宣传，打破当时存在的和平幻想，揭露美蒋制造中国内战的阴谋。《东北日报》通过一篇篇社论、专论、述评等文章，在报纸上反复阐述，只有以人民正义的解放战争，反对国民党反动集团的非正义的反人民战争，才能获得真正和平，并制止第二个“九一八”的危险。1946年5月28日在哈尔滨复刊当天发表的《以坚决的自卫战争粉碎国民党军队的进攻》，以及之后陆续发表的社论《庆祝胜利争取新胜利》《用自卫战争争取和平民主》等，除了揭露蒋介石扩大东北内战的事实外，还分析说，国民党军队战线拉长，兵力分散，后方薄弱，加上军心厌战，违背民意，结果一定要失败；而中共军队则与人民结合，有毛泽东思想指导，得军心，顺民意，解放区又团结巩固，还有国际民主力量的支援，真正的优势在人民军队方面，完全可以打垮国民党军队，取得最后胜利。这些宣传都对东北人民破除“正统”观念，正确认识共产党的英明和打破和平幻想起了重要作用。

《东北日报》在军事报道中，突出宣传的第二件大事，就是动员全体军民，剿灭各地“中央胡子”，安定后方秩序，壮大中共的武装力量，建立巩固的东北根据地。所谓“中央胡子”，是指那些被国民党网罗、收编和主使的敌伪特务、警察、汉奸、土匪组成的地主武装。他们被加封为“中央先遣军”“光复军”“东北挺进军”等各种名号。当时的东北境内共有154个县，其中大部分县都被“胡子”盘踞。这些胡匪在当地横征暴敛，绑架抢劫，强奸妇女，杀害百姓，袭扰中共军队，无恶不作，是国民党安插在东北解放区的一支别动队，群众对“中央胡子”不共戴天，恨之入骨。匪患对中共在东北建立巩固的根据地构成了极大威胁。在这样的情况下，东北民主联军总部决定，投入主力部队进行剿匪。

作为大区党报的《东北日报》密切配合东北局的中心工作，不断在报纸上登载中共剿匪的捷报，介绍了各地军民联合剿匪的经验，特别是地方自卫队剿匪活动的胜利。例如：1946年7月，佳木斯青龙山人民自卫队用步枪、“老母猪炮”（旧式土炮）、扎枪、木棒，击溃了臭名远扬的匪首、国民党第十集团军总司令谢文东、李华堂率领的800多名土匪的四次进攻。对此，报纸作了较详细的报道。最令读者感兴趣和影响最大的一则新闻是1947年2月19日一版发的《战斗模范杨子荣活捉匪首座山雕》等。

据统计，从1946年6月到1947年2月，《东北日报》发表有关剿匪内容的报道达200篇左右。其中特别注意抓住典型，深入揭露匪蒋一家危害人民的罪恶行径，把剿匪与反对美蒋反动派的斗争结合起来，以教育人民和提高群众的觉悟。擒拿主要匪首姜鹏飞的报道就是其中的一例。姜鹏飞是全国闻名的罪大恶极的大汉奸，在伪满铁石部队时，曾配合日军进攻抗日联军，残杀抗日同胞，后为蒋介石收编，被任命为新编第27军军长、国民党冀东挺进军总司令，秘密潜入东北解放区，阴谋在八月初一，与另一匪首李明信里应外合，占领哈尔滨。1947年9月上旬，姜匪被擒、受审、伏法前后，《东北日报》作了连续报道，共发了十多篇消息和其他文章，并配有照片，把姜匪的罪行一一诉诸报端。谢文东、姜鹏飞就擒伏法的报道见报后，老百姓人心大快，哈尔滨各界人士纷纷发表讲话，表示热烈拥护。

《东北日报》在军事报道中突出宣传的第三件大事，就是“三下江南，四保临江”。“三下江南，四保临江”是指1946年12月至1947年4月，东北民主联军为保卫南满根据地，在安东省（今吉林省南部、辽宁省东部地区）临江、通化地区和松花江以南长春、吉林以北地区对国民党军队进行的防御和进攻相结合的作战。“三下江南、四保临江”作战历时3个半月，民主联军南满、北满部队密切配合，东满、西满部队主动出击，共歼灭国民党军队4万余人，收复城镇11座，粉碎了国民党南攻北守、先南后北的战略计划，保卫了南满根据地，迫使国民党军队在东北战场由攻势转为守势。

“三下江南，四保临江”中几次连续性的战役，是中共由被动变主动，国民党由主动变被动的一个转折点。解放战争初期，国民党在东北取得了暂时的优势，而从1947年1月“三下江南”打响后，中共在各个战线的反攻也同时告捷。到3月中旬，中共北满大军，威震长吉，取得了其塔木、张麻子沟、焦家岭、城子街，以及从靠山屯至农安支线歼灭战的胜利；南满部队在连续粉碎敌人三次进犯临江以后，接连收复辑安、金川、柳河、辉南、桓仁等县城，完全粉碎了敌人“先南后北”的进犯阴谋。这是中共在东北解放战争中第一次跨地区大范围的胜利，歼敌人数约占敌人正规军的四分之一。《东北日报》对这次战役的报道，投入了相当大的力量，其报道规模之大，篇幅之多，是报纸创刊以来所未有过的。据统计，在两个多月的时间里，《东北日报》共发表了110多篇消息、22篇通讯、4篇言论，并配有军事地图和人头肖像，将每一次战斗的场面和军民英勇作战的事迹比较充分地报道出来。其塔木战役的报道是突出的一例。其塔木在吉林九台以北，由国民党自吹“天下无敌”的新一军主力113团第一营驻守。他们在不到2里长宽的地方，修筑了百余座地堡，明暗掺杂，高低配合，火力互相策应，吹嘘“十万民主联军打不进去”。在这种密集的地堡群面前，民主联军只用两天两夜的时间，就歼灭了守敌，国民党前来增援的两个营也被歼灭。《东北日报》大张旗鼓地宣传这一战役，共发了30多篇消息和通讯，连续多方面地进行了报道。此外，还用一定的篇幅介绍了攻打敌人碉堡的经验。这一组报道，对于鼓舞士气，振奋民心，教育新战士，起了重要作用。有些部队把这一组报道中的某些篇章，当作教材使用，向战士们广泛进行宣传。

《东北日报》严格履行党报喉舌和实事求是的办报精神，在报纸上及时发布中共方面每一个战役胜利的消息，对报道中诸如缴了多少枪，俘虏多少人，都要求必须实事求是，绝不允许任何夸张。这一点，是《东北日报》始终坚持的，从来没有松动过。《东北日报》能够很快地在读者中树立威信，产生影响，这一条也是重要原因之一。

4. 军事新闻的大版面、大标题、大字号

1947 年的夏季攻势之后，东北解放战争的形势发生了根本变化，国民党军队日益陷于分割孤立，中共部队则东西南北逐步连成一片，掌握了战争主动权。特别是在转入全面反攻后，捷报频传，有时甚至出现一天三捷，日克数城的喜讯。《东北日报》一方面反映中共由防御转入进攻后，捷报频传的新形势；另一方面则侧重宣传动员一切力量加紧支援东北解放战争等。报纸从夏季攻势开始，一直到辽沈战役胜利后解放全东北，这一区段《东北日报》版面上所登载的军事报道密度极大。一版除了有几个月关于土改的报道略多以外，军事报道几乎占据了二分之一或三分之二的版面。同时二、三、四版还分别配发与解放战争相关的消息、通讯和各种文艺作品。特别是在每个战役之后，军事报道尤为突出。例如：1947 年 50 天夏季攻势中，报纸就用一版头题位置发了 35 条消息，报道中共歼敌 8 万，收复县城 38 座的胜利。到了 1948 年春季和秋季攻势，报纸更是连续突出地宣传中共在歼敌克城战斗中，那种风扫落叶、势如破竹的英勇气概，以及反映敌方大势已去、垂死挣扎的局面。

《东北日报》军事报道不仅篇幅多，地位突出，而且标题字号越来越大。开始，中共收复一般县城，标题用四倍的字号标出，收复重要的县城，用五倍的字号作标题。后来，胜利越来越大，标题字号也随之增大。到 1947 年秋季，中共歼敌 6.9 万人，收复县城 5 座时，就使用六倍的字号作标题了。以后在辽沈战役阶段，《解放战略重镇锦州，守敌十万全部就歼》，以及《六十军长春起义》两个标题，就用报社仅有的最大字号——七倍体。1948

年10月21日《郑洞国率部投降》的消息，想用更大的字号作标题，但是没有现成的，于是大家出主意，照相放大了相当于八倍半的锌版题。到了10月30日《辽西围歼战彻底胜利，全歼敌精锐五个军》，以及11月4日见报的《攻克沈阳全歼守敌，东北全境解放》，则用了九倍的明体字，每个字竟有3厘米见方，标题由上到下竖排，通栏只能容八九个字。这样空前大的标题，直到报纸迁到沈阳后，又为全国的重大胜利使用了几次。

5. 杨子荣、董存瑞等典型报道影响深远

《东北日报》军事题材报道中的英模典型报道在当时影响很大。如杨子荣活捉座山雕、董存瑞舍身炸碉堡等，后来经小说与影视剧等广为传播，流传至今。刊载于1947年2月19日《东北日报》的《战斗模范杨子荣活捉匪首座山雕》的新闻，是由一位通讯员提供的稿件，这篇报道叙述的是牡丹江军分区战斗模范杨子荣等6人，在春节期间化装深入匪巢，活捉座山雕张乐山及其手下一伙胡匪，创造了剿匪战斗中以少胜多的奇迹。该文一见报，杨子荣的事迹即在读者中成为美谈。后来，部队作家曲波还据此创作了长篇小说《林海雪原》，影响广泛。

《共产党员董存瑞英勇爆炸扫除障碍　自我牺牲换取胜利》的报道刊载在该报1948年7月22日头版上。这是一篇迟到的新闻，却也是一篇影响深广的新闻。当时，东北民主联军十分重视新闻宣传，每当总部召开军事会议，一般都会邀请报社参加，以便使报社能够及时了解部队情况和战事进展等方面的信息，在报纸上做好军事新闻的报道。此外，军区还发动各部队办的军报为《东北日报》供稿。更有部队领导直接组织和亲自撰写军事新闻和评论。《共产党员董存瑞英勇爆炸扫除障碍　自我牺牲换取胜利》的消息，就是由当时的中共冀察热辽分局书记、军区司令员程子华派人送到东北日报社的。为了配合消息，程子华司令员还亲自撰写题为《董存瑞同志永垂不朽》的短评。

董存瑞舍身炸碉堡是发生在1948年5月底热河中共部队收复隆化县城的战斗中。消息全文如下：

> 我军在隆化战斗中，部队逼近蒋军城内的核心工事时，敌人的明暗地堡群和一个架在一道浅沟上的桥状碉堡，组成了交叉火网严密封锁，阻挡我军前进道路，连续上去了两个爆炸组都没有完成任务。这时，如不炸毁桥状堡垒，战斗就不能发展，更不能歼灭集中于该核心工事的全部残敌，于是20岁的共产党员董存瑞，不顾刚刚完成其他两次爆炸任务的疲劳和连长的劝阻，坚决要求担当炸毁这一桥状堡垒的任务。经允许后，他抱起药箱子冲到堡垒跟前。但当时没有别的东西可以把炸药箱支在桥堡中间，若放在堡垒下则炸不毁它。董存瑞发扬了高度自我牺牲精神，毫不犹豫地一手扶托炸药箱，一手拉导火线，在强烈的轰响声中，堡垒被炸毁，董存瑞也光荣牺牲了。我突击队同志，踏着他的血迹，随着浓烟冲进敌阵。董存瑞的英勇行动，对这次战斗的胜利，起了关键性的重大作用。

见报的全篇消息，仅用900多字，就把董存瑞在隆化英勇牺牲的过程，真实、生动、简练地反映出来。稿件全篇用事实说话，简洁明了，干净利落，是一篇报道英雄人物的优秀稿件。

程子华司令员撰写的短文，则重点论述了既要发扬董存瑞的顽强精神，又要加紧提高战术的重要性，以及这两者互为条件的关系。这两篇稿件在7月22日报纸一版刊登以后，很快成为部队里的教材。这是在全国范围内有关董存瑞的第一次报道。不久，新华社根据这个线索，加以补充采访，向全国发了稿。从此，董存瑞的英名传遍全国。

6. 辅导军事报道的《新闻通讯》版

为了进一步加强军事宣传，增强党报的战斗性，《东北日报》在加强报社编采力量的同时，还注重建立通联队伍，建立一支卓有成效的地方军事报道通讯员网络。在这一时期，《东北日报》通讯采访部还在报纸上开辟《新闻通讯》专版，讲授军事报道的写作方法和注意事项。例如，《东北日报》1947年3月1日第四版的《新闻通讯》，在头题位置发表了房珍的文章《希望部队同志多投稿》。文章针对当时部队通讯员普遍文化水平不高的现状，以及在军事报道中常出现的问题，用通俗易懂的语言阐述了军事报道的作用、地位以及怎样写、写什么等问题。比如，它指导通讯员避免在稿件中暴露军事秘密的方法是，多写群众活动，写英雄人物。至于全面战局情况，通讯员不必花费很大精力。写你最熟悉的材料，写你认为最重要的材料。

当时，为《东北日报》撰写军事报道的通讯员，大多是部队和中共地方各市、县、乡、村有一定文字能力的干部、战士，他们为报社投稿的热情是有的，但是很多时候却把握不住军事新闻的写作要领，《希望部队同志多投稿》的针对性很强，对于提高通讯员的写作水平起到了辅导作用。

而该版发表的另外一篇杂谈《漫谈军事报道》（作者黄隐），则从另一个侧面，对军事报道与通讯中存在的“导语抽象”“数字罗列”“内容枯燥”等问题予以点评、纠正。同时强调了军事报道不应只有枯燥的数目字，不应忘记点滴细节，要埋头下去，深入连队，打破只写成套的东西。

《东北日报》的《新闻通讯》版面应该说是为广大通讯员开辟了一块学习写作新闻稿件，提高写作水平的园地。从这个版面上，可以学习到怎样写，同时也可以知道写什么。

为了进一步激励军事新闻通讯员的写作热情，《东北日报》还在《新闻通讯》版面，展开了投稿及见报稿件的评比竞赛活动，报社除去在报纸上公布稿件见报数量外，还对来稿中存在的问题进行点评，用这样的方法，提高和促进通讯员的写作水平，推进通联工作的开展。

7. 运用漫画形式，配合军事报道

1946 年 5 月起，《东北日报》开始刊载漫画。其作品的主要内容是揭露蒋介石反动集团与美国相勾结挑起内战，揭露其政治腐败、经济崩溃和出卖国家、残害人民的种种罪恶行径，紧密配合国内国际形势，以人民日常生活中常见的事物作为表现形式，来反映深刻的主题。《东北日报》刊载的漫画作品主要来自著名漫画家华君武。其作品思想深刻、内容丰富、爱憎分明、构思巧妙，既突出幽默感，又具有战斗性，颇为读者欢迎。如用老式油坊的榨油机，表现蒋宋孔陈四大家族搜刮民脂的《榨干了》；用街头小手艺人吹糖人儿，比喻“国大代表”的选举是《一手制成》；用《一人得道，鸡犬升

天》，抨击“接收大员”们“青云直上”；用下象棋来表现蒋家王朝《后备空虚，败局已定》等。这些民族化、通俗化的形式，往往收到引人入胜、发人深思的艺术效果。1946年5月30日《东北日报》刊登华君武到哈尔滨后的第一张漫画:《军民团结起来消灭掠夺人民的强盗》，到6月30日，一个月中，《东北日报》刊登华君武的漫画作品就达19幅，其中从第十幅《漂亮的借口和恶毒的阴谋》起，开始出现了蒋介石的漫画形象，如《关店大拍卖》的经纪人、《送旧迎新》的卖淫妇、《掩鼻而过》的拾破烂者、《窃贼和他的老板》的小偷、《蒋家班子扮演的丑剧》的独裁者、《买狗皮膏药的和帮腔的》的地痞、《合股经营》的剥削者、《新献地图》的丑角和《当场表演》的内战好手等等。在这些漫画作品中，蒋介石的形象始终不变，就是人们所熟悉的身穿美国大兵的军服，光头、高颧骨、凹眼睛、小胡子、太阳穴贴块黑膏药。用简洁的笔调，夸张的手法，生动地表现了蒋介石的特点。这些漫画当时常被各地描摹与仿制，在东北城镇的街头、车站、工厂、学校，甚至火车与电车上，到处都能看到华君武漫画的放大复制品。

8.《东北日报》著名的战地记者

刘白羽，1916年生于北平。童年时即与母亲一起被父亲遗弃，九一八事变发生后，正在读中学的刘白羽弃笔从戎，但很快又离开了旧军队回到北平，考入民国学院中文系继续读书。1934年，18岁的刘白羽开始写作。1936年他结识了巴金、黎烈文等一批进步作家，他的小说《冰天》《草原上》经叶圣陶和靳以的推荐，收入良友出版公司出版的《一九三六年短篇佳作选》。七七卢沟桥事变后，刘白羽来到上海，在文艺界救亡组织参加活动。1938年2月，刘白羽在汉口终于找到八路军办事处，彭雪枫给他写了亲笔信，介绍他到山西临汾找关系去延安。由此，刘白羽走上了一条独特的人生之旅。在延安，刘白羽参加了延安文艺座谈会，聆听了毛主席的讲话。此后，他按照讲话精神，自觉地投身到火热的生活中去。

东北解放战争三年，刘白羽一直以战地记者的身份随军采访在第一线。在四平之战最激烈的时候，刘白羽亲临战场，采写了《英雄的四平街保卫战》，发到新华社总社，总社又发到全国。这篇展现东北人民武装力量英勇斗争的报道在当时产生了很大的影响。接着刘白羽又跑遍东北各战场，写出20多万字的《环行东北》一书，第一次全面报道了东北战场的实况，戳穿了国民党的阴谋。这本书在上海出版后，引起极大反响。在东北解放战争的三年时间里，刘白羽几乎参加了每一个战役，解放长春、解放四平、攻打锦州，一直到解放沈阳。

作为战地记者，刘白羽不仅亲身参加了大决战，又直接参加了接收工作，更主要的是受到陈云同志的启发和感召，很快写出了《光明照耀着沈阳》。这篇报道得到中央的赞赏，在平津战役中，中央宣传部门提出要写出像《光明照耀着沈阳》这样的报道。后来，刘白羽随四野南下，1949年，刘白羽作为第四野战军代表参加了中国人民政治协商会议。

华山（1920—1985），原名杨华宁，广西龙州镇西街人，曾用笔名伯韦、未央、西岳、牧荆、肖杨、洛枫等。1936年在上海参加中国民族解放先锋队，1938年到陕北青训班学习，后转入延安鲁迅艺术学院学习，同年加入中国共产党。1939年调到《新华日报》华北版工作，先作木刻插图，后改文字报道。1944年秋回延安任军委总政治部宣传部干事。1945年任《冀热辽日报》特派记者，1946年调任《东北日报》随军记者，见报的战地通讯如《其塔木的英雄们》《解放四平》《踏破辽河千里雪》《英雄的十月》《人民的胜利》等，都受到广泛的好评。其中篇小说《鸡毛信》和报告文学《英雄十月》《清川江畔》分别选入小学、中学和大学语文教科书。《鸡毛信》曾改编为同名电影，并收录在“百部爱国主义教育影片”中。

9. 宣传党的方针政策，重点报道土改运动

土地改革，是建立东北根据地的关键，是东北解放战争胜利的主要源泉。1946年“七七决议”以后，辽宁地区的土地改革全面展开，经历了清算斗争与分配日伪“开拓地”“煮夹生饭”“砍挖运动”“平分土地”等几个阶段。《东北日报》在每个阶段的宣传报道中，都比较突出地反映与指导土改运动，基本上做到了与实际工作密切配合，既有成绩，也有错误。

《东北日报》于1946年7月11日刊载的社论《到农村去，到群众中去》宣传“七七决议”的精神与意义。同年9月1日，又刊载社论《办好报纸的

关键》，提出“报纸为人民服务的具体内容，就是为土地改革服务，为农民服务”。“坚持以土地改革和自卫战争为报纸的中心的方针”。为了切实做好土改工作和报道，报社派出一批干部参加土改工作团，编辑部也抽出一批记者，专门采访土改的消息，并组织各地通讯员投稿，很快就在报纸上营造出土地改革轰轰烈烈展开的声势。仅1947年7月到1948年2月，《东北日报》刊载的土改消息就有240多条，言论与各省委的指示30多篇，经验介绍40多篇，通讯（专论、专访、文章）70多篇。一个史无前例的反封建的土改运动，在该报的版面上得到了充分体现。

在土地改革运动初期，首要工作即是端正干部思想，动员广大干部到农村去。《东北日报》在报纸上连续发表言论和文章，指出某些干部的和平幻想和迷恋大城市的错误，提倡长期坚持斗争和下乡苦干的决心，提倡工作团下乡住在贫雇农家里，启发其阶级觉悟，组织他们向地主和敌伪残余做斗争。接着连续报道了各地由领导带队下乡的消息，有力地推动了广大干部奔赴农村发动群众进行土地改革的壮举。1947年12月，东北局根据《中国土地法大纲》发布《告农民书》时，报纸撰写了题为《消灭封建走向胜利》的社论，阐明土地革命的重大意义，指出“贯彻土地改革是争取自卫战争胜利的基本环节，要使我们的力量继续不断地生长、发展和壮大，就必须实行土地法大纲，彻底平分土地，充分满足贫雇农和一切无地少地农民的土地要求。……土地革命是生长、发展力量的源泉，是改变敌我力量对比，打败卖国贼蒋介石的关键”。

（1）大力宣传土改工作典型经验

《东北日报》在土改宣传中，抓住典型经验进行集中报道，多种体裁和形式相互配套，连续深入宣传，点面互相呼应，造成强大持久的舆论影响。

把政策交给群众，反对“恩赐观点”，是土改宣传的重点。报纸前期把坚持群众路线作为指导思想，反复报道放手发动群众。在后期则重点强调贫雇农路线，宣传把政策交给贫雇农，建立贫雇农领导的吸收中农参加的政权等。在一个阶段内，《东北日报》几乎每天都在二版用大版面发表土改消息，一版也发了不少头题和重要文章，其中最突出的是《马斌工作法》和一系列典型的县区土改经验。

马斌当时是中共宾县县委书记。他按照党的政策，依靠贫雇农，逐步把全县土改斗争开展起来，被誉为“东北群众工作的模范”。根据东北局的推荐，《东北日报》抓住这个典型，大造声势，广为宣传。除了刊登马斌自己写的《地方工作中的几个问题》等几篇调查报告以外，1946年7月3日《东北日报》还刊载社论《发扬马斌式的群众工作》，介绍他的工作特点是：一、下乡工作不走上层路线，住在贫苦农民家里，不怕脏，不怕乱，了解群众的要求；二、领导群众斗争，不是主观决定，而是从群众需要出发，把党的政策和当地实际结合起来；三、发动群众斗争，不搞恩赐办法，推动群众自己起来干；四、有接近下层群众的习惯，善于向群众学习，学到本地群众方言，摸到群众的心理。社论最后号召：“我们要求到处有马斌，马斌到处有。”报纸关于马斌工作方法等土改典型经验的宣传，对土改工作队深入群众，发动群众开展斗争，起到了很好的指导作用，在当时已成为一组公认的好报道，对刚刚开始的土改工作起了很大推动作用。

（2）土改宣传报道中意气风发的女报人

《东北日报》在土改运动的宣传报道中，有一群意气风发又能吃苦耐劳的女编辑、女记者。女报人之多，是东北新闻史上前所未有的。由通采部抽出搞土改报道的女记者，有张健虹、石铭、罗立韵、绪磊、张凛等。她们当时都20多岁，分别被派往松江省、合江省等地，包片进行采访。战争年代生活艰苦，缺少交通工具，她们春夏秋骑马，冬天坐爬犁，英姿飒爽，意气风发，白日奔驰于山林原野之间，夜里埋头在农户油灯之下写出一篇篇报道。编辑部还有一些女编辑，如汪溪、宋琦、汪奇、陈振翟、栗野（李野）、张淑容等人，她们在编辑业务之外，有时也参加有关土改的报道工作，都能独当一面。

上述女编辑记者，当时的工作量是相当大的，除了采编业务，人人都还负责组建读者通讯网，开展通联工作等。尤其可贵的是，她们中的绝大多数都以新闻出版为终身职业，头发斑白时仍战斗在新闻出版战线上，并担负着不同的领导职务。

10. 贴近生活的地方新闻

在大力进行军事报道与土地改革报道的同时，《东北日报》也很重视关系民生的地方性新闻报道。如：1946年12月4日在二版开始设立《本市行情》栏目，刊出哈尔滨粮、豆、米、布、油、煤、肉、菜、盐等物价的变动。后改为《周末行情》专栏，公布主要城市一周物价情况。1948年6月报纸对哈市自来水厂、电车厂以及各地煤矿、铁路、纺织等方面增加了报道篇幅。

11.《东北日报》的副刊

《东北日报》创办之初因受各方面条件限制没有开办副刊。1945年11月7日报纸增加为4个版面之后，11月8日该报的第四版才出现了副刊类栏目——《历史常识》，登载稿件《十月革命的故事》。1945年11月16日《东北日报》四版首次刊载了新体诗《向世界宣布吧》，在《八路军和老百姓的故事》栏目里登载系列故事《鞋子不见了》（作者翟强），《名词解释》栏目登载《什么是渥太华协定？》《"英镑统治"是什么？》。11月18日的四版出现了杂文《从糖盒子说起》（作者 陆地）和长篇叙事诗《一份账单》，《八路军和老百姓的故事》栏目登载系列故事《李成功借斧子》（作者纪莱）。从此之后，《东北日报》的第四版逐渐固定为不设刊头的文艺副刊版面，之后还陆续出现了《青年园地》《新闻通讯》《特刊》《解放军人》等有别于新闻版面的综合性副刊专版，以及《信简》《书评》《我飞向自由的天地》等栏目。

（1）办刊目的

《东北日报》的副刊是给什么人看的？都登载哪方面的文章？编者在1947年6月12日《东北日报》四版的《几点说明》中做出了明确的回答：

> 副刊是给什么人看的？副刊主要是给城市知识青年——大中学生和学校教职员、机关职员、能阅读本刊的工人同店员朋友们看的。或偶尔有一些文章是给部队同志们、地方工作者、文教工作者与一般市民看的。

副刊需要什么样的稿件？在内容上：一、欢迎指导知识青年思想和修养的文章。二、欢迎帮助和指导知识青年学习的文章。三、欢迎反映各解放区特别是东北解放区工农兵为和平为解放而进行的翻天覆地的斗争和暴露蒋管区的黑暗统治等文章。四、欢迎一般科学常识、新发明介绍和医药卫生等文章。五、欢迎专题讲述如哲学、社会科学、自然科学和艺术等启蒙性质的文章。总之，对知识青年有益的文章都欢迎。对读者有害或没有内容的文章都不要。在形式上：欢迎报告、速写散文、小说、诗歌、民谣、杂文、漫画、素写、照片、歌曲、剧本、新书评介、影剧评介、名词解释、论述、批评翻译等。

我们的声明和希望：一、欢迎各地各阶层人士投稿，发表的文章都给稿费。二、来稿把字写清楚，愿意退回原稿的请附足邮票和写明通信地址同真实姓名，译文请附原文。三、来稿字数越短越好，最多不要超过二千字，特约或有特殊意义的稿件除外。

（2）副刊的种类

综合性文艺副刊:《东北日报》四版的综合性文艺副刊大约每月出刊 20 期，每期一个版（广告约占 1/5）。例如：1946 年 3 月 24 日《东北日报》四版登载了诗歌《忘掉它 这屈辱的形象》（作者公木）、小说《一颗葡萄》（作者陈陇，内容讲部队长途行军又渴又饿路过老百姓的葡萄地，指导员不让战士吃老百姓一颗葡萄，战士从不解到理解的过程）。《解放区小故事》栏目登载的《一家人》（作者洋洋），木刻画《算账!》（作者抒晖）。1946 年 3 月 25 日《东北日报》四版登载有小说《十四年》（作者李骝）、报告文学《延安归来》（作者黄炎培）、木刻画《人民战争的果实》。

除去综合性文艺副刊之外，《东北日报》第四版还陆续出版了《青年园地》《特刊》《新闻通讯》《妇女》《解放军人》《卫生》《东北青年》等专刊，以及《信简》《医学卫生》《我飞向自由的天地》等栏目。

《青年园地》：1946 年 8 月 3 日，《东北日报》四版刊出《青年园地》第一期，在其《发刊词》中表明了办刊的目的、办刊原则："在出版事业比较冷落的北满，尤其是哈尔滨一定有许多青年朋友们苦于无处发表作品、会有许多青年朋友渴求新的知识，为了解决这个问题，我们决定开一栏《青年园地》。内容以登载青年朋友们的作品为原则，不论是文艺性的作品，或是关于时事、政治、经济、文化各种问题的论讨、质疑与解答等研究性质的文章，都是欢迎的。"

《特刊》:《东北日报》的《特刊》是专门用来纪念重要人物和重要历史事件的版面。如 1946 年 10 月 19 日《东北日报》四版推出了《鲁迅先生逝世十周年纪念特刊》，在配有木刻画鲁迅头像的《鲁迅自传》右侧，印有竖排大黑宋体字:"鲁迅的方向就是中华民族新文化的方向——毛泽东"，左侧是竖排黑体字号稍小的萧军的题字:"为纪念而战斗，为战斗而纪念！"另有文章两篇:《鲁迅精神不朽！》(作者 金人)、《鲁迅的眼睛最犀利》(作者铸夫)和由白朗、金人、草明、舒群、萧军、罗烽等 6 人共同发出的给哈尔滨市文艺界朋友召开座谈会的启事等。

《新闻通讯》: 1946 年 12 月 21 日,《东北日报》四版出现了由本报通讯采访部编的《新闻通讯》版，编者在《写在前面》的短文里这样说:"《新闻通讯》今天创刊，我们编辑这个副页的目的，在于和本报各地通讯员及爱好新闻工作的同志，在新闻业务上共同研究一些问题，借以交换经验，推进新闻工作的发展。"当天该版发表了《写群众》(作者 关寄晨)、《通讯员疑难解答》、《关于"连续报道"》(作者 庆云)、《什么是好新闻》(作者 李方)等。

《妇女》：是针对广大女性读者设置的版面。1947 年 7 月 27 日,《东北日报》四版的《妇女》版（国际民主妇联会首次理事会特刊）登载了《蔡畅同志关于国际民主妇女联合会第一次理事会的报告》《戈登夫人的总结报告(摘要)》《苏联代表波波娃讲话（摘要）》《国际妇女民主联合会第一次理事会号召书》等。

《解放军人》: 1947 年 7 月 29 日《东北日报》四版出现了首期《解放军人》(解放军人编委会编，第一期)版。该版的《发刊词》阐明了办版的目的:"《解放军人》第一期出刊了，今后它将较定期地与读者经常见面，撰稿人多是被解放过来的蒋军官兵朋友们。它的主要使命在于报道被解放的蒋军官兵在解放区的生活、学习动态。同时这些朋友们将把他们所熟悉的，或亲身经历的蒋管区与蒋军内部的黑暗实情，具体真实地介绍给读者，使大家对蒋管区与蒋军能够更深入地了解。其次这个刊物也可以给被解放过来的朋友们以发表意见的机会和帮助他们自我教育，使他们更好更快地改造自己的思想，树立为人民服务的人生观。要达到上述目的，一方面要靠被解放过来的朋友们很好地认识这个刊物的意义而积极投稿，也希望读者给予帮助与批评。解放军人编委会 七月廿七日。”当日该版登载了《这是我们心里的话——解放军官教导第一团总俱乐部座谈会摘录》等文章。

《卫生》:《东北日报》四版的《卫生》版是由东北行政委员会卫生委员会编的。1948 年 5 月 20 日《卫生》（第二期）登载了《“天花”病》（作者王一介）、《讨厌的疥！》（作者郭振声，马希圣）、《谈伤风》（作者马林）、《抽血与健康》（作者林炎）、《烟毒》（作者王峰）等医学常识。

《东北青年》：该版是由东北青年团筹委会主编的。1948 年 10 月 30 日《东北日报》四版刊出了第一期《东北青年》，其上刊登了《向苏联青年学习》《苏联共产主义青年团介绍》等文章。东北解放区新民主主义青年团筹委会在该版登载了《关于出版“东北青年”的通知》:“筹委会决定在《东北日报》出版《东北青年》副刊，作为本团机关刊物，用以统一青运的思想和步调，交流各地青年工作经验，指导青年思想修养。”

标有刊头的栏目：

《信简》: 1946 年 9 月 2 日，《东北日报》四版《信简》栏目登有读者来信《怎样消除沉闷》及编辑的回信。

《医学卫生》: 1946 年 10 月 9 日，《东北日报》四版《医学卫生》栏目登载医学常识《当心伤寒！》。

《我飞向自由的天地》: 1946 年 10 月 14 日，《东北日报》四版《我飞向自由的天地》栏目刊登了《“同志！你是怎样参加八路军的？”》（作者 林平），1946 年 10月 2 日，《东北日报》四版《我飞向自由的天地》栏目登载了《到抗大去》（作者泊金）。

（3）凝聚和培养了一大批优秀作家

《东北日报》副刊的首任负责人是东北女作家白朗，后来接替她的是搞文艺评论的高铁，副刊第三任主任是著名儿童作家严文井。曾任副刊编辑的有：女作家陈学昭、林蓝、李纳，还有作家关沫南，以及东北后起的文学青年刘和平、刘仲平等。

在哈尔滨时期，《东北日报》副刊逐渐成为东北解放区新老作家发表作品的园地和摇篮。1946 年 10 月 23 日，《东北日报》四版登载了长诗《王贵与李香香》（三边民间革命历史故事），它的作者李季就是一位业余作者。编辑在编者按中这样说："李季同志的《王贵与李香香》是用陕北民歌'顺天游'的形式写的三边民间革命和爱情的历史故事。原载九月二十二日《解放日报》副刊。这诗不仅题材新鲜，风格简明，而且极生动极有地方特色地为我们刻绘了一幅边区土地革命时农民斗争图画。作者李季同志不是专搞文艺的，他是个做实际工作而又爱好文艺的，因此他的作品才能和群众息息相关，最真实地反映了群众的生活斗争。"

该版还在头题的位置登载了由陆定一撰写的文章《读了一首诗》。陆定一在文章中对文艺界贯彻延安文艺座谈会讲话取得的成绩给予高度评价，对文艺创新和文艺新人的出现给予热情的鼓励，文章开头就说："我以极大的喜悦读了《王贵与李香香》，因为这是一首诗。""我们看到，文艺连动突破一重重关，猛烈不已，出来了新的一套，出来一批新的人物。文化的斗争，这是不流血的，不把几千年来的封建文化所筑下的无数堡垒一个个地夺取过来，并建立起新民主主义的文化堡垒，那就不曾有新的社会。这是一件极其繁难的工作，需要极其坚韧不拔的努力。谢谢毛主席，他给我们指出了道路。谢谢领导文艺工作者走毛主席的路线的许多同志，他们的努力有收获。谢谢新文艺的开路先锋的各位同志，他们在文艺战线上披荆斩棘开出了道路，他们是文艺战线上的战斗英雄。我们离完成任务还很远，不要骄傲，不要停止。"

《东北日报》副刊作品内容丰富，体裁多样，有短篇小说、报告文学、战地通讯、散文、新诗、歌曲、图片、短剧、书刊影剧评介以及翻译作品，还有科学知识、答读者问等。相比以前东北报纸的副刊，文体更新颖多样，内容更接近现实生活，尤其是更有思想性、战斗性与群众性。当时，东北地区好多知名作家纷纷给该报副刊投稿。据统计，当时在《东北日报》副刊发表作品的作家与艺术家有：丁玲、萧军、舒群、罗烽、塞克（陈凝秋）、金人、周立波、草明、颜一烟、刘白羽、华山、马加、马可、古元、向隅、吕骥、张庚、袁牧之、王曼硕、水华、荒草、王一丁、陈振球、周浩夫、西虹、吴伯箫等。所刊载的好多作品在当时都引起强烈的反响，甚至流传至今。例如：1948 年 5 月 24 日，该报副刊发表由音乐家马可谱曲作词的歌曲《咱们工人有力量》，由于唱出了劳动者的理想与豪情，在群众中很受欢迎，两年后就普及全国各地，至今仍久唱不衰。再如作家周立波的长篇小说《暴风骤雨》、西虹的中篇小说《在零下四十度》等，1948 年单独出书前都曾在副刊上节录发表。该报副刊为东北根据地繁荣创作、推动新文艺运动的发展做出了不可磨灭的贡献，不仅在东北树立起了一面革命文艺的大旗，同时也成为新生代作家的摇篮。如作家管桦、鲁琪、白刃、李纳、西虹、韶华、胡昭等，就是这时期在副刊上崭露头角，有些后来成为全国知名作家。

第二节 《安东日报》的恢复与发展

1.《安东日报》的复兴

1947 年 6 月 10 日，随着安东市第二次解放，《安东日报》也随之呈现大发展状态。驻在辑安准备重办《安东日报》的刘敬之、赵健、姜信之、刘桐林、江浩、文成章等第一批人员回安东筹备出报。第二批郭允贤、荒蓬及部分后勤人员，也从满浦绕道新义州，乘船从江上回到安东。

安东日报社社址改在劳动宫后斜对过的一栋二层楼。由于设备、材料均遭破坏，一时不能正式出版，只好边出电讯快报《安东通讯》，边做筹备工作。其间，报社一方面接收和维修国民党《新声报》《光华报》《力行周报》

等报纸的印刷厂设备；一方面安排职工家属生产自救和销售书刊。经过一个多月的紧张筹备，印刷设备和纸张材料基本备齐。

1947 年 8 月 10 日安东省委机关报《安东日报》复刊，报纸期数仍接与《辽东日报》合并时的 147 期，报纸为对开 4 版，刘敬之任社长兼总编辑，赵健任总编室主任，郭允贤任通联科长，社址改在安东市二经街 4 号。10 月份《安东日报》编辑部增办的农民小报《安东大众》创刊，报纸为 4 开 4 版，周 2 刊。读者对象是村屯干部和农民积极分子，用农民话办农民报，颇受读者欢迎。办到 104 期停刊后，改为《安东日报》第四版的农民专版。

1947 年 10 月中旬，国民党军队大举进攻中共山东根据地，中共华东局机关部分后方人员渡海转移到安东。报社领导得知，请求省委将其中大众日报社的编采人员、印刷工人及部分行政管理人员约 60 人，留在安东日报社工作。1948 年 5 月，形势好转，除孙元坤、英庆隆等留在安东日报社外，其余人员奉命调回山东。

2. 为土改运动鸣锣开道

《安东日报》在 1947 年 8 月 11 日，即复刊后的第二天，就在一版头条刊登了《孤山县关东村群众向坏蛋刘孟顺等算账，收回果实 600 余万元》的消息。8 月 17 日刊登《凤城县蔡家堡子农民团结起来，反倒算胜利浮产先回家》等报道。为把各地群众申冤复仇、反倒算、挖浮产，向地主讨还血债的斗争引向高潮，9 月 1 日刊登《茫草甸子地主组织假农会破坏群众翻身，群众识破奸计猛烈斗争》，9 月 4 日刊登《九连城翻身农民在农会领导下，查出黑地 800 余亩》《宽甸石湖沟群众反倒算，讨回欠债 1000 余万元》。报纸还采用典型引导的方法，解决土地改革中遇到的问题。如有的地区忽视团结中农，甚至侵犯中农利益，9 月 19 日报纸刊登《纠正偏向扩大农民斗争力量，在营房开团结中农会》，9 月 21 日刊登《大堡区召开农民积极分子会，交流经验彻底追挖，一致认为应该团结中农齐斗地主》，1948 年 2 月 23 日发表专论《明确贫雇农路线，巩固地团结中农》，帮助干部和贫雇农正确认识团结中农的重要性。当发现有的地区贫雇农只顾分地主浮产，忽视及时分地和抓好秋收工作时，9 月 27 日刊登《马圈子百余农民讨论出分配土地的办法》，10月4日刊登《从长计议生产发家，抓紧分地准备秋收》，10月9日刊登《本溪秋收中解决分地分清矛盾，集体收割、分组计工，按等级人口分粮》的报道。当发现有的贫雇农满足现状，只注重经济上的胜利，忽视深挖地主阶级政治基础时，12月21日刊登《三道河子贫农3挖3斗，挖出蒋党党根》，1948年1月5日刊登《克服自满深挖封建，葫芦套井峪挖出蒋匪俩团长》《红石砬子村贫雇农当权，大家齐力挖匪根，破获蒋特组织挖出蒋特团长》等消息。当土改运动形成高潮时，贫雇农队伍中混入个别坏人，干扰破坏群众运动，报纸及时进行引导。10月3日刊登《大家评功臣，功臣当中挑干部，石湖沟村改选农会干部》，11月15日报道《把狗腿子坏蛋打下台去，马背村贫雇农重新组织农会》等。

3. 宣传参加支前，保卫胜利果实

随着土地改革运动深入发展，报纸如实报道了农村出现的"妻子送郎上战场""母亲送儿打老蒋"的感人景象。如9月5日的《安东县农民复仇保田保翻身，20天350人参军》，9月6日的《本市、安东、孤山两县去县武1600余人升级（到主力部队）》，9月7日的《大堡小堡等6村，180余青年参军》，9月19日的《苇子峪区村干部带头入伍，5天参军240余人》，9月26日的《牛毛坞区半月参军400余人》等。有的适龄青年自动组成建制待命奔赴前线，1948年1月8日报道《赛马县农民觉悟空前提高，5天3600余人参军，自动成立了2个反攻团，25个反攻连，31个反攻排，随时待命出发》。青年们踊跃参军，带动了各界人民的支前工作。9月30日报道了《马圈子翻身农民争着参加远征担架队》，10月12日报道《宽甸大沟子成立代耕队，保证军属生活不困难》等。这一时期还报道《安东市妇女积极支前，两个月完成军鞋4万双》《本市码头工人积极支前，不分昼夜搬运粮草》等消息和通讯，鼓舞人民群众支援前线。

4. 宣传恢复发展生产，战胜灾荒

丹东第二次解放初期，由于国民党占领时期的破坏，工厂停工，商店空虚，粮食缺乏，人民失业。《安东日报》围绕动员城乡人民战胜灾荒，抓住

各种典型进行宣传。相继发出消息《我市工商业在民主政府的扶植下，公私工厂相继开工》，通讯《胜利一号》，记述铁路工人为恢复铁路运输，献工献料，修好报废多年的机车的事迹，以及《安东纺织厂木工张之田等改善工作方法，生产效率比蒋伪时提高12倍》《安东电业职工发挥高度创造性，胜利修成六道沟变电所》等。同时还宣传党的保护工商业政策，1948年3月28日报道《省政府贯彻保护正当工商政策，退还没收错的工商业》后，不到一个月复工开业者增加500户。

《安东日报》复刊后为对开4版的大报。1948年6月通化的《辽东日报》随中共辽东分局撤销而撤销，陈楚、胡绍祖等200余人返回丹东，合办《安东日报》。1948年7月11日，辽南省分委撤销，《辽南日报》也随之撤销，其主要人员江村、王书林、石飞、王振清、姚善堂等回到丹东，也加入安东日报社。1947年8月—1949年5月，刘敬之任安东日报社社长兼总编辑。

1948年12月16日东北全境解放，《安东日报》改为4开4版小报，直到1949年成立辽东省，5月20日《安东日报》终刊。

第三节 解放锦州炮火中诞生的第一份报纸——《人民报》

锦州《人民报》于1948年10月28日创刊，1949年5月18日终刊，是锦州工委机关报，也是锦州解放后出版的第一份中共的地方党报。《人民报》4开4版，隔日刊。社址在当时锦州的第一区东一街郝家大院（今古塔区东一里）。

1948年10月15日，辽沈战役的炮火解放了锦州全城，这时热东地委和新华社热东支社派出苑金标等来锦州筹办出版《人民报》和筹建新华分社。担负着来锦州开辟新闻工作重任的苑金标等人，冒着炮火进入锦州市区。他们选定了锦州城东一街的“郝家大院”，又将原国民党在锦州办的《新生命报》《辽西民报》的一些字架子、铅字、16页印刷机、铸字机等残旧印刷设备搬迁过来，成立起锦州人民报社，并安抚和收拢《新生命报》《辽西民报》两个报社的工作人员和印刷工人，很快把办报的工作开展起来，新华社分社的电台也及时迁来开始工作。

锦州《人民报》社长、副社长先后由高文晋、何效宁、向枫、史立德（市工委宣传部长兼）等担任。

在半年多的时间里，锦州《人民报》在锦州市工作委员会的具体领导和扶持下，以主要篇幅向锦州、辽西地区的广大人民群众及时宣传了解放战争的大好形势和胜利捷报，传达宣传了党中央的声音和党的各项方针政策，毛泽东主席撰写的《将革命进行到底》《评战犯求和》《南京政府向何处去？》《别了，司徒雷登》等重要社论与文告都是这一时期发出的。

《人民报》工作人员大体由三部分人组成：一是由热东地委和老解放区派来的，多为报社的领导和骨干。二是在当地招收的一些新同志，充实到各个部门。三是留用的原国民党统治时期《新生命报》《辽西民报》旧有的编采人员和印刷厂的工人。老区来的同志和部分新参加工作的同志实行供给制，少数家庭有经济困难的实行半供给制，发一部分补贴工资，工厂职工实行工资制。

第四节　中共辽南省分委机关报《辽南日报》

《辽南日报》1947年6月1日创刊于中共辽南省分委所在地瓦房店，为中共辽南省分委机关报。对开4版，2日刊，1947年8月1日改为日刊。发行2万多份。1948年12月终刊。

1946年6月，中共辽东省委决定成立中共辽南省分委，责成辽东省委机关报《辽东日报》派出邢路、江村、徐华等20多名同志，到辽南省分委筹办报纸，先是用蜡纸刻印出版了《千山日报》。1947年夏季攻势，东北民主联军解放辽南一大批城镇。6月，中共辽南省分委搬至瓦房店。7月1日正式出版《辽南日报》。《辽南日报》在1947年7月1日一版的《复刊词》中表明了办报宗旨：“……在人民呼声愈喊愈高的革命巨浪里，本报复刊，任务就更加重大了。因为报纸必须全心全意为人民服务，必须成为人民的喉舌，吐露出人民的心声，说出人民心里要说的话，写出人民急需要办的事。本报必须代表大多数群众最基本最迫切的要求，把带有普遍性而有意义的事件，做忠实的报道，将工作方法和经验，通过报纸传播各地，力求推广作为借鉴。”1948年7月11日，中共辽南省分委撤销，同年8月成立中共辽宁省委。《辽南日报》于1948年9月4日改名为《辽宁日报》。沈阳解放后，中共辽宁省委撤销，《辽宁日报》也于同年12月终刊，报社编采人员一部分去办《鞍山日报》，另一部分又回安东办《辽东大众》报，个别编采人员调到《东北日报》和《党的生活》编辑部。报社总编辑邢路历经创刊到终刊的整个过程。

作为中共辽南省分委机关报的《辽南日报》，围绕中共党的中心工作展开报道。其主要内容为：

一是报道群众运动，如发动群众起来斗争、控诉国民党和地方恶霸的罪行、反奸复仇，以及土地改革运动中的群众情绪和工作经验、涌现出来的先进典型和改造村政权，群众保田保家参加民主联军，拥军劳军的情形，等等。这类稿件如《瓦市群众召开大会 热烈庆祝中共诞辰 欣闻大石桥胜利万众欢腾》《新金县李屯村群众向恶霸张二驴说理》《瓦市各中小学已正式复课 一部教师正拟下乡 帮助恢复乡村教育》等。

二是报道军事新闻。如报道东北民主联军夏季反攻的胜利，部队情绪及战斗力的提高，在战斗空隙部队的练兵建军工作、立功运动，在历次战斗中的英雄模范事迹，平时与战争时的官兵关系、军民关系，等等。这类稿件如《辽南民主联军战果辉煌，一年来共歼敌九千余，收复重要城镇十四座，广大地区已重获解放》《辽南我军获空前大捷，歼灭蒋杜军一个师，毙敌师长一团长二，再度收复大石桥》。还有对战争的实时报道，如《大石桥放下武器的蒋军官举行座谈会》《放下武器之蒋军独三师官兵二百余被遣送回家，他们不愿替蒋介石打内战，愤恨地把美国军帽扔在地上》《复县教联发表公开信：劝告流亡蒋管区教师学生，勿为反动派欺骗赶快回家》，通讯《还有呢！——记英勇机警的张振东同志》，还有地方新闻《中长路熊普段已正式通车》等。

三是揭露国民党的罪行。如《本报记者访问：新解放之吴忠源中校 重编之廿五师质量极差 盛赞民主联军炮兵神威》《新华社时评：孙科原形毕露》《新金联中正式复课 学生增加二百余名 座谈控诉蒋军罪行》等。

《辽南日报》已经开始出现有偿广告，这在当时中共的报纸中是不多见的，这一点从1947年7月1日该报发表在二版上的启事可见端倪：

启　事

为照顾各界需要，本报特开广告栏，凡属商业及私人广告，每方英寸每日收广告费本币六百元。长期登载者得适当减少。机关部队及贫苦群众可酌量减免。欲登广告者希直接与本报发行科接洽是荷。

辽南日报社

广告启事发出不久，即在7月5日一版的版底出现了《辽南建国学院招生简章》这样的广告。

第五节　军报在辽宁解放区报业中异军突起

根据中共中央的命令，配合苏军收复东北的八路军、新四军和抗日联军在1945年9月30日全部改用“东北人民自卫军”番号，1946年1月1日改为“东北民主联军”，1948年1月1日改为“东北人民解放军”。在三年东北解放战争期间，这支人民军队在辽宁地区先后出版报刊总计有30多家。如辽南军区政治部出版的《战友》报，39军的《立功报》，41军的《战斗报》，42军的《冲锋报》，43军的《前线报》，44军的《战胜报》，47军的《后勤》报和139师的《猛击报》，140师的《猛冲》报，160师的《前进》报，49军145师的《奋斗报》，146师的《前进报》，49军162师的《跃进报》，特种兵司令部的《钢甲报》等。由于是在动荡不安的战争环境下办报，因此，无论是办报的地点、出版的日期，甚至报纸的名称都具有很大的不确定性。例如，由东北民主联军总政治部主办的《东北前线》报，就是几易其名。该报是1945年随山东军区主力开赴东北的一张军报，初到东北时叫《战士》（月刊）。1946年4月，民主联军总政治部考虑到当时的主要任务是以自卫战争粉碎蒋介石的进攻，便将《战士》（月刊）更名为《自卫》报。9月，又更名为《东北前线》报，成为东北野战军党委机关报。

这张报纸是中共军报史上出版时间最早的红军报之一，它诞生于1930年江西的中央苏区，朱德总司令曾两次为该报题写报名，肖华上将曾任报社社长。该报具有光荣的办报历史。据老红军、广州军区原副政委肖元礼回忆，1930年11月，国民党军队向红一方面军和中央革命根据地发动第一次大规模"围剿"，创刊不久的《战士》报积极配合第一次反"围剿"发表言论，剖析中共必胜，国民党必败的必然性，鼓舞士气。1934年10月，中央红军主力开始二万五千里长征，红一军团政治部继续出版《战士》报。在报纸上发表《扩红号召》。

第206期《战士》报，出版于中央政治局瓦窑堡会议期间。在这期报纸中，刊登了红一军团政治部主任朱瑞的政论文章《艰苦的一年，伟大的一年》。从中映射出《战士》报新闻宣传的党性、政论性和时效性。抗日战争时期，红一军团改编为八路军第一一五师，《战士》报遂为该师机关报。1939年1月，朱德总司令为《战士》报题写了报名。其间，记录了"百团大战""狼牙山五壮士"等英雄篇章。1943年8月，一一五师与原山东军区、山东纵队合编，成立新山东军区。9月15日，《战士》报改为《战士》（月刊），仍沿用朱德总司令题写的《战士》报名。时任军区司令员兼政委的罗荣桓、副政委黎玉、政治部主任肖华、军区参谋处长李作鹏及赖可可、梁必业、闫捷等7人组成党报委员会，肖华任党报委员会书记兼社长。

在东北解放战争中，《自卫》报、《东北前线》报实时报道了四平保卫战、辽沈战役等典型战斗，以及抽调干部战士下乡巩固根据地、土改教育和诉苦、战评和练兵运动，紧密配合党在各个时期的中心工作和部队的中心任务，发挥了良好的“喉舌”作用。[①]

当时，各部队办报踊跃。仅在辽南军区，各相当于团队单位的机关学校都有自己编印出版的小报。如卫生部办的《卫生快报》、干校办的《学习生活》、后勤办的《支前报》、一分区办的《曙光报》、独二师办的《前锋报》等等，“这些报纸在配合推动各单位各个时期的工作上都发挥了一定的作用，表扬了典型，发扬了部队革命英雄主义，指导与提高着部队工作。”[②]此外还有1947年5月东北民主联军第二纵队政治部主办的《立功》、1948年9月四野后勤部主办的《后勤》、1948年9月东野政治部主办的《东北前线》、1948年10月炮纵后勤部主办的《后勤小报》、1948年11月四野主办的《赶趟》、1949年3月东北军区政治部主办的《前进》等。

上述报刊，当时只在东北人民军队内部编印免费分发，一般不在社会上公开发行，因此其读者仅限于所在部队的人员。这些报刊比较多地登载战场信息、英雄故事，在东北解放战争中起到了鼓舞士气的作用。但不少部队由于驻地经常转移，所办小报多已散失。

1. 建立党报委员会 突出党的领导

“党指挥枪”是中国共产党对人民军队必须要绝对领导这一原则的形象表述。中共六届六中全会，毛泽东在《战争和战略问题》的报告中，针对张国焘同党争权的历史教训提出，共产党不争个人兵权，不要学张国焘。但要争党的兵权，争人民的兵权，并形象地将党对军队绝对领导的原则表述为“我们的原则是党指挥枪，而决不容许枪指挥党”。这一指导思想贯穿在中共军报的办报实践中。因此，在革命战争年代，各军报社从组织结构上一般都有自己的党报委员会，而党报委员会就成为军报社的领导核心。仅以《战友》报为例：

《战友》报是1945年7月创刊的一张军队内部小报，出版地在辽宁地区的瓦房店，最初是由东北民主联军辽南军区司令部主办，不定期出版。该报

①《自卫》与《东北前线》的资料来自于网上查询。雷鸣剑:《战士报：丰富和发展我党我军的办报思想》,《新闻战线》2011年第9期。

②《战友》报1948年6月23日第三版头题《关于部队报纸工作的决定》。

自第22期起改为由辽东辽南军区政治部出版，自第30期后改为辽南军区政治部出版。[①]1948年6月23日该报在第三版头题位置登载了军区政治部的一篇题为《关于部队报纸工作的决定》的文章，其中做出明确规定："1. 为了加强对报纸工作的领导，决定成立各级党报委员会，军区党报委员会以谭开云、金振钟、臧愚、王乃力、王石、吴幼山、史辉、王增尧、陶明等九同志组成，由谭开云同志为主任委员，王乃力同志为副主任委员，其任务为：①定期研究确定每一时期党报的方针及中心内容。②定期检查每一时期的内容及具体工作是否符合原定方针，有无原则错误。③及时提供改进党报的意见。④各委员及时给党报写指导性的文章。⑤推动组织部队通讯工作。一分区[②]、独二师[③]、干校[④]等单位应分别酌情组织五人至七人的党报委员会，其任务与军区党报委员会同。"《战友》报在当时是内部发行对外保密的，因此这篇由"军区政治部"刊发在该报上的《关于部队报纸工作的决定》，很具有军内文件的作用，其中不仅要求军内各级报纸必须成立党报委员会，而且对党报委员会的组织结构、人员设置数量都按照不同的级别给予严格的规定。体现了中共对军队报纸的绝对领导这一原则。

《关于部队报纸工作的决定》对军内各报的任务作了明确分工，"军区的战友报注意照顾全面，注意指导性，着重交流经验研究问题，介绍典型及足以推动或影响全面的新闻报道。独二师、一分区及干校的报纸，主要是表扬本单位的典型，着重鼓动作用，一般的经验总结特殊典型报道的稿件须送战友报社，同时负责组织及时向战友报供给稿件。"

2. 提倡"全军办报"，注重通联工作

注意发现和培养通讯员，建立和健全军队的新闻通讯网，坚持"全军办报"，是中共军报办报的特点之一。1939年底，八路军129师政治部发出通

---

① 辽宁省图书馆可查电子版1947年12月25日至1948年8月9日《战友报》，其中缺1948年2月1日、3月1日、8月1日、8月9日3—4版。

② 一分区办有《曙光报》。

③ 独二师办有《前锋报》。

④ 干校办有《学习生活》。

知，要求在部队建立“为报刊供稿的通讯网”，并要求“通讯员每月必须供给报刊一至两篇反映各单位工作、学习、生产、生活等方面的稿件”。晋绥军区政治部1940年5月15日发出《关于建立干部按月投稿制度及写作问题的训令》，指出“经常写文章，按月投寄师旅各报刊登载，应成为每个干部日常工作之一”。1942年5月10日，中共军队总政治部发布指示，指出：“在部队中建立通讯工作，组织同志写稿，经常提供党报材料，是我各地军政机关的重要任务。”1943年10月8日，八路军陕甘宁边区留守兵团政治部发出《关于开展部队通讯工作的指示》，强调“替报纸写通讯写文章，是共产党员革命者们的宣传责任”，革命军人应当学会拿枪杆、拿笔杆、拿锄头三件本领，并且具体规定：“部队军政首长和政治部（处）主任，担任经常检查督促通讯员工作的责任。”在积极发动官兵为报刊写稿的基础上，为了加强对通讯员队伍的组织和管理，中共部队开始规定在政治机关设专人负责通讯员工作。在这期间，根据毛泽东同志提出的“全党办报、群众办报”的方针，陶铸同志1944年5月在陕甘宁晋绥联防军政治部召开的宣传工作会议上，第一次鲜明地提出了“全军办报”的方针。他指出：“全军办报”的一方面是群众路线，但是还有另一方面，就是“首长负责”，既有群众路线，又有首长负责，则我们部队报纸就一定会成为群众最相信最需要的报纸，成为指导工作推动工作的最有力的工具。

在解放战争中，中共部队许多政治机关都有了专门负责通讯报道的干部，他们或称通联干事，或称通讯干事，或称报道助理。东北解放战争中的辽宁地区驻军所办军报在这方面做出了积极的努力，《战友》报刊载的《关于部队报纸工作的决定》明确提出：“‘全军办报’是报纸工作的群众路线，我们过去的报纸工作所以存在着很多弱点及缺点，没有真正做到全军办报也是很主要的原因之一，我们今后提倡‘首长负责亲自动手’，干部战士大家办报的精神，要求各级军政干部应把组织通讯工作当成自己政治工作的重要内容之一，不应把这工作当成额外负担，而应看成是自己的经常工作之一，是领导上提高干部战士的政治文化水平的主要方法之一。”

大力开展通讯工作——这首先必须在各连队及相当连队的单位广泛地组织三人至五人的通讯小组以便及时反映情况，分区、干校、独二师及各相当于团队单位的组织五人至七人的中心通讯组（吸收各营营级干部一人参加中心组）加强对各连队通讯组的领导，其次应注意加强连队的读报工作，把部队的文化学习与通讯工作结合起来，把开展通讯工作当成连队政治文化学习的一种方式，不要过分强调稿件质量，从学文化中发展写稿人，这样有些不能在分区或军区报纸上发表的文章修改后退回连队使其有发表的机会，关于指导部队的通讯工作方面的许多问题，今后由报社在报纸上陆续登载。

在“全军办报”思想指导下，军报建立了自己的通讯网，部队官兵为军报投稿的热情空前高涨。当时辽南军区干校八中队一名叫迟文江的通讯员在《战友》报上发表的《我对写稿的认识》中就谈到，他在报社韩同志的开导鼓励下，打消羡慕通讯员可以给军报写稿，而自己很自卑不是通讯员不能写稿的模糊认识，认识到党报是为群众服务的，应当大家负责，只要是在部队中能起到教育和鼓励推动作用的材料，都可以用来写通讯或消息报道。在韩同志的帮助下，他也成为一名报社的通讯员，开始为报纸写稿。

3. 版面单一粗糙，文字质朴率真，常见纠错启事

在战争环境下，军报的出版与发行都在不稳定状态中进行。当时军报编采发行人员极其匮乏，军内各部队又处于机动作战状态，驻地经常改变，这些不可抗拒的客观因素就使得军报的出版和发行变得极为困难和紧张。军报多为不定期出版，报纸版面的呈现也比较单一。以《战友》报为例，该报每期四个版面，除去第四版设有《战友乐园》《字谜》《小笑话》《顺口溜》等类似于综合性副刊的栏目外，其他三个版面均不设栏目，其版性也没有明显的区分。军报的稿件文字也显得十分质朴浅白，版面错别字较多。这一点与当时军报办报的指导思想有关。辽南军区政治部在《战友》报上发表的《关于部队报纸工作的决定》中就明确指出：“应注意加强连队的读报工作，把部队的文化学习与通讯工作结合起来，把开展通讯工作当成连队政治文化学习的一种方式，不要过分强调稿件质量，从学文化中发展写稿人，这样有些不能在分区或军区报纸上发表的文章修改后退回连队使其有发表的机会。”这种“全军办报”，并且把通讯工作当成连队政治文化学习的一种方式，不过分强调稿件质量的理念，使得军报投稿无门槛，无论干部战士只要所投稿

件内容符合军报的要求，稿件文字水平差一点也可以发表。因此，当时《战友》报经常登载修正版面文字错误的更正启事。如 1948 年 1 月 1 日第 19 期第一版登载的“更正”，其内容如下：

更　正

本报十八期第一版头条新闻标题，后方军直展开土改学习与四查运动，误为后方军直展开改土学习与四查运动，特此更正。

1948 年 7 月 1 日第三十二期一版左上更正启事：

更　正

本报第三十一期第三版三段十二行文中“于写稿人款”应为“扩大写稿人数”之误，该期二版第三个标题“独三团一营捐款三千一百二十余万元”应为“三百一拾二万八千八百五十元”之误，特此更正。

战友报社

总体上看，军报不以华美的版式取宠，而是以具有强烈的政治感染力的标题和通俗易懂贴近官兵战斗生活的内容，来宣传、激励、教育部队，起到传达党的声音，指导部队工作，鼓舞士气，提高觉悟，推动解放战争胜利发展的作用。

4. “做什么报道什么”式的报道内容

军报的报道内容主要有以下几个方面：

一是围绕党的中心工作展开报道。在中国共产党的绝对领导下，做党和人民的“喉舌”是中共军队报纸的办报宗旨。1930 年 7 月 29 日创刊的中共较有影响力的军报《红军日报》曾明确指出：“《红军日报》的立场和使命是做无产阶级的‘喉舌’……”军报配合中共的中心工作，在报纸上进行宣传。如土地改革是中共夺取解放战争胜利的重要保证，也是中共贯穿整个东北解放战争的重要工作。为此辽宁地区的军报不惜版面进行大力宣传报道。例如：1947 年 12 月 5 日《战友》报四个版面基本上都登载有关于土改运动内容的稿件。一版左上角加框打出一则关于征集土改工作稿件的小启事，提出对来稿的要求："土改学习报道中心，一、各单位土改学习的进度及动态。二、对土改各种不同的认识。三、学习过程中发现什么新问题。四、回忆与争论过什么问题。五、土改学习中坦白反省的典型材料。六、领导土改学习的经验与总结。"这则小启事，基本上涵盖了那一时期《战友》报刊登的关于土改工作稿件的报道内容。该版的头题稿件就是一篇关于土改工作的报道，其标题是《肃清模糊观念坚定阶级立场，后方军直展开土改学习与四查运动，文件学习已经结束现正进行第二阶段》，除此还有《小李立场稳 监视坏地主》《尹树林控诉家庭罪行，坦白自己错误思想》等。《战友》报 12 月 5 日当天一版共登载 6 篇稿件，其中涉及土改工作的就有四篇。而在二版、三版、四版也分别登载了《帮郝耀武算细账》《配合土改学习清除不良倾向，后勤开反贪污腐化公审会，李公林不堪挽救判处死刑》，1948 年 2 月 21 日第二版登载《八团八连挖到地主浮产，自动交给农会处理》等。

"做什么报道什么"也是军报的一条报道原则。辽南军区《战友》报 1948 年 8 月 9 日第三十五期一版左上角登载一则代邮启事，其内容为：

> 各兵团政工首长、本报通讯员同志！
>
> 目前各部队都在进行不同的工作，有的坚持边沿区对敌斗争武装保卫夏收，有的进行政治整训，有的进行军事大练兵，后方机关单位大部正在进行整党，因此我们很难订出统一的报道中心，请你们根据做什么报道什么的精神，迅速组织稿件，是为至盼。
>
> 此致
>
> 敬礼！
>
> 战友报社
>
> 一九四八年八月九日

这则启事说明，东北解放战争时期的军报，将各部队正在进行中的工作作为报纸重要的报道内容之一。为了推进东北解放战争的早日胜利，提高士气，提高战术，各部队先后搞了“土改学习四查运动”“诉苦运动”“拥党运动”“立功运动”等等。这些工作内容，《战友》报从1947年12月第18期至1948年8月第35期，都用相当的版面进行了报道。

二是反映军民关系，发展生产方面的报道。1948年1月22日第20期一版头题《穷人坐天下不忘撑腰人，庄新复三县贫雇农代表到后方医院慰问伤病员，受到伤病员同志们的热烈欢迎》，1948年5月20日第28期一版《军直一周助耕成绩，开荒耕地种菜二千三百余亩，倒粪送粪撒粪十六万多担，解放大队助耕中群众赠给奖旗十六面》《战士干部都加劲干，独八团助民春耕成绩大，全团捐款二百三十四万九千余元[①]救济灾民》《干校一大队的生产组》。第二版《后勤部供训队，远征生产中助耕成绩大，盖平分兵站工作人员自抬担架》《丢掉拄棍拿起锄头，卫生部四所伤员主动参加开荒，郭福林计划每天拾粪两筐》等等。

三是真实可信的战地英模报道。军事典型宣传，是中共军报的特色和优势。在东北解放战争中，涌现出无数可歌可泣的英雄人物，而报道这些英雄人物和军事典型则成为辽宁地区驻军所办军报的主要内容之一。在辽宁省图书馆馆藏的残缺不全的辽南军区《战友》报上可以看到，这方面的报道占据报纸主要的版面，其中多篇战地英雄人物的报道可圈可点，它们的共同特点就是真实可信。例如：发表在1948年4月25日第四版头题的《独胆英雄王恩成，完成任务立大功》，就是一篇比较典型的战地英雄人物报道。全文仅用700多字，真实地描写了战场上战士们面对死亡时，十分冷静的两种不同态度，以及孤胆英雄王恩成第一次爆破手雷没响，再次冒死爆破终于完成任务立了大功的心路历程：

某团七连在大石头战斗中，部队顺利地运动到离敌四五十米远的一个水沟里，在我们轻重火力掩护下，便开始往上送炸药。敌人发觉后，以密集的火力封锁着前进道路，爆破组上去一个就被打倒

---

① 旧币。

了，数次没有完成任务。结果无人敢去送了。此时，副连长向大家动员说：‘谁去送炸药，完成任务回来给立功。’动员了数次，战士们都没有放声的，又继续动员说：‘谁去送，完成任务回来保证给立大功。’不管副连长怎样的动员，仍旧的无人敢去。这时副连长一看实在没人去了，自己抱起手雷就要去送，王恩成同志一看副连长要去，心想：‘当官的不怕死，咱们怕什么死。’想到这里，一跃跳起来说：‘副连长，我去送！’过去把手雷夺了过来，往肩上一扛便往上冲……

敌人的机枪如雨点般扫来，不管火力怎样激烈，但是独胆英雄王恩成同志奋不顾身地往前猛跑，（距敌人铁丝网还有五十多米远）仅在两分钟即跑到了铁丝网跟前，把手雷送到铁丝网里，把弦一拉便跑了回来，住了好久的时间没听见响声，副连长向王恩成同志说："你不是没拉响啊？"王同志把手雷弦交给副连长说："你看！这不是手雷弦吗？没响！大概是臭了吧。"副连长说："你再去送一趟。"王同志毫不迟疑地说："好！"拿起第二个手雷又奔铁丝网去了。恰巧在这个时候，从南面飞过一个炮弹来，在他的前面（约有二十米）爆炸了，王同志趁着炮弹爆炸的烟雾很迅速地靠上去了，把手雷仍然往铁丝网一扔，心想："那个没响，这个我使劲拉它一下！"用手使劲一拉，听见雷管"叭"的一声，心中欢喜地说道这回准能响，随即愉快地跑了回来，停有四五分钟的时间，轰的一声，手雷爆炸了。副连长立即带着突击队冲上了山头，狗熊似的敌人，看事不好便逃命去了，同时大石头山的阵地为我全部控制。战后在团评功会上王恩成同志被评立大功一次。

而发表在《战友》报1947年12月5日第18期第一版上的《刘东波带彩还冲锋 捉了俘虏又架彩号》这篇消息，则仅用100多字就生动地刻画出一个战地英雄：

（军直讯）军区侦察连二排四班侦察员刘东波同志上月十九日到海城北腾鳌堡战斗中，一排副马黑货同志挂了彩，他冒着猛烈炮火不顾一切去架，被敌人机枪打挂了彩，不下火线还连冲锋三次，将敌人冲跑，捉住一名俘虏，同时将马黑货同志架下来了。（侦察连江泉）

这样的报道在《战友》报上屡见不鲜，如1948年1月22日第四版的《丁洪保立了大功》、1948年2月21日第22期第一版的《沉着大胆以少胜多，刘廷华等三勇士荣记大功，军区通令嘉奖号召全军向他们学习》《沉着！机智！大胆！陈玉宝同志缴了重机》等等，这些报道的一个共同特点就是文章短小，质朴浅白，现场感强，真实可信。

5. 坚持新闻真实性原则，坚决反对虚假新闻

新闻必须真实，真实性是新闻的第一生命。这是军报始终遵循的基本原则。中国共产党强调新闻要报实情、说真话，维护真实性原则。1945年4月，在党的七大报告中，毛泽东告诫全党“要讲真话，不偷、不装、不吹”。他反复强调，新闻报道要实事求是，不能夸大，也不能缩小。前线部队在战斗中缴获了100支枪，不能说成缴了101支，也不能说成缴了99支。他曾经严格要求报纸、广播在发表战报时一定要准确真实，不能多报一个俘虏，不能多报一支枪、一粒子弹。

中共解放区报业和中共军队报业从创立起就为维护新闻的真实性作了不懈的努力，曾经历过多次反对虚假新闻的斗争，如1942年延安整风时期反对虚假新闻的斗争，1948年在晋绥解放区开始的反对“客里空”运动，要求新闻工作者必须恪守新闻真实性的原则，坚决杜绝虚假新闻。

在东北解放战争中，辽宁地区驻军所办军报严格遵守这一原则，发现失实错误及时纠正。如《战友》报1948年1月1日第19期第一版版底登载了《部队一年大事》一文，由于出版时间仓促，编者手头材料不足，核实不够，造成稿件见报后错误甚多。因此该报于1948年1月22日第20期第一版发表重要声明：

重要声明

本报十九期第一版的“部队一年大事”系根据手头现有材料整理，遗漏甚多，且由于编者不了解前方作战情况，讹误甚多，经上级指示，决定该材料作废，特此声明。

战友报社

解放战争时期辽宁地区军报的作用主要有以下几个方面：一是及时、准确地宣传了党的方针政策，起到了上情下达的党和群众沟通的桥梁作用。二是将部队官兵的思想动态在报纸上给予反映，使之下情上达。三是军报已经成为官兵文化学习和政治学习的教材，对部队官兵提高文化素质，提高干部战士的政治觉悟起到了推动作用。四是军报大量的报道战地英雄模范人物和战场的胜利捷报，对鼓舞士气，加速东北解放战争的胜利起到了不可替代的宣传作用。

第六节　工会主办的工人报

抗战胜利后，辽宁地区一些获得解放的城市、铁路与矿山中的广大工人群众，在各地中共党组织的领导下纷纷成立工会（有的地方开始称为职工会）。新成立的这些工会组织迫切需要有一些刊物作为理论思想上的指导，于是一批工人报纸在辽宁地区悄然创办，并逐步壮大。如大连市职工总会创办的《人民呼声》（1945 年 11 月 1 日）、安东市创办的《工人报》（1947 年 12 月 23 日）、东北邮电总会创办的《邮电》（1948 年 3 月 17 日）、大连铁路职工总会创办的《铁路工人》（1948 年 4 月 20 日）等。其中，安东市的《工人报》于 1947 年 12 月 23 日创刊，1949 年 5 月 25 日停刊，为中共安东市委机关报。最初 5 日刊，4 开 2 版，随着解放战争胜利的形势需要，1948 年 11

月 13 日改为 3 日刊、隔日刊，有时增出 6 版、8 版。该报第一版为要闻版。第二、三版报道厂矿生产和工人的生活、学习情况，进行政策时事教育，为配合整党建党，连续发表 30 期中共党章教材。第四版为副刊。

《工人报》当时发行 5000 多份，社址在今丹东市锦山大街 230 医院附近的一座楼（已拆除）内。该报创刊初期，直接由中共安东市委宣传部承办，后调《安东日报》（安东省委机关报）总编室副主任赵健到《工人报》任编辑主任，李放郁任副主任。报社编委会由赵健、李放郁、张若曼等人组成。通联工作由采通室承担，采通室的人员既当编辑又当记者。据该报创刊一周年时统计，通讯组已发展到 70 多个，通讯员达 600 多人。由于当时的中共党组织尚未公开活动，也没有公开出版的中共党的机关报，因此，这些报纸一般由工会或行政管理部门出版发行，但实际上是由未公开的中共党政机关主办，因此，这类工人报是没有党政机关报名义的中共党政机关报。相对来说，这些工人报主要集中在沈阳、大连、本溪、阜新等重工业集中、铁路较为发达的城市和地区，报纸出版周期比较长，大多实行免费赠阅。在工人中间，都将《工人报》以党政机关报来看待，宣传的内容多是与民主联军（东野）捷报有关，贴近性强，借此发动工人团结起来为争取早日解放而努力工作，在广大工人中间有较高的威信。

第七节 县乡及农会创办的报纸

东北解放战争时期的农民报，多为中共县级委员会主办，是以农民为主要读者的县报。抗战胜利后，国民党依靠美国的援助一度占领了东北大中城市，中共则主动让出一些大中城市，派了大批干部到农村去，发动农民进行土地改革，建立巩固根据地。农民报就是在这种情况下纷纷创办起来的。

1946 年，土改运动开始后，不少县即以“农民”作为县报报名。辽宁地区面向农民的报纸主要来自大连地区。如在辽宁地区最早以农民称呼问世的《农民报》(1947年7月)是由中共金县县委所办，之后，中共庄河县委创办《庄河农民报》(1948年7月)，旅大农总会创办《农民报》(1948年7月)。而有的地县报则以“翻身”为名，如中共热河地委在朝阳出版的《翻身报》(1948年3月)。这些县报都是名副其实的“小报”，除个别县报为4开4版外，剩下的多为8开2版，刊期有3日刊、5日刊、周刊与不定期刊，但没有一家日刊。期发数都不多，一般仅三四百份，甚至100份左右，千份以上者很少。其所刊稿件也无稿酬，但许多土改工作队员、区委与农会干部，为报纸写稿的积极性却很高。他们的稿件及时地反映了翻身农民的喜悦心情，以及发展生产、支援前线的事迹，在农民群众中很受欢迎。在这些农民报中，由《安东日报》主办的农民小报《安东大众》比较有代表性。

《安东大众》创刊于1947年10月，1948年12月16日终刊。4开4版，周2刊。该报是中共安东省委机关报《安东日报》编辑部办的面向农民的小报，是《安东日报》的子报。读者主要是村屯干部及农民群众。该报主要反映农村政治、经济、文化生活，进行政策时事宣传和生产教育，具体指导村屯工作。该报坚持群众化、通俗化，用农民的口语是其一大特点，文章通俗易读，受到农民好评。总编辑为郭允贤，编采通联人员为孟方平、于瑛、姜辉、孙元坤、葛娴、戴永臣、战科、逄国勤、蒋光才、陶淑梅、方莉、吕秀珍、张素芝、刘瑛、顾敬、姜福太等。

第四章
苏军军管期间大连地区中共创办的报纸

1945年8月22日，苏军根据《雅尔塔协定》和《中苏友好同盟条约》的规定，进驻旅大（现大连）地区，在旅顺设立苏军指挥部，在大连设立苏军城防司令部，苏军通过大连市城防司令部实际上对整个旅大地区实行军事管制，控制这里的政治、经济和文化生活。同时，由于苏联政府与国民党政府尚有外交关系，因此国民党也在大连地区公开挂出国民党市党部的牌子，而中共大连市党组织并没有公开开展活动。苏联的军管在客观上为中共掌握旅大地区的政权提供了强有力的政治保障，中共中央东北局抓住这一有利时机，于1945年10月初，任命东北籍的老干部韩光为中共大连市委书记，并令其抢在国民党“接收大员”之前，赶赴大连地区，迅速掌握当地政权。在秘密筹建中共大连市委的同时，即与苏军当局磋商成立市政府事宜。10月27日筹备成立新的大连市第一届人民政府，苏军从外交需要出发，指定当地大商人、大资本家迟子祥出任市长。中共方面，以市职工总会名义，推举中共大连市委委员陈云涛为副市长，由此掌握了大连市的警察、财政、教育、法院等要害部门。而市政府秘书长、公安局长、教育局长、民政局长、广播电台台长、报社社长等都由中共市委委派，这样就使中共在大连市政府中占据了重要的领导地位。当时的大连，实际上已经成为苏军指挥部领导与军事管制下，各阶层统一战线，由中共负主要责任的民主政权，是中共领导的一个特殊的解放区。它率先在国内建立了新的城市文化体系和各种文化机构，创办了新型的报纸和广播电台。中共方面先后创办的报纸有大连市政府机关报《新生时报》、中共大连市委机关报《人民呼声报》、中共旅顺市委机关报《民众报》、中共金县县委机关报《农民报》、关东公署机关报《关东日报》《职工报》《建新报》以及由苏军主办的《实话报》等10余种报纸。其中全市性报纸4种，县区报纸3种，专业报纸4种，企业报1种。在舆论上为中共争取民心，夺取东北解放战争最后胜利做出了积极贡献。

第一节　中共大连市民主政府机关报《新生时报》

抗战胜利后，大连地区的斗争形势极为复杂，中共党组织一直处于隐秘的工作状态。为了占领舆论阵地，中共一般都以市民主政府、市职工总会或农民协会等名义创办报纸。

1.《新生时报》的基本概况

1945年10月30日，中共大连市民主政府在原来由日本人把持了长达37年之久的中文报纸《泰东日报》旧址，以其原班人马创办了机关报《新生时报》，社址设在《泰东日报》旧址大连飞弹町67号（今中山区新生街62号）。1947年5月16日终刊。

《新生时报》创刊时为4开2版（有时只出一个版），第一版为地方新闻和时事要闻，第二版为一般时事电稿。1946年6月1日起改刊4个版。第一版为要闻，第二版为国内新闻，第三版为国际新闻，第四版为副刊。1947年1月1日起该报更新报纸版面，第一版为本市新闻，第二版为国内外新闻综合版，第三版专门报道与介绍本市的工商业发展情况及一般通讯，第四版仍为副刊。在第一版内，设立《大众信箱》《大众园地》专栏，专门发表读者言论，并解答读者提问，对某些问题展开自由讨论。

《新生时报》社长由市政府教育局长张致远（中共大连市委委员）兼

任，副社长和主持编辑部工作的分别是原《泰东日报》的老报人杨华亭和刘士忱，编辑部及行政管理部门的工作人员均为《泰东日报》原班人马。由于当时中共大连市委未公开活动，报纸大样送教育局和苏军司令部审阅，这两个部门只在大的方面把关，具体稿件很少过问。所以，创刊初期报纸曾出现一些政治纰漏。鉴于此，创刊一周后，中共大连市委以政府名义派胶东干部姜毅到报社负责编辑部工作，11 月下旬又派延安来的干部李莲（夏端）到报社工作。此后，报纸政治态度开始明朗。

2.《新生时报》的新闻报道

《新生时报》初期主要登载市政府和苏军司令部的命令、决定，有时在第一版头条位置发表施政方针、政府工作报告。李莲到报社后，除继续登上述内容外，还针对当时群众对共产党缺乏正确认识，对国民党存有“正统”观念的思想，发表了有针对性的宣传文章。1945 年 11 月底，该报在《读者来论》栏目刊登了《中国往何处去？》的时事论文，连载 3 天。这篇论文主要根据《新民主主义论》精神阐述未来新中国各方面的方针政策，深受青年读者欢迎。12 月初开始，又以《“九一八”以来国内风云录》为题刊发史实连载，基本内容是从老解放区广泛流行的小册子《从九一八到七七》中选取的，连载近一个月。

该报的时事报道，因创刊初期缺稿源，所载甚少。姜毅调报社后，几经周折，从公安部门联系到两台美制五管两波段收音机。从此，姜毅就在夜间一边收听一边速记，把电台的消息作为《新生时报》国内国际新闻的来源。后来，成立了大连通讯社，《新生时报》又建立了自己的电台，时事报道才走上正常轨道。其间，因大连地区由苏军军管，苏联与国民党政府建有外交关系，故报纸的时事报道既采用新华社电稿，也采用国民党“中央社”的电稿。此外，还采用合众社、塔斯社等社的外电稿，标题多取中性的。1946 年 5 月后，国民党加紧内战步伐，《新生时报》在电稿处理上政治倾向开始明朗化，不再用中性标题，如把“政府”改称“国民党当局”“国民党政府”，“国军”“政府军”改称“国民党军”等，也可以直接点蒋介石名字揭露其内战阴谋。但对某些重要文章，苏军司令部审稿时仍不同意全文发表。遇到这种情况，编辑部则采取变通办法加以解决。如1946年9月中旬新华社向全国播发了《解放日报》社论《蒋军必败》，苏军建议改动某些词句后再用，《新生时报》即以新生出版社名义，一句不改地印成活页随报纸发给读者。

报纸从创刊初期即注意发表大连恢复与发展生产的宣传报道。1945年12月初，市民主政府先后召开了中国和日本各厂厂主座谈会，商讨复工问题，陈云涛副市长主持会议并讲话，号召中国和日方厂主都要以积极态度组织复工。这两次会议对恢复生产、安定民生起了良好作用，报纸及时作了报道。1947年，中共旅大地委号召在全区开展大生产运动，《新生时报》在元旦发表了中共旅大市委书记韩光的新年献词，指出："1947年是旅大人民开展生产运动之年。城市人民要生产，乡村人民也要生产。大家一起动手，组织生产，参加生产，展开大规模的群众性的生产运动。"第二版通栏套红标题为《迎接1947年开展生产节约运动克服困难》。1947年，报上发表了大量城乡开展生产运动的消息和进行生产自救的情况。1947年五一劳动节，报纸第一版发表了《为争取彻底胜利而斗争》的社论，号召工人在民主政府领导下努力发展生产，克服困难，力求改善生活，建设各种民主事业，以繁荣新的旅大。

《新生时报》还紧紧围绕中国共产党和民主政府各时期的中心工作进行集中宣传。在"搬家运动"（部分居民从贫民窟搬入原日本人和汉奸的住宅）中，报社向各区派出记者直接参加所在区的搬迁工作队，和工作队成员同吃同住同工作，完成采访报道任务。记者们除及时发回消息外，还采写了《由地狱到天堂》《小车大院的今昔》等通讯，生动地报道了人民群众翻身后的喜悦心情，歌颂了人民政府的正确举措。

3.《新生时报》的副刊

《新生时报》特别注意文化艺术宣传。1945年12月中旬，《新生时报》创刊不久就开辟了《文化特辑》专栏。从1946年6月改刊4个版后，每天都出一个整版综合性的《新生副刊》，内容包括小说、散文、诗歌和报告文学、杂文等。第四版还开辟了《戏剧周刊》《妇女生活》《习作园地》等专版。除固定副刊外，还利用文学艺术界名人诞辰、忌日之时出版专辑。鲁迅先生逝世十周年时（1946年10月）出了专刊；杰出戏剧演员王大化不幸逝世时（1947年1月），除在第一版发了新华社电稿及该报评论文章外，还出了纪念专版。

副刊还联系、团结了一批有名望的作家和青年文学爱好者。当时在大连的作家阿英、李定坤（东方），诗人方冰、陈陇和戏剧家沙蒙、王大化、颜一烟等都经常给副刊撰稿。大连广播电台台长康敏庄（署名谢青）和《新生时报》社长杜鸿业（署名鲠言）亦在副刊设专栏连载时事杂文，用犀利的笔锋，鞭挞国民党反人民的行径。副刊编辑王丙炎（署名冰言）从1946年12月19日起，在副刊发表其长篇小说《刑事》，到1947年5月16日《新生时报》终刊时共发111回。小说《刑事》通过生动的故事情节，无情地揭露了汉奸、特务在日本统治时期犯下的种种法西斯罪行，受到各界读者欢迎，同时也引起了这些民族败类的恐慌和仇恨，他们给报社写恐吓信，威胁作者"要小心脑袋"。

4.《新生时报》的人员组成

《新生时报》创刊后的第一年，由于报社的人员、设备仍沿用原泰东日报社的，因此报社内的中共党员始终没有超过2名。尤其是在创刊后的4个月中，旧《泰东日报》的留用人员中，国民党党员不下10名，中共党员只有洛鹏1人，这一期间《新生时报》的编辑权完全为国民党派系的人员所掌握，1945年底至1946年初，姜毅、李莲先后调离《新生时报》。1946年2月，中共大连市委派抗战初期的老党员杜鸿业担任《新生时报》社长。他到任后，首先整顿了机构，清理了队伍，录用了新的青年记者，加强了思想工作，狠抓了组织纪律，先后组建了编辑部、经理部、厂部及秘书处，保证了创办的《新生时报》成为中共党的"喉舌"。为了适应新的斗争形势的需要，他对报纸宣传工作还进行了许多改革。如1946年，国民党发动全面内战，国内形势严峻，他提出要加强时事报道：一版要闻，二版国内新闻，三版国际新闻，四版副刊。到1947年元旦，中共旅大地委发出开展大生产运动的号召，在他的领导下，报纸又更新版面，增加地方新闻比例：一版为地方新闻，二版为时事电稿，三版则专门报道本市的工商业发展情况及一般通讯，四版仍为副刊。他在繁忙的领导岗位上，还经常抽出时间撰写稿件，宣传党的方针政策，揭露国民党反动派的内战阴谋。

5.《新生时报》的印刷与发行

《新生时报》的设备基本是从《泰东日报》接收过来的，比较齐全。除轮转机外，其他的照相、制版、铸版、铸字等设备均可配套。创刊当时因无卷筒纸，只得在天津街一家日本人开的印刷厂——“一番馆”用平板机印报。1946 年冬该报才改用轮转机印报。这时原设在新生街的编辑部和行政工作人员都迁到劳动公园西门松山街 5 号办公。厂部仍在新生街，有工人约 80 名。《新生时报》每期发行 5 万份左右。为了搞好发行工作，《新生时报》除保留了原《泰东日报》在各区设立的报纸分销处外，又新增设几处分销处。1947 年 4 月，旅大行政联合办事处改为旅大关东公署，同年 5 月，中共大连党组织决定将《新生时报》与旅顺《民众报》合并改为关东公署机关报《关东日报》。5 月 16 日，《新生时报》在一版刊出终刊启事。

第二节　《人民呼声》与《大连日报》

在大连市政府机关报《新生时报》创刊不到一个月，中共大连市委机关报《人民呼声》也诞生了。

1945 年 10 月，中共中央东北局派韩光到大连地区开展工作，在建立党、政、群领导机关的同时，于 10 月下旬筹备出版报纸。并由白全武、于明和刘汉等立即着手筹办。不久，从山东革命老区来的俞伯也到报社。1945 年 11 月 1 日，《人民呼声》报正式出版。《人民呼声》报创刊时，中共大连市委尚未公开，不得不以市委领导的大连市职工总会的名义出版发行。社长罗思真（罗丹）是从延安派到东北的一个文艺工作者。社址和设备都是利用原日文《大连日日新闻》的。

1. 从《工人呼声》到《大连日报》的变迁

当时的大连地区是在苏军司令部的管制之下，中共方面办报纸需要得到苏军方面的认可。报社最初给报纸拟名为《工人呼声》，但经由大连工运负责人唐韵超请示苏军司令部后，苏军司令官建议定名为《人民呼声》。又因此时大连地区的中共党组织还没有公开，因此《人民呼声》报便以大连职工总会的名义发行。

《人民呼声》创刊时人员只有三四个人，4 开 2 版，3 日刊，发行量不到千份。随着人员的增加，从 1945 年 12 月 1 日起改为 2 日刊，2、4 版间出。12 月 21 日，《人民呼声》报第四版发表《文艺》（副刊）第一期。1946 年 1 月 1 日开始，改每周 6 刊。1945 年 11 月下旬，报社迁至健民印刷厂（在今昆明街大连印刷总厂）。1946 年 3 月李定坤调来担任副社长，人员已增至 20 人，成立了编辑部、通联部和发行部。编辑部部长由副社长于明兼，有编辑 5 人，分管地方、国内、国际、副刊版。通联部部长为俞伯，有记者 7 人。苏光担任发行部部长，有工作人员 3 人。成立发行部后，自建发行网，到 1946 年 4 月，报纸期发行量已增至 1 万份左右。

1946 年 3 月，报社派人去接收"满铁"办的满洲日日新闻社（地址在今世纪街 76 号），经过两个多月的接收、整顿，人民呼声报社于 5 月末全部迁至此址。1946 年 6 月 1 日，《人民呼声》改名为《大连日报》，白学光接替罗丹担任社长；副社长有李定坤、于明，他们两人先后离任。同年 11 月吴善昌任副社长。这时又充实了人员，机构有所扩大，除编辑部（下设编辑室、资料室、校对科）、通联部（下设通联科、采访科）外，由于大连通讯社并入报社，有了自己的电台，增设了电务部（下设电务股、报务股），又成立了秘书室（下设会计科、人事科、供给科）和经理部（下设印刷厂、营业科、发行科）。《大连日报》于 1946 年 7 月 1 日开始改出日刊，对开 2 版。1946 年 7 月 13 日《海燕》（副刊）第一期创刊，发行量 1.3 万份。发行人仍然是大连市职工总会。至 1949 年 3 月底停刊时，报纸期发行量已达 5 万余份。

1948 年春，大连工农业生产以及文教卫生事业、城市建设有了较大的发展。为适应形势发展的需要，报社改通联采访部为地方新闻部，下设工业、农业和城市 3 个报道组。同年 8 月，关东通讯社（1947 年成立）并入大连日报社（挂两块牌子），报社成立了编辑委员会，设总编辑。社务委员会与编辑委员会同时存在。其分工是：全社性的大政方针之确立，大的机构和人事变动，由社务委员会负责，社务委员会由社长、总编辑与各部部长、秘书室主任组成。编采工作方针的确定，业务领导，由编辑委员会负责，编辑委员会由总编辑、编辑、地方新闻部两部长与社长组成。首任总编辑是赵节。

《人民呼声》刚刚创刊时的报头为仿楷书体，1945 年 12 月 1 日，报头为中共大连市委书记韩光题字，1946 年 6 月 1 日，《人民呼声》报改名为《大连日报》时，报头依然为大连市委书记韩光题字。

2. 开“天窗”——与苏联驻军专人审查的摩擦

与其他中共省市党报不同，大连《人民呼声》报和《新生时报》，每期付印前必须经苏军专人审查。初期的《人民呼声》是在十分困难的条件下起步的。当时，由于苏联政府与国民党政府建立外交关系，有时因苏军司令部在审查稿件时对某些稿件不予放行，报社不得不与之争论，甚至在报上开“天窗”；有一次还勒令停刊一天。但第二天刊载启事则称，因印刷故障未能按时出版。苏军要求，报纸内容与标题都需保持中立，以利于苏联外交上的需要。国民党将该报社的人员上了黑名单，罗丹曾收到过对报社的恐吓信，工作人员的人身安全受到威胁。由于日本侵略者投降前对大连大肆掠夺和破坏，国民党又对大连地区加以封锁，所以办报设备和物资奇缺，报纸只能用当地土造的发灰或发黄的纸张和低劣的油墨印刷。在这样艰苦困难的条件下，报社人员仍然满腔热情，不分昼夜地工作，在中共大连市委的领导下，报社不断发展壮大。1949 年初，职工总数已有 196 人，其中编采人员 38 名，通讯员 700 名左右，期发行量 5.53 万份。

为了更好地宣传党的方针政策，该报开设《职工呼声》《工人通讯》等栏目，还把新华社重要文章汇编成册，以广泛发行。

第三节　中苏合办全面介绍苏联的《实话报》

抗战胜利前，大连地区曾长期处在日本法西斯的统治下，民众对于苏联的情况所知甚少。苏军进入东北后发生的拆运机器设备、掠夺居民财物、强暴妇女等行为，使得苏军在民众中造成极大反感，苏军形象受到很大影响。这一现实对驻大连地区的苏军显然是不利的。1946 年春夏之际，驻旅大地区苏军根据 1945 年 7 月《中苏友好同盟条约》的规定，正式向莫斯科提出申请，请求在旅大地区创办一份中文报纸，旨在向大连地区民众介绍真实的苏联，增进中苏友好。这一申请很快得到了莫斯科方面的批准。在中共旅大地

Sh Xua Bao

實話報

蘇聯新五年計劃的偉大任務

蘇維埃國會的常會

本社啓事

全蘇聯的新運動紀錄

運動家列連的遠距離游泳

豐滿的穀物成熟了

本報啓事

《实话报》

委的大力支持下，1946 年 8 月 14 日，苏军驻辽东半岛指挥部创办的以中国读者为对象的中文机关报《实话报》正式创刊。

1. 办报宗旨及新闻宣传

《实话报》的办报宗旨是介绍苏维埃制度，传播苏联的历史、地理、生活风俗、科学、文化艺术、建设成就；宣传第二次世界大战后苏联的和平外交政策；宣传马克思列宁主义在苏联的实践；报道旅大地区的民主建设，发展中苏两国人民的友谊事业。在发刊词《和读者见面的几句话》中写道："忠实和客观地报道关于苏联的一切，会要大大地帮助着巩固中苏友好这事业。"宣传苏联是《实话报》的主要任务，所占的篇幅比较多，报道也比较全面系统，采用的形式有讲座、连载、转载和新闻报道等。例如，系统介绍俄国十月革命和苏联社会主义建设经验方面的文章有《伟大十月社会主义革命讲座》《苏联生产管理的基本原则》；介绍马列主义理论的文章在报纸中占很大分量，通常采用系统通俗的连载、讲座、专论等形式。

在国际时事方面，《实话报》着重宣传苏联的和平外交政策，揭露美帝国主义发动新战争的危险。如苏联外长莫洛托夫等人在联合国大会上的发言都在报纸的显著位置全文刊登，同时配发社论。报纸对世界各国和中国人民争取和平斗争的报道也占有一定比重。

宣传中苏友好和旅大地区的建设也是报纸的一项重要内容。1947 年 8 月 14 日，即国民党政府与苏联政府签订《中苏友好同盟条约》2 周年纪念日，《实话报》用一个整版篇幅，发表了社论及有关文章。社论中针对国民党政府当时在全国掀起的反苏反共浪潮，揭露他们企图把内战扩大到旅大地区，破坏旅大地区人民和平生活的阴谋。

该报地方新闻虽然篇幅有限，但对旅大地区的民主建设、工农业生产的发展、劳动人民翻身当家做主也都及时作了简要的报道。如对旅大地区人民政权的建立、解放初期的锄奸反霸和打击不法分子、部分居民从贫民窟搬入原日本人和汉奸的住宅等都作过显著的报道。对工农业生产战线上的劳动模范王智富、赵成满，火车女司机田桂英、王宝鸿等人的先进事迹，都在地方版上作过突出宣传。

在时事宣传方面，为了避免同国民党政府发生外交上的麻烦，《实话报》在1947年底以前，很少报道中国解放战争的消息，对于正面抨击国民党政府的文章一般不用，在必须报道时亦持谨慎小心的态度。1948年以后，随着解放战争的节节胜利，报纸开始较多地刊登新华社的电稿，但在选用时仍有删节，用词也很斟酌。中国人民解放战争进入反攻阶段，则不加删节地选用新华社电稿，沈阳解放的第二天，在1948年11月3日的报纸上，用“解放沈阳城”5个大字作标题，刊载了新华社沈阳前线2日急电，报道“东北野战军今天完全攻克沈阳，东北全境已获解放”的消息。

《实话报》的稿件来源大都是从苏联报刊、书籍中编选，或由旅大苏军政治部和该报苏军干部撰写，再由中国翻译人员译成中文。地方新闻是由报社中国记者和旅大地区各单位的通讯员撰写，有时邀请当地中国党政领导人和作家名流等撰写。

2. 通联工作

《实话报》也十分重视通联工作。据1946年9月24日《实话报》登载的《本报召开通讯员座谈会》的消息称，9月12日下午，该报召开了成立以来的第一次通讯员座谈会。会上，副社长李必新向通讯员详细介绍了《实话报》的报道任务之后，又特别强调要大家经常注意各工厂、学校、机关、团体的生活，把有意义的事件写成新闻，经常反映各界读者对本报的意见，使报社工作更加符合读者的要求。同时他还提醒通讯员，除新闻材料外，还可以写小说、诗歌、戏剧等文艺作品。之后，副总编辑李定坤又从新闻的基本构成等方面给通讯员讲解了怎样写新闻和通讯。特别提到：“有两种不同性质的报，也有两种不同性质的通讯员。一种报是拥护独裁的、反动的、非民主的……这种报纸的通讯员是拍马、吹牛、欺骗、捏造、颠倒是非的。另一种是进步的报纸，是为全世界争取和平、民主而奋斗的，《实话报》正是这样的报纸。”最后，《实话报》社长谢德明作了总结性的讲话，他说：《实话报》在大连是最年轻的一个报纸，因此免不了有缺点和错误，希望本报的朋友们不客气地指出，使我们的报纸能成为真正的人民的报纸、人民的朋友，使它负起教育的使命。

3.《实话报》的发行与影响

《实话报》虽然只限定在旅大地区发行，但是由于个人购买的报纸带出旅大地区并不受限制，因此，在中共各解放区以及远至上海、香港等地都能够看到该报。《实话报》的最大发行量曾达到 2 万份，相比同一时期旅大地区的其他两份主要报纸《人民呼声》和《关东日报》，发行量居中。“《人民呼声》，发行期为 1945 年 11 月 1 日至 1949 年 3 月 31 日，1946 年 4 月的发行量为 1 万份左右，1949 年的发行量为 5 万余份。《关东日报》，发行期为 1947 年 5 月 20 日至 1949 年 3 月 31 日，其发行量最大为 1947 年 6 月、7 月份的 25400 份。”[①]

《实话报》在其他地区没有销售权限和网络，旅大以外地区的销售发行实质上由中共北京市委承担。驻在旅大地区的中共各解放区办事处，以及为购买武器弹药而专程前往旅大地区的中共人员，在每次离开旅大之际都会购入大量《实话报》带回各自所在地区，客观上促进了《实话报》在旅大以外地区的流通。《实话报》创刊伊始，便受到了为数甚多的有关订报的咨询，创刊当天的报纸发售不久便销售一空，读者的反响超出了报社方面的预想。

《实话报》除了以普通报纸形式发行外，还通过出版小册子和书籍等形式，在旅大地区以外的解放区广为流传，在当时具有相当的影响力。

当时，能够全面详尽地介绍马克思主义理论和苏联各方面的先进经验的报纸是没有的，因此《实话报》在众多报纸中独具特色，占有特殊地位。因为该报登载的马克思主义理论的文章大多译自苏联知名理论家的论文，所以被读者认为具有较高的权威性。在中共解放区，《实话报》不仅推动了苏联的对外宣传，也成为中共干部进行理论学习的重要资料之一。《实话报》对苏联经验的介绍也比较全面，从党的基层组织、工会组织的设立及运作，到工农业生产建设等等，无所不包。这些经验对正在建设新政权的中共方面来说，恰如雪中送炭。在解放区，《实话报》中有关苏联的农村、工厂等方面如何管理的经验报道文章，都被根据不同的内容整理成各种小册子，作为干部们

---

① 洛鹏主编:《大连报史资料》。

的学习资料广泛使用。大连的新华书店也将《实话报》刊载的有关马克思主义、教育、经济等文章分门别类编辑成册出版发行。这些小册子大多仅在封面上标以"大连新华书店编印"字样，并不特别注明材料来源是《实话报》。①

4.《实话报》的苏方工作人员

实话报社从1946年创刊至1951年停刊，苏联方面的工作人员累计有20余名。除了打字员等少数技术工从民间雇用以外，苏方人员基本上是现役军人。这些现役的苏联军人担任了从报社社长、副社长到各部门负责人的主要职务，其中大多数人在苏联国内大学的外语专业接受过正规汉语教育，具有相当高的汉语水平。

"1946年至1948年期间担任报社社长的谢德明（本名西季赫敏诺夫），毕业于符拉迪沃斯托克国立远东大学东方系，1938年至1940年在国立远东大学教授中文。1945年9月谢德明作为苏方翻译，陪同进驻东北的苏军司令部贝鲁罗索夫上校前往延安，向中共领导传达苏方的意见。"②

地方生活部主任萨班诺夫的中文造诣颇深，曾将中国歌剧《白毛女》等文艺作品翻译成俄文。副社长兼副总编辑李必新（本名康德拉蒂·瓦西里耶维奇·列佩申斯基），原籍中国四川，1926年从国立北平农学院毕业后前往苏联留学，加入苏联共产党。二战期间，李必新在苏军服役。50年代初在中共中央编译局担任了3年顾问后回到苏联任高校教师。在《实话报》期间，李必新作为苏方人员工作。总体上说苏方职员大多汉语水平较高，同中方人员的关系融洽。

5. 与中共方面的合作

自《实话报》创刊起，旅大中共不遗余力地从物资、人员等方面向苏方

① 以《实话报》的刊载文章为基础，分门别类编辑的小册子有若干种。其中一例为《苏联学校教育讲座》，作者为索科洛夫，1949年4月新华书店发行，印刷量为6000册。该小册子主要向读者介绍了苏联的学校教育，1951年和1952年修订了两次。中央人民政府教育部和出版总署曾将此指定为师范学校教材。

② 薛衔天:《驻东北苏军代表飞赴延安内情》,《炎黄春秋》2003年第2期。

提供援助。在技术设备方面，中共旅大地委将大连日报社的印刷厂及建筑物的一部分提供给实话报社，并安排了印刷工人和技术人员。这些设备的质量和印刷专业人员的水平在当时的大连都是最高的。编辑、报道人才方面，中共旅大地委对苏军的要求也一直大力配合。1945 年 8 月之后，中共面临着人才大量不足的问题。在这种情况下，旅大中共仍能向《实话报》派出如此之多的编辑、记者、翻译等专业人才，不难看出对《实话报》的大力支持和与苏方的合作态度。

《实话报》中方工作人员累计 70 多人，其中 40 名左右是中共旅大地委通过自身的组织关系派出的干部，占整体的一半以上。创刊后的最初两个月，中共旅大地委向报社提供了 6 名来自延安的干部。实话报社的中方人员除了由中共组织提供外，还有一部分是苏方通过自身的渠道聘用的。实话报社中方工作人员构成，中共组织派遣 40 人，苏方招聘 20 人，另外其他招聘渠道 10 人。中共旅大地委组织部派出的干部大多为翻译、记者、编辑等专门人才，构成《实话报》内中方工作人员的主力。他们大多数是从延安、山东等各大解放区进入东北。

国共内战时期的大连，国共双方、地方武装等各派势力明争暗斗，局势颇为复杂。为了确保《实话报》编辑部的安全，中共旅大地委社会部以翻译、记者等名义将情报人员派入编辑部，负责反间谍工作。由于这类人员人数少，从事的又是高度机密的事务，因此编辑部内掌握谁是社会部的情报人员的只有中共方面的几名负责人，一般人员概不知情。旅大建国学院是由中共旅大地委 1946 年 9 月设立的，以培养地方干部为目的的学校。《实话报》中于振涵、于涛浩、姜性善、阎海、黄宏等 5 个大连本地的中方工作人员为该校毕业生。

6. 互不来往的中苏双方的党支部

“实话报社内的中苏双方的党组织之间并没有正式沟通渠道，双方各自为政互不往来。如有问题则通过双方的上级党委去解决。”[①] 关于当时双方党

---

① 洛鹏主编:《大连报史资料》，第 63 页。

支部的活动情况，欧阳惠[①]这样回忆道：

> 中共党支部的会议同苏联共产党支部的会议，一直分开举行。我每次参加党支部的定期会议之前，总对我的上级领导萨班诺夫说一声‘我有点事’。萨班诺夫要出席苏联党支部会议之前，一般也同样和我打个招呼再过去。双方的党员，相互之间从不打听对方组织的活动内容，自然也谈不上联合会议之类的活动。某种意义上说，双方之间已经形成了一种默契。[②]

中共党支部作为中方人员的领导核心，根据中共旅大地委的指令进行中方职员的教育、管理以及人员派遣等业务。由于双方党组织之间没有正式的交流渠道，双方间的沟通桥梁由报社内的中方工会来承担。

正式沟通渠道限于工会组织，并不只是实话报社独有的现象。苏军当局在很多场合都将中方的对口单位固定为工会。造成这种局面的一个主要原因是到 1949 年 4 月之前旅大地区的中共组织机构没有公开身份，中共在公开场合都是以工会组织的名义进行活动。苏方的这种姿态，不仅使得外界很难掌握中共在旅大开展活动的直接证据，而且客观上排除了在同一组织内苏军与中共两者共同实施管理的可能性。

第四节　隐蔽的中共旅顺市委机关报《民众报》

《民众报》创刊于 1945 年 11 月 23 日，1947 年 5 月 10 日终刊。《民众报》是中共旅顺市委机关报，但因苏联政府与国民党政府签有《中苏友好同盟条约》的特殊情况，对外名义是旅顺民众联合会主办。《民众报》初为 3 日刊，

---

① 原《实话报》编辑，中共地下党员。

② 洛鹏 2004 年 12 月 13 日、14 日在北京采访欧阳惠记录。

4 开 2 版，1945 年 12 月下旬改出 2 日刊，1946 年 9 月 23 日改为日刊，对开 2 版。每期发行份数最初 1000 余份，后来增至 5000 份。社址在旅顺市博爱街。

《民众报》创刊之初，设编辑部、印刷厂两部分。报社主要领导成员都是由胶东解放区派来的。开始，殷杰任社长，负责行政事务和印刷厂工作；沈西牧任编辑部长，负责报纸的编辑、采访工作。后来人员逐渐增多，设立通联科和编辑科。1946 年上半年杨希萍从胶东到旅顺任中共旅顺市委宣传部长，兼任《民众报》社长，沈西牧、殷杰任副社长。1947 年 2 月新四军干部梁山调到报社，担任编辑部长。殷杰调离后，沈西牧主持全面工作。《民众报》终刊前，报社工作人员总计 50 余人，编辑部门 20 余人，印刷厂工人和行政事务人员 30 多人。《民众报》印刷厂是由没收敌伪“农业进步社”和旅顺监狱印刷厂的部分设备建立起来的，全是平板机，有 1 台铸字机。

《民众报》创刊初期，针对国民党利用人们的所谓“正统”观念，极力进行反共活动的情况，制定了办报方针和指导思想，以实行人民民主政治为目的，策略地宣传党的方针政策，鼓舞群众积极参加新民主主义革命的政治斗争；及时报道战局变化和胜利消息，揭露国民党发动内战、反共反人民的真面目，提高群众政治觉悟，号召人民跟着共产党翻身闹革命。

1946 年国民党疯狂发动内战，《民众报》突出宣传报道战局变化和人民军队取得重大胜利的消息，以鼓舞人民群众的斗志，增强胜利信心。此时期，旅顺地区国民党军队海陆封锁，工厂停产，粮食匮乏，群众生活十分困难。据此，《民众报》积极宣传党的恢复生产、发展生产、安定人民生活的方针政策，突出报道了反奸清算、分配官地、开展大生产运动中的先进典型和先进经验，有的还配发言论。这些宣传对启发群众民主思想，鼓舞群众增强战胜困难的信心，发动群众积极发展生产、参加民主政权建设都起到了一定指导作用。如《大恶霸杜 ×× 被村民抓住，召开讲理大会和他算账》（1946 年 9 月 6 日）、《三涧区刘家村两千多群众向恶霸于 ×× 讲理诉苦》（1946 年 9 月 10 日）、《龙塘区李塘沟实行分配官有土地，三千余亩山林分给了群众，群众说：只有在民主政府领导下，才有这样的幸福》（1946 年 11 月 15 日）、《西南街村在减租增资清算中，整顿组织改选领导，农、工、青、妇正掀起生产、学习热潮》（1946年12月7日）等报道，都受到群众热烈欢迎。

《民众报》为顾全苏联政府同国民党政府的外交关系，不给国民党政府以口实，十分注意报道方式的灵活性与策略性。在宣传口径上严格掌握分寸，不照搬老解放区的做法。在报道人民解放战争的胜利及揭露国民党反动阴谋活动时，不单纯发新华社电稿，有时也采用美联社、路透社、共同社和国民党中央社的电讯稿。为了避免时事电稿中新华社字样太多，有时则删去电头，而以地区代之。如“重庆电”“太行电”等等。

《民众报》的通联工作随着报纸在群众中影响的扩大逐步开展起来。最初只有几名机关干部通讯员，写的多是“干部新闻”，每月来稿很少。后来逐步在学校、农村、工厂建立起通讯组。到1947年上半年，已在50余个村中建立了通讯组织，每月来稿增加到1500多篇，写稿者600余人。1947年5月关东公署成立后，旅顺《民众报》于5月10日终刊。5月20日与大连市政府机关报《新生时报》合并，出版关东公署机关报《关东日报》。

第五节　旅大地区统一的合法政府关东公署机关报《关东日报》

1946年夏，国民党在全国重新挑起了内战，并企图“接收”旅大地区。国民党依据《中苏友好同盟条约》，向大连派出所谓“视察团”。针对当时形势，中国共产党采取了团结全区人民，建立“实行政治经济的民主，对抗四大家族统治的统一战线”的方针，以服从苏方外交政策为主，积极争取好的可能，保证胜利成果；要准备在坏的形势下做秘密、隐蔽的斗争。为此，1947年4月初，旅大各界人民代表大会在旅顺举行，决定撤销过渡性行政机构——旅大行政联合办事处，宣布成立旅大地区统一的合法政府——关东公署。为适应形势需要，大连《新生时报》与旅顺《民众报》合并，1947年5月20日出版关东公署机关报《关东日报》，该报设有编辑部、采访部、经理部。报社印刷厂工人近百人，印刷设备较齐全，主要设备有轮转机、铅字铸造机、制锌版设备等，除印报外还对外营业。

《关东日报》创刊初期为对开4版、日刊（有时出对开2版）；1947年7月20日起改为对开2版（有时出4版），日刊。创刊初期发行份数1.7万份，1947年6—7月份上升到2.54万份。迁至旅顺后，下降到1.3万份。1948年初开始回升，5月份上升到1.8万份，1949年3月31日终刊前已达2万份。向外赠阅及与各解放区交换的报纸约2000份。

1. 办报宗旨

当时旅大地区除有苏联驻军司令部办的《实话报》（中文报纸）外，由中国共产党主办的市级报纸有两家，即以大连职工总会名义办的党的机关报《大连日报》和关东公署机关报《关东日报》。中共旅大地委为《关东日报》确定的任务是“公布政府的政策法令，宣传解释政策”；“经常反映政权建设情况”；也要把“介绍与宣传苏联与世界和平民主各种活动及中国人民革命战争的解放运动作为头等重要任务”。《关东日报》的《发刊词》中阐明了关东公署的立场和施政纲领，并指出：“我们将基于自身权利和义务，按照共同的意志来管理和建设政治经济文化的民主事业和生活。”表达了旅大地区人民建设和平民主繁荣的新旅大、反对国民党当局“接收”阴谋的决心和信心。《发刊词》还严正申明该报是“代表人民说话，坚持广大人民的利益的人民大众的报纸”，“热烈地期待着本地区一百五十万父老兄弟，对自己的报纸负起责任”。

2. 新闻宣传

该报在将近两年的时间里，根据关东公署“发展生产，安定民生”的总目标，积极宣传报道旅大地区人民冲破国民党的封锁，克服重重困难，发展生产；宣传报道公署各项政策法令的贯彻执行情况；反映群众生活的逐步改善和各界的民主呼声。如为了防止已被禁止流通的东北各地苏军军用币流入旅大地区，粉碎国民党破坏旅大地区经济的阴谋，在苏军当局统一部署下，进行流通币登记盖印工作的报道；工农业生产战线上的增产、竞赛运动的报道等等，对旅大地区的生产发展和政权建设都起到了一定的推动作用。同时，报纸还采用关东通讯社提供的电讯稿，用一定篇幅突出宣传了中国人民解放战争的胜利消息，报道了国统区人民反饥饿、反内战、争民主的解放运动，对提高广大人民觉悟、破除所谓“正统”观念均起到了较好作用。

《关东日报》还报道了苏联等一些社会主义国家建设成就，揭露美帝国主义推行侵略政策及世界各国人民和平民主运动蓬勃发展的消息和情况。

《关东日报》的读者多数是各地政府、学校、文化部门的工作人员。为满足他们的需要，特开辟了《学联园地》《关东教师》《文教通讯》《艺潮》等栏目。这些栏目分别由中学学联、师联、新教育学会、社交工作团等有关部门主编，颇受读者欢迎。

《关东日报》坚持以服从苏方外交政策为主的方针，不给国民党以把柄，宣传报道采取了一些灵活的方式和策略。在时事形势宣传上，对中共中央领导人和新华社的重要文章，均不在报纸上直接刊用，而采取“加页”或“增刊”形式发表，随报纸附送读者。时事电稿除选用关东社消息外，还适当选用了新华社、“中央社”、塔斯社的电稿。中国人民解放军进驻北平的消息就是先用塔斯社电稿，发表在1949年1月28日第一版上，比新华社电稿早见报4天。为了避免给苏方外交造成被动，对新华社电稿中有些用词也加以改写或删节，如“国民党政府”改为“南京政府”，“国民党统治区”改为“南京政府统治区”，“国民党军”改为“政府军”，“蒋介石”改为“漏三字”等等。

3. 报社人员构成及通联

《关东日报》工作人员绝大部分来自大连《新生时报》和旅顺《民众报》，一部分来自《大连日报》，后又从学校陆续分配来一批青年学生。全报社采编人员约50人。江青风（中共旅大地委宣传部副部长、关东公署教育厅副厅长）兼任社长，段洛逸任副社长，主持日常工作。1948年9月段洛逸调离后，陈颖任代理社长，直至《关东日报》终刊。

《关东日报》在贯彻全党办报方针方面做了许多努力。一是经常召开通讯员会议征求意见，讨论改进通联工作，并在报纸上发消息；二是经常在报纸上公布当前采访报道提纲，指导通讯员开展工作；三是在报纸上开辟《通讯业务》专栏（每半月 1 期），刊登辅导讲话，交流写作经验；四是建立了特约记者、特约通讯员、基本通讯员等不同层次的宣传报道骨干队伍。

4. 社址几经变迁

《关东日报》社址因形势所需几经变迁。创刊初期在大连市松山街 5 号（今劳动公园西门外，畅通街 3 号）；1947 年 8 月搬迁到关东公署所在地旅顺，社址在旅顺博爱街 5 号；同年 12 月迁回大连，暂时在中山区智仁街办公（今中医院对面山上）；1948 年 1 月底搬到今中山区民生街 55 号，印刷厂在新生街 67 号。

1948 年 11 月 2 日，东北全境解放，全国形势发生根本性变化。中共旅大区党委决定于 1949 年 4 月 1 日公开党的各级组织，《关东日报》与《大连日报》（中共旅大区党委机关报）于 1949 年 3 月 31 日发表联合启事，宣布停刊，于 4 月 1 日改出区党委机关报《旅大人民日报》。

第六节　金县县委机关报——《农民报》

该报为中共金县县委的机关报，创刊于 1946 年 4 月中旬，历时 8 年多时间。1945 年 11 月，中共大连市委机关报《人民呼声》创刊不久，国内的形势发生变化，国民党政府很有可能按照《中苏友好同盟条约》规定派员“接管”大连市政。如果发生此事，人民呼声报社需迁出大连市。中共大连市委分析了这一形势后做了两手准备，决定在办《人民呼声》报的同时，在金县建立一个报社。一旦《人民呼声》报被迫停刊，仍能在金县办报。为此，1946 年 2 月市委派刚从《安东日报》调来的汪蔚青到金县，在中共金县县委领导下，立即着手组建报社工作。经过一个多月的紧张筹备，有了社址和印刷厂房，修复了印刷机器，请《人民呼声》支援了一批急需的铅字和其他器材，调进了方牧、滕玉华等几名干部，于 1946 年 4 月中旬试刊了第一期《群众报》，为8开2版，不定期出刊，发行数不到500份，赠阅较多。内容主要是宣传中国共产党的政策，报道反奸清算斗争和“二五”减租等。先后出版发行了3期。1946年6月，金县县委做出《关于报纸工作决定》，将《群众报》易名为《金县报》，改为中共金县县委的机关报，由胡青暂兼该报社社长。该报的主要任务是反映和指导县委中心工作，群众运动，协助开展工农兵（警）的文化工作。报纸每周出刊1期，4开2版，发行约500份。

1947年4月，《金县报》改名为金县《农民报》。经过调整报社人员增至14人。社长是汪蔚青，方牧担任支部书记；方牧、杨东昉负责编辑工作。1947年末，汪蔚青调县委宣传部任职，由方牧担任副社长，主持报社全面工作。《农民报》每周2期，4开2版（其间也曾改过8开4版）。报纸主要是宣传当时形势、农村互助合作、开展生产运动、减租减息、文化扫盲等内容。重要社论多为县委领导所写。当时苏联驻军强调照顾影响，要求政治观点不能太明显。所以，每期大样都要送往驻军领导机关审阅。到1948年12月，金县《农民报》停刊前共发行150期，期发行量达8000份。

为了适应大生产运动和土地调剂的新形势，关东总农会成立，农会的办公地址由大连兴工街迁往金县。中共旅大区党委决定将金县《农民报》改成关东《农民报》，作为关东总农会的机关报，由关东总农会和中共金县县委双重领导（实际委托金县县委代管）。1948年12月16日，金县《农民报》声明，正式改为关东《农民报》，4开4版。

第七节　《建新》报

该报创刊于1948年10月7日，是大型军工企业大连建新工业公司职工总会的机关报，报名为当时建新公司政治委员李一氓题写。《建新》报在宣传、动员广大职工发展军工生产、支援前线作战中发挥了重要作用。

1948年10月，建新公司职工总会成立后，为加强对宣传工作的领导，将各厂的油印报纸改为统一出版的铅印报纸《建新》报。报社设编辑委员会，总编辑程默，下设编辑室和通联科。通联科联系各厂通讯委员会，包括基本通讯员、中心通讯小组、读报组，并负责指导各厂黑板报、壁报、画报、文艺组开展活动。

《建新》报为公司内部报纸，4开4版周报。第一版报道中心工作，包括社论、短评及重要的综合报道；第二版报道各厂中心工作开展情况及批评、建议和表扬等；第三版为知识版，主要介绍工业知识、自然常识、社会常识以及时局的分析；第四版为副刊，主要刊登反映工人生活的文艺作品及有关工厂开展文娱活动的情况、经验。

《建新》报在《发刊的话》里指出，《建新》报的主要读者对象是直接参加生产的工人。它的主要任务是统一工作步骤，反对无组织无纪律；提倡学习，反对落后；提倡节约，反对浪费；加强工人阶级的团结。《建新》报始终把紧密配合党与职工总会各个时期的中心工作作为报道的重点，体现出企业报纸的特色。对开展生产立功运动、建党、建团、提高职工政治技术文化水平、改变劳动态度、提高劳动热情等都做了大量报道。为了推动生产立功运动的开展，报纸发表了《怎样评小组的功》《介绍总长职员评功办法》《介绍光华魏永生的评功办法》《裕华五场组长掌握不好评奖没起积极作用》等指导性文章。1949年春，旅大地区中共地方组织公开后，《建新》报出了《建党特辑》，介绍中共党史，宣传党员模范事迹，还登载了工人群众要求参加中共党组织的几封信以及开展拥党竞赛活动的报道。

《建新》报开辟了表扬栏和批评建议栏，经常把职工中的好人好事加以颂扬，对不良现象也敢于批评。比如曾发表《反对花钱请剧团，应该多鼓励工友演剧》的工人来信，文风犀利，很有特色。为了指导职工的政治和文化学习，《建新》报开辟了技术学习动态专栏，介绍职工学习技术、学习文化的情况。该报除了介绍中国共产党的基本知识、进行革命传统教育外，重点介绍解放区的模范人物，如工程师沈鸿、解放区工人的模范赵占魁、女英雄李凤莲等。《建新》报比较注意反映工人开展的文娱活动。为了通俗起见，从第3期开始把副刊改名《俱乐部》，刊登小游戏、小故事、漫画、组字画、歌曲、谜语以及各个工厂俱乐部工作情况或经验。报纸刊发了不少工人创作的反映立功活动、工人转变思想过程的连环画。1949 年 9 月，全国文代会期间举办的第一届全国美术展览会上，陈列了不少建新公司工人创作的美术作品，其中很大一部分就是在《建新》报上发表过的。后来，这些作品作为《工人创作画》出版，是中国最早汇集工人美术作品的作品集。

《建新》报很重视通联工作。各厂的职工会成立 3—5 人的通讯组，各个生产小组都有 1 名采访员。各厂工人写的稿子由工厂职工会宣传科送交报社。报社对通讯员有四大保证：保证及时退稿，详细提出意见，有错字必改；保证有时间性的稿子按性质及时转大连几家报社发表；保证按月发给稿酬；保证按工作阶段打出报道中心。报社对通讯员也有要求，主要是文章实事求是，质量不苛求；不用"之、乎、者、也"，避免工人看不懂，字数一般不超过 1000 字；积极开展写稿竞赛，通讯员要组织、推动、帮助、说服工友写稿。报纸还经常介绍通讯员活动情况，介绍写作知识，提高通讯员写稿积极性和写作水平。该报通讯员队伍发展很快，到终刊前有特约通讯员 35 名，基本通讯员 100 余名，普通通讯员 500 余名。共收到各种稿件 5000 余篇，刊用 1700 余篇，采用稿量占三分之一。《建新》报初期每期印 1000 份。报纸按工会系统下发，每个工会小组 1 份，并增发了一些张贴报供职工阅读。1949 年 9 月 2 日，《建新》报终刊，前后共出刊 50 期。

第八节　苏联红军对大连地区新闻报业的管制

苏联红军从 1945 年 8 月中旬进入中国东北全境，到 1946 年 5 月，除旅大地区以外全部撤回本国。5 月过后，在东北的苏军仅剩下根据中苏条约允许苏军保留的军事区——旅大地区的驻军，人数为 1 万左右。 由于此前苏军在东北大多数城市都是短暂停留，因此，他们在各地只热衷于忙着拆运各种工业设备，包括一些报社的新式轮转印刷机等，对发展新闻事业并未做打算。沈阳的苏军卫戍司令部虽然经常用中文印刷苏联塔斯社的电讯稿，在街头张贴与散发，但是直到其奉命撤退回国，也没在沈阳出版过一份报纸。

苏军在辽宁地区办的唯一一张中文报纸，就是由驻旅大地区的苏军指挥部出版的中苏合办的中文大报《实话报》。该报是与当时旅大地区的《人民呼声》《新生时报》齐名的三大报之一。中共党员李定坤等被派参加该报工作。

客观地说，苏联对辽宁地区新闻报业的影响，不仅仅来自于它自己出版的报纸，更重要的是它以特有的苏联模式对辽宁地区报业的管理产生的影响。

苏联和国民党政府之间签有《中苏友好同盟条约》，因此，对在其所辖地办报，就不能不从这一实际情况出发进行考量。苏军进驻旅大地区后，为了维护苏联与国民党政府之间的外交关系，让外界看到他们在国共之间所持的中立态度，对所管制的旅大地区中共所办的各种报纸在意识形态方面都进行严格管理。不仅报纸的出版要得到苏军批准，就连办报的方针和宣传内容，也要遵照苏军的意见。由于苏军没有同意国民党在大连湾登陆进入东北，中共便得以在隐匿身份的情况下抢先以职工联合总会等各种名义办了10余种报纸。但同时，苏军的管制政策对中共办报又形成了多方面的制约。这样，中共在这个地区办报，与中共在其他解放区办报的情况就有很大区别。例如，中共大连地方党组织的机关报，不能以党报的面貌出现，而要以其他名义如职工会的名义发行。在报纸意识形态方面的限制就更多了。例如，对通讯社电稿的采用，不能只局限于新华社、塔斯社，中央社和西方通讯社的稿子也要用。而稿件中，中共习惯用的“蒋管区”“蒋军”都要改成“国统区”“国民党军”。更不能用“蒋匪”等对蒋介石有贬损的词句，对文章内容的表达方面必须遵守苏方的分寸和方式，共产党搞的革命活动有的也不能见报等等。于是中苏双方意见时有分歧，经常需要协商解决。有时报纸未能接受苏军报刊检查部门的意见，稿子要改写、撤换、重排，还开过“天窗”，《大连日报》甚至曾被罚停刊一天。苏军的这种管制令中方报纸的许多工作人员十分不理解，甚至在实话报社还造成了中方人员辞职的事件。

在实话报社内部，中国工作人员承担着大量的工作业务，包括俄语文章的翻译、新闻报道的写作、地方新闻的采访以及来自莫斯科中文广播的听写记录，范围广泛。其中《实话报》刊载文章的半数以上转载自苏联国内出版的书籍及国内各大媒体发表的稿件，日常汉译工作量相当繁重。据当时担任《实话报》翻译的宋书生回忆，中国职员每个人的日常工作量都非常大。具体而言，“每期两版约 3 万字，除去地方新闻，需要翻译的约为 2.5 万字，每月 25 期，共 62.5 万字，分摊给 12 名译员，每人每月要完成 5 万多字。以我本人 1949 年 8 月署名的文章为例，共 7 篇，总字数 3.6 万字，再加上每天都要翻译的电讯稿，至少也有 4 万字”[①]。以社长谢德明为首，实话报社内中文造诣精深的苏方工作人员有几个人，他们主要负责向中方译者解释说明俄文原文的内涵、检查汉语译文、审查刊载文章等，汉译工作则由中方人员承担。对此苏方的理由是苏方职员需要精力从事报社管理，真正原因在于苏方的翻译人才短缺，其中一部分人的汉语水平还不足以完全独立翻译。中方人员虽然承担了全部日常翻译任务，但并不参与原文的选择工作。选择什么样的文章刊登，完全由苏方决定。在实话报社，“所有中方工作人员属于雇员性质，协助苏联办好报纸，对苏方的办报方针、业务指导、行政管理均无权过问”[②]。在这种情况下，中方人员更是无缘参与领导层的重要决策，苏方牢固地控制了对《实话报》的领导权。

由于中、苏两方面鲜有沟通，中方编采人员的一些意见得不到伸张，随着时间的推移，中方人员累积了太多的不满情绪，加之苏方在报道上对国民党政府采取的暧昧温和态度，弱化对中共解放区的报道等，都加重了中、苏双方工作人员的摩擦与分歧。中方人员一度提议通过设立编委会进一步加强双方间的合作，并以报社内的中共党支部的名义起草了一份意见书递交给苏方，但最终没有被接受，苏方人员解释《实话报》就是要服从苏联政府的外交方针，按照苏军指挥部的指示办报。矛盾没有得到及时的排解，最终爆发为《实话报》的主要翻译、中方人员秋江辞职。

秋江辞职后，苏军当局采取一系列新措施，开始留意改善报社内的气氛。首先设立了专由中方人员担任的副总编辑、编辑部副主任、地方新闻部副主任等职位，中方人员的编辑意见开始逐步能够反映到版面上。尽管原则上所有的

① 宋书生:《终身事业始于此》，大连市史志办公室编:《大连实话报史料集》，第 466 页。

② 常公权:《人生最美好的回忆》，大连市史志办公室编:《大连实话报史料集》，第 504 页。

报道都还需要通过苏方的审查，但中方逐渐获得了对一部分报道的审批权。

苏方在实话报社内，对中方的编采人员采用苏联国内报社的用人方式，也给中方报社留下了很深的印象。在实话报社内，苏方掌握着主要的话语权，中共方面则处于从属地位。尽管旅大地委在《实话报》的人才、设备等方面给予不遗余力的配合与支持，但中方在报社的编采发行上却没有决定权。苏方从行政管理到编采业务，都采用自己的一套方式。例如，在人事制度方面，苏方通过签订一般公司的雇佣合同向中方工作人员支付薪水。这种雇佣制度对所有在实话报社工作的中方人员都执行，无一例外。曾任《实话报》中方党支部书记的欧阳惠在回忆他初进报社时的情景时说：

> 1946 年秋天，我滞留在大连等待去南洋机会之际，延安时期的同学，当时在《实话报》做翻译的秋江同我说："《实话报》很需要你这样的人才，你到我们这里来吧。"那时我妻子已经在《实话报》开始工作，回到家里她经常同我聊起《实话报》的事情。她所说的事情在我听来既新鲜又有意思。我早在南洋的时候，就对作为世界革命中心的苏联抱有强烈的向往之情。在延安大学之所以选择了俄语为专业，也就是出于这一原因。
>
> 于是我马上前往《实话报》接受面试。谢德明社长很高兴我的到来。开口便用孔子的话"有朋自远方来不亦乐乎"热情地向我打了招呼。我还说了，你的中文说得比我的还好，因为我是华侨，古文不行。谢当场就决定要我。后来知道，其实谢德明已经从秋江那里对我的情况有了大体了解后，让秋江同我打招呼。创刊初期的《实话报》，别说是俄语的人才，甚至连普通新闻报道人才都奇缺无比。
>
> 谈话结束后，他们递给我一张表格让我填写。仔细一看，是《实话报》以"雇员"的名义雇用我的合同。合同上除了工资金额以外，还明确地规定了试用期为 3 个月。俄语中的"雇员"除了"雇员"以外，还有"专家""顾问"等语义，我尽量从好的角度去理解。但说实话，突然间递来一张雇佣合同让自己马上签名，总是不大舒服。

欧阳惠于20世纪40年代初到达延安，在延安大学学习俄文，并在中共中央海外工作委员会训练班接受训练。抗战结束后，作为华侨队队员被派往出生地泰国，后随同大队中共干部进入东北。原打算取道南朝鲜，从海路前往香港，由于战后朝鲜半岛南北局势没能进入南朝鲜，被迫折返大连。在大连等待南下机会滞留期间，进入实话报社。

欧阳惠对签订合同决定雇佣这一用人形式感到难以接受。他对苏方强调自己不是为了获取报酬，而是受中共旅大地委的委派，作为党的工作任务前来《实话报》，因此不需要工资，强烈要求免除签订合同书这一手续。

> 谢德明并不采纳我的意见，“那是你们的事情。我们这里是苏联的报社，一切都必须按照苏联的规章制度办事。到这里《实话报》工作的中国人员人人都签了这个合同书，无人例外”。[①]

总之，在解放战争中，苏军对旅大地区实行的军事管制，对中共的新闻报业发展既起到了保驾作用，同时也进行了严格的管理与限制，当然，所有这些情况随着苏军的最后撤离，都自然消失了。[②]

---

① 郑成2004年8月10日在泰国曼谷采访欧阳惠记录。

② 除已标注外，本节部分内容依据郑成：《国共内战时期东北地方层面上的中苏关系——以旅大地区苏军〈实话报〉为例》。

第五章
中共在辽宁地区所办报纸的鲜明特征

中共在辽宁地区所办报纸在意识形态方面所呈现出的党性与阶级性的特点十分明显。

与国统区国民党所办的报纸不同，中共在辽宁地区所办报纸完全站在无产阶级和人民大众一边，不遗余力地宣传土地改革、保家卫田，宣传中国共产党争取和平民主的建国方针和揭露蒋介石集团独裁统治以及进犯解放区的真相，报道解放区军民英勇自卫的事迹和战争的实况，使报纸成为中国共产党用来宣传群众、教育群众、组织群众、武装群众的喉舌和武器。

第一节　突出报纸的党性和政治倾向性

1. 开宗明义做“喉舌”

1948 年，刘少奇在对华北记者团讲话中谈道：“你们的笔，是人民的笔，你们是党和人民的耳目喉舌。”清晰地提出了党报必须要做好两个方面的“喉舌”的要求。为策应中共在东北战场上与国民党武装力量的相互博弈，打好舆论战，中共辽宁地区所办报纸在意识形态方面突出了它的“喉舌”属性，使之真正成为解放战争时期中国共产党和人民大众的喉舌。而报纸同时还应该具备的信息属性、文化属性以及商品属性等都必须在“喉舌”这一根本属性的统领下而存在。无论是时政新闻，还是所登载的有限的社会生活信息和文化艺术方面的稿件，在其内容的选择上，都以是否具有“喉舌”属性为其选择的基本前提。而在当时的历史条件下，中共报纸的文化、信息、商品等属性则处于极其边缘的状态，尤其是商品属性几乎可以忽略不计。

东北大区报《东北日报》，以及《安东日报》等中共辽宁地区的报纸从诞生之日起，在报纸的意识形态方面就显露出鲜明的政治性与阶级性。例如《东北日报》在其创刊号的发刊词里明确提出报纸的政治立场，“最近中国共产党中央委员会所提出的，和平民主团结的建国方针，也就是本报今后努力的方向。”表明了该报作为中国共产党的舆论“喉舌”的态度。同时申明“本报就是东北人民的喉舌，他以东北人民的利益为利益，以东北人民的意志为意志，反映人民的要求，表达人民的呼声，为巩固中苏友好团结以保障远东和平，为东北人民自己做主的民主自由繁荣的新东北而奋斗。一切都为东北人民而服务，这就是我们的宗旨，我们的天职”。《安东日报》的第 2 期在一版显著位置发表了刘澜波为《安东日报》创刊所写题词：“说老百姓要说的话，做老百姓要做的事，为东北人民大众的民主自治而奋斗。”更进一步明确地表达了该报为人民服务的阶级立场。

2. 突出宣传党的基本知识，扩大党的影响

中国共产党诞生于 1921 年 7 月，到 1945 年八一五光复已经有了 24 年的历史。但是，由于东北地区一直处于日伪政权统治之下，沦陷了 14 年，好多民众只知道有“满洲国”，“满洲国”之外还有国民政府和中央军，对于共产党和共产党领导下的人民军队等所知甚少。因此，为了更好地宣传群众、教育群众、组织群众、武装群众，让群众尽快了解中国共产党是无产阶级政党，中国共产党领导下的军队是人民的军队这一属性，辽宁地区所办报纸把宣传普及中国共产党的有关理论、常识，作为报纸的报道内容之一，尤其是每到 7 月 1 日中国共产党诞生纪念日前后，几乎所有报纸都会进行一次

集中的宣传。如大区报《东北日报》1948 年 7 月 1 日一版头题就登载了《中共中央宣传部关于纪念七一和七七的通知》，报纸还发了社论《统一意志，统一行动，统一纪律——纪念中共诞生廿七周年！》，同时还在一版显要位置刊登了一幅《中国人民领袖毛泽东》的大幅照片。

辽南军区政治部主办的《战友》报在 1948 年 6 月 23 日和 1948 年 12 月 3 日两次出版增刊（单页 2 版），介绍党史资料，如中国共产党的产生与中国革命、北伐战争、十年土地革命战争、八年抗日战争，还有“七一”“七七”纪念史料等等。同时登载了表扬模范党员干部的《工作积极打先锋》《模范党员又是功臣》《处处起带头作用》等文章。1948 年 7 月 1 日《战友》报一版登载《后勤部纪念“七一”召开贺功会，筹委会准备大批衬衫袜子胰子烟卷并赐奖旗十面》《“七一”是什么日子》等文章，第二版整版介绍《各国共产党的强大阵容》，列出国名、党名、领袖、机关报、战前党员数、现在党员数、国内政治地位等等。这些报道扩大了中国共产党在人民军队和人民群众中的影响，强化了中国共产党在人们意识中的地位，提高了中国共产党在人民群众中的威信，对于中共在辽宁地区建立巩固的根据地，争取解放战争的最后胜利起到了积极的推动作用。

以《东北日报》为例，从 1945 年 11 月到 1948 年 11 月整整 3 年的东北解放战争中,《东北日报》作为东北局的机关报，在组织上接受党的领导，在报道上以东北局的中心工作为报道中心，大力宣传党的方针政策，始终都把反映和体现党的方针政策作为登载稿件的首要条件。所登载的言论，要求结合实际把党的方针政策深入浅出地解释明白。所登载的新闻报道，要求反映出党的政策在群众中具体化的过程。

3. 及时宣传中共军队的战绩及英模人物，全面揭露国民党的反动本质

中共在辽宁地区所办的报纸对国民党反动派的反动本质进行了全面揭露和针锋相对的斗争。

在抗战胜利前，国民党在东北没有一兵一卒，是中国共产党领导下的抗日联军一直与日寇进行顽强的斗争。但是，国民党为了抢夺东北抗战的胜利果实，公然宣称“日本投降前东北没有共产党军队”，“绝不能在政治解

决与军事调处之内”的谰言。在党的领导下，为了驳斥这一论调，《东北日报》组织记者采写大量稿件，用事实对此进行回击。例如，1946年3月17日发表关寄晨（穆青）写的长文《中国共产党与东北抗日联军十四年斗争史略》。文章以三个版的篇幅系统介绍：一、抗日救国运动的萌芽与旧抗日军的瓦解；二、中共统战政策的贯彻，人民抗日力量的发展；三、东北抗日联军的组成，人民抗日力量的统一与巩固；四、东北抗日运动的高潮，抗日联军的辉煌战绩。文章用事实说明：在中国共产党领导之下，东北人民始终没有放弃过武装反对日本侵略者的斗争。1946年3月18日《东北日报》发表社论《中国共产党与东北人民的血肉关系》，用东北抗联在东北坚持14年抗日战争的事实，驳斥了国民党反动派的无耻谰言，揭露了国民党不愿意和平解决东北问题，而想继续在东北进行内战的阴谋。

与国民党在东北各大战场上的武装斗争，是这一时期中共在东北地区的中心工作，也是辽宁地区中共各报的报道中心。面对美式装备的国民党军队，中共的报纸在意识形态方面给予正面导向，用许多以少胜多，以弱克强的战例来说明一个道理：战场上决定胜负的是人不是物。《东北日报》《安东日报》《辽东日报》以及大连地区的各家报纸、部队所办的各军报，都积极跟进战事，报道中共在战场上取得的每一次胜利和涌现出来的战斗英雄和模范。《东北日报》《安东日报》《辽东日报》等报社还派有专门的战地记者，写出了大量的军事报道。以《东北日报》为例，著名的报道有：1946年6月10日的《秀水河子攻击战》、刘白羽1946年5月5日的战地通讯《英雄的四平街保卫战》、程航1946年11月15日的《伏龙泉战斗》、1947年2月19日一版的消息《以少胜多创造范例，战斗模范杨子荣活捉匪首座山雕，摧毁匪巢，贼匪全部落网》、1947年3月19日的《歼灭蒋军八十八师战斗片断》、1947年2月13日华山的战地通讯《其塔木战斗的英雄们》等。1947年4月2日转载的《自卫报》社论《东北战局在变动中》，说明1947年1月以来，东北战局朝着有利于中共方面变化，中共已开始转入主动，国民党军队则正走向被动。1947年5月23日发表社论《论东北战局》，指出夏季作战不过10天，东北前线各个战场上捷报频传。这一胜利标志着东北战局发生了巨大变化，进入了一个新阶段，即由拉锯战的形势，走向全面反攻的过渡阶段。

1947年6月25日报道了《民主联军发言人指出东北战局根本变化，蒋军兵折将损，败局已定》。1947年10月19日发表社论《大量歼灭蒋陈匪军》，称“常败将军陈诚到东北就职不到半月，我军即展开秋季攻势，给了这个志大才疏的人一个下马威，打得他头破血流”。这次攻势，仅一个月期间，就歼灭了蒋陈匪军四万余人，收复十城，毙伤蒋匪团长以上军官21名。1948年1月29日发表《英勇的黑山阻击战》，1948年3月1日发表《大炮打开辽阳城》，1948年3月12日发表《大进攻鼓舞新区人民，海城五万群众参战。收复鞍山之役，四千余担架二千辆大车随军服务前线》，1948年7月22日头版发表《共产党员董存瑞英勇爆炸扫除障碍 自我牺牲换取胜利》。1948年8月13日 发表的《东北三年》的文章，指出三年来东北战局变化很快，其总的形势是蒋军从大举进攻变为防御，以至现在的困守少数孤城，并面临着全部被歼的命运；而东北人民解放军则从对敌采取攻势防御，发展到全面进攻。敌我力量对比发生根本变化。1948年10月21日发表的新华社稿件《郑洞国率部投降 我胜利收复长春》。1948年10月30日的《辽西围歼战彻底胜利，全歼敌精锐五个军》、1948年11月24日的《活捉廖耀湘经过》、1948年11月17日的《蒋匪军兵败如山倒 沈阳守敌纷纷投降》、1948年11月22日刘白羽的《光明照耀着沈阳》、1948年12月4日的《东北战场三年来歼灭蒋军百万》等等，这些报道用事实说话，深刻揭露了国民党反动派外强中干必然灭亡的本质，极大地鼓舞了中共部队的士气，激发了官兵的斗志，增强了军民的必胜信心。

4. 宣传党的阶级路线，教育群众， 统一思想认识

这一时期的军报以军旗跟着党旗走，“党指挥枪”为指导思想，在报道军事新闻的同时，结合部队的实际，围绕党的中心工作展开报道，对部队开展的“阶级教育”“土改运动”“诉苦运动”“拥党运动”“立功运动”等都做了集中报道，使这一时期的军报在意识形态方面有着极为强烈的党性和政治性。

《战友》报对中共土改工作作了集中报道。1947年12月5日《战友》报第一版左上打出征集土改工作方面的稿件启事：“土改学习报道中心：一、

各单位土改学习的进度及动态。二、对土改各种不同的认识。三、学习过程中发现什么新问题。四、回忆与争论过什么问题。五、土改学习中坦白反省的典型材料。六、领导土改学习的经验与总结。”而当天该版的头题稿件就是关于土改工作方面的报道《肃清模糊观念坚定阶级立场，后方军直展开土改学习与四查运动，文件学习已经结束现正进行第二阶段》。报道称：“军区后方直属队为进一步提高机关部队干部战士的阶级觉悟，肃清对土改的模糊思想，坚定自己的阶级立场起见，自上月二十四日展开热烈的土改学习，查阶级查立场查思想查作风，历时两周，现第一阶段已胜利圆满结束。现将学习情形综合报道如下：……”该篇报道近两千字，几乎占据半个版面。该报道显示出部队对中共土改工作的高度重视。在学习之前，由学委会负责干部把土改学习的目的与重要性，在干部与战士中进行了深入的思想动员，强调，“一、……以这次学习成绩的好坏作为衡量我们为人民服务的尺度之一，号召大家在学习中争取学习功臣。激励了学习热情，使每个人对这次学习在思想上做了充分准备，造成人人愿学习的高涨学习情绪。二、建立了学习组织，明确地规定了学习时间。首先根据单位的大小、人数多寡划分学习小组，选出学习小组长。……三、展开集体讨论。为了使问题深入钻研，展开了集体讨论。（全直属队）在讨论前领导上根据小组讨论的问题与具体情况，规定了几个讨论题：地主是怎样发家的，是否有劳动起家的？土改后是否还能发展成地主富农？孙中山先生的耕者有其田与我们所实行的耕者有其田有何不同？你对土地法大纲第四条废除债务问题有何意见？动员大家在小组上进行研究讨论，写个人的发言提纲，同时培养了典型和积极分子与发言骨干，讨论时争辩得很热烈，情绪非常高涨，人人争着发言，不肯落后，造成紧张热烈的争辩场面。在讨论地主是怎样发家的、是否有劳动起家的时，大家都争先恐后地发言……”报道在最后说：“这次学习收效很大，基本上肃清了几种糊涂思想，提高了阶级觉悟，稳定了阶级立场，抨击了地主封建思想，树立了对阶级敌人的仇恨心，从思想上弄清了为谁当兵，为谁打仗。现正进行第二阶段。”报纸用生动的事例，朴实的语言，将中共的方针政策贯彻到群众中去，起到了“上情下达”的党的“喉舌”作用。

第二节　突出报纸的阶级性，做人民的“喉舌”

东北解放战争时期，辽宁地区成为国民党与共产党角逐的主战场，客观上形成了国民党政权统治下的国统区和中共民主政府领导下的解放区两种不同的政治、经济、生活空间。两种不同政权下的人民群众，过着截然不同的生活，有着不一样的心声。《东北日报》等辽宁地区解放区报纸在做好党的“喉舌”的同时，认真履行为人民服务的责任，报道群众生活，体察人民疾苦，反映人民的心声，做人民的“喉舌”。

1. 揭露国统区国民党政府的黑暗统治和民不聊生、兵不聊生的惨状

抗战胜利后，东北地区的百姓一度受日伪残余分子的反动宣传，认为只有国民党政府才是“正统”的政府，国民党军队才是“正统”的军队。但国民党黑暗腐败的统治很快就让老百姓大失所望，民间流传着“等中央，盼中央，中央来了更遭殃”的顺口溜。对国统区的沸腾民怨，中共辽宁各解放区报纸都给予充分的报道。

《东北日报》1946 年 3 月 22 日刊载的《国民党“接收”后的哈尔滨》，揭露了国民党“接收”要员们与汉奸、特务勾结在一起，忙着“接收”的是资财，要员们生活阔绰，而百姓生活并未得到改善和救济，“煤要 2 元一斤，高粱米 5.5 元一斤。在人民政权下的本溪和海龙只 1.5 元一斤。老百姓说：‘八路军来了，也没有逼人不许涨价，粮食也没有贵。中央来了嘴里说要平定物价，但是物价却一个劲儿往上涨。’哈市物价高涨的原因是工厂没有开工，商店关门的也很多。中央流通券在市面流通，没有一定的资财做基础，只是拿票子买票子，但中央社却谎言报道说‘物价下落’，因此人民深觉不满”。

1946年8月8日《东北日报》刊载的《国民党停用红军票人民陷绝境》，

反映的是国民党背信弃义，不顾人民生计困苦，片面宣布苏联红军百元票停用后，造成市面工厂、商店停业，物价上涨，好多百姓活不下去寻短轻生的局面："当日早晨市场中有很多不知究竟之小本行商卖出大量物品，换来红军票，顿成废纸，'不禁抱头痛哭'。……中银门前人群工友大声疾呼：'这真苦了工人。我们都是月末发饷养活家中老小，这次政府突出这样手段，势必逼我等一死呀！'当夜12时许，人船町三丁目五番地户主高承业自行缢死……许多商店对国民党军警所持百元票'拒绝不了'，只好'关门大吉'，市民怨声载道。"

1946年10月2日《东北日报》刊载陈笑迟的《长春丑剧三则》，揭露国民党官员的享乐腐化，荒淫无耻。

除此还有《辽宁八月尝苦果》《今日的海龙》《请看今日之沈阳》《沈阳官场图》《解放前的沈阳》等稿件，也都揭露了国统区国民党的黑暗统治，对国统区民不聊生的现实和百姓渴望和平的愿望都进行了如实的报道。

2. 反映弃暗投明国民党官兵的心声

辽宁地区中共报纸也登载从国民党军队逃出或被中共在战场解放过来的国民党军队官兵的文章，以现身说法的形式，控诉国民党的残暴黑暗统治不得民心，讲述他们在解放区的所见所闻和亲身感受，国民党和共产党的对比，让更多的人认识到蒋家王朝最终必然灭亡的下场。

《东北日报》1946年10月15日登载的《国民党军士官日记节录》，就是中共在如皋自卫战中缴获的国民党军第四十九师二十六旅七十八团一营营长杨家悸的日记，总共八篇，其中1月21日的日记就说："军中士气不旺盛，就以我自己来说亦有这种思想，的确在今后半年之内是在扩大内战，如继续干下去，前途没有希望，当然会丧志了。"3月20日日记载："本日仍继续雀牌战，因彻夜不眠，每个人面色皆惨白如纸，不忍睹视，毕后互谈军人出路问题，人人苦闷，到12时后才怏怏回营。"这本日记真实地反映了国民党军官阶层前途渺茫，不知何所从的灰心丧气的状态。另外所登载的记者采写稿件有《我们不打了》（1946年6月10日辽东日报社著名战地记者韩川采写的国民党军一八四师起义一事）、《我们没有一个愿意打内战》（1946年12月

31日)、《一个新一军逃兵的自述》(1946年11月14日)、《从地狱到天堂》(1947年2月26日)、《控诉》(1947年3月23日)、《孩子俘虏》(1947年6月24日)、《我为啥跑过来?》(1948年6月30日),等等。其中最具代表性的就是著名战地记者华山采写的《蒋军遗尸上的家信》,内容摘要如下:

我军掩埋其塔木蒋军遗尸时,汇集到好些家信。

染满水痕,信皮揉损,贴着"航空"印鉴,从辽远的南方转辗东北。竟能落到亲人的手中,在他们怀里沾上汗渍——从这些珍贵的家信中,我又一次看到了自夸为"天下第一军之铁拳"的"无敌"一一三团,他的士兵都是被驱送到内战前线的善良人民,他们被蒋家匪帮赶到东北人民的松花江畔,终于撇下张饿着嘴的家人,怀着无以申诉的悲恨死去了。

其中最触目惊心的,是"天府之国"四川的来信竟写着"十室十空""六粮不收"。收信人刘继威已经尸体模糊,只能判断出是班排长模样的人了,而他的父母、妻儿在信中所显露的焦灼音容,依然清晰可见……

"近来咱处,连年遭荒旱之灾,人饿死大半,外逃者不计其数,实难过活。民间十室十空,人之所食,树叶青苗糠等,实如牲畜。你想咱居家数口,无人照管,你哥有腰疾,不能求取生活,你想咱家难也不难!我儿见信后,即速返里,否则咱父子就不能见面了。"写完这最后一句话,又补笔加上"千万千万,为想为盼!"字迹颤抖,不忍再读。

同一天来的,还有他儿子兰坤和桂臣"叩禀"的信,草草6行字,除了遥祝"饮食如常,诸事顺遂",便是"俺母子在家受苦,盼望你早早返里,照管家中,亦免我祖父母操心为盼!"

……这一家老弱六口,把他们的希望寄托在"祈求上官,准假返里",如同其他蒋军士兵的家书一样。但是以人民的血做赌注的蒋军"上官",却把他们的命葬送了,连尸首也扔下不管。

但是解放区的人民要管的!人民不能让这个被丢弃的四川人含

着愤恨暴尸异乡，不能让这些血泪写成的家书被蒋介石悄悄埋在北国的冰雪里！

“猛醒回头，放下武器！”这就是人民的正义召唤。

为了强化这方面的报道，《东北日报》还在该报4版创办了不定期出版的《解放军人》专刊，到1948年10月1日共出版了12期。该版由《解放军人》编委会主编，其稿件主要是由中共俘虏过来后在“解放军官团”里接受教育的国民党军官写的，文章主要内容为他们在解放区所见所闻和亲身感受，国民党和共产党的对比，等等。1948年7月28日《东北日报》第4版的《解放军人》专刊刊登的国民党新三军五十九师迫击炮连少尉排副杨树贤写的《“平均土地”与“土地改革”》、国民党新一军五十师一五〇团上尉副营长连青峰写的《参观哈市工商业的感想》、原国民党暂五十一师二团少尉排长赵喜珠写的《认识了人民的力量》、原国民党七十九师二三五团上尉副营长吴琦写的《参观牡铁工厂观感》等。还有揭露国民党军队内部腐败堕落残忍的文章，如《解放军人》专刊1948年10月1日刊载原国民党新六军十二师工兵营第一连准尉特务长王荣安写的《谁害了这个女人》、国民党前九十四军四十三师一二七团二营营长李德驯写的《我的罪行——武装“采购”》、原国民党六十军五十二师一团二营六连上士文书关丰春写的《一个新兵的惨死》、原国民党七十一军军部汽车连上士军需王德润写的《谁是土匪？》等。

中共军报也十分注重来自国民党军队官兵的报道。如1947年12月5日的《战友》报第2版登载《张志翔等三名青年声明退出三青团》，主要讲张志翔等三名青年被欺骗参加国民党三青团反动组织，经中共部队教育后认清蒋匪卖国独裁暴民的真面目，纷纷声明脱离反动组织，“彻底反省决心不再做蒋匪的狗腿重做新人，宣示永远跟着共产党走”。1947年12月5日《战友》报第4版（类似副刊）头题《早晚是你们的干粮》，内容如下：

陈匪的二十五师七十四团被歼之后，大批的俘虏被释放了，他们回到蒋匪那里后，便向蒋匪士兵宣传说：“人家民主联军，又不打，又不骂，还优待咱们，愿在里面干，人家欢迎，不愿在里面干便发给路费回家，真好极了！”蒋匪士兵听到后，都深刻地记在心中，好找机会往民主联军跑！但他们谁也不敢在表面上暴露出来，只是暗暗地在心里盘算着！

自此以后，蒋匪二十五师的各个兵团，每天都发生逃亡。为了挽救这一危机，于是七十三团便派出来了一个搜索排，任务是——抓逃兵。搜索排刚到汤岗子不到几天，不但没抓着逃兵，反而跑了四个人带了一挺机枪，还把排长的冲锋式也带走了。七十三团团长着了急，即刻把搜索排调回鞍山整顿一下。搜索排到了团部之后，排长被押起来了，并且准备枪毙，来镇压士兵，但逃亡的现象一天天地更严重起来，无计又把搜索排调到汤岗子去。

搜索排的十几个当弟兄的，一看当官的不在面前便议论起来：他妈的，就剩咱们这几个人早晚当不了垮。有的说：“连伙夫也当不了被民主联军抓去。”士兵们都不愿意再干下去了，各人抱着各人的心眼，找机会往民主联军跑。搜索排到汤岗子第一天晚上，伙夫柳喜荣就被我们的便衣抓来了，他很高兴地说：“你们不把我抓来，早晚一天我也当不了跑来的。”他换了另一种口吻说：“搜索排那十几个当弟兄的，早晚是你们民主联军的干粮！”

中共辽宁地区报纸做人民的“喉舌”，并将这一触角延伸到国民党军队内，反映那些不满国民党政府扩大内战、实行腐败统治而投奔中共队伍的官兵的心声，用他们的切身体会现身说法，具有极大的宣传和鼓动性，瓦解了国民党军队的士气，提升了中共解放区军民的斗志，对推动解放战争的胜利起到了推动作用。

3. 突出报道解放区农民积极参加土改运动、保家卫田、踊跃参军支前等大好形势

在反映解放区民声民意方面，辽宁地区中共所办的报纸侧重报道了在人民政权下，老百姓生存状态和精神面貌的变化，人民群众拥护中国共产党

拥护人民军队，积极参加土改运动、生产运动，农民群众保家卫田，踊跃参军支援前线等，与国统区形成强烈的对比和反差。刚刚成立不久的《东北日报》于1945年12月14日发表了《本报最近采访纲要》，提出这一时期的报道要点为：接收管理敌伪工厂以后，公私工厂复工情形，关于工农群众中反汉奸压迫专制情形，关于反对增租增息实行减租减息，关于组织农村生产提高人民生活，等等。这一采访纲要体现了报纸下情上达做人民"喉舌"的特点。随即，《东北日报》于1945年12月23日发表邵宇写的文章《本溪工人的过去与现在》、1946年1月21日发表华君武等人写的通讯《十四年来本溪煤矿工人的人间地狱生活》、1946年2月1日报道《清原县新民屯群众开展反恶霸斗争》等。1947年12月19日《东北日报》发表了一位刚刚入伍不久的新战士的母亲，在去部队探望儿子回家后写给儿子连队和儿子的信——《两封平安家信》，其中在写给儿子的信中，表达了这位翻身后分到了土地牲畜农具的母亲对中国共产党的热爱与感激之情，对人民军队的信任，勉励儿子多多立功报答党恩的心情。这位母亲的信中所言，从一个侧面代表了当时翻身农民的心声。这封信的全文如下：

（王）桂德吾儿悉：

母前由哈归来，一路平安。于11月28日晚9时抵家，不必悬念。家中一切事情均吉。现在的场已快要打完了。汝父及老鲍你二叔身体均健壮。家中一切非常顺善，望吾儿不必挂念，安心为百姓服务，牢记三大纪律八项注意，万望不要丢去革命军人身份，艰苦奋斗，去为人民立功！此乃家中之至盼。现在咱们家是翻身后的老百姓，受了多少辈子的苦处，可一下子见着了晴天，不受压迫和剥削啦。万望吾儿千万不要忘了本，那才是我的好儿子呢，如要忘本的话，那就不是我的儿子了。切记切记不要忘本。现在咱们家中分得一头大牛，又买了一匹小马。咱们要不翻身的话，能有今天吗？你好好想想吧！现在你父不再烧锅了，烧锅已经结束了。千万记住咱们现在过好日子多亏共产党，你想一想不要忘了共产党给咱们的福享啊！你要多多立功，早日解放蒋管区受苦受难那些老百姓，他们也是我们的人，早日打垮老蒋，救出蒋管区在水火中的老百姓。你革命的前途无限量，和各位同志要和气，不要闹意见。都是我们的亲兄弟，互相帮助！祝你身体健壮，为革命奋斗吧！

转告义儿：姜发母亲现已经回家了，不要惦念，安心为老百姓服务吧！

母名不具 12 月 3 日

经过三年土改运动，在解放区彻底打垮了封建势力，消灭了农村剥削制度，翻了身的农民觉悟提高，改造了乡村政权，建立了人民武装，随之掀起了参军支前热潮。辽宁地区解放区报纸以“穷人江山穷人保”、“翻身农民保田保家”、踊跃参军、后方人民热情支援前线等为内容进行了大张旗鼓的宣传。《东北日报》先后报道了《十万人民奋勇助战，冰天雪地运护伤员》《五千担架拥上前线，榆树数万人参战》《扶余人民全力支援前线》等消息。同时还发表了相当数量的人物特写、速写、通讯，如《三棵树拥军盛况》《民夫担架队片段》《前线担架队的故事》《永北前线担架队速写》等，在《永北前线担架队速写》的“民主联军存在咱们才能活着”这一段中就有这样生动的对话：

年约 40 岁的队员老刘说：“民主联军待老百姓太好了，从来没见到这样的军队，中央军尽是一些坏小子，伪满的特务警察都过去了，怎能好！？”

“哪能叫中央！？就是二满洲，头年咱在吉林过江，中央军向咱要钱。吉林街上美国大鼻子狠啦，比小鼻子在满洲国还要狠……”

“那还不算，国民党还抓壮丁哩，他养的中央胡子，什么坏事都干得出来，某某堡子老朱头的闺女，不是给中央军强奸了吗？”老于急而又气地说。

而在《胜利是我们的，土地才是我们的》这一节里有这样的对话：

“在早，咱们过着遭罪的日子，共产党来了咱翻了身，出了气报了仇，申了冤，又分了地，今天另外谁来咱们也不乐意。”一个叫张贵的裂（咧）着嘴巴喊，他那短胡子的尖端，凝着几粒亮晶晶的水珠。

如果中央军打来了怎么办?

“不能，不能，他们来不了。真的来了，咱们就完了。分得的恶霸的土地房屋，都得倒出来。”小队长老徐非常肯定地说。

“对呀！不能让中央胡子来，来了我们就要帮助军队打垮他。”

“只有民主联军打了胜仗，我们才能有土地。”

“胜利是我们的，土地才是我们的。”

“抬担架送伤兵是我们自己的事情。”

“拥护民主政府，拥护共产党。”

“赶走国民党反动派，保卫我们的土地和民主。”

“……”

口号响彻飞雪的冷空，800 颗热血跳动的心，为了服务自卫战场，每个人的心里，都在准备如何贡献自己力量，这力量是无形的，他（它）将粉碎美国装备的蒋家军。

军报《战友》发表了一系列反映翻身农民参军后，接受部队的阶级教育，在诉苦、运动、拥党等运动中，表现出来的新的觉悟，和对共产党人民军队的热爱的报道。如 1948 年 1 月 1 日第 4 版的《为了团结不顾一切》《我为共产党死了也甘心》，1947 年 12 月 5 日第 4 版的《吐尽苦水参军报仇》等。1947 年 12 月 5 日《战友》报第 2 版刊发《军直侦察连　悲愤追悼烈士》，反映了部队用多种形式教育战士，激发斗志。在烈士墓前，军民一起为烈士献花圈、上香、读祭文、向死去烈士宣誓，全体同志都表示决心为死难烈士复仇。1947 年 12 月 5 日《战友》报第 2 版刊发了《入伍动机检讨会上　王洪家吐出坏水》。这些报道客观上映照出中国共产党在人民群众中越来越高的政治威信，得到了最广大人民群众的信任与支持。在中共的领导下，中共部队英勇作战，翻身农民支前助战，军民协同一致，交相辉映，形成了一股不可战胜的强大力量，预示了中国共产党将取得最后胜利的历史必然。

在特殊的历史背景下，解放战争中辽宁地区中共所办报纸在意识形态方面强调了它的“喉舌”属性，彰显了报纸的政治性与阶级性，对共产党的宣传群众、组织群众、武装群众，让千千万万的老百姓跟着共产党走，军民一心共同打败国民党取得东北战场的最后胜利，起到了积极的舆论作用。

第三节　辽宁解放区报纸的版面特点

解放战争时期中共在辽宁地区所办报纸除去在意识形态方面突出党性、阶级性、政治性的“喉舌”作用和“全党办报”等特点外，在报纸的版面呈现上也有比较明显的特点。

1. 解放区报纸版面特点

特点之一：辽宁解放区的报纸，各版分工基本固定。如《东北日报》的第 1 版为时政、军事新闻版，主要刊登解放战争各战场的动态、国际重要新闻以及中共重要会议、文告和社论。第 2 版为经济、社会、党建新闻版，主要刊登解放区发展生产及党群活动新闻。第 3 版主要是国际新闻、政论版。第 4 版为副刊版。版面严肃大方，分栏较多，题文占栏长短不一，标题梯形交错排列，讲究对称均衡，注意运用加框、圈线，并配以漫画和图片。

特点之二：解放战争时期，辽宁解放区的报纸标题有了新的变化。观点更加鲜明，形式比较多样，内涵较为丰富。1947 年到 1948 年秋季，中国人民解放军转入全面反攻后，捷报频传，有时甚至出现一天三捷、日克四城的喜讯。此时解放区报纸关于军事报道不仅篇幅多，地位突出，而且标题字号越来越大。

特点之三：解放战争时期辽宁地区中共报纸还运用美术作品来设计刊题、刊头、插图，经常刊登在报纸上的是配合当时国内外时政形势而绘制的时事讽刺漫画和战场形势地图。当时的《东北日报》就刊载了著名漫画家华君武绘制的许多时事讽刺漫画。他的漫画尖锐深刻，形象幽默，给广大读者留下深刻印象。1946 年 5 月 30 日《东北日报》刊登华君武到哈尔滨后的第一张漫画，题为“军民团结起来消灭掠夺人民的强盗”。1947 年，华君武在《东北日报》上发表了一幅题为“磨好刀再杀”的漫画。画面是一个身穿美国大兵服、太阳穴上贴了一块上海流氓常用的头疼膏的蒋介石，蹲在阴暗的角落，左手拿着“和平方案”盾牌，右手在磨刀石上磨刀霍霍，生动地刻画了蒋介石在美帝国主义援助下打内战，屠杀中国人民的丑恶嘴脸。这幅漫画中的蒋介石的形象深深印在读者的脑海中。这一时期华君武的漫画作品还有《变戏法》《分工合作》等，形象地揭露了国民党假和谈、真内战的伎俩。《东北日报》除了刊载本报作者的时事漫画，还时而转载苏联《真理报》《文学报》《鳄鱼》画报上的讽刺漫画。

辽宁解放区的报纸虽比较重视新闻摄影工作，但受制于当时战争的环境和条件，报纸上的新闻照片不多，印刷质量较差，影像模糊不清。如 1948 年 8 月的《东北日报》，全月只发了 13 幅单幅照片。其中，有 3 幅是转自苏联报刊展示苏联建设成就和苏军装备的景物图片，有 3 幅是反映东北农村土地改革、向农民颁发地照的照片，有几幅是反映人民群众团体的会议照片，其中一幅为第六次全国劳动大会主席台的 3 栏宽、2 栏高的照片，除了会标几个大字能看得清晰，幕布上的毛泽东主席、朱德总司令的画像以及主席台上就座的首长的图像都模糊不清。

2.《东北日报》等报纸的副刊及特点

中共辽宁地区解放区的部分报纸也办有副刊版。例如《文化导报》的《科学园地》《大陆》,《东北日报》第四版的综合性文艺副刊及《解放军人》《青年园地》《新闻通讯》《学生通讯》《戏剧专刊》《妇女》《卫生》《特刊》等,《安东日报》创办的副刊《现实》《工农园地》,《新生时报》的《新生副刊》《戏剧周刊》《妇女生活》《习作园地》,《胜利报》的《老百姓》《辽河》,《战友》的《战友乐园》《字谜》《小笑话》《顺口溜》等。这些副刊所登载的文章有随笔、散文、小说、秧歌、歌曲、笑话、诗歌、通讯、报告文学等多种体裁，有时也刊有译文。其突出特点就是政治性、思想性、宣传性强，用群众喜闻乐见的体裁形式和浅显易懂的语言风格，围绕中共的中心工作以满足各种不同读者群体的需要，起到党和人民的“喉舌”的作用。1946 年 3 月 24 日在海龙县（今梅河口市）出版的《东北日报》第四版，首期综合性文化副刊与读者见面。副刊向读者申明“主要是给城市知识青年看的”，其中包括大中学生和学校职员、机关职员、店员、部队官兵、文教工作者等。经常刊登的稿件内容有：指导青年思想修养和学习、反映解放区工农兵为和平解放而进行的翻天覆地的斗争、揭露国统区的黑暗统治等。副刊体裁多样化，有短篇小说、报告、速写、散文、新诗、歌曲、照片、短剧、书刊影剧评介、翻译作品等。

《胜利报》辟有《老百姓》《辽河》两个副刊，文字通俗，文章短小，形式活泼，内容多样，让初识文字的老百姓能看得懂。最有代表性的是副刊连载了章回体小说《国事痛》。这篇小说是为纪念八一五光复一周年，由报社编辑部集体创作的，参加执笔的有许立群、吴梅、张仲纯等。小说揭露了国民党的倒行逆施和反民主打内战的反动本质。小说《楔子》开头为一首《西江月》：“东北何人断送？沦亡十四春秋。如今喜复旧神州，不料刀兵重构！卖国独裁内战，蒋家一贯阴谋。人民觉醒争自由，专制王朝难久！”然后假托《西江月》作者是洮南乡下张昭老头，用和邻居闲谈的口气回顾往事，谈到日伪统治下东北人民亡国的痛苦，当年蒋介石对日寇侵略不抵抗的历史罪责，叙述共产党八路军配合苏联红军收复了东三省，打走掠夺洮南的“光复军”，分田分地给穷苦百姓。小说质问蒋介石为什么一定要派兵打内战，把问题尖锐地摆到读者面前。东北人民由于长期受日伪黑暗统治，许多人对蒋介石卖国投降、反共反人民的本质知之甚少，对美蒋勾结，挑起内战的阴谋及真独裁、假民主真相也不甚了解，对国共两党还有许多糊涂认识。因此，人们透过《国事痛》，普遍觉得真相大白。所以报纸一出来，大受欢迎，人们争相阅读。有的书店汇印出书，行销东北各地；也有民间艺人改编成评词、鼓词说唱。《国事痛》的发表，把形势教育推向了高潮。对《胜利报》副刊这种做法，中共中央东北局宣传部给予很高评价。

《大连日报》从 1945 年创刊（时名《人民呼声》）开始就有副刊。自 1946 年初至 1948 年底（时名《大连日报》）是创办副刊的高峰时期。这一时期相继创办了《职工园地》《海燕》《大连妇女》《妇友》《青年文艺》《艺林》《读书生活》《新少年》《文娱》等。这一时期出现这么多副刊版面，是因为中国共产党进入大连地区后，各种组织相继成立，又因为大连地区被日本统治了40年，各种组织都需要对所联系的群众进行宣传教育，但自己又无经费创办报刊，就都借助于报纸版面（主要是第四版）出版专刊。该报副刊内容的特点是向工农、知识分子、青年学生、店员、市民进行政治思想教育和提高他们的文化知识水平。如当时办得比较活跃的综合副刊《海燕》，针对旅大青年中盲目的“正统”观念比较浓厚，思想状况复杂的情况，通过各种形式宣传革命形势，帮助青年读者正确认识共产党和国民党两个政党的本质区别，树立革命人生观和革命必胜的信念。为此，副刊开设了《纵横谈》《时事论坛》《思想杂谈》《生活的修养》《社会服务》等专栏，发表了《从民谣看战局》《东北国统区成了强盗世界》《王大妈的回忆》（新旧社会对比）等作品。《工农园地》副刊办得更加通俗活泼，开辟了《国家大事》《广播电台》等专栏，向工农群众进行阶级教育、劳动教育，发表工农通讯员反映新生活的作品，很受读者欢迎。《文娱》专栏以发表戏剧、歌曲等文娱材料为主，内容着重反映关东地区大生产运动和民主建设、中苏友好等。这一时期副刊的作者队伍中有一些是著名文人，如阿英、冯定、夏征农、柳青、刘雪苇、张庚、关露、刘相如、罗丹、白朗、方冰、叶克等。他们或为副刊撰稿，或给副刊出主意，使编辑的思路开阔，副刊显露出勃勃生气。1948年下半年后，根据形势的变化，副刊的各种专栏相继停刊，只保留了《青年文艺》（后改为《人民文艺》）和《妇友》，增办了《新闻业务》和《学习》专栏。

总之，解放战争时期辽宁地区部分中共报纸的副刊，在艰难的环境下办出了自己的风格和特色，同时不足之处也是显而易见的。比如，由于战争中的颠沛流离及稿源等条件所限等，报纸在排版和版面装饰方面显得匆忙而少有研究，所以副刊的编排不免有些呆板粗糙。另外，文艺批评是一个薄弱环节，一是数量不多，二是有些批评文章质量不高。

第四节　反对“客里空”运动和纠正土改运动中的“左”倾错误宣传

1. 反对“客里空”运动的由来

“客里空”是苏联作家科尔涅楚克1942年创作的著名剧作《前线》中的一个惯于弄虚作假、吹牛拍马的战地特派记者的形象。“客里空”是俄文Крикун的音译，词义为空喊家。1947年6月15日，《晋绥日报》第四版整版刊出了苏联名剧《前线》中有关“客里空”的情节片段，作为反对“客里空”运动的引子。从刊出的两场剧情中，读者可以看到“客里空”作为战地记者，却从来都不深入前线，只是一味守在总指挥部，通过间接得到的一点点材料，就开始添枝加叶，捕风捉影，胡编乱造。热衷于拍总指挥的马屁，追求个人名利，制造假报道，为领导歌功颂德。最后，终于露了马脚，被人从前线轰走了。《晋绥日报》借用这个典型和故事发起了反对“客里空”运动，以此来反对弄虚作假的新闻作风。随后，《晋绥日报》向读者公开进行自我批评。紧接着，一些记者、作者、通讯员也对自己采写失实之处作了自我揭露与检查，报纸第四版多次用整版篇幅加以刊载。

1947年8月28日，新华社发表署名总社编辑部的专论《锻炼我们的立场与作风》，赞扬并推广《晋绥日报》的经验。9月1日，新华社又发表社论《学习晋绥日报的自我批评》，社论强调：“晋绥日报的自我批评是土地改革的一个收获，它必将使新闻工作更加向前推进一步。这种自我批评不仅各解放区的新闻工作者要学习，而且一切工作部门都应当向它学习，以便更加改进自己的工作。”从此，反对“客里空”运动，由一般现象的检查，进入检查立场与作风问题，并和当时的整党运动结合，开展“三查”（查阶级、查思想、查作风）、“三整”（整顿组织、整顿思想、整顿作风）。在新华社的大力倡导下，从1947年9月起，解放区新闻界普遍开展了反对“客里空”运动，推动了中共解放区报纸工作的改进。

2. 东北日报社的反对“客里空”运动

《东北日报》1947年8月31日发社论:《锻炼我们的立场与作风——学习晋绥日报检查工作》。9月1日登载了中共中央东北局指示该报改进报纸工作的信。信中说:“一年来《东北日报》为土地改革及自卫战争服务，获有显著成绩……当此‘九一’记者节时，党的新闻工作者，应检讨工作，改进报纸，提高质量，发挥报纸的作用。”9月4日报社领导动员编辑部同志检查和揭发《东北日报》有关报道失实问题。报社编辑部一面自己揭发检查“客里空”报道，一面在报上刊登启事。10月13日在报纸上登载启事:“凡所见不真实以及丧失立场的新闻，均希望予以彻底揭发，帮助我们检查得以深入全面。此外，对报纸的编辑发行方面，各种缺点和错误，亦希望尽量给以批评。”通过反“客里空”运动,《东北日报》主要检讨了两个问题，“一个是新闻必须真实，重视实地的调查采访，反对道听途说，捕风捉影的恶劣作风；另一个是较深刻地检讨了个人主义意识”①，端正了立场与作风。报纸联系自身实际发表读者揭发不真实新闻的来信，发动新闻界和群众检查“客里空”，发表文章号召发扬报纸批评与自我批评的精神，反对“客里空”作风，建立革命的实事求是的新闻作风。通过反“客里空”教育，大家普遍认识到，在新闻中写战士的革命英雄主义时，凡是涉及人物思想、故事情节的，一点也不能虚构，否则会失信于读者。一个战士不是在冲锋时才想到毛主席，他从报名参军那一天，就把生命交给了组织，早就做好了牺牲的准备。他冲锋时不能想得太多，思想一溜号，极容易出危险，兴许被敌人打中。写人物，热衷于合理想象，必然会放松认真的采访和深入挖掘材料。

《东北日报》在开展批评和自我批评中，对群众的积极性加以保护。对被批评后思想一时想不通的同志，报社党委进行内部说服教育。对纠缠计较枝节问题或无端挑剔的同志，则给予个别答复。对压制批评，或对批评者打

---

①《三年来本报工作的概述》，1948年11月11日《东北日报》。

击报复的违法乱纪者，则坚决进行斗争。从组织上支持和保护群众批评的积极性，发挥报纸对各项工作和各级党政干部的监督作用。

1948年6月，东北局党报委员会一成立就明确指示，报纸要进行适当的正确的批评与自我批评，并为报社组织了批评稿件。1948年7月30日，《东北日报》在《改进我们报纸的关键》的社论中，既检讨了在平分土地时期报纸在政策宣传方面所犯过的错误，又检讨了在开展批评和自我批评方面的缺点。1948年8月5日，《东北日报》发表《批评与自我批评是共产党员必备的品质》的社论。仅这一个月，《东北日报》一版头题发的批评稿有两条，二版发的头题有14条。同年11月1日，为纪念报纸创刊3周年所发的编辑部文章，就报道的思想性不强和报纸批评缺乏典型性等缺点作了检讨。

辽宁地区中共各家报纸在反对“客里空”运动中，对报纸工作也都做了检查。解放区新闻战线上的反“客里空”运动，促成了解放区新闻界的自我教育，从思想上组织上纯洁了党的新闻工作队伍，大大地增强了战斗力；维护了新闻工作的真实性原则，既树立了党报在群众中的威信，又丰富了党的新闻理论。

3. 辽宁地区报纸的土改宣传以及出现的“左”倾错误和纠正

从1945年9月底到1949年春，辽宁地区完成了轰轰烈烈的土地改革运动，史学研究者将这一历史过程大体分为四个阶段，第一阶段（1945年9月至1946年5月）是清算斗争、减租减息和分配敌伪“开拓地”；第二阶段（1946年5月至1946年7月）贯彻“五四指示”，实现“耕者有其田”；第三阶段（1946年7月至1947年7月）“煮夹生饭”和“砍挖”运动；第四阶段（1947年7月至1949年春）平分土地和土地改革基本完成。

土地改革是解放战争时期中共东北局在辽宁地区领导的重要工作之一，也是辽宁地区中共各家报纸重点报道的内容之一。土改运动初期，各报反映在版面上的这类稿件还不是很多，随着土改运动的不断深入展开，各报报道力度逐渐加大，以土改工作为内容的稿件在报纸上的数量越来越多，分量越来越重，到1947年前后达到高潮时，《东北日报》《安东日报》等各主流报纸几乎每天都在一、二版等重要新闻版面上进行报道。

第一阶段：对清算斗争、减租减息和分配敌伪土地斗争的报道

抗战胜利后不久，东北局就明确提出了要在农村进行减租减息和反霸斗争。1945年12月初，中共中央再次向东北局发出要集中力量发动农民进行减租减息斗争，解决土地问题的指示。在东北局的领导下，辽宁各地开始抽调部队、干部相继组成工作队，深入农村开展减租减息和分配敌伪土地的斗争。

成立不久的《东北日报》克服重重困难，发挥大区报纸的舆论优势，对初期的土改工作进行了及时的报道。1946年1月18日，《东北日报》的一版就登载了《安东省各县农村清算斗争蓬勃开展》《团结起来和贪污分子算账 姚千户屯村民获胜》两篇稿件。1月26日刊登《安东回民在民主政府扶助下热烈展开清算斗争》《本溪县东北沟农民掀起清算运动》。2月1日刊载《清原新民屯群众开展反恶霸斗争》，2月2日在二版登载了《绥东控诉运动的经验》，2月7日的二版登载了《太岳诉苦运动经验》。

1946年3月，土改方面的报道力度逐渐加大，部分稿件开始占据一版头题。3月14日在一版刊登《安东县人民算账申冤开展翻身运动》，3月30日又在一版头题位置转载《解放日报》社论《减租减息为一切工作的基础》，当日二版登载《东丰县城区反奸胜利后群众运动迅速开展》《在农会领导下孙家堡地户减租胜利》《高桥屯的减租工作》等数篇稿件。4月6日的一版登载《柳河三区清算斗争中土地问题适当解决农民生产情绪随之立增》《中共中央东北局关于处理日伪土地的指示》，4月11日登载《大王村人民代表积极推动减租》，4月16日的一版头题为《辽北省组织工作团下乡试辨分配日伪土地 采取群众路线进行深入调查》《春耕迫近牡丹江分配市区土地决先予农民平均使用权》，4月18日一版头题《三十万人民展开翻身运动 本溪县半数村庄减租》以及《贯彻减租斗争 宽甸群运蓬勃发展》，当日二版又有《热河减租清算斗争中人民获得粮食七千石 减租和春耕密切结合进行》，4月22日一版头题《宁安县海浪依兰两乡农民欢天喜地分配敌地 工作团深入调查帮助农会解决纠纷》。

在土改工作初期，《安东日报》等中共辽宁地区其他主流报纸也都比较早地组织了这方面的报道。1945年12月29日《安东日报》在一版登载了《宽甸毛甸子区十个屯农民和伪村长于德清算账 开会四天大家讨论公平宽大处理法办》的稿件，1946 年 1 月 5 日又在四版转载《解放日报》社论《减租与生产》，1 月 9 日的二版登载长篇文章《太行减租基本经验》，1 月 12 日的三版登载《各地展开诉苦算账群众运动 伪村长姜桂清理屈词穷赔出十五万元》《斗争伪屯长马永义 赵老太太等吐出冤气》，1 月 17 日二版头题登载《孙家堡地户减租胜利 减出粳子万余斤苞米等十七石》以及《减租工作中初步体验》《农民老孙不挨饿了》等稿件。

土改初期辽宁地区各报对反奸清算、减租减息和分配敌伪土地的斗争的报道，及时地宣传了中共的土地政策，沉重地打击了恶霸地主和敌伪残余势力，提高了贫苦农民的社会地位，扩大了中国共产党在农村的影响，为深入进行土地改革创造了良好的舆论氛围。

第二阶段：对贯彻“五四指示”实现“耕者有其田”的报道

1946年5月4日，中共中央发布《关于清算减租及土地问题的指示》（简称“五四指示”），对以往的土地政策做出重大改变。“五四指示”指出：“根据国内矛盾已上升为主要矛盾，农民群众迫切要求清除封建剥削的形势，将党在抗战时期实行的减租减息政策改为没收地主土地分配给农民的政策。”为贯彻“五四指示”精神，东北局组织了工作团，先后动员 1.2 万名干部下乡，在东北广大农村开始了全面的土地改革运动。这一阶段的时间跨度不大，从 1946 年 5 月至 1946 年 7 月，大体上只有两个月的时间。辽宁地区的各家党报对这一阶段的土改工作都进行了切实的报道。

“五四指示”之后，东北日报社积极响应东北局的号召，派出干部参加土改，并将来自土改工作一线的最新情况及时报道出去。1946年5月12日，《东北日报》的一版头题发表了《东丰镇按村分地后贫雇农普遍上升 百分之七十五以上贫民获得温饱 经过村选后他们已掌握了政权》。5 月 21 日又在一版发表社论《解决土地问题是深入群众运动的中心环节》，以及在一版同时发表《梅河区连山村分配日伪土地经验丰富》《镇安村怎样把三万亩良田分给农民》等来自土改一线的报道。5 月 22 日的一版登载了《吉林市外五个区敌伪土地大部分完 龙潭区农民举行庆祝分地大会 船营区决定成立贫农联合会》《洮南二区分完日伪土地》，6 月 1 日的二版登载《孙家窝堡人民大翻身分得土地积极春耕 农民一致说：“跟着民主联军有饭吃，中央军只糟践我们，我们绝不和他们合作”》，6月27日二版的《绥化城区小太平岗农民清算反动地主获胜》，等等。

第三阶段：对“煮夹生饭”和“砍挖”运动的报道

随着土改工作的不断深入，各报的报道也逐渐进入高潮。《东北日报》《安东日报》等每天都有一定的版面登载土改方面的消息、通讯和评论性文章。对“五四指示”之后土改工作本身出现的“煮夹生饭”等现象，各报都做了大量报道，在随后“砍挖”运动中出现的“扫堂子”等过火的“左”的错误，当时的各家报纸因盲目跟风，也做出了一些错误宣传。

在“砍挖运动”和“扫堂子”等激烈的群众运动中出现了侵犯中农利益、过火打击富农、扩大了打击面等“左”的偏向，尤其是在城镇搞的“扫堂子”，在一定程度上打击了城镇工商业的发展。然而对于当时土地改革中发生的“左”倾错误，许多报纸却不加选择地没有分析地加以报道，助长了实际工作中“左”的发展。尤其是新华社临时总社，在离开了中共中央的直接领导之后，播发了一些错误报道，有的还是用陕北电头发出的，这样就给人造成一种误解，以为新华社发出的都是经过党中央认可的，就是在传达党中央的声音，于是，各地方新闻单位纷纷参照仿行，以至于报纸对土改工作的宣传报道出现了“左”的偏向。

辽宁地区的中共报纸对土改工作的报道也出现了跟风现象。如1947年10月29日《安东日报》一版的《柞木山等四村百余积极分子集会交流经验比赛翻身 提出创造模范结合秋收搜集追挖情报》，11月19日一版的《牛毛坞区纠正缺点再开贫雇大会大放手猛烈轰开局面走贫雇路线贫雇农清洗审查区干部》。而12月21日一版发表的来自本溪的消息《媳妇给坏蛋藏东西，丈夫查出交农会》则触目惊心地描述了当时“挖浮产”的过火场面。

大区报《东北日报》也无例外。《东北日报》在1947年7月2日发表的《松江省县书联席会议总结半年群运工作 确定今后三四个月内全力消灭夹生》的消息中，首先出现了“大胆放手就是政策”这样的小标题，自此，《东北日报》开始大量登载具有“左”的倾向的文章和报道，没有全面地宣传中共中央提出的“依靠贫雇农，巩固地联合中农，消灭封建制度”的路线，片面地宣传贫雇农路线，散布了“大胆放手就是政策”“交权给贫下中农”等一些“左”的口号。

这些带有“左”的偏向的报道，不适当地反映了某些地区刮起的“扫堂子”风，报道了一些打破村屯界限分浮财、反复“扫荡”、“联合扫堂子”等错误做法，错误地把“扫堂子”作为经验加以宣传，偏离了党在土改中的阶级路线和政策，对实际工作的干扰与影响很大。在报道斗争恶霸地主消息时，没有着重宣传说理斗争和严禁乱打乱杀的政策，助长了某些地方过火的偏向，使坏人有机可乘。在对待干部与群众关系问题上，宣扬群众的自发性，忽视党的领导，宣传“群众要怎么办就怎么办”“不要走干部路线”的口号，大量报道农民自发斗争，助长了宁“左”毋右的情绪，这对实际工作中“左”的思想起了推波助澜的作用。

对于中共解放区报纸土改宣传出现的“左”的偏向，中共中央及时做出了纠正。1947 年 12 月中共中央在陕北米脂县杨家沟举行会议，开始纠正土改和整党工作中“左”的偏向和错误。1948 年 2 月 11 日，毛泽东为中共中央起草《纠正土地改革宣传中的“左”倾错误》的党内指示，对“许多地方的通讯社和报纸，不加选择地没有分析地传播了许多包含‘左’倾错误偏向的不健全通讯或文章”给予批评。

中共中央这一指示促使各地党委于 1948 年春普遍开展对于政策宣传中“左”倾偏向的检查，进一步加强对新闻工作的领导。新闻机关一面迅速纠正错误的宣传报道，一面采取开会讨论、学习座谈、总结工作等方式，学习政策理论，检查错误，吸取经验教训。

《中共中央关于纠正土地改革宣传中的“左”倾错误的指示》下发后不久，中共中央东北局即着手成立了党报委员会，由凯丰同志牵头，蒋南翔同志任秘书。党报委员会第一次会议，就提出了报纸加强批评与自我批评的问题，领导新闻单位学习中央文件，总结土改报道。在东北局党报委员会的领导下，辽宁地区报纸开始对工作进行检查总结。《东北日报》编辑部多次召开学习中央指示的讨论会，并认真检讨了报纸宣传中所犯“左”的错误，报社上下普遍提高了觉悟，受到了深刻的教育。不久，东北局作出《关于平分土地运动的基本总结》，它标志着东北地区全党开始扭转土改中“左”的倾向，这份总结于1948年5月17日在《东北日报》上公开发表。

由原《东北日报》总编辑李荒主持编写的《东北日报简史》对这一段工作是这样表述的：

> 《东北日报》在土改后期报道所犯的过“左”错误，究其原因是：报社的领导同志，对党的土改方针政策，缺少反复的钻研和全面的理解。特别是从理论的高度和结合实际情况来理解党的方针政策，做得不够。正是由于报社领导同志的路线觉悟和政策水平不高，当时就接受了某些领导机关对东北解放区土改工作的错误估计的影响。例如：1947年11月北满省委书记会议，把土改已经搞得差不多的地区，误认为不彻底，提出要重新放手大干，并且在干部中不加区别笼统地强调反右倾，反对地主富农思想，以及只强调满足贫雇农要求，不提巩固地联合中农等“左”倾思想等等，加上新华社报道的晋绥土改一度发生的错误做法等等。这些传到报社后，都被当作正确东西接受下来，而没有怀疑。

第四阶段：纠正“左”的偏向，对平分土地和土地改革基本完成的报道

1948年2月15日《东北日报》发表社论:《高潮与领导》，提出加强土改运动的领导，纠正“左”的错误，要正确估计形势，“划清正确领导与包办代替的区别”，要敢于向群众解释党的政策。1948年6月15日《东北日报》发表中共中央宣传部写的《重印〈左派幼稚病〉第二章前言》，文中提出，根据全国革命形势要求，全党要坚持党的纪律、巩固党与群众的联系，克服无纪律状态、无政府状态、地方主义、经济主义，以实现全党的统一意志，统一行动，统一纪律，以便集中力量进行全国规模的解放战争和着重政治、经济、文化的新建设。同日报纸还刊登了《布尔塞维克成功底基本条件之一》(列宁著《左派幼稚病》第三章)，《东北日报》组织全体人员学习了这两个文件。

1948年7月30日《东北日报》发表社论《改进我们的报纸》。社论检查了报纸对土改工作“左”的偏向进行报道的错误，提出了改进新闻工作的方法。

这次检查纠正“左”倾宣传偏向的运动，使辽宁地区解放区新闻界经受了一次精神大洗礼，受到了教育锻炼。新闻工作也得到了显著改进。

在检查纠正“左”的错误偏向的同时，土改工作也进入了平分土地的最后阶段。辽宁地区各报对平分土地和土改工作的成果都做了积极报道。1948 年 1 月 7 日《东北日报》在一版头题发表《辽吉地书县书联席会　讨论彻底平分土地　检讨领导研究群运新做法》，1 月 11 日一版又以整版发表社论《平分土地运动中的几个问题》，当日二版整版均为土改方面的稿件，其中头题是《桦川二区个人挑选大家评议　分地贯彻群众路线　人人分得可心地　贫雇中农都满意》。6 月 5 日一版头题是东北行政委员会的土地执照颁发令，标题是《政委会发布命令　统一颁发土地执照　保障土改后土地所有权不受侵犯》。其他报纸在这一阶段也做出了相应的反应。《安东日报》1947 年 12 月 3 日在一版转发《晋察冀日报》重要社论《全体农民起来平分土地》，12 月 19 日在二版发表彭真同志在晋察冀边区土地会议上的报告和结论述要《平分土地与整顿队伍》。1948 年 2 月 14 日《安东日报》的一版发表了《北井区贫雇中农联合开会讨论分地丈地办法，取得中农同意决定打烂平分》的报道，4 月 1 日的一版头题又登载了《杨木川村贫雇中农自己动脑子动手公平合理调整土地牲口　贫雇中农更加团结生产情绪普遍提高》的消息，5 月 28 日又在一版、二版两个版面登载了《东北局关于平分土地运动的基本总结》，其中肯定了成绩是主要的以及出现的几种“左”的偏向，分析了出现偏向的根源，表明了坚决纠正偏向的态度，提出了今后的任务。

第五节　辽宁地区我党报业的组织结构与人才培养

1. 学习“苏联模式”的组织结构

在新中国成立之前，“苏联模式”对中共的影响是很大的。刘少奇在中苏友好协会总会成立大会上的讲话中就曾提道：“我们中国人民的革命在过去就是学习苏联，‘以俄为师’……”在解放战争中，中共报纸无论是办报理念还是组织机构的设置与管理，基本上采用的都是“苏联模式”。比如：全党办报，报纸是党联系群众的工具和桥梁的理念，报社建立党报委员会、编委会或党支部，在党的统一领导下实行社长负责制，言论高度集中，信息来源比较单一，实行新闻检查，建立编委会制度，等等。

八一五光复初期，由苏军驻旅大指挥部在大连创办的中文报纸《实话报》，其机构的设置与管理就是按照苏联国内的模式设置的，报社实行一长制，即社长兼总编辑，全权负责报社的一切业务。解放区的中共党报的机构设置也大体参照苏式管理风格，如《东北日报》初建时，其机构设置为社长、总编辑、副总编辑、秘书长等，东北局则成立了党报委员会。《安东日报》初创时也设置社长、总编辑、编辑室主任、特派记者、采访科长、通联科长、秘书主任等。同样，在大连兴办的报纸《新生时报》的组织结构也大体相同。当时也有一些党报还未设“部”的建制，用“组”来代替。像《工人报》(《沈阳日报》前身）就设记者组、基本建设组、财贸组、政教组等。

2. 战火中的新闻学校

1946 年至 1949 年，在中共辽东省委领导下，为培养新闻工作干部，先后由新华社辽东分社、辽东日报社、安东日报社创办了新闻工作学校。新闻学校共办两期，毕（结）业学员 160 名。

新闻工作学校的第一期是由新华社辽东分社、辽东日报社主办，称“新华社辽东分社、辽东日报社附设新闻工作学校”，亦称“辽东新闻工作学校”。校址在安东市斯大林路（今五经街）电业局对面的一座三层楼里。学期为一年，陈楚兼任校长，姜丕之任副校长主持办学，刘敬之兼任教育长，张帆任教务主任，于民一任秘书主任，徐海波、刘云沼先后任专职指导员。

1946 年 5 月上旬辽东日报社设党总支委员会，在编委会领导下开展工作。新闻工作学校的党支部书记是姜丕之。1946 年 7 月 3 日新华社辽东分社、辽东日报社附设的新闻工作学校招生，即日在《辽东日报》发表了《招生简章》。该校在《招生简章》中明确了办学宗旨、招生名额、工作待遇等具体事项，即“以培养为人民服务的新闻工作者，扩大人民大众新闻事业为宗旨”。招收名额是“普通队50名，电务队30名（均男女兼收）”，普通队要求“一、具有中学以上之文化程度或有同等学力者。二、爱好新闻工作之工农分子小学毕业或具有同等学力者。三、18岁至30岁并须身体健康品行端正无不良嗜好者”。电务队要求“15岁至18岁具有小学程度品行端正无不良嗜好，并须耳目无疾者”。教授的课程两班各有侧重，普通队包括文艺政策、新闻学、业务讲话（包括编辑工作、记者工作、通讯工作等）、写作方法、报人修养、中国革命问题、社会科学和时事教育等，电务队则专修报务知识，包括电学常识、报务、通报规则、译报、报务员和译报员修养（时事政治学习与普通队同）等。学员“除自备行李外，一切膳宿服装洗澡理发皆由本校供给，并发给各种书籍讲义，必需之用品，另外每月津贴50元，毕业后根据个人自愿和学习成绩，负责介绍到辽东地区各报社、通讯社（包括县通讯站）从事新闻工作”。

7月27日辽东日报社附设的新闻工作学校隆重举行开学典礼。学员80人。经过3个月的学习，培训班学员们的新闻业务知识有了较大提高，特别是思想认识提高较快。新闻学校的教务主任张帆回忆说：“如果说我们能把这么多的学生招来是第一个胜利，那么三个月的紧张学习，从政治思想上提高他们的觉悟，跟着共产党走，撤出安东，就是更大的胜利。”

学校办学刚刚3个月，由于国民党向解放区开始全面进攻，10月22日《辽东日报》发表了《告安东同胞书》后宣告停刊。新闻学校全体师生和报社的部分干部共130人，由姜丕之、刘敬之带队撤出安东，先乘火车到凤城，后徒步行军。转移途中的新闻学校全体师生，在辑安县城看到了由转移到新义州的辽东日报社出版的《电讯快报》，其上印发了特派记者韩川采写的《李正谊师长会见记》这一重大报道，学员们备受鼓舞。在历时23天后，新闻工作学校的部分师生（其中学员70余人）撤到长白县城，另有部分同志，乘船携带印刷设备，掩护病弱同志过江到了朝鲜的新义州。

1947年1月19日一保临江即将取得胜利，陈楚社长给1月10日转移到哈尔滨的姜丕之拍去电报，说明形势开始好转，以后需要大批干部，要求新闻学校继续办下去。经与东北局组织部研究同意，决定转到吉林省延吉市继续办学。76名学员于23日离开哈尔滨，2月2日到达延吉。宋旭同志从山东辗转来到东北，分配到新闻学校学习。吉林日报社也送来12名学员，集中学习了五个月。

1947年6月中旬新闻学校由延吉迁回通化，到7月6日结业。40名学员分配在辽东日报社和新华社辽东分社，12名回吉林日报社，8名分在安东日报，7名分给辽南日报社。到安东日报社的于英、姜辉、戴永臣、逄国勤、战科、汪文、曲真等同志，乘船沿江而下，回到安东日报社。

这时的《安东日报》编委会由陈楚、胡绍祖、白汝瑗、刘敬之、吉伟青组成。陈楚任社长，白汝瑗任总编辑，胡绍祖任副社长，刘敬之改任副总编辑，吉伟青任报道部部长，刘云沼、刘泊微等任编辑。报道部负责向新华社供稿。6月下旬陈楚社长给在大连的吉伟青同志拍去专电，说明要办第二期新闻学校，要求尽快在旅大地区招收一批中学生。在市教育局的支持下，吉伟青立即在大连市一中和金县的三所中学招收了40多名学员。

第二期新闻工作学校是由安东日报社主办的，称“安东日报社附设新闻工作学校”，亦称“第二期（安东）新闻工作学校”。学校设在鸭绿江边一座大庙（原日本神社）内。

1948年7月2日报社又从安东联中招收了一批新生，与大连的学员合并共82人。1948年7月20日开学，举行了第二期新闻干部学校开学典礼。据学员石永伟回忆：“当时我还是大连一中一名初二学生，即将肄业，因为写了一篇关于义务劳动的稿子，投在了共青团大连市委办的刊物《民主青年》上，被加了编者按，引起反响。后来，老师找到了我，进行了秘密谈话，征求我意见是否愿意参加安东新闻学校。当时大连是民主政府，中共还没有公开，而安东是解放区，去了就是参加革命。于是，怀揣着新闻记者的梦想瞒着父母来到安东，从此走上了革命道路。”学校先是在安东四个月，着重进行中国近代史、党报和时事教育，进行党的优良传统和艰苦奋斗教育。学校迁到沈阳后，改称为《东北日报》新闻学校，学员主要集中进行新闻业务学习，强调理论联系实际，授课教师均具有多年新闻工作经验，教授的课程也与第一期不同，随着解放战争的节节胜利，新闻业务涉猎的范围更广，课程有“国际时事、国内工农业生产、财经贸易、政法、教育、文学艺术的编辑、采访业务、读者来信的组织与处理、党报工作人员的修养”等。

第二期新闻干部学校校长陈楚，副校长白汝瑗，教育长刘敬之，教务主任张帆，还有领导干部吉伟青等。1949 年 4 月学员毕业，毕（结）业生多数分配到辽东地区新闻出版单位。

新闻工作学校两批共 160 多位学员先后走上东北地区包括辽南、辽东、辽西、北满各新闻单位，成为新闻战线的一支生力军。全国解放后，这些学员分布到全国 10 多个省、市、自治区的新闻出版单位，成为新中国新闻事业的一批骨干力量。

沈阳解放后，学校随陈楚社长转到沈阳，以后隶属东北日报社，校长由李荒担任。

3. 建设庞大的通联队伍

中共解放区报纸在重视培养新闻队伍的同时，还坚持全党办报的方针，依靠各级党委积极发展通讯员队伍，广泛建立通讯网，把通讯员看成是党报的柱石。这一方面扩大了报纸的信息源，一方面也弥补了报社编采人员不足的问题。《东北日报》1946 年 12 月 21 日，在第四版新办了《新闻通讯》专刊，此后每半月左右出一期，每期大约 1 万字，直到 1948 年 11 月止，在哈尔滨共出刊 31 期。《东北日报》关于战斗英雄董存瑞、杨子荣等在全国产生重大影响的报道，都是通讯员及时向该报提供的。对优秀通讯员，该报还给予及时的表扬和嘉奖。1948 年 9 月 1 日《东北日报》在报端介绍模范通讯工作者，并奖给每人《毛泽东选集》一部。同时发表《今年通讯工作检讨》，介绍通讯网建立情况。

《东北日报》迁到哈尔滨后，在东北局和各级党委的大力关怀与支持下，通讯员队伍迅速壮大，1947 年初只有 102 名，到 1948 年 11 月已经发展到 831 名，在东北各地组成了一个可靠的通讯网。

《安东日报》创刊不久就在铁路、六合成造纸厂、鸭绿江造纸厂等企业发展工人通讯员，并初步建起通讯网。报社经常举行各种活动，密切同通讯员的联系。1946 年 2 月 13 日，在辽东饭店宴请工业企业 44 名工人通讯员时，社长姜丕之致辞，市长吕其恩在宴会上讲话，号召通讯员关心和爱护自己的报纸，大胆地写，努力地写，写功劳，写成绩。1946 年 2 月 18 日，报纸还发表题为《把工人通讯运动普遍开展起来》的文章。1947年8月10日《安东日报》复刊后，积极开展通讯工作。1948年夏，中共安东省委专门做出加强通讯工作的决定，规定各市、县要设专职通讯干事，负责组织通讯报道工作，报社编辑部内各业务组一般设置二三名专职编辑，其余都以通联为主，组稿、约稿、退稿做到每稿必复，要经组长审阅批改，盖上公章发出，同时把修改过的通讯员来稿一并退回，连错别字也一一改过来。1948年9月1日，报纸刊登社长兼总编辑刘敬之的文章《城市办报同样必须贯彻全党办报方针》，指出“只是在某些场合某些问题上才能以记者采访为主，在城市决不能以记者工作代替通讯工作，在城市办党报同样必须贯彻全党办报方针”。1948年4月16日—21日发表郑言的短文《请写短点》《再请写短点》《三请写短点》《四请写短点》《五请写短点》等，对提高通讯员的写作水平，起到了辅导和推进作用。为了鼓励通讯员积极投稿，1948年7月2日把报社聘请的一批特约记者及基层通讯员名单登在报上。其他报纸如军报、城市工会、农村等中共报纸，都有自己的通联队伍。

第六节　我党报纸的发行

解放战争时期，中共在解放区的党报党刊一般采用邮发一体的方式发行。1946年2月20日，中共辽东省委专门就《辽东日报》发行工作向各市、县委下达指示，要求“在各市、县、镇设立《辽东日报》分销处或代办所推销《辽东日报》，组织报纸读户。分销处或代办所，除在工作上接受报社发行部之指导外，并须按时向报社发行部提交报费”。“各县、市党委接到此指示后，应即仔细讨论研究，在思想上重视党报的发行工作，认识发行党报乃是自己业务和工作的一部分。”4月1日，中共辽东省委再次下发《关于目前邮政及报纸发行工作的指示》，要求“各机关（党委、政府、团体）以县、市为单位，由县、市委指定一人为发行员，参加邮政管理局工作，将报纸需要数额通知报社发行部，即可按期、按数捆好，由邮局发送至各地。至于销售报纸，一律按四六折由各地邮局代销，以加强其推销发行之责任”。为了保障邮局畅通，还要求“各级党委及政府负责同志，应协助管理局了解审查邮政员工个人历史、政治背景、思想动向、工作表现等。对旧员工的一般方针，除其中少数特务、汉奸、顽固破坏分子予以打击外均应进行教育争取，使大多数同情和靠近我们，团结在我们的周围，造成对党对政府的良好影响。另方面尽可能关心和解决他们的生活问题，员工薪俸津贴，应依实际情况必须予以适当解决。为了争取我之邮政将来的合法地位，应遵守邮政之组织系统及其一般业务规定（如公文、函件照章贴邮票），各县、市的训练班亦应抽调一部分邮政员工受训，加强他们的政治认识，以便利于工作的开展”。

由于解放战争时期各地邮局经常遭到不同程度的破坏，我党的一些报刊发行不得不启用新华书店这种分销模式，这种方式一直延续到新中国时期。1949 年 8 月 15 日，东北局决定由青年团东北筹委会牵头，将《生活报》《知识》及《东北青年》合并，出版一个新的五日刊《生活知识》。东北新华书店总店承担起分销工作。它在《生活知识》上发出启事，敬告读者：“《生活报》与《生活知识》因定价相同（每份均为二千元），纸张大小相同，出刊日期相同（均为五日刊），故本店拟将原有《生活报》订户，改寄《生活知识》。”“《东北青年》原来的阅户，继续赠阅《生活知识》两期，从第三期起，一律停赠，故请原有阅户，赶快直接向沈阳新华书店总店邮购科订购。”

免费赠阅这种发行方式在早期官报中偶有运用。这种免费赠阅的方式开始多运用在国民党和共产党的党报、党刊及军报的发行中，其办报经费一般由所在党派或部门承担，并不是靠发行来赢利，而其办报目的则是为了扩大发行覆盖面，占领舆论阵地，达到政治宣传的功效。

第六章

从鼎盛到消亡——国民党在辽宁地区的报业

抗战胜利后，国民党的新闻报业得以快速发展，尤其是1945年9月，国民党行政院出台《管理收复区报纸通讯社杂志电影广播事业暂行办法》(以下简称《暂行办法》）之后，国民党方面更是以“正统”的姿态派出大批军政官员抢先到沦陷区“接收”敌伪的新闻报业，并对中共所办的报纸极力进行打压，以扩大自己的舆论阵地。《暂行办法》规定，敌伪机关或私人经营之报纸、通讯社、杂志及电影制片厂、广播事业一律查封，其财产由当地政府接收管理。根据这一《暂行办法》，日伪在沦陷区大城市创办的一些重要报纸大多都被国民党“接收”“接管”和“改组”。日伪报纸的房产、印刷设备及物资等被用来创办国民党的机关报和其他报纸。与此同时，将“党化”新闻报业的政策，渗透到逐渐形成的国民党新闻报业网，至1947、1948年间，国统区的新闻报业基本被国民党所垄断。

在辽宁地区，从1945年11月末国民党军队进入东北，到1948年11月初辽沈战役结束，国民党在辽宁地区统治的三年时间里，其党政军等机关共出版报纸39种，而由国民党权贵或社会上层人物以私人名义办的报纸有27种。

这一时期，国民党在辽宁地区国统区发行的报纸主要有沈阳的三大嫡系军政报纸《中苏日报》《和平日报》和《中央日报》(沈阳版)，除此还有《前进报》《正义报》《新报》《青年报》《东北民报》等；此外还有锦州的《辽西公报》《辽西民报》《新生命报》；鞍山的《湘潮日报》《远东日报》；辽阳的《民报》；营口的《渤海民报》《辽滨晨报》等。到了1947年冬，随着国共双方在东北战场上力量强弱的急剧变化，国统区日渐缩小，国民党所办的报纸数量也急剧下跌。据统计，当时拥有140万人口的沈阳市，只剩下了14家报纸，它们合起来的期发总数尚不及7万份，直至1948年11月2日，随着解放沈阳的隆隆炮声，国民党在辽宁地区所办的报纸也彻底地烟消云散。

国民党新闻报业之所以在辽宁地区国统区得以迅猛发展的重要因素，是由于当时国民党处于执政地位，加之不断在舆论上宣传“正统”观念，因此，必然会吸引一大批具有家国观念的知识分子为其服务。国民党所办的新闻报业也就吸引了一大批具有相当文化素质的新闻界人才。被认为是当时国家第一大报的《中央日报》在解放战争时期的社长马星野就是一位旅欧归国的新闻专业精英。在他麾下，又有一批和他一样准备以一己之长办好报纸的他的学新闻的学生。当时在辽宁地区国统区参与办报的知识界人士穆旦、王孝鱼、王宜昌、胡诌等，也都是民国时期某一知识领域的名家。因此，当时的国民党统治区所办的报纸，如果仅从报人办报的专业性、业务能力、报纸质量等方面考察，无论是报纸版式、栏目的设置及稿件的编辑水准等方面，都有其可圈可点之处。但是，国民党报业的运途终究不是由几名想办好报纸的报人所能主宰的。随着国民党“党化”新闻事业的政策、政治偏见及其严格的新闻检查制度的控制与影响，这些报人的才智在报纸上的体现必然大打折扣，以致假话连篇。相伴着国民党军队在东北战场上的一败涂地，国民党的败走台湾，辽宁地区国民党的三大嫡系报纸也从最初的三足鼎立呼风唤雨，到三家合一气势衰微，直至最后曲终人散。而国民党各路人马在辽宁地区所办的其他报纸更是运途短暂，纷纷从最初的一哄而上，到几个月或一两年后的急速消亡，在辽沈大地上演了一场速生速灭的报业大剧。

第一节　国民党三大嫡系军政报纸在沈阳的相继创刊、合流与消亡

1945年抗日战争胜利后，因苏联红军一直驻在沈阳，控制报纸的出版，直到同年12月末，国民党沈阳市政府成立以后，才有办报活动。1946年初，国民党的军队由秦皇岛登陆，随后大批进入沈阳城。蒋介石任命蒋经国为国民党外交部东北特派员，主持东北对苏外交。为了配合国民党军队北上，粉饰中苏友好，在1946年3月6日，首先创办了《中苏日报》。4月，东北保安司令长官部又创办了《和平日报》，国民党二〇七师创办了《新报》。6月，新六军创办了《前进报》，国民党市政府创办了《沈阳日报》。8月，国民党中宣部系统又创办了《中央日报》（沈阳版）。相比较而言，《中苏日报》《和平日报》《中央日报》（沈阳版）的影响较为广泛，被称为国民党在沈阳的三大嫡系军政报纸。

1. 余纪忠和他的三民主义的《中苏日报》

国民党军队进入沈阳后，成立了东北保安司令长官部，杜聿明出任长官。长官部政治部主任是余纪忠（国民党中将衔），兼国民党中央宣传部驻东北特派员。当时苏联红军还控制着沈阳。国民党虽然与苏共的政见不同，但受《中苏友好同盟条约》的钳制，以及双方在各自利益方面存在的掣肘关系，因此在外交层面和舆论上国民党还是极力保持着与苏联之间的友好形象，在沈阳的繁华地带太原街还专门设立了中苏联谊社。国民党当局与苏联红军之间的这种“热络”关系，通过《中苏日报》创刊号第三版发表的一篇“本报特写”《中苏军人联谊晚会志盛》（择要）可洞见一斑：

东北保安司令长官部沈阳指挥所主任彭壁生将军，为庆祝伟大

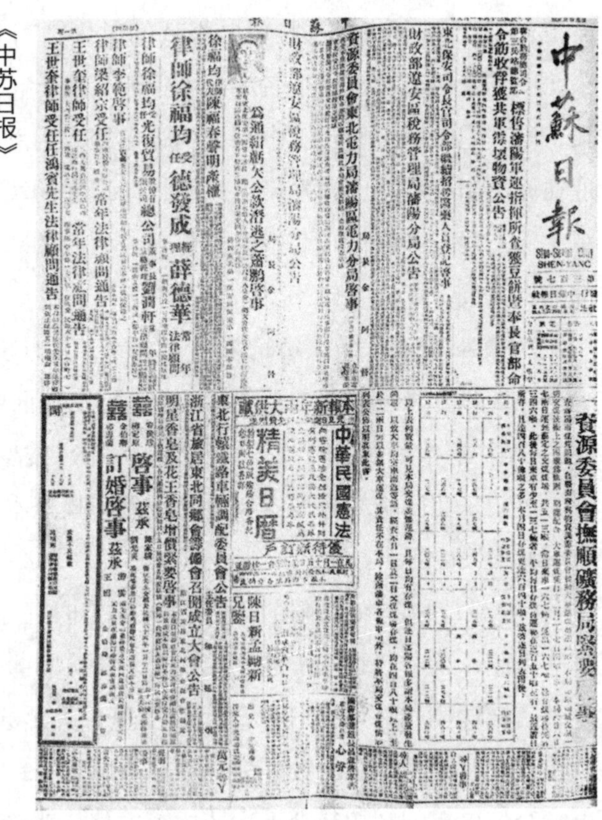
中蘇日報
SHEN-YANG
標售瀋陽軍運指揮所倉餘豆餅
財政部遼安區稅務管理局瀋陽分局公告
資源委員會東北電力局瀋陽區電力分局啓事
律師徐福均受任德發成經理薛德華常年法律顧問
律師梁紹宗受任常年法律顧問通告
王世奎律師受任常年法律顧問通告
王世奎律師受任任鴻賓先生法律顧問通告
資源委員會撫順礦務局緊要啓事
中華民國憲法
精美日曆
浙江省旅居東北同鄉會籌備會召開成立大會公告
明星香皂及花王香皂增價緊要啓事
啓事
訂婚啓事

《中苏日报》

的苏联红军节，曾于二月二十四日举行一次中苏军人联谊晚会。是日夕暮，楼高七级堂皇巍峨的中苏联谊社门前，陆续驶来了各色车辆，临风飘摆的中苏国旗，灿烂如昼的白色电灯，以及紧紧排列在一起的四大伟人（国父孙中山先生、列宁先生、蒋主席、斯大林元帅）炭墨画像。郭夫桐将军即席答词《两大民族永远友好相处　以为世界和平的基础》：

诸位！我们苏联红军和我们的朋友曾于对日战争中并肩作战，今日聚会一堂，本人深表感谢，并坚信两大民族在为世界和平努力的过程中，必能日增感情。（鼓掌）苏联红军和中国国军的军官兵士们所流的鲜血很坚固地建立了两国的友好关系，无论什么，都不能比鲜血所建立的友好关系更为坚固。

正是在这种气氛下，当蒋经国指派余纪忠利用接收伪满洲日日新闻社的设备，于1946年3月5日创办报纸的时候，东北保安司令部长官部便借用东北中苏友协名义，将报名定为《中苏日报》。《中苏日报》由余纪忠自任社长，以其胞弟余纪畴及王中兴、刘庸生等人为助手。该报每日对开4版，社址在原沈阳市和平区和平街十三段，即现在的沈阳市太原街北部，是国民党东北保安司令部假借东北中苏友协名义出版的一张军报，也是东北保安司令部的机关报。

《中苏日报》采编人员均来自于军界，并有现役军衔。

在3月5日创刊号二版近2500字的发刊词中除去颂扬中苏友好之外，还提出："本报除尽力于发表社会的病痛，搜罗人民的疾苦以传达于国内外，更望东北同胞尽量披露所有的意见，投至本报，本报当以一切的可能报道东北人民的呼声。"

《中苏日报》在沈阳的创办，成为当时辽宁地区国民党当局的一件大事。为此，还专门召开了创刊招待会。中苏日报社社长余纪忠、东北保安司令长官部沈阳指挥所主任彭璧生、克里佐夫（苏方人士）、陈纪滢等分别在招待会上致辞，他们的致辞都刊登在第二天（3月6日）《中苏日报》第三版上。余纪忠在创刊招待会上大谈中苏友好，明确界定《中苏日报》是一张三民主义的报纸，同时提出"报道必须是建设性的。人民向政府提意见，亦必须是建设性或教育性的"这一要求，从而不难看出国民党当局对舆论的垄断与限制。

（1）办报之初对苏联的集中宣传

《中苏日报》为对开4版，第一版为公告、布告及少量稿件，第二版为国内、国际要闻和本地新闻，第三版为国际、国内新闻、周刊，第四版为《东北风》《文学》《画廊》《新生代》《历史周刊》等各类副刊。1946年3月5日创刊号一版除去广告之外，只发表了一篇文章，即杜聿明的《杜长官告东北民众书》。在文章的最后部分，杜聿明对"中苏友好"施以重墨。他说："今后与盟邦苏联的人民来往机会日多，国军对盟邦人民有保护之责，希望同胞对盟邦人民一律优礼有加，相亲相爱，使中苏邦交得于百尺竿头更进一步。"作为国民党舆论喉舌的《中苏日报》，在报纸创建之初就将"中苏友好”作为宣传的重点，发表了诸如《中苏友好的历史文献》《国父致苏联遗书》《国父与越飞联合宣言》等一系列文章，热谈中苏友好。

为给中苏友好“加温”，1946年3月10日《中苏日报》第四版又刊出了《苏联周刊》(创刊号)，专门向读者介绍世界上第一个社会主义国家苏联的政治、经济、军事、社会等方面的情况。在该版创刊号上登载了《苏联境内各民族的平权》(作者阿吉江)、《苏联的财产形式》(作者毕尔曼诺夫)、《苏联的新教育》等。3月24日《苏联周刊》第三期登载了《苏联的炮兵技术》(国威译)、《社会主义制度是苏联强盛的基础》(作者尤金)等文章。除去《苏联周刊》之外，在《中苏日报》的其他版面，有关苏联方面的报道也时常见诸报端。1946年3月6日《中苏日报》第四版的《苏联一千人表演“静静的顿河”——伟大处叹为观止》，3月7日第二版发表的社论《苏联对华的社会主义外交》，第四版的《俄国大诗人普希金的惨劫》(流译)，3月8日第三版的《苏蒙缔结友好条约　同时成立经济文化合作协定》《苏联妇女在学术上之成就》(作者黎娜、耿铁伦)、第四版的《妇女节纪念特刊》版面上登载的《苏联的妇女　她们已享受到与男子同样的权利》(作者吴明)，3月14日第三版的《苏为保卫边境安全不惧任何武器恫吓　苏舆论对英美表明态度》《苏可能支持联合国　谅解合作保持和平》、第四版的《苏联教育上新的成功》(作者文元)，3月22日三版《史达林一身三要职》(本报录音、莫斯科广播)、《中苏友好协会今举行讨论会》，等等。报纸上的这种对苏联的高密度集中宣传，在不久苏军撤离东北之后，就逐渐冷落，原来每周日刊出的《苏联周刊》版面也悄然不见了踪影。

(2)“友苏不友共”的反共政治立场

《中苏日报》作为国民党东北保安司令部假借东北中苏友协名义出版的一张军报，在政治上是极其反共的。1946年4月27日《中苏日报》创刊不到两个月，就在第二版发表了社论《反共与友苏》。社论在一开头就毫不避讳地抛出“反共和友苏，是两件事情”的论调。向读者兜售“友苏不就友共，反共不就反苏。友苏可以反共，反共可以友苏”。该文还对新华社延安十五日电中周恩来针对接收问题所说的“中苏条约中唯一的规定是承认中国在东北的主权，规定中国军队可以接收苏联撤退的城市，并未特别规定只有国军才能接收，中共军队也是中国的军队，因此不能除外，绝对有权参加接收工作，这是毫无疑问的。而且停战协定中也没有排除中共军队的接收权”进行了刻意曲解打击，扬言“中共在东北以至在关内各地的自由活动是非法的”。社论最后说：“我们是友苏的。但我们反对违法和危害东北的中共。”

1947年7月23日，《中苏日报》发表社论，申斥沈阳各报刊载反征兵是“为‘共匪’张目或者在主观上为‘共匪’做第二战线”，引起新闻界的众怒，《东北民报》立即发表言论《不通的理论，恶意的污蔑》进行反击，提出来新闻要民主的主张。《中苏日报》从创刊到与《中央日报》（沈阳版）合并为止，其新闻报道始终充斥着反共反人民的内容。例如1946年3月28日第二版发表的《新华日报歪曲事实　载沈阳国军扩大内战》，1946年4月5日的《李运昌部下进攻唐山　增援部队破坏滦县东铁桥》《东北共军阻挠接收工作袭击国军破坏交通》《国军被袭次数伤亡官兵统计》等，特别是内战全面爆发后，《中苏日报》更加暴露出反共反人民的真正本质，如用《四平顽匪全线溃退，国军正向长春挺进》这样鼓吹战功的假消息愚弄读者。

由于《中苏日报》与中共沈阳市委办的《文化导报》都是借助了中苏友好协会名义，因此，《中苏日报》一直与《文化导报》为敌，在国民党当局查封《文化导报》的第二天，《中苏日报》即刊出《文化导报不宣而散》的泄愤消息。

（3）对社会与经济的关注

作为军报，《中苏日报》以报道军事、政治为主，对社会民生、经济发展也有关注。尤其是经济方面，除去动态消息之外，还通过社论以及《经济周刊》，登载一些对东北乃至中国的经济发展进行研究的论述性文章。

有关经济方面的动态消息和社论如1946年3月8日第三版刊登的两篇动态新闻，一是《游资日增工厂停闭　沈市工商不振原因》。

【本报讯】据调查，沈阳市纯中国人经营之工厂计有三千零五十家，商店计有一万五千余家，而现在工厂之开工者不过十分之一，商店开市者亦仅及十分之三四。工厂未能开工之最大原因，盖有三百余家工厂为铁工厂，过去均为敌人之协力工厂，敌人逃溃受到天然淘汰。其次，工人流散亦为不能开工之原因，且燃料缺乏，煤块每斤已达二圆，多不堪其苦，合计全市之工人不下十余万人，未经统计，不知流散之后将依何为业！各工厂停闭后全市民众生活动态，多趋于消费者增而生产者寡之现象，即如贩卖旧衣旧物者，每日集加。至本市商业情形最大商店为拥本五十万元之吉顺粉房，因资本雄厚，故尚能开业，余多悄然无声未能重振。

另一篇则是《市场交易清淡　物价无甚起落》。

【本报讯】日来雪后天寒，各市场交易陷于清淡状态，兹将昨（七日）日之本市物价志之于下；

本地面粉每斤十七元至十九元。小米每斤三元二角至三元八角。苞米每斤二元。大豆每斤一元九角至二元五角。小豆每斤六元至六元八角。猪肉每斤三十一元，零售三十四元。牛肉每斤三十元，零售三十三元。豆油每斤十八元五角，零售每斤二十元。棉花每斤三十元，零售三十四元。棉纱每十码一千七百五十元。花旗布（本地出品）每疋二千五百元，食盐每斤十元。豆饼每块七十元，零售七十五元。木材每斤一元五角，煤块每斤二元。

《中苏日报》的某些经济、社会等方面的动态新闻报道，一定程度上反映了抗战之后再次遭遇内战的辽宁地区社会民生的状态。

《中苏日报》反映社会生活方面的新闻所占版面不多。少量的社会治安、市井新闻一般夹在二、三版等国内外要闻版面中。如 1946 年 3 月 13 日《本间判死刑　乃妻恳赦免》《长春流行肺炎病　蔓延可畏》《辽宁省政府通令禁演毒素电影　遭禁者多为敌伪出品》。1946 年 4 月 3 日第三版的《北市场惊人大火！延烧三百余户　损害三千万元　死伤男女两人　灾民千名无家可归　盼当局急加救济》《廉价购得面粉　食后一人毙命　三人中毒医救复

活　警局稽查售面日人》，等等。

（4）多样性的副刊

《中苏日报》的副刊版种类比较多，如:《东北风》《历史周刊》《经济周刊》《地理周刊》《艺术》《文学》《画廊》《青年周刊》《新生代》《学术研究》等。其中最为常见的是《东北风》，它几乎每天都与某一副刊类版面以及广告三合一同时出现在该报的第四版上。《中苏日报》1946 年 3 月 5 日创刊号的第四版，就是由《东北风》《历史周刊》和广告这三个部分组成的。《东北风》创刊号在《开场白》里这样界定它的版性：

《东北风》是一个综合副刊，举凡：一、逸事，历史，传记，各地风光，新知识介绍，抗战史话，世界大战花絮；二、电影、戏剧、音乐等介绍与批评；三、小品、杂文、新诗、文艺批评与报道，都要刊发一点儿，可谓包罗万象。不过：一、我们不妨谈谈问题，但形式要趣味化。二、绝不刊载无病呻吟的文章。三、我们想侧重一下介绍内地的情况和世界的情况。《东北风》版面上还有《新闻集锦》《新笑林》等小栏目。《东北风》注重登载描写东北地方色彩的文章。1946 年 3 月 22 日该版的《扬名国外，保卫东北的新六军介绍》（作者严君）、《东北小巴黎的天津街巡礼》（作者刘树栋）。1946 年 3 月 30 日该报的《沦陷期东北的文化界》（作者刘汉）、1946 年 4 月 10 日刊载的长篇连载《辽河的故事》（作者欧阳二春）等稿件，都具有鲜明的地域色彩。

《中苏日报》的副刊具有明显的反共倾向。1946 年 6 月 6 日的《学术研究》版的《创刊致辞》里，对中共进行了恶毒攻击。谩骂“中共所持一套悖逆国情民性的革命理念”“是即生吞活剥马列学说，而未能融会消化，遂悍暴施，致病国害民如此其甚，是以误于学术之一大悲剧而已”。

《中苏日报》各类副刊版承载的任务是不同的。《文学》版主要登载小说、散文、诗歌、随笔等各种题材的文学作品。《艺术》版登载有关音乐、美术、雕塑、诗歌等艺术门类的文章。如 1946 年 3 月 23 日《艺术》版登载有《莫扎特的歌剧“魔笛”》（作者奈巡项）、《雕刻和建筑》（作者明瑶）、《〈毋宁死〉观后评》（作者小英）、《世界各国的现代音乐》（作者周晓莺）

等。《地理》版为读者介绍地理与社会、人文方面的研究文章，每星期四出版。1946年3月7日的《地理》版创刊号用半个版面登载一篇文章:《中国与海》(作者王宜昌)。1946年3月14日的《地理》版，登载了《东北九省新形势》(作者郑之谱)。《经济周刊》每周六出刊，主要侧重对东北及国内外经济领域问题的研究文章。1946年4月5日该版登载的文章有:《国民经济建设运动之意义及其实施》(作者蒋中正)、《伪满“兴农合作社”与东北农村经济》(二)(作者陈曦)两篇文章。《画廊》版主要介绍美术、雕塑等方面内容的文章。1948年4月18日《地理》版第一期的《谈“美术”的意义》(作者拟人),《艺术介绍》栏目登载有《“新生”与杨青先生》(作者迟迟生)、《艺术与国民性》(作者董群)等。《新生代》版是为青年人开辟的一个园地，有针对青年问题的研讨、青年生活的指导、青年知识的介绍以及青年人自己的作品，包括青年习作、青年呼声、青年生活的反映等。1946年5月29日第一期，该版刊登了《释“新生代”代发刊辞》(作者明)、《论现阶段的东北文化》(作者饶子远)、《写给青年朋友们》(作者东人)。《学术研究》版是一个理论色彩比较浓的版面，刊载的文章包括政治、经济、法律、教育、文化、文学、哲学、史地及其他各科学术之创作、论著、评述及研究心得等。1946年6月6日《学术研究》版刊载稿件有《创刊致辞》、《“知”与“行”的研究》(作者胡原道)、《政党论》(作者赫风儒)。

(5)《中苏日报》改为《中央日报》(沈阳版)

1947年夏季，随着国民党在政治、军事上的惨败及其内部派系的互相倾轧，杜聿明作为替罪羊而被撤换，依傍杜的势力在东北红极一时的余纪忠不得不回到关内。陈诚取代杜聿明主持东北军政大权后，由南京派来的三青团头目胡赓年接替了余纪忠社长的职位。胡到任后即撕下“中苏友好”的假面具，急急忙忙改组了《中苏日报》，于1947年10月将《中苏日报》改为《中央日报》(沈阳版)。该报的更换报头和人马大换班，表明了国民党政府所谓的“中苏友好”早已成为过去，暴露出彻底投靠美帝国主义的真面目。

2.《和平日报》

《和平日报》的前身是国民党的老牌军报《扫荡报》。《扫荡报》是由国民党军事委员会抗战时期在重庆出版的机关报。抗战胜利后，《扫荡报》于1945年11月12日易名为《和平日报》，分别在南京、重庆、上海、汉口、兰州、广州、沈阳、台湾、海口9个城市出版。1946年4月，国民党东北保安司令长官部在沈阳创办《和平日报》的时候，还在其报头下特别注明该报原名为“扫荡报”。

沈阳的《和平日报》在当时的辽宁地区国统区是仅次于《中央日报》（沈阳版）的第二大报纸，该报实际上还是一张军报，完全由东北保安司令部中将司令杜聿明掌控。

（1）杜聿明的御用报纸

杜聿明对办报十分重视。从他1945年11月率国民党军队进入东北，到1947年他从东北离开的将近两年时间里，为了能有效巩固自己的地位，除去在人事上安排信得过的亲信之外，对国民党所办的各报纸不仅关注甚至直接参与组织指导。

《和平日报》以杜聿明为后台老板，所以版面上经常吹嘘国民党军队在东北的“赫赫战功”，为杜聿明歌功颂德。1946年9月7日第二版报道《视察承德事毕　杜长官昨返沈　当地难民多亟盼救济》，同一版面还同时发表长篇通讯连载《承德行》（作者刘毅夫），9月14日该报第三版登载《长官部召开保安会议　熊主任杜长官莅会指挥》，9月21日登载《集宁收复大同解围　杜长官去电祝捷》《东北政工会议昨闭幕　杜长官亲临主持并致训词　余主任对过去工作总讲评　杜长官昨假胜利堂慰劳政工人员》等。除去登载记者采写的有关杜聿明的新闻之外，还经常发表由杜聿明撰写的社论和署名文章。1946年9月1日该报登载了杜聿明撰写的社论《九一记者节感言》，9月3日登载杜聿明署名文章《把握时机建设三民主义的新中国》，11月16日第五版刊载《国军出关周年纪念特刊》杜聿明的署名纪念文章等。1947年夏，杜聿明调离东北后，和平日报社也随之改组，于同年农历九月与《中央日报》（沈阳版）合并。

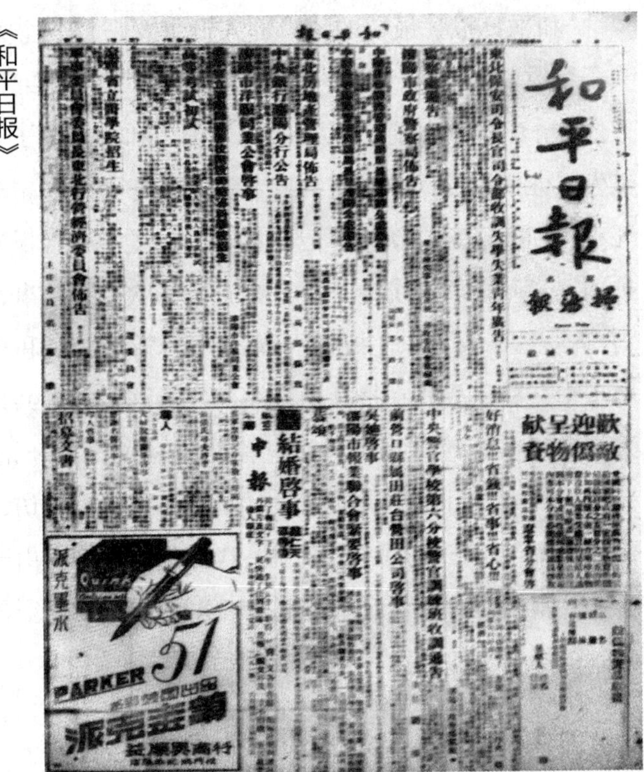
和平日報
結婚啓事
PARKER 51

《和平日报》

（2）编辑部人员组成及办报宗旨

和平日报社社长最初是阎奉璋，副社长为李诚毅，总编辑为陈语天，副总编辑为张兆麟、张虎刚。社址在原沈阳市南市区杨武街1段1号。1947年10月11日《和平日报》进行人事改组，受陈诚之邀，赵雨时任和平日报社社长，阎奉璋为副社长。《和平日报》在当天第一版广告头条的位置刊出《本报启事》，启事中说：

> 本报兹经中宣部李部长调整结果改由赵雨时为本报发行人兼社长。阎奉璋为副社长。自十月十一日起迁移中央日报前社址（和平区中山路一号）办公。所有一切业务均在新社址办理。凡在十月十一日以前之债权债务概由中宣部直辖印刷厂（原和平日报社旧址）办理。此启。

《和平日报》最初的编辑部人员主要来自三个方面：一是伪华北新闻界头子管冀贤的门徒，一是日伪留用人员，一是由北平招聘来的大学生。这些人成分十分复杂，有国民党所谓正统派和特务分子，有混迹于报界、妄图借机发点儿横财的人，也有共产党地下工作者（如副总编辑张兆麟、资料室主任赵今斯、经理赵新亚、记者贺健等）。《和平日报》的办报宗旨就是极力维护国民党政权反动统治，对蒋介石极尽吹捧之能事，鼓吹国民党反共内战的“合理”性，宣传东北战场国军的“辉煌战绩”，积极地反共反人民。当然，由于中共隐秘战线在报社的存在，打入该报的中共地下党员利用合法身份，采写有进步思想或揭露国民党黑暗内幕的文章，记者贺健得知国民党兵在蒲河村烧毁老百姓房子的消息后，立即到现场采访，写了《兵匪一家》的稿子，在报纸上发表后，受到国民党特务的质询。由于地下党员的积极工作与影响，报纸有时也会看到一些带有进步思想和揭露国民党政治腐败、社会黑暗、民不聊生的文章。

（3）《和平日报》的反共宣传

《和平日报》每日对开 4 个版面，第一版一般为广告，第二、三版为新闻，第四版为副刊。该报在意识形态方面表现出的一个突出特点就是极力维护国民党的反动统治，对蒋介石进行大肆吹捧，而对中国共产党进行打击、污蔑。如 1946 年 9 月 3 日，该报刊登中央社发自旧金山的《蒋主席即林肯　贝克称中国目前状况酷似美南北战争时期》，1946 年 12 月 15 日第二版头题的《政府渴望恢复和谈　中共迄无诚意表示　毛泽东周恩来仍作无理要挟》等。1946 年 9 月 15 日《和平日报》刊登了社论《中共破坏五人会议》，19 日又抛出社论《假如没有中共的捣乱》。文章将所有抗战胜利后国家负面的现实问题都归咎于中共的存在，并将中共的所有活动都称为“捣乱”。10 月 9 日又登出社论《共党农民运动的没落》，1947 年 7 月 7 日，又以纪念“七七”为由，抛出社论《以“七七”的精神和共匪清算总账！》以及《戡乱剿匪目的与神圣抗战无异》等反共文章。

作为国民党反动统治的舆论工具，《和平日报》不惜背弃新闻必须要真实的基本原则，制造反共的虚假新闻，妄图利用报纸这个舆论武器，破坏中共在国人心目中的正面影响，挑起国人对中共的仇恨，利用报纸这一特殊武器对中共在舆论上进行“围剿”与诛灭。1947年4月3日第二版头题《国军一鼓可下绥德　鲁境战事转入山地　新乡以南共军昨已全部溃退　彭部长谓陈毅阵亡相当可靠》《劫后延安　毛泽东私宅富丽堂皇　暴力政策下民众涂炭》。这些稿件将无中生有的谣言当成新闻事实在报纸上公开发布，其目的在于挑起国人对中共的不满情绪，动摇中共军心民心，瓦解中共的士气。

《和平日报》虽然报名为“和平”，但其身为国民党军报的性质和当时国共内战的背景，决定了《和平日报》的不“和平”，新闻版面重点突出军事宣传的特点。1947年的6月至7月，东北民主联军在夏季攻势中，向辽北省四平市的国民党开始了攻坚战。四平守军总指挥为国民党第七十一军军长陈明仁。此次四平战役从夏到冬历经4个大的回合，直到1948年2月末，东北人民解放军[①]决定攻取四平。3月8日，肃清外围据点，直逼城下，发起总攻后突入市区，分割围歼守军，激战至13日晨，全歼国民党守军，切断了国民党长春、沈阳之间的联系，使长春国民党完全陷于孤立境地。对于这次旷日持久的战役，《和平日报》几乎都是在第二、三版新闻版的头题位置进行了跟踪报道。其中，重点吹嘘国民党军队的战场“战绩”，如1947年6月13日的《共匪企图业已判明　四平大战昨夜展开　炮火连天战况激烈空前》，6月16日的《四平激战空前惨烈　匪将再蹈德惠悲运　孙立人飞京报告东北情况　拨军抵本溪吉长路被切断》，6月17日的《四平昨晨一场血战　聚歼匪军五团之众》，6月18日《四平匪军再受重创　国军北向开昌扫荡》《四平激战声中　刘翰东访问记》，6月22日的《四平核心国军出击　匪军主力退出市区　国军扫荡部队昨克下肥地　长出击部队近迫公主岭》，7月10日的《全市欢迎剿匪英雄　陈明仁刘翰东抵沈　熊主任曾亲赴机场迎接　市民夹道欢呼热烈空前》，等等。为了给国军鼓舞士气，《和平日报》极力配合国民党当局，不顾战事最后的真实结果，将国民党军队在战场上某一局部的或阶段性的“战果”拿出来进行大肆渲染。

1948年9月，辽沈战役打响，东北野战军在攻克义县后包围了锦州，并

①1948年1月东北民主联军改称东北人民解放军。

在塔山和黑山阻击了驰援锦州的侯镜如、廖耀湘两个兵团，同时攻克锦州生俘范汉杰。锦州被中共打下之后，侯镜如兵团撤回葫芦岛，此时驻守长春的国民党滇系第六十军中将军长曾泽生率部起义，郑洞国集团陷入混乱，相继被缴械。廖耀湘在黑山被阻被迫撤退沈阳，途中又被生俘。解放军最后包围沈阳，除青年军二〇六师一部突围之外，沈阳之国军全部被歼俘。至此辽沈战役结束，东北全境得到解放。而作为国民党在辽宁地区的首席军报的《和平日报》，在国民党行将灭亡的最后时刻，依然为在国民党的“辽西会战”中作战的军队摇旗呐喊。1948年9月14日辽沈战役打响的第二天，《和平日报》即在第一版头题发表《辽西大战揭开序幕　匪向义县与兴城绥中锦西窜犯　国军正分别阻击中》。接下来几乎每天都有来自前线的报道，主要有：9月15日的《我援军抵兴城附近渡大凌河匪被围　国军向大荒地追剿进行顺利　辽南刘二堡城昂堡已被克复》，9月21日的《锦州国军展开扫荡　义县郊区激战中范汉杰来电称绥中我仍坚守　匪昨猛犯营盘已被守军击退》，9月25日的《辽西即展开大会战　兴绥义情势愈紧张　白庙子沙后所一带情况不明　辽南国军痛击本溪外围共匪》，9月26日的《辽西大战益紧张　共匪猛扑义县城垣兴城外围　韩家沟一带仍在激战　铁岭国军出击李红光匪部》，9月27日的《义县争夺战激烈　锦州外围匪事大挫　我海军舰队猛烈炮击犯匪　绥中前卫仍在国军坚守中》，9月28日的《锦州守军全面反击　义县城郊展开肉搏　绥中战事紧张匪向车站猛犯　兴城东北富家屯等地激战中》，9月29日的《匪犯锦州西南塔山义县攻防战惨烈　绥中战事紧张匪向车站猛扑》，10月2日的《犯塔山匪已被击溃　义县守军苦斗中　兴城激战后业已联络中断》，10月3日的《空军编队昼夜助战　辽西局势有新开展　义县守军与匪演肉搏战　匪袭扰前所车站被击溃》，10月4日的《总统莅沈巡视　昨午专机飞平　曾召见在沈军政首长　指示权宜并垂询施政》《增援国军云集辽西　主动攻势即可展开　锦州外围杨家沟等地有小接触　义县守军奋战后电讯联络中断》《援军向辽西激进　锦榆间将展开兜剿战场　国军出击与匪激战》，10月10日的《锦州攻防战剧烈　国军全力歼灭犯匪　东西两路援兵向前猛攻中》，10月16日的《国军陆空奋勇夹击　锦州犯匪攻势顿挫　我西路援军已进抵高桥车站　台安昨告收复残匪夺路逃窜》，10月

17 日的《总统关切东北战局　偕同夫人再度莅沈　昨召开军事会议指示机宜　杜聿明前晚由徐州飞抵沈》《锦州陷于混战　共匪猛犯伤亡惨重　我援军正分路疾进》《平绥线国军捷报频传》，10 月 18 日的《国军西进兵团传捷　连克大黑山新立屯　彰武西北匪股经围剿后溃逃　锦州昨已联络中断情况不明》，10 月 19 日的《西进国军迫近黑山　塔山一带激战中　匪集结石门寨等地图犯榆关》，10 月 20 日的《黑山接触塔山激战　鲁南骤紧大战即爆发　平绥东段匪回窜苏北争夺未已》《郑洞国谈长春战况　守军策应彰武袭击匪军　长西南郊刻进行激战中》，10 月 21 日的《辽西国军加强部署　准备捕捉共匪主力　大凌河东岸匪股已分头逃窜　热西国军在滦平建辉煌战果》《塔山方面激战未已　国军源源登陆葫岛　长春市区核心阵地演争夺战》，10 月 23 日的《锦西守军续出兜剿　台安境内发现散匪　郑洞国李鸿坚守长春核心阵地》，等等。

通过以上在第一版头题或第一版重要位置对“辽西会战”高密度战事报道的新闻标题不难看出，该报在军事报道上，采用以偏概全或文字模糊或编造战绩等手法，竟然能一一掩盖国民党军队在战场上的接连惨败，麻痹读者。1948 年 10 月 23 日《和平日报》终刊。

（4）副刊、特刊及“报中报”

《和平日报》的副刊品类繁杂。从创刊到终刊的两年多的时间里，先后办有《和平园地》《今日美国》《一周经济》《社会服务》《学生生活》《东西南北》以及《和平日报·附叶》的《影剧》《今天》《文史》等多种综合性副刊。《和平日报》的受众主要是国民党部队的官兵，以及城市具有一定文化程度的市民。因此它的副刊势必要迎合这些读者的需求。就其思想性而言，《和平园地》等副刊版登载的稿件具有进步意义的不多，知识性、趣味性、服务性的，或抒发个人情绪，或无病呻吟、低俗无聊的文章比较多见。

《和平园地》刊载内容主要有诗歌、随笔、时评、杂谈等。如 1946 年 9 月 3 日第七版《和平园地》所登载稿件有杂谈《九三勉青年朋友：从学习中体验工作　从工作中加强学习　谈升学与就业》（作者绿露）、《一个挂着

“荣誉”证章的伤兵》、《总该欢喜》以及赵家骥的古体诗《献俘》等。

《沈阳春秋》是《和平日报》一个颇具特色的栏目，它以一事一议、三言两语、集束成篇的形式，经常出现在副刊《和平园地》等版面上。它以提出问题见长，语言直白，颇有特色。例如1946年12月13日《和平日报》第二版的《沈阳春秋》：

△听说沈阳北站只有三个电话，站方与市民皆感不便，不知道有无办法再多添几个？

△日侨俘遣送成了尾声，但仍有许多日本女人，留在太原街一带的酒馆里，不知他们是被留用的“技术人员”，还是别有居心。我们另外听到一个传说：有些日本女人为了想留在这儿，不惜拿点钱，雇一个中国人做临时丈夫，陪他们去当局登记，批准以后，各奔东西，日本人狡猾成性，这种情形，不知当局亦有所闻否？

△许多日本人的住宅里都有防空地下室的设备，胜利后多半被水浸入，结成坚冰，明年开春后不但影响卫生，说不定还会把房子弄坏，希住户们赶紧自己清理一下！

1946年12月22日第三版的《沈阳春秋》：

△太原街以中苏联谊社为中心，四周茶馆酒肆林立，烟酒、女人……都集中在那儿，可以说是沈阳最污浊的一角，然而许多人都愿意往那儿跑，气温已经降到零下十几度了，他们还忘不了去找“刺激”。冬赈喊得再响一点，恐怕也没有这儿的欢笑声高。

△新年姗姗来矣，许多爱时髦的人又在准备大发“贺年片”了。在物价如此昂贵的今日，几十张贺年片就要一个可观的数目，寄语先生小姐们，建国期间，还是把这一套无谓的玩意儿免了吧！

《周末版》该版每周六出刊，内容多为生活趣味性的稿件。如1946年9月7日登载的《美国男儿理想中的新标准女郎》《美髯公二三事》《杜鲁门的嗜好》《马歇尔的牯岭之床》《当心你身边的配偶　杀妻从三十五岁开始　杀夫从三十岁开始》。9 月 14 日第四版《周末版》的《聪明的广告术不必一定要多花钱》及《握手四点常识》《诱人的香味》《英国人的生活》《海上不奇谈》等。《海上不奇谈》是集锦类稿件，其中具有针砭时弊的特色：

△吴国桢先生到上海处理粮商抬价案时，命有抬价嫌疑者交五千万元保，各嫌疑人立即送去五千万元，吴皱着眉头说：原来上海人的钱真多！

△杜月笙买两副钻石给两个儿媳作见面礼，儿媳不敢不戴，但因为钻石太重缘故，儿媳的耳朵都受了微伤。

△上海国际饭店的头等房间一晚上万元，合五十美金，一个美国军官说：我们美国人住不起这样阔的房间。

《经济圈》该版内容为有关经济类的新闻以及市场行情等。如 1946 年 11 月 19 日《经济圈》登有稿件《面粉一批抵沈　调委会将下乡购新粮》《沈市行情》《客商频叫苦　难过检察关》《今日的单帮客》等。其中还有《学府风光》栏目，登载大中学校校园花絮类。长篇写实小说《湖畔之梦》连载（作者谢人堡）。1947 年 1 月 7 日《经济圈》头题《运煤问题又渡过一关　大车队今照常出发》《挽救谷贱伤农危机　当局着手大量收购　据推测旧年后粮价渴望提升》《售棉千斤　赠布一尺》。《沈市行情》栏目登有《美票黯然无色　黄金扶摇直上　色布来货极多行情下落》《煤炭问题喜讯 严寒已成过去 气候将趋温暖》。

《今日美国》介绍美国一周内主要新闻及经济、社会、文化、艺术等多方面的情况。如 1946 年 9 月 7 日的《今日美国》版登有《美国做生意忙》《美国人物　汽车工人领袖路德》《战时美国电影》《汽车的故事》《赴美新娘指南》等文章及《美国一周》栏目。

《社会服务》是与读者交流互动，并为读者提供服务的版面。主要登载读者来信，回答读者提问，帮助读者解决一些疑难问题。1946 年 9 月 8 日《社会服务》版登载小启事："本版欢迎读者投函，来函以诚挚研究实际问题及贡献建设意见为原则。”当日该版头题刊载《替难胞呼吁！请设统一救济机构》《雯萍女士再来函　破碎的心　扔不下的情　难分难解　究竟哪儿去》《对雯萍女士的辩护》等几篇文章。《社会服务》版还设有《求职》《代邮》《简答》《读者呼声》《离乱的音讯》等栏目。

《学生生活》版是为青年学生开辟的一块学习园地，所登稿件既有知名人士对青年人的教诲，也有反映青年读者问题与呼声的稿件。如 1946 年 9 月 26 日的《学生生活》版头题:《人生对自我　家庭　国族　社会与人类之责任》(作者陈渡人为第二〇七师营长，近著《论生与互助战争》一书，内容极为正确充实，本文为该书中之一段，编者因该书印数无多流传甚少特补载于此，献于青年朋友们参考)、《从军学生想复学　敬请教育部东北负责人或教育厅来答复》等。《穷学生的呼声》栏目登载《我缴不起那样多的费用》。《学校概况》栏目登载《艰苦奋斗的第八中学》。

《特刊》是《和平日报》不定期地为某一重大纪念日或重要人物而临时增加的专版。如 1946 年 10 月 10 日第五版、第六版《国庆日纪念特刊》，在纪念文章之外，另登载孙中山和蒋介石大幅照片、《辛亥革命起源地——武昌黄鹤楼》照片以及熊式辉、杜聿明、张嘉璈、赵家骧等书法题字。11 月 16 日第五版刊出《国军出关周年纪念特刊》，登载杜聿明等人纪念文章、感言、致敬电、出关杂诗，以及《国军出关周年纪念》(作者徐箴)、《光荣的九个月　歌颂青年军二〇七师》(作者君良)、《九个月大事记》《题吉林北山纪念亭》(配照片)。11 月 21 日第五版刊出《第七届防空节纪念特刊》等。

报中报——《和平日报·附叶》1947 年 10 月 30 日《和平日报》第二版登载一条特别启事，其内容如下：本报自本月十一日改组以来，销数激增，致所存西洋白报纸已全部用罄，而在沪预订之西洋报纸，复因交通梗阻，一时发不过来。迫不得已，本报乃自今日起改用锦州出品之卷筒报纸，品质稍差，有损订户权益与本报营业品德，实为本报同人所惶惧。为弥补此一缺憾，本报决定下月一日起（星期六）每星期二、六增刊《和平日报·附叶》四裁纸一张，按期随报发出，不另收费，至本报改用西洋白报纸时为止。该《附叶》内容，将包括活泼轻松简雅幽默之作品，此外并将邀请专家主编《文史》《影剧》《东北研究》及《妇女儿童》等 4 个周刊，期能雅俗共赏，于力求“兴趣化”之中，复不背本报力求提高学习水平之旨趣。即希读者注意并于原谅。谨启。

按照这则启事的说法，《和平日报》之所以出版《附叶》，完全是由于印报所用西洋白报纸出现了问题，报社对读者所做的一种补偿，属于权宜之计。《附叶》从 1947 年 11 月 11 日开始，每星期二、星期六出版，每期第四版以“报中报”的形式，随《和平日报》发行。《附叶》除去启事中提到的《文史》《影剧》《东北研究》及《妇女儿童》等 4 个周刊外，还有《精骑》《今天》等版面。其中《文史》版主编王孝鱼，为东北大学历史系、哲学系教授，《中央日报》（沈阳版）《文史》版的主编。《今天》版主编为胡诌博士。胡诌博士在九一八事变前，曾主编《新民晚报》副刊，其文笔之精警，久已脍炙人口。其所创作的长篇小说《接收夫人》，从 1948 年 11 月 16 日起，在《和平日报 · 附叶》每日刊载。

3.《中央日报》（沈阳版）

《中央日报》是国民党的中央机关报，于 1928 年 2 月 1 日创刊于上海，

《中央日报》

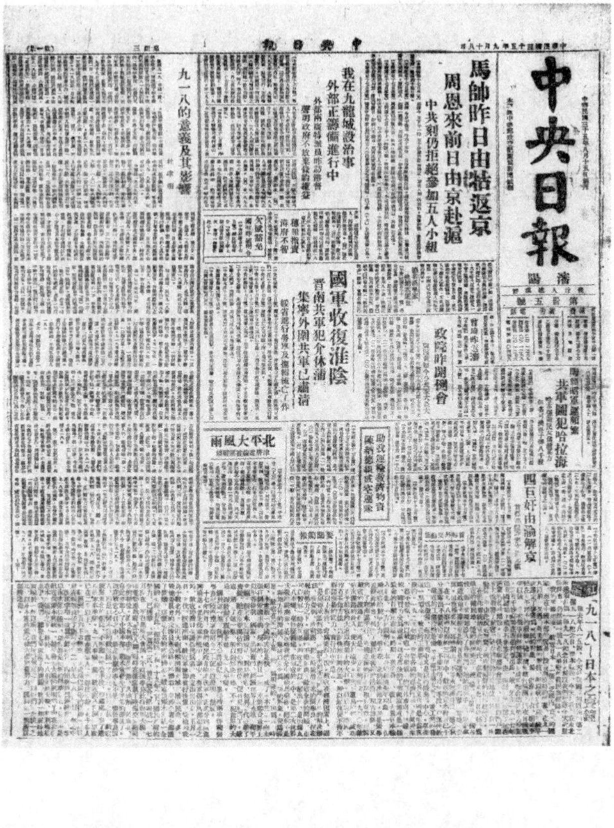
中央日報
瀋陽
馬帥昨日由牯返京
周恩來前日由京赴滬
中共刻仍拒絕參加五人小組
我在九龍城設治事
外部正籌備進行中
九一八的意義及其影響
國軍收復淮陰
晉南共軍犯介休蒲
集寧外圍共軍已肅清
政院昨開例會
共軍圖犯哈拉海
四巨奸由滬解京
北平大風雨
助我運輸救濟物資
陳納德組成空運隊

一年后迁至南京。报社采取总编辑制，社长由国民党中央宣传部部长兼。1932年改为社长制，直接对国民党中央宣传部负责，首任社长程沧波。1938年9月1日，抗日战争爆发一年后随国民党政府迁往重庆出版。1945年抗战胜利后，国民党中宣部派人接收南京日伪《中报》《中央日报》等，在旧址重建南京《中央日报》，于同年9月10日出版，由马星野出任社长。重庆《中央日报》则归国民党中央宣传部直辖照常出版。1947年该报成立中央日报股份有限公司及董事会。《中央日报》在南京、上海、重庆、贵阳、昆明、桂林、长沙、福州、厦门、广州（后迁海口）、沈阳、长春12个大城市创办了地方版。

（1）国民党嫡系报纸之一

《中央日报》（沈阳版）于1946年8月15日，即八一五光复一周年之际在沈阳创刊。社址在原和平区中山路一号，后移至《中苏日报》原址三经街街口（注：辽宁日报社旧址）。该报在创刊之初社长是赵漠野，主笔为金东平，总编辑张文华，采访主任是余纪畴。1947年社址搬迁后，社长换成胡赓年，总编辑为陈语天，主笔王宜昌，后为李广平，采访主任是袁笑星，社论委员兼资料室主任仍是原《中苏日报》的孙海澜（中共地下党员，1947年冬遭叛徒出卖被捕入狱）。

《中央日报》（沈阳版）的《创刊号》为两大张，日发行1万份。沈阳市内机关团体订阅给予八折优惠，该报因属于国民党中宣部系统，因而，报头字体在全国都是统一的，只不过在报头下面多了"沈阳版"三个字，每日对开4版，期发2.5万份左右，成为当时辽宁地区国统区名副其实的报业大鳄。

该报是国民党嫡系报纸之一，因此办报经费相对稳定，而且有着可观的广告资源。每日正常出版4个版面，第一版为时事要闻，主要登载国内外重要新闻和国共战事。第二版（半版）为国际新闻。第三版（半版）主要为地方新闻。第四版（半版）《中央副刊》。每天广告约占1.5—2.0个版面。1947年《中央日报》改版之后，《中央日报》（沈阳版）第一版每天都登载整版广告，过去的第二版、第三版的内容合为一块整版，为国际、国内和地方新闻版。1947 年 12 月 24 日《中央日报》(沈阳版)开始缩减版面，报纸从每天 4 块版减少到每天 2 块版。第一版为整版国际、国内及本地重要新闻，第二版仅有 5 栏为本地新闻，大半版为广告。直到 1948 年 9 月 20 日又恢复为每日 4 个版面。

(2) 充当舆论工具积极反共　编造林彪身亡假消息

1945 年 10 月 10 日，国民党政府虽然与中共代表团经过 43 天的紧张谈判，在结束国共分裂局面、建立民主政权等诸多方面形成了会谈纪要，签订了《政府与中共代表会谈纪要》(即《双十协定》)，但暗地里加紧部署内战。1946 年，国民党挑起内战，却把内战的责任推给共产党，在其报纸上大肆进行反共宣传。1946 年 9 月 8 日该报登载中央社徐州发出的消息:《毛泽东告共军书　中共毕露叛国野心　和平协商纯属烟幕》:“据悉，国军于鲁南获共军文件，内有毛泽东告共军党员书，嘱其同志依十二年长期斗争，并准备全力摧毁政府，足见其阴谋及野心，而所谓和平协商纯属烟雾。”9 月 10 日该报又在一版登载中央社电稿《中共实为“卖国叛徒”周恩来与马帅谈判乃一骗局　美应倾其全力支持国民政府》，明确地反映出办报人的政治立场。此后又发表了《必不可让的一步》《众怒难犯、专欲难成》《独裁好战》等一系列反共社论，诬枉共产党对和谈“没有诚意”，制造种种借口，把破坏和谈的责任嫁祸于共产党。

时局到了 1947 年，随着国共双方战场争夺的日趋激烈，该报利用个别事件在报纸上极力进行反共宣传。1947 年 4 月 17 日二版登载来自中央社的《毛泽东抵佳木斯　林彪被击毙说闻已证实　共军内部对立益表面化》等假消息:

军息，毛泽东已抵佳木斯，其他由延安退却之中共军政要员，亦有多人到达，观该市戒备森严，为对封锁消息起见，佳木斯老百姓无论男女，一概禁止进入哈尔滨及国军接壤地区。

【军闻社本市讯】东北共军首领林彪，被哈尔滨市长李天佑之弟击毙之消息，业已证实，林彪死后东北共军与关内共军之对立，愈加表面化，内部已成混乱状态，一部分觉悟共军，拟趁此机会为东北前途着想，应全部反正，参加政府，关内共军派睹此情势，异常恐慌，决予以阻止，乃在各地逮捕不稳分子云。按林彪为黄埔四期生，前期为国民革命军中有数之人才，后以迷于共产主义，加入共党，此次死于部署之手，为违反民意者之下场，同时亦可概见东北有识人士之觉悟。

（3）对国共双方战事的片面不实报道

1946年9月10日《中央日报》（沈阳版）一版登载《中央日报》太原电稿:《浑河堤岸被决毁　共军图淹大同城　车站附近地区已被国军克复　国军驰援部队即可抵达会师》、中央社本报讯《辽东共军蠢动　所犯均遭巨创》，以及中央社承德电稿《热境残余共军仍有窜扰行动　凌南民众愿请国军扫荡》。9月11日《中央日报》（沈阳版）在第一版头题位置，登载了该报随军特派员10日在锦州发来的加急专电:《热境共军继续溃退　喜峰口古北口收复　刘副长官日内赴承德视察　图扰北宁线共军被击溃散》等。

1948年，国共内战已经进入白热化，双方的争夺日趋激烈，为了挽救战场颓势，蒋介石频繁调整东北战场上国民党军队的指挥官，从杜聿明（1945年11月到东北）到陈诚（1947年8月到东北）再到卫立煌（1948年1月到东北）。与此同时，作为国民党喉舌的《中央日报》（沈阳版），则不遗余力地每天都在第一版头题对战事进行片面报道，替国民党军唱颂歌，以图鼓舞士气，蒙蔽人民群众。如1948年1月5日一版头题登载的《沈阳周境亦趋稳定　辽河两岸残匪溃散　铁岭西北收复大青堆子　大虎山一带匪即将就歼》，1月7日的《辽西匪军企图钻隙逃窜　国军张开网形扫荡》，1月8日的《聚歼辽河南岸残匪　国军收获预期战果　兴隆店附近匪分股窜扰　吉东出击国军续有进展》，1月9日的《辽河两岸陆空国军大举围剿重创残匪　兴隆店收复巨流河激战　新立屯溃匪搅清河边门》，1月13日的《辽河两岸残匪节节败退　战局进入停顿状态　辽中东北国军扫荡散匪　沈阳新民间昨恢复通车》，等等。即便是双方在东北的战事已到了最后阶段，此时“辽沈战役”（国民党称之为“辽西会战”）战场上中共捷报频传，《中央日报》（沈阳版）仍在力撑国民党反动政权，加大报纸宣传力度，1948 年 9 月 20 日突然将《中央日报》（沈阳版）恢复到对开大张 4 个版面，报纸上还在不停地鼓噪国军战场的“战绩”，进行欺骗宣传。1948 年 9 月 20 日《中央日报》（沈阳版）第二版头题即是《兴城转稳　义县无恙　秦岛犯匪已呈不支　国军东西夹击即可会师　流匪回窜昌黎发生巷战》，吹嘘国民党政府地方统治稳定，国军在战场上“英勇无比”的报道。10月下旬，决定整个东北甚至全中国未来命运的“辽沈战役”已经接近尾声，此时的《中央日报》（沈阳版）却在 23 日（距离 11 月 2 日东北解放仅剩 10 天）报纸的第二版头题登出《辽西大战正在酝酿　锦西守军出击获捷　塔山匪筑工事仍图顽抗　新立屯南匪部回窜北镇》这样的消息。可见，作为国民党中宣部主办的国统区党营大报，《中央日报》（沈阳版）在军事宣传上自始至终都在奉行它“喉舌”的宗旨。

（4）充当舆论工具为政府反映社会民生

作为国民党在辽宁地区的一张官方大报，《中央日报》（沈阳版）也投入大量版面关注、研究、报道地方经济，为国民党政权统治做“参谋”。在一个时期内的第三版，都要或多或少地登载东北地区重要的经济动态新闻、经济问题研究，以及零星的社会、文化、艺术等领域的动态新闻。其中以粉饰现实的报道居多，同时也偶见反映社会民生疾苦的稿件。在 1947 年《中央日报》（沈阳版）的第三版上，经常会出现《经济圈》《市闻零讯》《天津商情》《昨日市况》《经济网》等栏目。1947 年 1 月 31 日《中央日报》（沈阳版）登载中央社本市讯《肉价可望回跌　物调会准拨借巨款　由猪业会收购毛猪》《市容破落民生凋敝　长春代表来沈请愿　长春奇寒水管冻坏、黑市煤一吨两万四、中小工厂停工、失学儿童数达两万以上》《讨论学潮起因　青年复学就业辅导处　拟开学生风气座谈会》《东北农业辅委会　分配救济物资　大部分发予农民应用　内有肥料农业蔬菜籽》《理发澡堂饭馆马车均须遵守议定价格　违反政令者决予严加取缔　董事长昨召各业代表训话》等。该版版底设置《地方通讯》和《〈中央日报〉沈阳版每日行情》等栏目。《地方通讯》栏目登载辽宁地区各地的社会新闻短讯。1947 年 1 月 31 日的《地方通讯》登有《盘山查户口设盘哨》《抚顺护士训练结束》《铁岭春节治安良好》《警甲严禁赌博》《北镇房产接收顺利》等。而在《〈中央日报〉沈阳版每日行情》栏目里则登载各种日用品价格表。

（5）“杂志化”的副刊

从1946年8月15日创刊，到1948年10月23日终刊，《中央日报》（沈阳版）先后创办了多种杂志化副刊类版面。除去1947年12月24日至1948年9月19日这段时间《中央日报》（沈阳版）缩减为每天出版一张两个版面的报纸，只登载新闻和广告外，其余时间的报纸，即1946年8月15日创刊起至1947年12月23日和1948年9月20日至1948年10月23日停刊这两段时间里，《中央副刊》《白山黑水》《东北风》《文艺》《文史》《社会科学》《社会服务》《医药卫生》《戏剧与电影》《妇女与儿童》《集纳》《每周文摘》等诸多副刊类版面，几乎每天或同时或轮番在报纸里面出现。这些版面针对不同的读者群设置不同的版性，内容各异。

最早出现在《中央日报》（沈阳版）上的副刊版是《中央副刊》，主要登载小说连载、短篇小说、诗歌、散文、随笔及读者来信等。1946年9月5日的《中央副刊》，就登载了随笔《斗蟋蟀》（作者雁兵）、《考大学》（作者金铮）、外国长篇小说连载《古堡获宝记》（十六）、以抗战为题材的现代白话长篇小说连载《地洞》（作者焦逸尘），此外还有《傀儡皇帝溥仪——人物素描》（作者钱蕃甫）、《游泳时要提防的疾病》等。

《白山黑水》版也是文艺副刊版，栏目较多，文章形式也多种多样，还有配图、刊头插画等。1947年11月1日的《白山黑水》，头题是《微言集》栏目，登载随笔《金戒子时代》（作者白禾）、诗歌评论《试论假我的诗》（作者李叶霜），同时还刊载《丰子恺先生为黄假我兄“忆江南”诗所作画幅赘言》。小栏目《作家语录》登载了苏联作家高尔基的《给诅咒生活的灰色者》等。

《东北风》版，是介乎于新闻和综合性副刊类的版面，主要登载以沈阳为主的社会民生诸多方面动态纪实类消息、特写等。1947年11月3日的《东北风》版头题为《沈阳市设置粥锅八处　救济乞丐难童　并发动募捐运动

救济难胞　陈兼主任手令新闻处办理冬赈》《军宪巡逻队昨竟日纠查　散兵游勇当场受戒》《沈汽车公司昨日试车招待新闻界》等。其所设置的栏目有：《微言集》《文教与体育》《沈市零讯》《各地商情》等。

《社会服务》版，则是《中央日报》（沈阳版）开设的号称为读者答疑解难的服务性版面，一般都是与《中央副刊》同时出现在一个版面上。1946年1月2日的《社会服务》栏登载《被病魔缠绕的可怜虫　郭宗仁啼饥号寒　请慈善机构调查救济》，《青年讲座》栏目登载《恋爱是人生的一环 决不是人生的点缀》，《医药顾问》栏目登载《小儿惊风症病状，如何处理它》《世界各国发明小统计》等。

《文史》版，为读者介绍文史常识及问题研究，主编为王孝鱼。1947年1月16日的《文史》周刊登载了《庄子与惠施》（作者王孝鱼）和《南村随笔》（作者徐南村）。同年1月23日的《文史》版，发表了《辽东集介绍》（作者枥团）和《书陆贾新语后》（作者南村）。

《文艺》版，是文艺评论及文学作品的园地。1947年1月24日的《文艺》版头题为文艺评论《论严肃性》（作者潭公）、论述性文章《青年与新文艺》（作者于沧）、日记体小说《玉姑日记》（作者吴霞）和诗歌《无题》（作者孙君）。

《妇女与家庭》版为周刊，每星期二出版，是为都市妇女和家庭开设的版面。1947年1月21日该报的《妇女与家庭》登载了《世上最不快乐的妇女》（杜天兰译）、《妇女问题的连环性》、《贤妻良母谈何容易》（作者徐双）等几篇文章。

《社会科学》版有针对性地介绍了美国等一些国家的社会制度。1947年1月20日的《社会科学》刊登了《美国的宪法》（周憔公译）和《对于制宪的几句话》（作者崔唯吾）两篇文章。

《集纳》版，每星期日出刊。1947年1月5日《中央日报》（沈阳版）《集纳》第一期《编话》介绍了该版的版性："聚集一些趣味的文字，幽默的故事，奇说逸闻，怪谈曲论，从各地各种不同的报纸上，移植采撷过来，翻译介绍过来，使大家放松放松，畅一畅气，以符'奇文共赏'。"《集纳》版的第一期登载了《多余的纠纷》（作者范夫）、《离奇的遗嘱》（揶揄译）、《宇宙万象》（礼译）、《幽默集》（作者夏夜风）。1 月 19 日《集纳》作了《太太丈夫特辑》，《特辑》汇集了 5 篇中外讨论太太与丈夫间如何相亲相爱的作品。编者说："希望读到这 5 篇文章以后，怕太太的不怕了，打太太的也不打了，好丈夫、好太太希望你们永远好下去，坏丈夫、坏太太也立刻地变成了好太太、好丈夫。"这 5 篇文章是《不要抱怨你的丈夫》（作者知真）、《作为太太们的参考一个丈夫的自述》（天声译）、《作为丈夫的参考我们两口子的私生活》（作者端初）、《理想的太太》（作者费尔波斯）和《怎样使你的太太快活？》（慧文译）。

《每周文摘》版是由该报资料室主编的。在发刊词中，编者阐述了设立该版的理由，即"尽可能地实现'报纸杂志化'的理想"，改善东北地区文化"贫血症"，满足读者多方面的文化需求。1947 年 11 月 7 日《每周文摘》正式见报，该版共摘发了 3 篇文章，即《论美国援华问题》（作者孙蔚起）、《对日合约中之琉球问题——中国地理学会年会论文之一》（作者张其昀）和《评印度的分治》（作者章文焕）。

《特刊》版，《中央日报》（沈阳版）与《中苏日报》《和平日报》一样，对于重大节日、重要人物的诞辰或祭日、重大事件等往往在正常版面之外，增办特刊。特刊的版面没有固定数量限制。1947 年 10 月 31 日《中央日报》（沈阳版）的特刊为《主席六旬晋一华诞特刊》，通栏大标题（加底纹），整版介绍蒋介石的生平、业绩等文章，贺词和蒋介石的大幅照片。该版头题为《蒋总裁的革命人生观》，以及《元首六旬晋一寿辰颂词》《伟人的诞生》《不平凡的六十一年》等，对蒋介石进行极力吹捧。1948 年 1 月 1 日《中央日报》（沈阳版）除去正常出版一页单张的报纸之外，还同时增加了 4 个版面的《中央日报元旦特刊》，《特刊》第三版主题是《一年来的东北》，从省政、民政、财政以及交通、建设、社会等几大方面进行长篇论述，为国民党在东北的反动统治歌功颂德。

4. 三报合流　曲终人散

《中央日报》（沈阳版）初办时为每日 4 个版面，甚至有时候加到 6 个版面。时至 1947 年 12 月 24 日据称由于战局紧张、交通不便、纸张困难等因素,《中央日报》(沈阳版)开始将每日4个版面缩为每天2个版面,第一版为整版国际、国内及本地重要新闻,第二版仅剩5栏本地新闻,下面大半版为广告。直到1948年9月20日又重新恢复为4个版面,并在当日第一版发表:“本报发刊大张启事:查本报奉中央宣传部京(卅七)政三字一一〇五号训令开:‘查戡乱建国积极动员时期亟应加强宣传工作为特令仰该社于即日起恢复对开一张以利宣传’等因:本报遵于本(九)月二十日起发刊对开一张,并调整报费每份为金圆一角八分全月五元四角,广告甲种每行每日金圆一角三分……”

1947年10月《中苏日报》《和平日报》两家报纸都改为《中央日报》(沈阳版),辽宁地区国统区三大报纸最终合流。1948年10月,沈阳解放前夕,这张承载着国民党舆论喉舌重任的报纸也没有逃脱曲终人散的下场。

第二节　国民党的党、政、军等各路报纸方生方灭

解放战争期间,辽宁地区国民党军队、政府、特务机关开始陆续办报,仅1946年,就创刊27种,分布地区也由锦州、营口向沈阳、鞍山等腹地城市发展。至1948年底东北全境解放,国民党在辽宁地区40多种报纸全部停刊。《中苏日报》《和平日报》《中央日报》(沈阳版)这三家报纸成为当时国民党在辽宁地区党、政、军三大嫡系报纸,除此之外,由各地党部、政府、军队、社团、工会、个人等出头办的各种报纸不下几十种。党部主办的主要有《渤海民报》《盖平县党部临时刊》《盖平日报》《襄平日报》《辽西民报》《国民日报》《远东日报》《东北公报》;政府主办的主要有《辽西公报》《新生命报》《民报》《抚顺建设日报》《东北民报》《沈阳日报》;军队主办的主要有《扫荡简报》(国民党军委会政治部主办)、《青年报》、《新报》、《前进报》、《正义报》、《光华报》、《新声报》、《湘潮日报》、《辽南日报》、《扫荡简报》、《和平晚报》;社团工会主办的主要有《青年日报》《建设日报》《新

东北日报》《青年报》《力行周报》（安东版）等。

1. 军队办报

辽宁地区的国民党军队，除了在部队内部印发小报外，也在驻地出版向社会公开发行的报纸。其中包括国民党保安司令部创办的《新生命报》，驻扎在安东的国民党五十二军发行的《光华报》《新声报》《扫荡简报·安东》，驻扎在鞍山的国民党五十三军发行的《辽南日报》、新六军二十二师的《湘潮日报》，国民党第二〇七师在沈阳发行的《新报》《青年报》，新六军在沈阳的《前进报》及国防部少将高参郝逸梅在沈阳办的《新东北日报》等。这些军报大多是机关报，报道的内容大多宣扬国民党军的“赫赫战功”，为国民党军前线作战撑腰打气。不少报纸还增设了本埠新闻，设有副刊，发行量也比较稳定，但随着国民党军队的节节败退，军报的办刊地点也经常变动，如《新声报》的办报地址起初在安东，后随军转到抚顺、沈阳出版。到1948年底，这些公开发行的军报逐渐随战场形势的变化而消失。

（1）杜聿明亲题《新生命报》

1945年11月24日，国民党将领杜聿明率部进占锦州市后便找人创办报纸，派其副官张守忠将麻德魁接到杜公馆，以司令长官的身份，将亲笔写好的《新生命报》报头交给麻德魁，委托他办报。在杜聿明的关注下，麻德魁等人紧锣密鼓，很快一张有着强势背景的报纸就出现在锦州市街头。11月28日，《新生命报》正式创刊。这张对开4版的日报，主办单位是国民党东北保安司令部长官部，报头为杜聿明所题，社址在当时锦州市民生街10号，后期迁到春日街。发行量最高时达1万份。该报从创刊到1946年1月期间的主要人员有：社长麻德魁、编辑科长李泽深、采访主任董墨林（董良）、经理科长段弼臣。

1946年4月5日，东北保安司令部迁往沈阳，《新生命报》的编辑和工人随之迁入沈阳市一部分，同时将东北保安司令部的《扫荡简报》人员充实到新生命报社。这时新生命报社的人员发生重大变化。社长许权，在抗战时期任长沙警备司令，在日本侵略军未到前放火烧城逃走。此事发生后舆论大哗，为了应付舆论，平息民愤，许权被撤职查办。日本投降后，杜聿明把他收罗过来，在杜离锦去沈之时，任命他为《新生命报》社长兼发行人。副社长是张宗瀛，曾在日伪石家庄日报社任职。总编辑朱忱梅，曾被任命为《中央日报》（长春版）总编辑，因为1946年初，长春还在东北民主联军占领下，他这个大报总编辑只好暂时在锦州地方小报里屈就。

1948年5月后，《新生命报》由国民党范汉杰所部东北“剿匪”锦州前进指挥所政工处经办。这时该报的领导人员又有较大变动，社长方济宽系东北“剿匪”锦州前进指挥所政工处少将处长范汉杰亲信，总经理易恕孜系军统特务，总主笔叶映辉系国民党八十四师新闻处上校主任，总编辑于军（别名于蕴辉）系国民党国防部通讯局政工处少校科员。电台台长李树林，编辑主任董墨林，采访主任关庸全，校对主任李维良，经理吴敦诗。直到1948年10月15日锦州解放，新生命报社人员基本上没有多大变动。

《新生命报》除在锦州市城内西大街38号“荣德源”商号设立经销处（经理吕荫环）外，还拟在辽、吉、冀三省23个市县设立分销处。1946年11月27日该报刊登广告启事，招请分销处，全文是：“本报招请分销处启事：山海关、承德、赤峰、凌源、彰武、新立屯、八道壕、通辽、新民、台安、辽阳、抚顺、鞍山、安东、海城、大石桥、开原、铁岭、四平、公主岭、长春、吉林、辽中。普及文化便利读者特招请分销处。”由于解放战争中，中国人民解放军不断取得胜利，国民党统治的县份越来越少，地盘仅限于铁路沿线，因此，报纸发行量大减，版面也改为两版，工作人员因所挣薪水受货币贬值影响，每月所得不足以维持一个人的生活，兼职的军官还好，其他大部分人只能靠在社外兼职或赚外快生活。1948年10月初，锦州战役打响后，在不时停电和出报也卖不出去的情况下，报纸时断时续地出刊到10月12日。15日清晨锦州解放，《新生命报》停刊。

（2）国民党军统创办的《正义报》

《正义报》是国民党军统1946年9月9日在沈阳创办的，发行人为文强，社长陈泽如，社址在原沈阳市南市区东亚街5段19号。创刊时，国民党东北行辕主任熊式辉亲自为其题词“主持正义”，并发表在报纸上。为了扩大影响，该报还未正式创刊之前，就已经开始在其他报纸上大做广告。如1946年9月5日《和平日报》在第一版登出《正义报沈阳市总经销处办理本市分销处启事》：

> 异军突起，短小精悍，九月九日九时创刊，主持正义的《正义报》，消息迅速，内容新颖。副刊，“宇宙线”“山海经”趣味丰富。特写、访问、专译、专讯、社论、通信。欢迎订阅、投稿、广告、批评。地址：沈阳市南市区东亚街五段十九号。

该报创刊时为日刊4开小报，而到1948年上半年，已经由每天4个版面变成每天2个版面。

《正义报》第一版为时政新闻版，稿件多为中央社电稿，内容包括国际、国内以及东北地区的时政新闻。1946年9月10日《正义报》的一版刊登了《尼赫鲁前晚广播称　需要统一之邻国　希望共同维护世界和平》《美陆次罗耀主张　美应保持优良武器　不能放弃原子弹之制造》《共军续攻大同　国军迫近集宁》以及社论《澄清局势　安定人心》等稿件。该版设有言论，每周还开辟《星期专论》栏目。当时正值国共和谈，在《专论》栏目里，该报先后发表《中共究将何为》《愿中共以国家为重》等社论，指责中共“在停战命令继续有效”“在南京谈判还没有决裂的今日”，在东北方面“调动骚扰”“是究将何为？”从而散布谣言，混淆视听，为国民党政府谈判增加砝码。

该报较有影响的一件事是，1946年12月24日晚，在北京东单练兵场发生美军士兵强奸北京大学女学生沈崇的暴行，当时有报纸扬言“这是一起延安最近曾拨出大量费用津贴雇佣各校学生制造的美军不幸事件”，是为共产党进行宣传。对此，《正义报》报道这一新闻事件时，在1947年1月9日的社论中质问：“小子，你还有良心吗！假如你的姐姐、你的母亲被美军强奸，你也会说她是接受延安的津贴而诱惑美军的吗？”这类文章，无论在《正义报》还是在当时国民党办的其他报纸上，极为少见。

随着国共双方战场争夺的激烈，《正义报》的第一版军事新闻逐渐增多。为了挽救国民党军队在战场上的颓势，《正义报》极力鼓吹国民党军的战绩，对中共极尽歪曲甚至无中生有编造假新闻。1946 年 9 月 13 日该报的《国军继续前进　十日午收复集宁　平遥共军西窜》，10 月 7 日的《共军连日围攻邹平　安邱共军溃窜　平汉北段战事激烈》；1947 年 1 月 12 日的《共军发动冬季攻势　向永长进扰　集兵数万自松北猛犯　与辽南呼应谋挽颓势》，5 月 20 日的《国军又告捷　豫安阳城围犹未解　共军距太原廿五里》，5 月 30 日的《四平共军战意消沉　国军四出扫荡》，6 月 24 日的《四平杀搏益烈　共匪战斗力渐成薄弱　陈明仁对剿灭匪军确有把握》《杜长官谓：四平匪军必败！》等，都极力为国民党军宣扬“战绩”。更为可笑的是，《正义报》竟于 1947 年的 4 月 16 日第一版头题，以醒目的大字号打出《林彪重伤后已不治身死》的假消息，文中言之凿凿地称：

> 【中央社讯】军息，共军东北联军总司令林彪已于三月二九日因伤而死，缘共匪延安老巢颠覆，在东北各地复屡次受挫，已故士气涣散，内部倾轧日烈，三月二十八日林彪召集共军军政首脑，在哈尔滨南岗召开军事会议，席间林彪强调重整旗鼓，继续作战，当遭受共军哈尔滨市长李天佑之坚决反对，李天佑认为应脱离毛泽东，在东北局部与国军言和，当时两人言语冲突，愈演愈烈，时李天佑之弟在旁，忿不可遏，当掏枪射击林彪，林彪于负伤之后，复用枪将李弟击毙，林本人送入医院疗治，因伤势过重，延至翌（廿九）日晨不治身死，李天佑于事后被捕，现已送往佳木斯羁押。

其无中生有、造谣惑众可见一斑。

该报在其第二版、第三版还办有各类副刊。第二版主要有《宇宙线》版（综合类副刊），登有杂谈、随笔、特写、小品文等。内容大多是低俗的市井杂闻，还开辟介绍国民党将领的《人像》栏目。1946 年 9 月 28 日登载介绍胡宗南的文章，吹嘘其为“中国军事怪杰”。1947 年 1 月，《宇宙线》改为《摩天岭》，其上增加了《社会服务》《正义之声》《三言两语》等栏目。1947 年 7 月 1 日起，《摩天岭》又改成了《松花江》，当日还在第二版发表了编者写的《从今天起》：“从今天起，我们把《摩天岭》改成了《松花江》。纵谈天下古今，随笔、小品、杂文、文艺等有可读性的作品。”1月1日起，该版开始连载吴湖帆的《西厢画传》。

该报第三版先后办有《山海经》《文艺周刊》《南人北话》《正在想》等副刊版。《山海经》内容有长篇连载、奇闻逸事、街谈巷议。《南人北话》更加注重东北地域化的特点，内容多为东北的民俗风情、生活起居、逸闻趣事。该版的编辑试图拉近与东北读者的距离，不仅报纸内容突出东北的地域特点，在语言风格上也尽力使用东北的俚语方言，如《正在想》版的第一期，编者“老倭瓜”在他的《开场白》里就用东北方言这样介绍《正在想》：诸位老少爷们！学徒初到沈阳，人地生疏，全仗爷儿们多多捧场，俗语在家靠父母，出门靠朋友，学徒才学乍练，拙嘴笨腮，好与不好，请诸位多多原谅。学徒每逢礼拜“七”伺候诸位一段“改良卫生文明话剧”名叫《正在想》。这里上起春柳、南国，下及苦干、力行，人物评论，剧本介绍，后台点滴，马路新闻，鸡零狗碎，乱七八糟，想到哪儿，说到哪儿，各位赏下功夫，站脚助威，凑个热闹。现在闲话少说，丝弦弹拉起来，先来个《称心如意》和《林冲夜奔》。而《称心如意》和《林冲夜奔》就是当天该版的头题稿件《〈称心如意〉的导演和演员》以及《评〈林冲夜奔〉》。1947年4月以后，又出现了《娱乐》《大地》《杂碎》《西点》《青年生活》《新青年》《万象》等版，其中《万象》每天刊出，内容自有包罗万象的寓意，自然、社会等方面的内容可谓五花八门。此外该版还设有《大舞台》《水银灯》《妇女家庭》《咖啡馆》《平津七日谈》《北市场》等栏目。

1948年上半年的《正义报》已经由每天4个版面变成每天2个版面。每天第一版为国内外重要的时政、经济、社会等综合新闻版，第二版为副刊，主要有《各地风光》《内幕新闻》等版面，其上的文章短小精悍，内容趣味通俗。也有配合新闻，不失时间性之杂文，以及翻译过来的科学小品、海外奇谈、新书介绍、要人秘笈等。7月份以后，第二版被地方新闻（以沈阳为主）所占，副刊版面就基本不见了。《正义报》的第四版为社会、生活新闻版。

由于该报反共反人民，歪曲事实，内容较为低俗，1948年11月在沈阳解放前夕停刊。

（3）穆旦与《新报》

《新报》创刊于1946年4月22日，原系国民党第二〇七师的军报。初创时的社址、营业部在沈阳市和平区中华大路21号，编辑部与印厂都在沈阳市和平区胜利街13号。报纸零售每份三元，订阅每月九十元，外埠另加邮费。1947年7月29日被勒令停刊，1948年2月复刊后搬迁到中华大路125号。该报为日刊，每期4版，原为4开小报，1946年5月7日起改出对开大报。国民党第二〇七师校官徐露放为发行人（社长），总编辑为穆旦。

穆旦出生于1918年，原名查良铮，是著名的爱国主义诗人、翻译家。他与著名作家金庸（查良镛）为同族的叔伯兄弟，皆属“良”字辈。1942年2月穆旦响应国民政府的号召，参加了中国入缅远征军，在副总司令杜聿明兼任军长的第五军司令部，任作战部中校英文翻译，并且与远征军第五军参谋长、新编第六军二〇七师师长罗又伦在战火中相识。当时，穆旦已经是文坛有名的爱国诗人。

1946年，北京大学外文系邀请穆旦担任讲师，而此时，二〇七师师长兼东北保安司令部第二快速纵队司令、青年军第六军军长的罗又伦邀请穆旦到沈阳办报的消息也到了，于是，穆旦来到了沈阳。

创办《新报》最初的鼓动者是抗战胜利后来东北接收的青年军二〇七师的一批年轻文员，主要有徐露放、王先河、朱叔和、成经远等。《新报》的经费由二〇七师资助，董事长是罗又伦，但他只是挂名而实际上并不过问社务，因此《新报》并不是纯粹的军队机关报。穆旦主持编辑部的工作，负责编辑思想的制定，以及社务、人事及资金等。在经营管理、传播方式等方面《新报》有意模仿《大公报》等成功大报的操作方式，精心设置了报纸栏目。

《新报》的新闻版面以时政、军事、社会新闻居多，其中的军事报道显示出吹嘘国民党军战绩反对中共的政治立场。1946年4月29日的《冀南共军强征青年擅设兑换处阻止法币流通》《共党图强迫他人　承认其所获地位》，5月1日的《赤峰匪军达四万余　昼伏夜出图蒙蔽执行小组》《匪军割据下的安东　民不聊生春耕无望　抵沈某安东人谈》，8月22日的《东北共军亦在蠢动　阴毒险狠密散疫菌　前所附近共军逃向热河方面　彰武共军三千企图进攻阜新》《法库共军负创逃窜　海城共军强索粮草扬言进攻　延寿人民组自卫团反抗共军》，10 月 6 日的《不顾信义破坏和平　东北共军到处倡乱　林彪指挥大兵乘隙进攻国军　当局已向军调部提出备忘录》；1948 年 6 月 14 日的《粮弹充足防务巩固　长春国军俟机反攻　匪续集结周边准备硬性战斗　我机数十架续炸匪军阵地》等稿件，都充分体现了报纸的政治立场。

除了第一版的国内外及东北新闻外，其社论、《日日谈》、《读者之声》等都是该报的重点栏目。社论主要针对国内外重要政治事件及东北地区政治、军事、社会、经济、文化各领域发生的重大事件进行评论。1946 年 4 月 28 日的社论《防止未来的饥馑》、4 月 29 日的《中国与民主》、5 月 1 日的《劳动节感言》等在第一版所发表的社论都具有强烈的针对性。

《日日谈》则主要是为东北、特别是沈阳地区发生的新闻所作的短评，篇幅短小，一事一议，一般仅三四百字，大都由穆旦执笔，不署名，发表过不少犀利的言论，公开针砭时弊，反映社会现实问题。当然，《日日谈》的某些稿件，也反映出该报的反共政治立场。如 1947 年 6 月 1 日的《六二前夕告同学　为何不向共产党反战反饥饿？》等。

《新报》第四版为副刊，先后出现的副刊种类有 10 余种（扩充为 6 版之后，版式有所不同）版面，其中包括《新地》《欧美风》《各地通讯》《时代妇女》《社会服务》《文学》《星期文艺》《医药》《各地风光》等，还出版了多种纪念专刊，显示了编者对于报纸的苦心经营。

副刊中以《新地》版最为常见，一般在第三版刊出。1946 年 6 月 16 日报纸第一版改出广告版后，《新地》便在第四版刊出。1948 年报纸由每日 4 个版面变成 2 个版面之后，《新地》及其他副刊版面就很少见了。《新地》主要登载诗歌、随笔、杂文、长篇连载等。如 1946 年 5 月 2 日第三版《新地》刊载的文章有杂文《骂人与挨骂》（作者子不语），评述《报告文学试写理想的偿付》（作者红），小品文《文坛春秋》《偶然感》，诗歌《流亡小唱》《岁月吟》。《生活杂俎》栏目登载的《好古癖》（作者庄周）。《银色新闻》栏目登载有《好莱坞女星作风改变　大家要演“坏女人”》。1946 年 6 月 28 日第四版《新地》登载有《追悼田贲特辑》等。

《新报》创办不久便迅速发展，不仅在沈阳设有编辑部和经理部，后来在长春还建立分社，成为当时东北国统区主要报纸之一。《新报》以“青年勇敢奋斗之精神，建设东北新文化”作为自己办报的主旨，在刊登拥蒋反共及战争消息的同时，也敢于发表“犯上”的消息，以敢言、敢揭露黑暗著称。1947 年 2 月 14 日，该报在第三版公开刊登有宁武、周鲸文、卢广绩等知名人士联名向蒋介石发出的呼吁书，标题是《东北名流上书蒋主席，请释放张学良》。1947 年 6 月 1 日第三版头题栏目《读者之声》登载有《有钱买不到米这成什么社会》《取缔投机事业　加强管制金融经济》《有钱无处买米　小民叫苦连天》，1948 年 8 月 28 日《七五事件真相　监院发表谷胡调查报告　当场死亡学生共计八名》等。

穆旦办报的政治态度虽然是维护国民党政权统治，但其思想情感是热爱祖国、同情劳苦大众的，这一点直接影响到了他的办报思想。他对报纸和报人提出的一些要求与观点，虽然也是从维护国民党政权稳固的前提出发，但也体现了他作为报人的良知。在国民党对报纸的严格控制下，穆旦的这一办报思路是很难被国民党当局所容忍的。1947 年 8 月，《新报》因刊载揭露国民党辽宁省政府主席徐箴“有贪污嫌疑”的文章，被辽宁省政府命令警务署查封，限令该报即日停刊。理由是“该报替共军夸大四平战役”“报道虚构，影响治安”和“未向内政部申请登记”。穆旦在《新报》的新闻生涯就此结束。

被查封后的《新报》公开向社会发出呼吁，据理力争，经过反复交涉，半年之后即 1948 年 2 月才得以复刊。此后《新报》采取了可以私人持资入股经营的方式，主编为吴亭贤，辽阳人孙世琦加入了股份，任经理，原来担任记者的邝安庸任副经理。办报人员多是二十几岁的青年，这时军报变成了私人报纸，直到 1948 年 11 月沈阳解放前夕该报停刊。

（4）廖耀湘支持在沈阳创办的《前进报》

《前进报》创刊于 1946 年 5 月 5 日，是在国民党新六军军长廖耀湘的支持下，在沈阳创办的军报。前进报社社址在原沈阳市中山路衡阳大街 9 号（今市税务局所在地）。前进报社的负责人大多有军衔，而且经常更换。社长开始是刘一行，后来换了赵公皎，3个月后赵惜梦又接替了社长的职务。总编辑先为董效书，后为唐逵。采访主任先后有徐凌、孙序夫（孙北，中共地下党员）。编辑主任先后有安犀（安西，中共地下党员）、王增国。

《前进报》为对开一大张，办报宗旨是为反动的军事政治服务。1947年初，国民党南京政府召开国民代表大会第三次会议，该报大登特登蒋介石的讲话、照片并配发社论。同时，利用青年党、民社党头子李璜、张君劢的活动，搞假民主、真独裁的宣传。在报上载文表示欢迎中共参加，目的是把破坏罪名加给共产党。这项有计划有目的的报道持续了3个月。声势大、语言毒，并把毛泽东比作“张献忠”。

由于该报渗进了中共地下党员，在一些事件报道或专刊中，有些是健康的、进步的。尤其在沈阳解放前夕该报曾发表过一些健康进步的报道或专刊。在1948年北平发生的“七五惨案”的宣传中，发表了孙序夫写的支持东北在北平的流亡学生同北平反动当局抗争的消息和通讯，对动摇国民党反动统治起到积极作用。1948年11月沈阳解放前夕终刊。

（5）《扫荡简报》（锦州版）

20世纪30年代末，国民党统治区各重要城市相继出现一种名为“扫荡简报”的8开2版、3日刊铅印小报。这些小报不但名称统一，而且都注明由国民党“军委会政治部扫荡简报第十二班”主办，发行人李明勃。虽然如此，各地的《扫荡简报》并非出自一家，也非同时所办，而是各地分别自编、自采、自印、自销，实际是各地自办《扫荡简报》本地版。

《扫荡简报》（锦州版）目前仅见4期，藏于北京图书馆西皇城根21号报库。这4期报纸（第738期至第741期）分别为1945年12月12日第738期、12月15日第739期、12月18日第740期、12月21日第741期出版的。从4期报纸上可以看到，《扫荡简报》锦州版的社址在原锦州市锦华区三笠街韩国人小学校，登记证是内政部警字第8340号，通讯处是锦州市军邮144局。该报内容是反共反人民的，咒骂诬陷共产党，吹捧蒋介石。除其副刊《边风》由报社组稿外，其余均为国民党中央社的电稿。

（6）《扫荡简报》（安东版）

该报于1946年出刊。隶属于国民党五十二军，4开4版日报，后改为8开3日刊、周刊，出刊不久即停刊。社址在今丹东六经街五纬路口。

（7）《建设日报》

《建设日报》于1946年4月1日在辽阳市创刊，由国民党新六军十四师副师长梁直平筹办。梁直平任名誉社长、姚涵君代社长一年多，由吴荣钦接任社长。开始为3日刊，后变为每周6日刊。社址在辽阳城内青年印刷厂，工厂由张白熙负责。每期印刷5000—7000份。该报是为国民党侵犯解放区而办的，内容主要是污蔑共产党及其人民军队。该报于1947年11月停刊。

（8）《光华报》

《光华报》创刊于1946年11月19日，是国民党第五十二军的机关报。社址在安东七经街。社长由国民党第五十二军政治部主任高士栋担任，后期由陈柄寰担任。该报为对开4版的日报，第一版要闻，第二版社会新闻，第三版时事新闻，第四版副刊（杂记）。1947年6月9日停刊。

（9）《新声报》

1946年冬，国民党第五十二军新闻处上校副主任王秉政在该军军长赵公武资助下在安东主办了《新声报》。刊头由赵公武题写。社址在安东财神庙街诚文信书局原址。为4开4版的日报，发行2000份，以宣传“反共”为宗旨。在安东出版发行不到200期。1947年6月，该报迁往抚顺，后又迁至沈阳。停刊时间不详。

2. 党部政府机关报

国民党各级县市党部在接收政权过程中，也纷纷办报，利用舆论来为“合法接收”造势，“正面宣传”国民政府是“正统”，以此愚弄辽宁地区的普通百姓。东北光复前一个月，即1945年8月，原《康德新闻》驻营口记者郭振鹏以“国民党营口市党部”名义在营口出版《渤海民报》，报社社长则是国民党地下组织负责人胡述谋，成为国民党在辽办的第一张报纸，该报后来随着国民党军败退被中共接收改出《群报》。1946年3月，国民党义县党部出版了《义县新报》，4月，时任国民党沈阳市市长的董文琦决定出版《沈阳时报》，作为政府机关报。“但因仓促上马，版面上缺字甚多，只三天即夭折。又经过两个多月的筹备，才于6月重新出刊”，改名为《沈阳日报》，每日对开4版，期发3000份。4月，国民党铁岭县党部创办《铁岭新生报》，国民党凌源县政府创办《柳城日报》，10月，国民党锦州党部创办《辽西民报》，国民党鞍山市党部创办《远东日报》，国民党开原党部创办《民众话报》等。

这些县市党部机关报，呈现以下特点：一是出版筹备时间短，出版人员素质参差不齐，质量较差，版面缺字、错字较多。二是寿命不长，个别市党部报纸最长不超过两年，而县党部的报纸有的不超过两个月便中途夭折，如《铁岭新生报》。三是信息量少，很多新闻多是摘抄的旧闻，且竭力为所在国民党党部鼓吹，在人民群众当中引不起共鸣，故影响及受众均很有限。

（1）《沈阳日报》

1946年3月中旬，苏联红军撤出沈阳。与此同时，中共在“让开大路，占领两厢”的战略方针指导下，也从沈阳撤出，从而改变了沈阳城从八一五光复后，苏军、中共和国民党三股力量并存的微妙局面。1946年4月，国民党政府接收了沈阳城，并委任董文琦为沈阳市的市长，接收了市政府和防务。国民党第五十二军军长赵公武也把军部开进市内，由他兼任沈阳警备司令。国民党政府还将东北行辕、东北长官司令部全部设在市内，把沈阳作为他们在东北指挥内战的中心。国民党内各派系，纷纷派“接收大员”到沈阳，大肆掠夺工厂、铁路、贸易、房产等。

初任沈阳市市长的董文琦十分重视舆论的宣传作用，决定要出版一张可以反映沈阳市方方面面情况的报纸，作为政府的机关报。在他亲自主张下，《沈阳时报》迅速诞生了，但是，由于仓促创刊，致使该报质量极差，版面上缺字甚多，只出刊三天就不得不停办了。在吸取了《沈阳时报》的失败教训后，经过两个多月的认真筹备，1946 年 6 月 7 日《沈阳日报》创刊，每日对开 4 版，自 1948 年起改为每日 2 版，期发 3000 份。

《沈阳日报》的发行人（即社长）先后有林家琦、张濯域、汪宇平。其中以汪宇平的任期最长。汪宇平还经常为报纸写社论。

《沈阳日报》第一版为国际、国内时政要闻版，还有《天南地北》《教育汇讯》等栏目，第二版为副刊，第三版为经济新闻版，第四版为以本市为主的地方新闻版。然而到了 1947 年 10 月份，该报版面进行了调整，第一版为广告版，第二版为国内要闻版，第三版为国际新闻及经济新闻，设有《经济新闻》栏目，第四版为副刊，《大草原》与《高粱文学周刊》等副刊版面不定期地出版。第四版有《市政报道》版，或广告版。1947 年 12 月下旬《沈阳日报》改出每日 2 版。第一版整版及第二版上三分之一为新闻版面，第二版下三分之二为广告。

作为国民党政府的机关报，《沈阳日报》的办报立场自然是拥蒋反共的。报纸上经常可见反共宣传报道。如 1947 年 3 月 4 日的《共军攻势粉碎无遗　长北国军昨克复九台伏龙泉　共军狼狈向城子街方面溃退》，同年 3 月 7 日的《松南残共溃不成军　国军刻正分路搜剿》《共军内部倾轧益急　林彪势将被迫下台　松江军区司令员聂鹤亭被刺》，1948 年 5 月 3 日的《艾德礼谈共党残暴冷酷乃极顽固分子》等不实消息。

《沈阳日报》对国民党军队的“战绩”极力进行鼓吹。如 1947 年 3 月 5 日的《反击国军势如破竹　切断南犯共军归路　海龙被围无恙开鲁情况不明　李红光部势将南下进犯清原》，1948 年 5 月 27 日的《长春守军士气旺盛　对来匪有聚歼把握　大房身机场国军转移阵地　匪向市区西南猛扑被击退》，同年 10 月 30 日的《锦州守军月夜出击　攻克北大营刘家屯　西进军收复饶阳河半拉门　彰武灭匪千余向南追缴中》等。

《沈阳日报》的副刊先后有《大草原》《文艺版》《影与剧》《通讯版》《高粱文学周刊》《市政报道》等多种不同种类的版面，一般为半个版面或三分之二版面。例如 1947 年 3 月 2 日的《大草原》版，在其《青橄榄》栏目发表了杂谈《纪念文章》（作者伯容），小品文《电灯泡的话》，随笔《我是你大人的工具》《谈赌博》，律诗《沈阳杂咏》（四首）（作者耳王）。1947年3月1日的《影与剧》版，刊载了影评《天字第一号》（作者李旦）、《蔡楚生郑君里伏案四月　一江春吹向东流改名》和《票友与戏考》等文章。《文艺版》登载文艺方面的评论、介绍文章。

另外《沈阳日报》所办栏目《大沈阳　小事件》《本市点滴》等栏目也饶有特色。《大沈阳　小事件》收罗的都是发生在沈阳日常生活中的小事。

该报于1948年11月沈阳解放时停刊。

（2）《辽西民报》

《辽西民报》创刊于1946年10月10日，为国民党锦州市党部所办的机关报，是国民党在辽西地区的重要舆论工具。社址在原锦州市正阳区吉野街211号（现锦州市环保局北侧一座二层小楼，已拆除）。

该报为日刊，创办之初为4开4版，社长兼发行人吴尹生（别名陶极光，吉林人），八一五光复前曾在伪"新京邮政职员训练所"任教官，秘密参加国民党后，任辽西一带的交通，担任联络各地的党部书记长。八一五光复后出面与张庆凯一道主持地方国民党党务。从1948年下半年开始，《辽西民报》的发行人为罗大愚，报纸也由4开4版改为对开4版。报价每份30元（东北九省流通券），每月500元。日发行量几千份，一度曾与《新生命报》同时发行。

《辽西民报》共有编辑、记者10余人，总编辑李泽深。编辑部设有电台，由2名报务员抄收国民党中央社新闻稿。报社没有自己的印刷厂，在五二三印刷厂用平版印刷机印报。印刷厂的工人多不固定，为养家糊口，一天要到几处印刷厂干活。总编辑李泽深为了保证报纸正常出版，与印刷厂工人磕头拜把。从当时的报纸看，报纸拼排规矩严密，无抽条加空之处。

《辽西民报》多以国民党中央社电稿为主。这张由国民党内政部登记辽字第33号、中华邮政登记认可第一类新闻纸类的《辽西民报》，从创刊到终刊一共维持了两年零四天。1948年10月14日晚，中国人民解放军在辽沈战役的炮火中一举攻克辽西重镇锦州，子夜时分，《辽西民报》拼版完毕，院外人喊枪鸣，工作人员乱作一团。这时解放军战士冲了进来，迅速包围、控制了编辑部以及印刷厂的各个甬道，在“缴枪不杀”中接收了国民党在东北的最后一块新闻阵地。

1948 年 10 月 15 日，中国人民解放军攻克锦州后，该报终刊。

（3）《渤海民报》

渤海民报社创立于 1945 年 8 月 31 日，9 月 5 日正式出报。《渤海民报》为日刊 4 开小报，是国民党营口党部的机关报，在《渤海民报》报头右侧从上至下竖排注有一行小字：“本报已经中宣部准予登记备案”。

1945 年 8 月，日本投降后，原伪《康德新闻》驻营口记者郭振鹏（国民党地下党员）会同印刷工人于 8 月 31 日成立渤海民报社，社址为营口市方正街 40 号，在当时日本人经营的片山印刷所内。社长由国民党地下组织负责人营口党部书记胡述谋兼任，主笔陈锡箴。而《代发刊词》的作者，竟然是营口市共产党的负责人卜君，文章是通过参加该报工作的一位同学拿去的，等国民党负责人发觉味道不对，大呼“这是共产党”时，为时已晚。报社设有经理部、编辑部、采访部。1945 年 10 月 20 日，渤海民报社随同国民党营口市党部撤离营口，由中共接收并改为营口《群报》，成为营口市第一份宣传中共政策的报纸。1946 年 4 月，国民党军队再次进驻营口，《渤海民报》复刊，由国民党营口市党部书记长陈维邦之弟陈维宁任社长。同时，在大石桥、盖平（盖县）、田庄台设分社，分销报纸兼采新闻，发行量近千份，最多时达 3000 份左右。

《渤海民报》是典型的国民党党营报纸。虽然是四开小报，但是报纸所办版面比较丰富，有国际、国内时政新闻版，地方新闻版，综合类副刊版，文学版，特刊版，广告版等。如果广告占据第一版，则第二版为国际、国内重要的时政新闻，所登稿件基本为中央社电稿。第三版为地方新闻，主要报道营口地区的时政、社会、经济、文化等各方面新闻，基本都是本报讯。第四版为副刊《辽河（大众版）》等。如果广告占据第四版，则第一版为国际、国内重要的时政新闻，第二版为地方新闻，第三版为副刊。

《渤海民报》在政治上竭力维护国民党反动统治，拥蒋反共，在报纸上对中共极尽歪曲、攻击甚至造谣，污蔑中共发动内战。如 1946 年 10 月 1 日第一版登载的《中共放发吸烟证　烟土美称烟草膏》，10月16日第一版的《国军收复多伦怀来　共军撤至张垣东北　哈埠共军企在东北苟延残喘　最近大事（肆）蠢动图扰双山西安》，11月19日第二版的《中共发动内战成立边区动员委员会　林彪组东北联合政府》，在当日第四版的《辽河（大众版）》上刊发评述性连载《中共的再认识》(作者魏克明)，其中指责中共“阻碍国军接收”“扩大内战”等。12月6日第二版的《痛恨共党祸国殃民　旅缅侨胞通电主席　并指出陈嘉庚之乖谬》《东北共军恶毒伎俩　滥发纸币骗取物资》《史达林病入膏肓　伦敦前锋报转载称》，文中称：“史达林现正患病，且病势甚重。苏联之高级官员，极其至友均随侍在侧。”12月7日第二版登载的《不堪共军蹂躏　蒙民吁解倒悬》《晋境共军野心勃勃　强拉壮丁积极备战》等，都极尽反共宣传。

与此同时，在报纸上宣传国民党军队的“辉煌战果”，不惜版面出专辑为蒋介石大唱颂歌，如宣传国民党军战功。1946年10月17日第一版的《柳河又被国军收复　哈埠共军调至双城　沈阳附近发现匪部》，1947年7月3日第一版的《八面城收复　主力战斗已成过去　匪军掩退阻止追击　辽源西安纷有匪军主力逃窜　四平捷后吉外围匪军势改观》《鲁省战局廓清可待　国军展开全面攻势》《国军在徐水附近搜索残敌准备会师》《塞外忽传收蓟北　初闻涕泪满衣裳》。7月4日第一版的《国军辉煌战果　南城子一带毙匪万余　吉海线上直指梅河口》等。

该报对蒋介石大加颂扬，不仅在报纸重要位置报道其行踪，而且还以整版的形式，隆重刊发诞辰纪念特辑。如1946年10月31日第一版头题《蒋主席夫妇离沪飞京　政府代表谒主席报告商谈情况　和平波折屡生第三力而感棘手》，1946年10月1日第二版以《主席今日华诞》为栏题，刊发《八时举行祝寿大会　悬像升旗万民同贺　寿桃寿面廉价批售　庆祝晚会市府召开》《庆祝主席六十华诞　医师会献立助产校一所》的“本报讯”，同时，在当日报纸的第三版刊出《主席诞辰特辑》专版，整版刊发《蒋主席史略》(作者袁东江)的长文。

该报的地方新闻版面主要登载以营口市为主的“本报讯”。如1946年10月1日第二版头题《经济部办公处昨日撤去　丁主任日内赴沈阳　曹理卿氏任营口纸制厂长》《行辕分令各市县组成善后救济会　我市日内开始筹备》《研讨今后经营计划　肥料公司昨开会议》《确保沿海渔民安全　渔局请到大量武器》《孩子都在西风里！桥街各小学全无玻璃　当局应积筹办法》《呜呼　罢工风炽矣！制靴工人不甘人后》《警卫队改编警保队》《港都贸易日渐繁荣　众斌号双十节驶营》《营桥通电在修复中》《鞍山来电时明时灭　当局说明个中原因》，1946 年 10 月 17 日的《诱奸未遂深入图圄　小流氓现世现报》等。

该报的副刊主要有《辽河（大众版）》《文学》《学生周刊》《关东文学（革新号）》等。《辽河（大众版）》是《渤海民报》综合类副刊，刊登一些具有一定可读性的杂谈、诗歌等。如 1946 年 10 月 16 日第三版的《辽河（大众版）》登载了杂谈《商人们永远是钱的儿子》，长篇连载《诸神会议记录》（作者百里生），诗歌《江畔的悲哀》（作者梅灵）、《罢教》。其中《罢教》是针对当时营口市教师因为被停发工资而罢教所写的一首顺口溜："可惜可惜真可惜，发薪日期又两歧。诸君若问为何故，市首闻言着了急。教师闻言发冲冠，就以罢教做结局。天下为公圣人训，咨诸贤哲办曲直。百年大计在树人，建国教育数第一。可惜营市闹瘴气……"《罢教》是该报比较少见的直指时弊的作品。《文学》与《学生周刊》及后来的《关东文学》都是针对文学爱好者和学生青年创办的版面。

（4）《民报》

《民报》创刊于 1946 年 3 月。由国民党辽阳县政府创办，主办人王己明，社址在辽阳菊水。1948 年 1 月停刊。

（5）《青年报》

《青年报》创刊于 1946 年 3 月，是由国民党陈布雷派、辽阳国民党地下党常委李福舜主编的。全社共 2 名编辑，一名是李春阳，一名是夏露。社址在当时辽阳的三青团部。

《青年报》的办报宗旨主要是对国民党三青团员和青年宣传"三民主义"。由于国民党派系之间的斗争，经费严重匮乏，此报仅出 3 个月，便于

1946年6月停刊了。

（6）《襄平日报》

《襄平日报》创刊于1946年6月1日，是由国民党辽阳地下党CC派（陈立夫、陈果夫派）、国民党辽阳县党部成员张正平、王天庚主办的。社址在辽阳民主路文化社。该报宣传宗旨是为了维护国民党的统治。发行5000份。印刷厂设备陈旧，有20多名工人负责拣、排、校和印刷。1948年1月终刊。

（7）《力行周报》

《力行周报》（安东版）1947年由国民党东北力行图书社（沈阳）安东省支社创办，安东支社社长葛志强。安东社社址在原安东市金汤区兴隆街142号。该报为4开2版。其宗旨宣称“恪遵国父遗教，尊奉总裁训示，重建东北文化，唤起东北同胞，明了革命情绪，增进党国认识使命……发扬文化，宣传国策，痛陈民意”。停刊时间不详。

（8）《国民日报》

1946年10月12日，国民党辽中县党部创办了《国民日报》。该报为“中国国民党辽宁省辽中县党部首以新闻号召读者的宣传品”，其内容主要是宣传“三民主义”，发布新闻消息。系4开4版，不定期出版，主要发行到县政府及其直属单位及各乡镇。停刊时间不详。

（9）《东北公报》

《东北公报》创刊于1948年3月29日，由国民党沈阳市党部书记长、市参议会议长张宝慈主办。社址在原沈阳城内沈阳大街22号（今大东门里路北）。《东北公报》是由《东北公论》杂志改办的。该报的创办者刻意选在3月29日这一天创刊，是因为他们认为这一天“具有深切意义”。对此，创刊号的发刊词《我们的态度》作了这样的解释：“回忆三十七年前的3月29日开创中华民国的诸先烈在广州发难，攻击专制政府，最后推翻清朝。四年前的今天政府明令本日为青年节，号召全国青年参加抗日战斗，获得胜利。今年今天，国民大会在南京揭幕，中国从此即将步入宪政正轨。”他们利用“3月29日”这天出报的目的是在于制造声势，扩大影响，企图通过加强舆论宣传以逆转国民党在东北战场上的不利局面。发刊词还称：“东北的确是患了重病，但是并不是不治之症，东北的病于药物疗法之外，需要精神的疗法，‘放弃东北’的流言，即为需要精神治疗的铁证，政府有决心，民众更应有信心，敌忾意识必胜信念实为打击奸匪主要武器之一。”文中将中国共产党称为“奸匪”，由此可见该报所持的政治立场。

《东北公报》虽然只存在了8个月的时间，但是几乎每天报纸的第一版都刊登一篇社论，这每天一“论”的内容，一为反共言论，二为替国民党政府出谋划策摇唇鼓舌，三为有针对性的时评。

对中共在东北所搞的土地革命运动，该报进行了恶意的歪曲，在4月18日的社论《论共匪的土革运动》一文中说：“共匪的土革运动，是去年十月以来，匪区施行的一个新的叛乱策略。自从这个运动推行之后，匪区农民互相仇视和倾轧，就愈发厉害，清算斗争，就愈来愈凶，农民不断死亡，干部不断脱党，匪区日月昏暗，天地无光。”

在战场上中共不断取得胜利，国民党不断溃败的情况下，该报为了起到替国民党反动派输氧打气的作用，挽回江河日下的败局，所发社论反共的调门提得更高，言辞更加激烈，急切出谋划策。4月21日的《掀起反赤救亡的高潮》就将共产主义说成是“赤色侵略主义”，将中共称为“共匪”，“我们可以肯定地说，这些赤特、汉奸、赤色间谍，倘若一天不被铲除，则中国就没有一天太平，中国也就一日脱不了被亡国、被奴役的危险”。还极力叫嚣：“今天国家戡乱，就是除奸，反赤就是救亡。团结我们的意志，集中我们的力量，共同掀起反赤救亡的高潮！”5月9日的《东北局面不能再拖下去了》，积极为蒋介石反动政府出谋划策。鼓吹军事上不要忽视地方武装，经济上应该给东北下本钱，政治上要改变过去军事掩护政治而变为政治掩护军事，发挥政治功能，提高政治警觉，奠立政治基础，进而协助军事，实现事半功倍的效果等。

《东北公报》每天社论还有一部分内容，是针对当时社会民生出现的热点问题进行评述的。如针对当时出现的闹饥荒民不聊生的现实4月1日发的《解救粮荒》、4月2日的《春耕问题》、4月5日的《粮价又涨》、4月8日的《向春耕督导团进一言》，以及针对当时出现的卢允中等人的购粮舞弊案，5月12日发表的社论《卢允中怎样跑的？》等。

《东北公报》办报之初为对开4版，第一版为国内时政要闻，第二版为地方新闻、广告和副刊。创刊号第二版的下半版为《副刊》版。该版在编者的《开场白》中讲到办副刊的目的及栏目和稿件要求。目的就是要沟通思想，启迪民智，提高文化水准。要求文字要有灵魂、有血肉、有生气活力。反对“八股”，不要绣花枕头，而且是要“越痛快淋漓，越短刀直入越好”。提出登稿范围，是关于青年、妇女、农工、文艺、社会服务等方面，并且还设置了《公论》的栏目。《副刊》版只出了两期，从1948年4月1日起，《东北公报》就改出每天2个版面，《副刊》版面被取消了。《东北公报》于1948年10月停刊。张保慈在沈阳解放后被镇压。

（10）《盖平县党部临时刊》

《盖平县党部临时刊》是国民党盖平县党部的报纸，1945年9月1日创办。该报宣传所谓正统思想，维护国民党的统治，抵制人民革命。停刊时间不详。

第三节　辽宁地区国民党报纸的办报特点

1. 国民党报纸的阶级性与政治性

国民党的“党营”报纸，承担着为国民党统治集团充当舆论工具的责任。中国著名新闻理论家甘惜分在《新闻学大辞典》里对党报是这样定义的，他说：“党报通常是指由政党主办、领导与资助，代表政党发言，其新闻和评论体现政党利益和意志，一般以政治宣传为主要内容，不以营利为目的的报纸。”

“就拿党（指国民党）中央对党营新闻机构的管理说，党报接受党中央的指挥，对中央和地方党报施行分级管理，‘直属于中央之各党报由中央宣传部直接指导之，其属于各级党部之各党报，得由各级党部秉承中央意旨领导之，但须按月向中央报告’。人事权紧握在党的手中，‘凡中央及各级宣传部直辖之日报杂志，其主管人员及总编辑由中央或所属之党部委派之’。”①

解放战争时期，国民党最大的党营报纸就是由国民党中央直属的官报《中央日报》，而它在全国12座城市所办的地方版，也就成为所在城市国民党官方的第一大报。以《中央日报》命名的地方版因属于国民党中宣部系统，报头字体在全国都是统一的。

辽宁地区国民党的“党营”报纸主要有《中央日报》(沈阳版)、《辽西公报》、《沈阳日报》、《辽西民报》、《渤海民报》、《青年日报》、《青年报》、《襄平日报》、《东北公报》、《盖平县党部临时刊》等。在新闻宣传的口径上，《中央日报》(沈阳版)听令于国民党中宣部，而其他各市、县党部所办的报纸则唯《中央日报》马首是瞻。“党营”报纸在意识形态方面的最大特点，就是竭力维护国民党政权的统治，与中国共产党以及人民群众为敌，无论是新闻报道还是报纸言论，都表现出极强的阶级性与政治性。

除去“党营”报纸之外，国民党的军报、政报等，也都具有这一明显的特点。因为以蒋介石为代表的国民党集团认为，新闻事业应该主要用于政治宣传，新闻媒体以及记者都负有特殊的使命，应该成为执政党的“喉舌”。因此，国民党在沈阳的三大军政报纸《中央日报》(沈阳版)、《和平日报》、《中苏日报》几乎每期都要登载一些反共反人民的消息和言论。为了加强管理，统一舆论口径，1947年国民党中宣部还将《中苏日报》《和平日报》逐渐收编为《中央日报》(沈阳版)。

2. 给国民党军队撑腰打气的军事宣传

东北解放战争中，辽宁地区国民党所办各报一个最大特点就是突出军事

①《大陆时期国民党新闻传播制度（1927—1949）》，中国社会科学院《环球市场信息导报》杂志社官方网站。

方面的宣传。这一特点是由当时辽宁地区特殊的时政背景决定的。

抗战胜利后，东北地区成为国共争夺的战略重地。从1945年11月国共山海关之战开始，直至1948年11月2日辽沈战役结束，东北全境解放，在辽宁地区乃至整个东北，大小战役一直没有停歇。因此作为国民党“喉舌”的《和平日报》《中苏日报》和《中央日报》（沈阳版）、《沈阳日报》、《正义报》、《渤海民报》、《东北公报》、《前进报》、《新报》等各家报纸，宣传国民党军队在战场上的“辉煌战绩”和“赫赫战功”，就成为一个重要内容。而且，在新闻报道中，为了给国民党军队站脚助威，加油打气，常常不顾新闻事实，编造虚假新闻，造谣污蔑中国共产党。歪曲新闻事实在国民党反动派的报刊中屡见不鲜，经常是打了败仗却报大捷。其军事新闻及评论总是占据各报的重要版面。

3. 报纸版面的多样性、栏目的灵活性

因为国民党是当时的执政党，依靠其执掌国家政权的背景优势，国民党新闻报业的从业队伍中，集聚了相当多的文化知识界人才，尤其是那些学有专长的新闻界人士，怀揣报国梦，一心想在国内办出一张好报纸，以推动社会进步。因此，在报人们的努力下，国民党所办报纸，其版面意识较强，无论大小报纸，都可见版面、栏目的多样化。国内外时政要闻版、地方新闻版以及各类专业或综合类副刊，在报纸上均有着落。解放战争时期担任中央日报社社长的马星野曾留学海外，专攻新闻。他接办《中央日报》后，兼采国外报纸与中国报纸之优点，试图建立具有自己民族特色的新闻事业。他主张新闻力求迅速详确，立论力求稳健无偏，版面编辑力求美观醒目。而《新报》总编辑穆旦，是著名爱国主义诗人、翻译家，其报纸仿造《大公报》的模式，设置版面和栏目。

国民党在辽宁地区所办的各报版面基本相同，其基本模式为：第一版（有时也在第二版）一般为整版广告，或者为国内外时政要闻版，第二版一般为以东北或沈阳为主的地方经济社会新闻，其他版面为国际新闻、各类综合性副刊。各报所办栏目也基本大同小异，如《社论》《专论》《来论》《经济圈》《沈市行情》《读者呼声》《来函照登》《学生源地》之类。如1948年1—8

月的《前进报》，除1月1日为庆祝“总统”“副总统”就任出的特刊为对开4版外，其余均为对开2版（一大张），题文竖排。第一版为要闻、社论，第二版是整版广告。标题字号大小有别，有主题、有副题。消息来源为“中央社”“本报讯”或“本报某地专电”等。其间，几乎每天都发一篇社论，评论国内外政治经济形势，也有针对某一具体事件进行评述的。每周还有一天开设《七日谈》专栏，发表署名杂论。当时辽宁地区国统区报纸上的新闻图片极少，图像也极不清晰，读者难以辨认图片的真实内容。如1948年7月5日在北平发生的“七五”惨案，《东北公报》在7月19日第二版发了大半版《七五惨案的惨景》照片，有8幅照片是在这次惨案中遭受杀害的8名学生的尸体，全部照片以蓝色油墨印刷，照片模糊不清。

在诸多栏目中，一些针对社会生活问题进行批评的栏目较为突出，如《中央日报》（沈阳版）的《沈阳二十四小时》栏目；《和平日报》的《沈阳春秋》栏目，《来函》《读者呼声》栏目；《沈阳日报》的《大沈阳　小事件》栏目；《新报》的《生活杂俎》《读者之声》栏目；《正义报》的《杂碎》栏目等。

国民党报纸版面与栏目虽然较为丰富，但是在版式的设计上比较呆板，比如《中苏日报》的版式，因为所登稿件大块居多，版式多为文字堆砌，黑压压一片，很容易造成读者的视觉疲劳，缺少美感。其他报纸的版式也普遍存在因为缺少设计而显得版面杂乱的毛病。

国民党所办报纸的另一特点就是在文字风格上，因为报人多为旧式知识分子，习惯文言写作，所以稿件半文半白较为常见。即便是新闻消息，往往也夹杂有“之”“乎”“者”“也”之类的文言助词。

4. 提倡“报纸杂志化”

国民党“党营”报纸在办报的主导思想上是唯“党”是从，唯“党”是尊。为了使报纸更好地发挥国民党舆论工具的作用，为其反动宣传招徕读者，各报均不惜拿出版面，开辟了种类多样的副刊类版面。1946年9月2日，国民党要员李惟国（任国民党三民主义青年团中央团部训练处处长）来到东北。时值东北光复后的第一个记者节，他在当日的《中央日报》（沈阳版）第一版，发表《举起正义的火炬》的署名文章，其中对报纸提出这样的要求："……我希望我们报界同仁，除用中央社消息之外，还能尽量地搜集编印在历史上教育文化上有价值的资料，这样的做法，不仅可以使各报避免单调枯燥或雷同的毛病，而且可以使得报纸的内容格外充实，读者的兴趣格外浓厚，各报的个性格外发达。"虽然这只是一篇署名文章，但是由于作者非同一般的身份，其所持的办报观点在国民党方面不仅具有一定的代表性，而且对辽宁地区国民党所办的报纸也具有相当大的影响力。当时国民党在辽宁地区所办报纸如《中央日报》（沈阳版）、《中苏日报》、《和平日报》等，都基本秉持了这样的办报思路，即在大量采用中央社的消息编辑新闻版面的同时，还创办各种副刊类版面。《中央日报》（沈阳版）更是将"报纸杂志化"作为一种办报理想。1947年11月7日，该报在《每周文摘》（创刊号）的发刊词中提到："很久以前，我们就曾经这样地设想着：作为一张现代化的报纸，就应该除了在一般的消息报道和论评之外，再供给些读者们以更多可读的东西，这就是说，它应该尽可能地实现'报纸杂志化'的理想……"以《中央日报》（沈阳版）为首的国民党的各家报纸，纷纷以一种"报纸杂志化"的"现代化"姿态，试图占领辽宁地区舆论阵地的制高点。

《中央日报》（沈阳版）的副刊，在东北解放战争期间辽宁地区国统区报业中是具有代表性的。其特点主要有以下各方面：

特点之一是种类繁多。该报自诩为"现代化"的大报，在对"报纸杂志化"理想的追求中，形成了该报副刊种类繁多的特点。其种类前后达到十几种，几乎涉猎了文学艺术、历史科学、戏剧电影、妇女家庭、医疗卫生、奇闻逸事等诸多领域。仅以《中央副刊》版为例，该版编辑在1947年4月16日第四版的《迎春献辞——兼告本报读者和作者们》中说："我要告诉作者和读者们的本刊今后的编辑方针，仍和过去一样，以具有积极性、教育性、现实性，通过各种题材和形式，写出短小精悍的文章为适宜，无论上下古今、天南地北、文林、政海、东北掌故，以及历史小品、诗歌诗话、艺术雕刻、音乐美术、新旧剧评，只要趣味隽永，幽默而不失大雅，我们都在所欢迎，而且希望有启示性的诗词，和反映现实的杂文，以及生动活泼有内容有血肉的一分钟小说，本刊尤其欢迎容纳各方面、各阶层、各个角度所产生的稿件，希望大家把自己熟悉的事情写出来，把你的愤恨、喜悦、悲苦的情绪告诉给大家，把你积藏在心中的语言，倾吐一个痛快。”

特点之二是反映出明显的政治性和阶级性。《中央日报》（沈阳版）副刊站在地主、资产阶级的立场上，登载不少无病呻吟、风花雪月、内容低俗的文章。同时，还登载一些反动文人的反共反人民言论。如 1947 年 1 月 19 日《社会服务》版的《三言两语》栏目就有这样的反共言论：“中共的希望，一向是美的，他们希望在大赦中释放他们的‘共特’，给老百姓增加些杀人的魔王。中共极力反对‘堵口’，但中共天天堵住人民的口，不许他们有半句烦言。”该版虽然说是打着为读者服务的旗号，但是对社会底层的劳苦大众缺少真正的同情和起码的尊重，即便是偶有登载反映民生疾苦的稿件，言辞中也是带有深深的不屑与厌恶。例如 1946 年 1 月 2 日第六版《社会服务》栏登载一篇标题为《被病魔缠绕的可怜虫　郭宗仁啼饥号寒　请慈善机构调查救济》的稿件，这是一位读者为其邻居郭宗仁呼吁救助的文章。郭宗仁是个 19 岁的男孩。自幼父母双亡，哥哥又被抓去当兵，孤身一人瘫痪在床，头上常年生疮不愈，无依无靠，饥寒交迫。求助信希望通过报社编辑联络慈善机构给予救助。但是，该报编辑在登载此信使用的标题里，却称郭宗仁为“可怜虫”，而且“啼饥号寒”，流露出明显带有轻蔑、敷衍的情绪。

特点之三是对官场腐败黑暗、物价飞涨的社会现实有所反映。1946 年 12 月 23 日第四版《中央副刊》登载随笔《雪夜乱想续集　林衡君踏雪寻梅的见解　马行健踏雪寻煤的行脚》（作者秦梅）。1946 年冬天，沈阳闹煤荒，而抚顺煤矿的煤却因囤积太多运输不畅出现煤体自燃的现象。对此该文抨击马行健的文章：“只骂共军破坏工业的可恨，骂这煤的‘囤积’矿山，仅付之一炬而已……”该文作者大胆提出不同看法，文中说：“沈阳今日之煤荒，并不是共军的捣乱，而是我们自家人和自家人为难。要知道，共军的捣乱，是捣不毁驻沈阳国军的防线的……今日沈阳之无煤不是共军的破坏……而是我们自家人和自家人不方便，各有关机构的互为推托，和行政上的晚节……希望有关当局不要当黑暗之司幕手，放手吧！下决心放手吧！只要他们一抬贵手，黑煤和温暖就会来到沈阳的……”该文客观地抨击了国民党官场腐败人浮于事不作为，而一旦出现问题则归咎于中共的丑恶行径。

《中央副刊》版的《沈阳廿四小时》（作者马力）专栏，是以三言两语碎片集锦的形式，对社会生活中出现的问题加以评论的。如1947年5月1日第四版的《沈阳廿四小时》专栏部分内容：

> △交部陵次长抵沈的一天，沈阳北站打扫清静面目一新。几天前的肮脏紊乱现象不见了。希望路局能永远保持像陵次长来沈那天一样。
>
> △粮价平抑到今天也没见效，当事者诸公，应该下决心对囤积粮米的丧心者彻查一下，查处后除没收平售外，至少要让他坐一年监狱。不这样严惩，操纵者的梦是不会觉醒的。

1948年10月23日是《中央日报》（沈阳版）的最后一期，在其第四版副刊《白山黑水》版《浮生小语》栏目里，登载一篇随笔题为《四十而不惑》（作者戴月），文章以诙谐幽默的笔触，揭示了当时物价失控，奸商酒中兑水赚黑心钱的事实：

> 刚刚到沈阳的时候，一百元流通券可以买半斤酒，后来渐渐酒涨到四十元一两，价钱贵了，东西次了，喝到口中觉得淡而无味，那时我曾写信告诉江南的朋友："沈阳的高度酒，四十而不惑也！"我的意思是说，喝四十元一两的酒，喝下去丝毫不起作用，不用说迷惑，连一丝醺然的边儿也挨不上。
>
> 以后，情形一天比一天不同，酒价也水涨船高，记得四个月以前，用三斤半的大玻璃瓶打一瓶，总不过花十七万有余，三个月以前一大瓶也只是四十余万，到了现在呢，每一两就要四十万元流通券了！
>
> 四十万元一两的酒，简直不是酒，也不是酒里掺水太多，而只可以说是"水里洒上一点儿酒"，那种"君子之交淡如水"的滋味，不喝想喝，喝了，真难过，于是又不禁使我想到那句"四十而不惑"的老话，但，由今日之四十延想不久以前的四十，真有一种隔世之感呢。

《中央日报》(沈阳版)的副刊基本上代表了当时国民党报纸副刊的主要特征。例如《和平日报》办有副刊《和平园地》和《社会服务》等版面，连载谢人堡著的长篇小说《湖畔之梦》。《前进报》办有副刊《离离草》《艺文》等副刊版面，连载了王莘的长篇小说《黎明》。《沈阳日报》的副刊名为《大草原》，还有杂文栏《青橄榄》，偶尔发表一些倾向进步的作品，长篇连载了庄周著的小说《神舟记游》等。

第四节　国民党对舆论的钳制

国民党为了维持和巩固一党专制，阻塞不利于反动政权的言路，对新闻实行了严格的管制。抗战爆发后，更是以“战时状态”为由，颁发、修正了一系列战时新闻检查法令和战时新闻检查制度，先后出台了《新闻检查标准》《战时新闻检查办法》等。《新闻检查标准》对军事、外交、地方治安和社会风化四类新闻规定了十三项禁载内容，其中有些确与战事有关，但也有些与战事无关。《战时新闻检查办法》规定，原军事委员会新闻检查机构改组而成立战时新闻检查局，各省、市，各重要县市设立战时新闻检查所等。这一办法的实施，就使国民党从中央到县、市一级，从报刊社、出版社到印刷所，建立了严密的新闻出版检查系统，从而将国民党的意志变为国家意志，将国民党的新闻审查变为政府的执法行为，开始以政府的名义管制新闻出版事业，使其新闻出版检查制度得到进一步强化。

1943 年 10 月 4 日国民党对《战时新闻禁载标准》和《战时新闻违检惩罚办法》进行了重新修正。1945 年 9 月 27 日，又颁布了《管理收复区报纸、通讯社、杂志、电影、广播事业暂行办法》，规定国民党当局在广大收复区重新恢复同战前大体一致的新闻统制局面，新闻出版检查在收复区照样施行。

在全国兴起的拒检运动的压力下，国民党当局被迫于 1945 年 9 月 12 日由中宣部部长吴国祯出面，向外国记者宣布自10月1日起废止战时新闻检查制度，但收复区在军事行动尚未完成以前除外。这一规定，对当时尚属于收复区的辽宁地区中共新闻报业以及有进步意识的报纸影响危害极大。

抗日战争胜利后，以蒋介石为首的国民党统治集团，凭借其手中掌握的政权与法统，钳制舆论，垄断视听，通过报纸、电台、书刊、电影等渠道，在辽宁地区到处宣扬国民党和蒋介石是正统，中国只有一个领袖——蒋介石，一个政府——国民党南京中央政府，一个主义——三民主义。其目的就是为了撇开中国共产党，独揽抗战胜利果实，同时派出大批军政官员到辽宁地区进行"接收"。不久，日伪在辽宁地区创办的一些重要报纸几乎都被国民党"接收""接管"。许多日伪报纸的房产、印刷设备及物资等被用来创办国民党的机关报，或改头换面，予以"改组"，成为他们的喉舌。同时也加紧了对异己报纸的打击与清理。在各界的呼吁下，国民党政府再次通过中宣部部长吴国桢出面宣布废止收复区新闻检查制度。对此《中苏日报》1946年3月8日给予报道:《收复区新闻检查制度　政府昨电令宣布废止　吴部长国祯在记者招待会上宣称》。报道说：中央社重庆七日电吴氏称新闻自由为政府既定方针，及中国国民党一贯主张，因战争关系，不得已采取检查制度，日本投降后，政府即于十月一日先在内地废止新闻检查，在收复区内，则以当时秩序尚未完全恢复，暂时保留。现政府已依照其既定政策，电饬各收复区，自电到之日起，即将所有新闻检查制度废止。

虽然国民党已经明令电饬各收复区将所有新闻检查制度废止，但在辽宁地区，国民党的接收大员仍然以《管理收复区报纸、通讯社、杂志、电影、广播事业暂行办法》为武器，一边忙着接收，一边对亲共和反国民党报纸进行"清算"。例如就在《中苏日报》发表废止收复区新闻检查制度消息的第9天，1946年3月16日苏军刚从沈阳撤走不久，国民党当局就强行查封了揭露国民党反苏反共宣传的《文化导报》及辽宁中苏友好协会印刷厂办公室。"街道上满地是铅字、刊物、印刷纸和衣物、枕头……"[①] 并下令逮捕编辑人员。1946年2月创办的《东北公报》，因其稿件大部分来源于新华社和

① 丁帆:《引路人——忆鲁企风同志》,《党史纵横》1994年第7期。

苏军司令部，真实报道和反映国共两党重庆谈判的情况及形势，刊登的稿件很受读者欢迎，报纸发出的反对内战、和平建国的呼声，已成为人们议论的中心。但在白色恐怖下，这张报纸只办半年也被迫停刊。而在国统区，报纸被查封、停办的事情更是屡见不鲜。对舆论的钳制是国民党打击进步刊物、推行“党营”报纸所使用的一贯手法。他们极力推行国民党国防最高委员会制定的收复区的新闻检查法和管理法等反民主法令，对在辽宁地区出版的各种报纸实行新闻审查，以期达到控制舆论的目的。只要是被认为发表了有碍于国民党政权巩固言论的报纸，一律都在国民党当局的打压之内。1946 年 4 月创刊的沈阳《新报》，原系国民党第二〇七师的军报。其发行人为国民党第二〇七师校官徐露放，该报因敢于发表“犯上”的消息，招致当局不满。1947 年 7 月 29 日，新报社忽然接到国民党辽宁省政府的通知，限令该报即日停刊。原因是“报道虚构，影响治安”和“未向内政部申请登记”。国民党在极力打击异己报刊的同时，对其“党营”报纸及与“党营”报纸保持舆论一致的各报，均在各方面给予支持。

在打击有进步意识的报刊的同时，国民党的党政军报刊则大肆进行反共反人民和排斥异己的宣传。国民党在沈阳的三大军政报纸《中央日报》（沈阳版）、《和平日报》、《中苏日报》几乎每期都要登载一些反共反人民的消息和言论。为了加强管理，统一舆论，国民党中宣部还将《中苏日报》《和平日报》逐渐收编为《中央日报》（沈阳版）。而像这种国民党和国民党政府的喉舌，每年都会从中央党部或者驻军部门获得财政上的支持。而对待一些为其呐喊的小报，当时的国民党当局也要给予一定的补贴。国民党统治时期的沈阳报纸，日销万份者不过一二，大部分为几千份，无不亏损。但是，有党、政、军界做靠山的报纸，因为有津贴和可以得到平价新闻纸，因此，这些报纸基本上不太担心营销亏损问题，都能得以维持到沈阳解放前夕。

1946 年全面内战爆发，特别是 1947 年内战发展到激战阶段后，国民党当局借口非常时期，颁布了一大批非常法规，将人民的言论出版自由权利剥夺殆尽，将新闻统治制度强化到令人恐怖的程度，以致引起沈阳、青岛、天津等诸多城市新闻界的联合抗议，对此，国民党当局被迫做出回应与承诺。1947 年 10 月 30 日国民党在沈阳创办的《和平日报》于第二版发表消息：《新

闻检查绝不恢复　国防部已有令在案　董显光对记者说明事实真相》（中央社南京二十九日电）。在进步声音的抗议下，国民党对新闻的检查制度虽然有所收敛，但不可能从根本上解决问题，在其统治期间对于舆论的钳制一直都没有停止。

第五节　广告发行及印刷

1. “水涨船高”的广告价

国民党在辽宁地区所办的报纸最鼎盛时，其广告业都很发达。《中央日报》（沈阳版）、《中苏日报》、《和平日报》等一些报纸，往往将报纸的第一版作为广告版，其他版面的版底、报耳、中缝也都被广告所占据。但是，随着后来的通货膨胀带来的报价、广告价的飙升，广告经营受到一定的影响。

国民党到东北后，决定以东北流通券代替伪满洲币流通，导致物价飞涨，纸张供应短缺，报价和广告刊价也因此一度飙升。1946 年 11 月 13 日的《东北民报》广告刊价是“甲种（机关广告启事类）每行每日叁拾元；乙种（商业广告）每行每日二十四元；特别每行每日伍拾元。长期刊价另议”。到了 12 月 2 日，沈阳市报业联合会即发出调整广告价格的启事，“兹经本会第八次常会决议自本月十六日起调整广告价目如下：甲种（机关广告启事类）每短行六十元；乙种（商业广告）每短行伍拾元”，疯涨了近一倍。而沈阳地面上所有的报纸都要执行。到了 1948 年，国民党在战场上走向了全面溃败的边缘，广告刊价也急剧疯涨。1948 年 3 月 29 日创刊的《东北公报》刊登的广告刊价是“甲种：每行每日两千元，乙种：每行每日一千五百元，特种长期另议”。7 月 8 日，沈阳市报界联合会发出第四次报纸和广告涨价启事：“近来物价高涨，纸源日渐困难，本会第二十一次全体会员大会决议通过，自七月一日起，将报价及广告价格略加调整，计四开报每份增为流通券五千元，八开报每份增为流通券三千元。广告费甲种每行增为流通券一万元，乙种每行增为流通券六千元。”就《东北公报》而言，即暴涨了五倍之多。涨价带来的直接后果是广告刊登量大幅度下降，许多商家面对高价望而却步，报纸不得不转载一些旧闻，防止因广告萎缩带来的广告版面“开天窗”的尴尬。

2. 由“硬”变“软”——增强广告可读性

为了提升报纸广告的制作水平，增强广告的可读性，使广告由“硬”变“软”，国民党报纸还从培养广告商的素质水平入手，在报纸上推荐其他国家好的广告制作案例。

给广告披上“文艺”的外衣。《渤海民报》十分重视广告的经营，在其第一版或者第四版上每天都有一个整版的广告，除此，每天第二版、第三版的版底，都登有3~5栏广告。1946年10月1日第三版该报副刊《辽河（大众版）》版右下角就登载了《文艺性的广告》一文，该文称：

广告而富有文艺性的实不多见，现在将美国“星期六文艺评论”上登载的广告译出数条，以供文艺家、商店老板、广告社经理参考：

> 一、柔尔溪小旅店现在已经重新开门了，当我参战以后，它一直关了三年半，这就是那一种古典农村小店，不花你太多的钱，距离主要公路又不太远。你可以来滑雪，休养，甚至于可以在附近的田里帮忙工作，换几文零用。
>
> 二、征求伴侣——愉快而顺和的女人，四十初度，开得一手好汽车，毫无旅行的羁绊，必要的时候可以权充厨娘。
>
> 三、20世纪里一个孤独的未婚少年愿意住在亚利桑那州，浴在阳光里的精美厅居，躲在好书和音乐之中，希望有适合以下各种条件的人才，厨娘、看护、秘书女伴、女管家，应征中选的人保证于好地方住，而且以一年为期计算薪水。

国民党报纸的广告登载规律是：第一版登载政府、机关、企业、学校等单位的公告、启事等。其他版面主要登载医疗、卫生、商铺、婚庆、声明等商业广告。文艺性版面一般登载化妆品、烟酒、戏剧海报、影院影讯商业广告等。

东北光复后，一些国产影片再次登陆辽宁各大影院，并在报纸上登载广告，吸引读者。1948 年 4 月 1 日的《东北公报》第四版，集中了沈阳各大影院的影讯，包括大华、长安、北平、亚洲、星光等，片名放大，由某某主演，并标注具体的放映时间。一般说来，当时的电影院分为“日场”和“夜场”，电影的票价由于需要广告投入而偏高，特别是“夜场”的票价通常较高，几乎可以相当于普通劳动力三到四天的工资。关注影讯的大多是城市的中上层人士，同时他们也是报纸的主流读者群体。据时任《工人报》记者的牟承启回忆，“国统区老百姓的文化生活很单调，电影是一个主要的娱乐方式，而报纸上经常登一些影讯，市民们买报纸不是看那些国民党当局宣传的政治类假新闻，更多的则是看影讯，而能经常看得起电影的也多是收入比较高的中上层群体”。

3. 广告中的殖民文化传播

报纸广告不仅是一种经济现象，而且还是一种文化现象。随着报业的发展，洋货广告的登陆，客观上打破了东北封闭落后的社会局面，开阔了人们的文化视野，但在这种文化传播方式中也带有一定的殖民输出色彩。这些广告的目的不是造福辽沈人民，而是将其变成洋货的倾销市场而已。东北光复前，是日货广告垄断辽宁地区报纸广告市场，光复后期，日货广告尽消，美货广告粉墨登场。透过这些洋货广告，不难发现这种特殊的殖民文化传播方式所具有的渗透性和隐蔽性。

《中央日报》（沈阳版）推出的一则双圈牌鞋油广告，曰“采用美国上等原料，特聘专门化学技师。光泽耐久保革十年”。而这种植入性渗透，悄然改变着近代东北人民的生活，穿洋衣、用洋货已经变成城市中产阶层的一种时尚消费，并引领着人们的日常生活与消费心理。

4. 较强的广告经营意识

国民党报纸广告之繁荣，与其进行报纸改革、报馆进行企业化经营有很大关系。

国民党报人对党报企业化经营的构想在抗战胜利前就有了，但真正付诸实践是在抗战胜利后直至解放战争结束迁往台湾。“《中央日报》的这段历史尤其可圈可点，其规模最大、组织最完备。该报从1945年由重庆迁回南京复刊之初，就开始企业化准备工作，除将敌伪产业和国民党中央一次性投资作为‘党股’外，还把1946年1至6月职工生活补助费及全年盈余作为‘职工股’的基金，总资产在12亿元以上。1947年5月30日南京中央日报股份有限公司正式成立，也标志着国民党企业化经营管理体制的确立。虽然这种管理方式有其不健全性和欺骗性，但从实际效果考察，确实使党报的规模有所扩大，拥有的地皮、设备增加；业务也有所发展，发行范围扩大，广告量也大增。”①

《中央日报》的这次改革的成果，自然也惠及各城市的地方版，《中央日报》（沈阳版）也一度成为辽宁地区国民党报业的广告领先者。

国民党军统创办的《正义报》具有极强的广告意识，还在创刊之前就开始在《和平日报》上大打广告。因为都是同一党的报纸，因此《和平日报》也为其大开方便之门，该报不仅承诺负责经销《正义报》，而且在广告中还公告其创刊时间，吹嘘该报是“主持正义的正义报，消息迅速、内容新颖、趣味丰富”，“欢迎订阅、投稿、广告、批评”。《正义报》创刊后，为了迎合有钱有闲阶层的阅读需求，开拓广告市场，在《专访》《妇女与家庭》《北市场》等栏目里所登载的内容大多流于世俗，具体描写妓院生活、打情骂俏、庸俗低级的内容也不少，因此尽管零售价格为每份6元，但在沈阳市的报纸零售量仍达到日均3000份。这自然吸引了一些广告商的注意，对其加大投放广告，连中缝也夹杂大量影讯广告，这在这一时期辽宁报刊中极为罕见。

《和平日报》广告类特别丰富，既有结婚庆典启事，也有学校招生、演出预告的公告，商品类如群芳牌牙刷、狮牌麦精鱼肝油等皆有刊登。

---

① 转自网上学子论文：《〈中央日报〉历史沿革的思考及启示》，郑州大学新闻与传播学院程玲玲。

5. 包销、零售与免赠并举的发行

国民党的报纸多数有党、政、军做靠山，因此其发行渠道一般比较稳定，一般采取包销、零售和免赠等方式。

所谓的包销，就是委托一些有实力的企业进行代销。国统区的《东北民报》时常登出这样一则包销广告，连发数期，派销国内各种在市面上流行的报刊、书籍等。广告内容如下：

东北文化实业社经销书报杂志目录

欢迎同业批发！欢迎读者购阅！欢迎惠临参观！

报纸多　书籍多　杂志多　报纸多　来得快　送得快

报纸：

沈阳　《东北民报》《和平日报》《中央日报》《中苏日报》《新报》《沈阳日报》《正义报》《东北前锋报》

长春　《新生报》《中央日报》《前进报》

天津　《大公报》《益世报》《民国日报》

北平　《华北日报》《世界日报》《英文时事日报》《北平日报》《新民报》《纪事报》《新生报》

上海　《大公报》《申报》《新闻报》

重庆　《大公报》

以服务人群为目的　以倡导文化为宗旨

是精神食粮的宝库　是书报杂志总汇地

上海的《申报》通过航路登陆沈阳，在设立办事处发行的同时委托当时在沈阳较有影响的《和平日报》负责《申报》在辽宁的分销业务，遂在《和平日报》上登载介绍《申报》的广告，“除了报道天下大事，对于商业、教育、体育，又各有专版，而每日所刊国内外图片及文字，更快过了任何杂志、书报，图文并茂，美不胜收，世界风光，尽入眼底”，如有订购，“马路湾和平日报暂代订”。

由国民党军队中的政工人员文强与陈泽如创刊于1946年9月9日发行的《正义报》刚刚创立，便在《和平日报》登出广告，除介绍该报的各版内容外，还声明“正义报总经销处现已成立，担任总经销事宜。除本市及外埠直接订户由本报办理外，分本市各区有欲承办分销处者，请至该处接洽为荷”。

免费赠阅是国民党报纸的另外一种发行方式。这种免费赠阅的方式开始多运用在国民党的“党营”报纸发行中，其办报经费一般由所在党派或部门承担，并不是靠发行来赢利，而其办报目的则是为了扩大发行覆盖面，占领舆论阵地，达到政治宣传的功效。1945年11月末，国民党军队进入东北后，以杜聿明为长官司令的东北保安司令部先后办了一些军政报纸，如《新生命报》等，国民党各军也跟风而起相继创办报纸，如《正义报》《扫荡简报》《湘潮日报》《前进报》等。这些报纸大多资金雄厚，人员众多，多采取免费赠阅方式在军队内部传阅。

《正义报》在创刊的第一天，就派出职员走向街头向路人免费赠送报纸达1000多份，并且在第二天（9月10日）的报纸上，将统计结果公布出来。《小统计》:《正义报》创刊日，派有职员持报纸一千份在报馆门前，分赠过往行人，计赠予武装同志九十六份，各机关公务员一百一十四份，警界同志四十八份，男同学五十三份，女同学五十七份，穿西服者九十八份，着中山服者六十二份，摩登女郎二十三份，旧式妇人一十七份，商界同志一百四十二份，粪夫先生三份，三轮车夫十八份，推手车者十份，病夫十五份，骑自行车者五十二份，自行车女郎、坐汽车老爷二十一份，乘三轮车先生一百另一份，大褂客七张，白发翁十一张，大肚子女人十五张，小脚女士二十二张，共计一千张，复因过往人士仍要求赠送，该报社为市民爱护之热忱增加至四千张。惜以时间关系未能再统计。

《正义报》这份《小统计》很直观地说明，当时，对报纸有兴趣的一般是政府机关的公务员、军政商界人士、学生青年以及社会上的有钱有闲的“穿西服”“穿中山装”“乘三轮车的先生”“坐汽车的老爷”或“摩登女郎”“骑自行车女郎”等。而其中提到的所谓“粪夫”“三轮车夫”“病夫”等社会底层的弱势群体就很少了。

相对而言，这种免费赠阅的方式增加了办报成本，更谈不上利润，但在一定历史条件下，免费赠阅对报纸宣传功能的扩张还是起到了一定的作用。

报纸零售：报纸零售是国民党报纸的主要发行方式。解放战争时期，沈阳的《中苏日报》创刊时，“零售每份两元，订阅每份五十元，外埠另加邮费”。大连的《新生时报》创刊时“报费每月十元，零售每份五角”。一般来说，零售价格都比征订价格要高，报社鼓励读者集中征订。为此，许多报社为了在市场上占有一席之地，在发行上采取订报给予赠品的手段，压低报价，扩大发行面。辽宁报联派报所进行过派送赠品活动，在报纸上登出广告：“订报一个月，赠提倡国报之信封十个，信笺四十枚（《东三省民报》《东三省公报》《醒时报》《东北日报》《商工日报》等）。”订三个月赠送的东西加倍，订阅时间越长赠品越多越好。

《和平日报》发行销路多限于国民党军报，为维持发行费用，在市面发行中一再提高报价，创刊之初的报价是零售五元，全年定价一百五十元，四个月后的9月1日，该报联合所谓的沈阳市报业联合会发出紧要启事：“对开报定价十元，四开报定价六元。”对于涨价，大倒苦水，“值此百货昂贵，物价腾涌之际，犹复劝勉筹措，未肯轻易增加，兹因纸张价格续涨，员工待遇提高，各报业务，实难策进，经本会二次常会议决，一方顾及读者力量，一方维持报馆营业，谨将报费，酌予增益”，以此寻求读者支持。

国民党报纸因为背景不同、派系不同，在发行方面也存在相互竞争，甚至出现为了打倒对手，在报纸上公开谩骂的现象。1946年10月6日《和平日报》在《编者的话》栏目发文，题目为《强制派报吗？愿看我自己买，用不着你费心》，文中说：

> 据说最近本市××日报，借着靠山的势力，又在强制派报了，指定每甲一份，不买不成，这真真是岂有此理，报办得好，自然有人看，何必非用这种下贱的手段。胜利后的民众，难道连这点起码的自由都没有吗？
>
> 在这里，编者不愿提出是哪个报来，只竭诚地希望他们赶快收回这种卑鄙的手段，同时也希望老百姓不要过于懦弱了，愿看我自

己会买，强塞硬派是不成的。

解放战争时期，火车邮路、汽车邮路因战争而中断，许多报纸的发行不得不改用航空邮路。至1945年初，沈阳市内共设42处支局，邮政网络密集，对报纸的邮发时效有很大的支撑。但后期由于国民党政府日益腐败，经济日趋萧条，邮政业务清淡，1948年2月关闭了吉祥街、小东大街、林森路、小南大街等支局，全市邮政支局减少到12处。

6. 报界参与的印刷业

辽宁地区的新闻印刷企业，多建于日伪时期。东北沦陷后，日本帝国主义为了实现奴化民众的目的，兴办报纸、印刷书籍。1932年2月至1933年，辽宁地区新建印刷厂已达135家之多。除大连已有的“东亚”“满日社”“小林”“日清”四大家外，日商又在奉天创办了“兴亚”、“共同”（后改名为“新大陆”）、“东亚”、“共和”、“东亚精版”等印刷株式会社，即较大型的书刊印刷厂。这些印刷厂大多移植日本的成套设备，技术先进，印刷质量在当时的国内数上乘。日本投降后，国民政府接收了这些先进的印刷设备，印制报纸、书刊、杂志。如《新抚顺报》为了解决报纸印刷问题，将接收的日伪时期的抚顺印刷株式会社，改为新抚顺报社印刷厂。中共则在解放区筹建了《东北日报》、《东北画报》、东北银行工业处等印刷厂，在大连、瓦房店、安东等地也建立起人民书刊印刷厂。据不完全统计，此时辽宁的印刷和出版机构总量已超过500家之多。

1946年3月《中苏日报》创刊当日即发出启事：“本报承印各种书籍、名片、杂志、仿单、账簿、传票、传单、标语及其他一切印刷物品，工艺精美，取费低廉。”反映出当时报业参与印刷业市场竞争的事实。

第七章

民营报纸、汉奸办报及报人地位

第一节　民营报业的惨淡经营

东北解放战争时期辽宁地区的新闻报业在国、共这两大阵营之外，还有为数不多的民营报纸。它们想偏安一隅，试图以中立的姿态超然于国、共这两大阵营之外，既不站在国民党立场上，也不骂共产党，办一张纯粹的报纸。然而，这种想法是极其不现实的。东北解放战争时期，在国民党与共产党的两个阶级、两种建国理念的大搏斗中，辽宁地区的民营报纸是很难保持“中立”立场的。那些有爱国情怀和正义感的民营报纸，往往以反映民意为名，以读者来信等形式，揭露国民党的种种弊端，因此不能见容于国民党当局而被勒令停刊、报纸开“天窗”的也不在少数。由于没有官方背景，这些报纸发行量很小，有的出版发行不到几天便中途夭折。

辽宁地区的民营报纸主要有《辽滨晨报》《东北前锋报》《东北民报》等。

1.《辽滨晨报》

《辽滨晨报》创刊于1946年7月12日，该报是由回族人士张友敬、张友贤兄弟出资、出厂房、出设备创办的。社址在营口通惠区丰乐街17号（今营口西市区阳光街文明里6组），后迁至绥定区公道街14号（今华联大厦附近）。该报自称办报宗旨是“沟通政府与民间意见，融政民于一体，行宣德达情之天职”。但从编采人员的政治背景来看，该报是有浓重政治色彩的报纸。该报初为16开4版，后改为8开2版。第一版为要闻版，报馆派人每天到火车站去购买《中央日报》和《中苏日报》，从中选择出国际、国内重要新闻在第一版和第三版上转载，同时也少量抄收无线电播放的记录新闻；第二版刊登本市新闻；第四版为广告和副刊。《辽滨晨报》日发行量600—700份，最多时达千份。1948年2月停刊。

2.《东北前锋报》

《东北前锋报》创刊于1946年5月5日，社址在沈阳市遂川街甲段22号（今市立第二医院后面）。主办该报的马愚忱在教育界资望很高。九一八事变后，他曾在重庆被选为“国大”代表，抗战胜利后回到沈阳，利用自己的身份创办了《东北前锋报》，聘请侯钧权为社长、陈霁村为总编辑，任命王苏为采访主任。

马愚忱自命《东北前锋报》为东北唯一的民营大报，并公开刊登本报革新三大目标：一是揭穿东北真相，二是透视东北问题，三是指出东北建设之路。办报之初，开辟的《实话实说》栏目和副刊《重庆风》《八面风雨》等，也还敢讲点真话，实际是小骂大帮忙。到1947年末，这张民营报纸由4块版缩为2块版，而且通篇都是来自中央社的战况报道，报纸的销量随之锐减到2000份，沈阳解放前夕停刊。

3. 特立独行的《东北民报》

《东北民报》于1946年11月12日创刊，该报社址在原沈阳市和平区中山路8号（今沈阳市自来水公司对面），是国民党时期东北经济委员会委员马毅私人办的报纸。马毅开始聘用李国栋为社长、阎文儒为主笔、张景明为总编辑、贾恩洪为副总编辑。另外还在外埠聘请了两名特派记者，一是上海中央社分社记者陈香梅（陈纳德夫人），一是北平中央社分社记者方明（中共地下党员）。

《东北民报》存在两年多时间，由于编报人倾向进步，该报曾发表过一些在人民群众中颇有影响的报道。1947 年夏，刊登骆宾基被捕的消息，使得文艺界得以设法营救。最先转载汉口报纸揭露美军邀请上百名国军军官夫人举行舞会，中途停电预谋实行奸污的消息，让广大人民群众看清了所谓美蒋合作的丑恶嘴脸。尤其是 1948 年“七五”事件的报道，在人民群众中影响很大。事件发生的当天（7 月 5 日）晚上，驻北平特约记者方明传来电稿，总编辑张景明和副总编辑贾恩洪等人研究，决定抢在过半夜两点钟发稿，标题用了二号字，放在第一版中央圈以花边，以示鲜明。深知这样处理会受到责难，便一边开印发给报贩零售，一边送大样检查。报纸尚未印完，警备司令部的检查处就来电话告知：“奉上峰命令，这个消息绝对不准刊登。”总编辑张景明早有准备，找来工人把标题铲铲，文字上砍了几刀，内容依稀可辨，并以时间紧来不及更换稿件为由应付上峰。报纸上街后，群众哗然，激起了学生上街示威游行，要求偿还血债，惩办凶手。报纸销量一下子由几千份上升到 2 万多份。

著名诗人高兰及进步知识分子左蒂在该报编过文艺副刊，发表了鲁迅、张恨水、骆宾基、刘黑枷等许多进步作家的文章和文艺作品。由于经常刊发触犯当局的新闻招来了官方的压力，并收到特务写来的恐吓信，甚至给编辑部办公楼投掷燃烧弹，报纸也时常遭到停刊或开“天窗”的厄运。越是如此，该报在读者中的影响越大，经常有人打电话和写书信给予支持、同情和鼓励。

这张报纸经常犯“禁”而又能坚持办下去，是和马毅的特殊身份以及左右逢源、上下周旋、庇护办报人员有很大的关系。因而，该报一直能够延续到沈阳解放才停刊。

第二节 光复初期的汉奸办报

抗战刚刚结束，在国、共双方还没有在东北建政之前，辽宁地区出现了短暂的政权真空的时段。此时，曾经为日伪政权服务的一帮汉奸，利用伪满乡绅在当地的特殊关系，拼凑成治安维持会，一面维持当地所谓的“治安”，一面冒充国民党党部在当地出版所谓的国民党“机关报”，向国民党政府献媚。这些伪满乡绅办报的主要目的是极力制造舆论，取悦国民党当局，为过去的丑行加以掩盖，试图寻找新的靠山捞取政治资本。因此，东北解放战争时期在辽宁办报最早的不是国民党，也不是共产党，却是一帮汉奸。其出版的报纸占有先机，不费成本，所用设备、纸张都出自所在地的原日伪报馆。

1945 年 8 月 19 日在锦州出版的《辽西公报》，主办单位即为锦州治安维持会，该维持会成立于 8 月 16 日，由伪锦州省省长王瑞华、民政厅厅长陈荫翘组织成立，王瑞华任会长，改编驻锦伪军三十六团为治安军，同时各县也设立维持会。维持会迅速出版《辽西公报》，治安维持会秘书长、汉奸胡耀民任社长。①

《辽西公报》是在接收伪满锦州康德新闻社的基础上办起来的，基本上利用了伪满康德新闻社的所有设备和全部人马，社址是康德新闻社的旧址，即原锦州市锦华区三笠街十番地。在编辑部，原康德新闻社的编辑长任总编辑，康德新闻社的其他编采人员均予留用。该报的宣传完全贯彻国民党的意图，为国民党服务。该报为 4 开 4 版日报，报价每份 1 角，每月 2 元，共出

① 胡耀民，沈阳人，伪满洲国时是锦县协和会事务长，原本不是国民党员，而是一个汉奸。八一五光复时，东北沦陷时期被捕的原国民党地下组织锦县党部头目张庆凯获释出狱。只因胡耀民在敌伪时期和张庆凯私人有些来往，而张庆凯在敌伪时期又未吸收几个党员，所以在八一五光复后，就立即吸收汉奸胡耀民和剑作春（伪锦县政府警务科长）二人入党。胡耀民自此摇身一变当上了社长。

版18期，于同年9月上旬终刊。

据《东北新闻史》载，辽东地区伪满官绅组织的安东治安维持会，也利用日伪报馆旧址出版了《辽东民报》。该报因为存在的时间较短，史料鲜有记载。总体来说，这类报纸出版的时间都很短，影响也不大，但的确是辽宁地区报业史上的一段特殊存在。

第三节　报人的社会地位

解放战争时期，辽宁报业从业人员的社会地位再次得到提升，主要缘于抗日战争中，新闻业作为另一个战场所发挥的巨大作用。在国共双方这个没有硝烟的战场上，国民党当局一方面钳制舆论；另一方面则安抚记者以操纵舆论。时任国民党东北保安司令的杜聿明曾在《和平日报》上就记者节活动撰文《九一记者节感言》时指出：

> 日趋复杂的各国新闻记者，足迹达于全世界每个角落，他们可以造成国间的谅解，他们可以沟通全世界的文化，他们可以联合民族间的感情，近年来有许多国际关系与和平的名著，均出自记者的手笔，此外他们对于国际间的阴谋与国内的反动，以及其他各种黑暗多能大胆揭载，此种精神对于人类所加之福利，尤非言语所能形容与数目字所能估计。
>
> 在战争期中吾人徒注意于之牺牲精神，而常忽略此一群新闻战士，他们以不异任何艰辛，不顾任何危险，随军转徙，他们一方面报告消息，一方面提供意见，位前方与后既无隔阂，使国内与国外尤声气相通，其因此而牺牲性命者不知凡几，吾人对于这些纯洁的新闻战士，只是一切实保护一犹嫌不足，我们要鼓励他们尊敬他们并与他们以种种方便。

杜的文章，侧面反映出执政东北的国民党政府对报人的器重。另一方面，报人的社会地位，从当时的编辑、记者的薪酬上也可见一斑。货币稳定的时候，编辑的工钱是每月20元，当时一角钱可以买到一打鸡蛋，所以这样的薪水已经大大超越社会平均工资，有“高薪一族”的味道。至于记者的稿酬，一般是每篇六角、八角、一元这三个等次，虽然老报纸的版面不多，但新闻界的从业人员数目也很少，所以记者每月的薪金也很有保证，拥有“白领”的地位。当时，一些政界要员常常利用记者造舆论，为自己树碑立传，故而经常主动和记者搞好关系，所以记者也被称为“无冕之王”。但记者中也存在良莠不齐的状况，有些记者利用自己在社会上的地位，专挖政府和大公司的丑闻，并趁机索取财物，为时人所不齿。

沈阳解放后，《东北日报》从哈尔滨迁回沈阳。中共对新闻记者管理异常严格，有明确的新闻纪律，要求记者要深入到工农群众当中，同吃同住采写新闻。当时，记者像党政干部一样，实行供给制，吃饭、穿衣都由政府供给。对记者吃拿卡要行为，《东北日报》《工人报》等党报绝对禁止。有的记者到酱油厂采访，就因为收了人家送的两袋酱油，报社知道进行核实后就给开除了。足见中共党报对记者管理之严。

第四节　辽宁地区的报界联合组织

解放战争时期，辽宁地区国统区的报界联合会及沈阳报界联合会重新恢复，行使职能，他们组合了沈阳地面上的各大报纸，定期召开会议，研究报道方向、统一广告及发行价格，控制舆论的力度逐渐增强。这些活动在当时国民党所办的报纸上有所报道。1947年10月29日《中央日报》（沈阳版）第三版登载消息：《记者公会理监会昨通过向市府请愿　争取议员名额并拟组京沪台湾访问团》：

【本市讯】沈阳市记者公会理监事联席会，昨（二十八）日下午三时举行，到理事阎奉璋、汪宇平、唐达、律鸿起、侯钧权、陈骥彤、陈霁村、马愚忱、马毅、樊放等，阎奉璋主席议决（一）理事之缺，由候补理事李绍唐、陈骥彤、陈霁村增补，监事之缺，由候补监事赵雨时、樊放、吴融和登补。（二）关于记者，公会竞选市参议员问题，因自由职工团体参议员名额仅一人，无法竞选，且以智识水准贡献之大，实感有欠公允，决议由常务理监事，定日内向市政府请愿，并一致在舆论方面作合法合理之争。（三）拟日记者公会组织沈阳市新闻界京沪台湾访问团。

从消息中可以看出，记者公会的主席、理事、监事等均由当时国民党各报社长等负责人担任。

辽宁地区国统区内的几次报价大涨，都是由这些报界组织通过开会，与各大报社的社长们研究制定出来，然后再以报联、公会的名义向社会发布公告。实际上，这些报界团体有名无实，被国民党政府所掌控，参加的会员没有任何报社普通的编辑、记者，其组织本身实际上已经成为国民党实现新闻统治的工具。

在解放区，中共也组织新闻记者联合会，如在沈阳组织了沈阳市记者联谊会等，像这样的报界组织则成了联系各报社的桥梁和纽带，特别吸引了一些青年编辑、记者参与其中，对提高新闻业务水平有很大益处，对近现代辽宁报业的发展起到了积极的推动作用。

解放战争时期辽宁地区中共地下党组织和解放区部分报纸一览表

报名	刊期	开版	创刊时间	终刊时间	主办单位	主办人	社址
民声报	隔日刊	4开4版	1945.9.11	1945.11.25	中共辽西省委	何伟	锦州
先锋报		4开4版	1945.9	1945.12	中共本溪市委		本溪
新生时报		4开2版	1945.10.30	1947.5.16	大连市民主政府	张致远等	大连
东北日报	日刊	对开4版	1945.11.1	1954.8.31	中共中央东北局	李常青 李荒	沈阳
人民呼声 大连日报 旅大人民日报	3日刊 日刊 日刊	4开2版 对开2版 对开4版	1945.11.1 1946.6.1 1949.4.1	1946.5.30 1949.3.31 1955.12.30	中共大连市委 中共大连市委 中共旅大市委	白全武等	大连
安东日报 辽东日报	日刊	4开4版	1945.11.22 1946.5.6	1949.5	中共安东省委 中共辽东省委	陈楚	安东
民众报	3日刊	4开2版	1945.11.23	1947.5.10	中共旅顺市委	殷杰等	旅顺
文化导报	周6刊	对开2版	1945.1124	1946.3.16	中共沈阳市委	鲁企风	沈阳
群报	日刊	4开4版	1945.11	1946.3	中共营口市委		营口
新抚顺报			1945.12		中共抚顺市委		抚顺
胜利报 民主日报		4开4版 对开4版	 1946.1.1	1949.1改为 辽北新报	中共辽西省委 中共辽西省委		法库 法库

续表

报名	刊期	开版	创刊时间	终刊时间	主办单位	主办人	社址
辽河新报	3 日刊	4 开 4 版	1946.1.14	1946.2.20	中共辽阳地委	俞质明等	辽阳
东北公报	日刊	4 开 4 版	1946.2	1946.7	中共沈阳市委城市工作部	郭春雷 李伯岚	沈阳
农民报（创刊初称群众报、金县报）	周 2 刊	4 开 4 版	1946.4	1954.12	中共金县县委	汪蔚青	金县
实话报	隔日刊	4 开 4 版	1946.8.14	1951.8	苏军驻旅大地区指挥部	谢德明（谢吉赫敏诺夫）	大连
辽东日报			1947.5.16	1948.6.7	中共辽东分局		通化
关东日报	日刊	对开 4 版	1947.5.20	1949.3.31	关东公署	江清风	大连
辽南日报 辽宁日报	日报	对开 4 版	1947.7.1	1948.12	中共辽南省分委	邢路	瓦房店
安东大众	周 2 刊	4 开 4 版	1947.10	1948.12.16	中共安东省委	郭允贤	安东
东沟县报			1947 年冬		中共东沟县委		东沟县
工人报	3 日刊	4 开 2 版	1947.12.23	1949.5.25	中共安东市委	赵健	安东
庄河农民报			1947	1949	中共庄河县委		庄河
建新报	周报	4 开 4 版	1948.10.7	1949.9.2	大连建新公司职工总会		大连

续表

报名	刊期	开版	创刊时间	终刊时间	主办单位	主办人	社址
人民报	隔日刊	4 开 4 版	1948.10.28	1949.5.18	中共锦州工委	高文晋等	锦州
职工（1949 年 6 月 21 日改名职工报）	3 日刊	4 开 4 版	1949.1.25	1952.8	关东职工总会		大连
前进	周 3 刊	4 开 4 版	1949.3.10		中共沈阳军区委		沈阳

注：本章所列表内各栏空白，均无资料。

解放战争时期辽宁地区国民党统治区部分报纸一览表

报名	刊期	开版	创刊时间	终刊时间	主办单位	主办人	社址
辽西公报	日刊	4 开 4 版	1945.8.19	1945.9	国民党锦州治安维持委员会	胡耀民	锦州
渤海民报			1945.8.31	1948.2	国民党营口市党部	胡述谋	营口
盖平县党部临时刊			1945.9		国民党盖平县党部		盖平
青年日报	日刊	8 开 2 版	1945.10	1946.12	三民主义青年团营口分团团部	胡述谋（兼）	营口
新生命报	日刊	对开 4 版	1945.11.28	1948.10	国民党东北保安司令部长官部	麻德彪	锦州

续表

报名	刊期	开版	创刊时间	终刊时间	主办单位	主办人	社址
扫荡简报			1945		国民党军委会政治部	李明勃	锦州
东北群众报			1946.1	1946.6	民办	陈言	沈阳
建设日报	试刊三期	4开4版	1946.2	1946.3	国民党工会	李秀生	沈阳
中苏日报			1946.3.5	1947年10月换名中央日报	国民党东北保安司令部	余纪忠	沈阳
新东北日报			1946.3	1946.5	励志社	郝逸梅	沈阳
民报			1946.3	1948.1	国民党辽阳县政府	王已明	辽阳
青年报			1946.3	1946.6	国民党陈布雷派	李福舜	辽阳
青年报			1946.3	1946.6	国民党青年军		沈阳
新报			1946.4.22	1948	国民党第二〇七师	徐露放	沈阳
建设日报	周6刊		1946.4	1947.11	国民党新六军	梁直平	辽阳
和平日报	日刊	对开4版	1946.4	1948.11	国民党东北长官司令部	阎奉璋 李诚毅	沈阳
前进报			1946.5.5	1948	国民党新六军	赵惜梦等	沈阳

续表

报名	刊期	开版	创刊时间	终刊时间	主办单位	主办人	社址
东北前锋	初为周 6 刊 1947 年 6 月改为日报	4 开	1946.5.5	1948	民办	马愚忱	沈阳
东北韩报			1946.5			韩光	沈阳
抚顺建设日报		4 开，对开	1946.5	1948.10	国民党抚顺市政府	余可等	抚顺
襄平日报	日刊		1946.6.1	1948.1	国民党辽阳地下党 CC 派	张正平	辽阳
辽滨晨报			1946.7.12	1948.2	民办	张友敬 张友贤	营口
中央日报（沈阳版）	日刊	两大张	1946.8.15	1948.1	国民党中央宣传部	赵漠野	沈阳
正义报			1946.9.9	1948.11	国民党军统	文强	沈阳
辽西民报	日刊	4 开 4 版	1946.10.10	1948.10	国民党锦州市党部	吴尹生	锦州
国民日报	不定期	4 开 4 版	1946.10.12		国民党辽中县党部		辽中
东北民报			1946.11.12	1948.11	国民党东北经济委员会	马毅	沈阳
光华报	日刊	对开 4 版	1946.11	1947.6	国民党第五十二军	高士栋	安东

续表

报名	刊期	开版	创刊时间	终刊时间	主办单位	主办人	社址
新声报	日刊	4 开 4 版	1946.11		国民党第五十二军		安东
湘潮日报			1946	1947	国民党第六军二十二师	胡恒	鞍山
辽南日报			1946	1948.7	国民党五十三军	朱亮	鞍山
远东日报			1946	1948.1	国民党鞍山市党部	张威	鞍山
扫荡简报	日刊	4 开或 8 开	1946	1947.6.9	国民党五十二军		安东
和平晚报	日刊	4 开 4 版	1947.1	1947.7	国民党东北长官司令部		
力行周刊（安东版）	周刊	4 开 2 版	1947		国民党东北力行图书社	葛志强	安东
光华日报			1947				沈阳
沈阳日报			1947	1948.10	国民党沈阳市政府		沈阳
东北公报			1948.3.29	1948.10	国民党沈阳市党部	张宝慈	沈阳
民生报			1948.4	1948.6			沈阳

第三编

东北解放后国民经济恢复和建设时期

（1948年11月至1954年8月）

第一章
辽西、辽东省时期的辽宁地区报业

1948年11月2日沈阳解放，辽沈战役取得彻底胜利，东北全境宣告解放。中共中央东北局火速从哈尔滨迁至沈阳。《东北日报》作为中央东北局机关报，也随之于12月12日迁回沈阳出版，社址是原国民党在沈阳的《中央日报》所在地——沈阳市康宁街四段五十九号（现沈阳市中山路339号，原辽宁日报社所在地）。这一地址于1951年7月30日更名为沈阳市北市区三经路五号。《东北日报》一直在这一地址办公，直到1954年东北大区撤销。报纸于1954年8月31日终刊，共出刊3115期。

《东北日报》迁回沈阳后，结束了战争时期颠沛流离的办报历史，在中央东北局的领导下，为恢复生产和经济秩序，为东北大规模的经济建设，为夺取抗美援朝战争的胜利，发挥了强大的动员、组织、宣传、鼓动、指导作用，成为东北地区报纸的领军者、全国党报经济宣传的榜样。这是与当时东北大区在全国率先解放及其重要战略地位息息相关的。《东北日报》的事业在这一时期得到大发展，报纸的发行量由1948年的8万份，到终刊时已达到了31万份。

1949年8月27日成立的东北人民政府，是东北地区的最高行政机关。辖区包括：辽东、辽西、热河、吉林、松江、黑龙江省，内蒙古自治区，沈阳、长春、哈尔滨、旅大、鞍山、抚顺、本溪市，政府驻地为沈阳市。

大行政区保留了战争年代具有相对独立性的特点，形成了相对分散的局面，随着新中国政权的巩固和经济的恢复发展，它逐渐不适应新的形势发展需要。从 1950 年开始，中央逐渐削弱大行政区的职权。1954 年 4 月，中共中央政治局扩大会议决定撤销大区一级党政机关。6 月，中央人民政府委员会第三十二次会议通过《关于撤销大区一级行政机构和合并若干省、市建制的决定》。随后，各大区便将权力部分上交中央，大部分移交给省、市，人员也向中央机关和省、市地方分流，移交工作在 10 月份全部完成。

《东北日报》随着大区的撤销，也完成了为期 8 年零 10 个月的历史使命。《东北日报》于 1945 年 11 月 1 日在沈阳创刊，又在沈阳终刊。1954 年 8 月 31 日，《东北日报》在第一版“报耳”位置刊发《本报终刊启事》：“根据中央人民政府撤销大区一级行政机构的决定，本报于八月三十一日终刊。”与之并列的，是辽宁日报社和辽宁省邮电局共同刊发的《辽宁日报征求订户启事》。从此，开启了辽宁地区报业的新纪元。

第一节 《东北日报》迁址沈阳统领大区党报

1. 这一时期《东北日报》人员的构成和组织结构

《东北日报》从哈尔滨迁到沈阳后，报社由两部分人组成。一部分是由廖井丹率领的从哈尔滨来沈的东北日报社全体人员，一部分是由陈楚率领的原《辽东日报》的部分成员。《辽东日报》是中共辽东分局的机关报，1948 年 11 月沈阳解放，社长陈楚奉命带领一部分干部先进沈阳，创办了属于沈阳军管会领导的《沈阳时报》。不及两月，报社人员并入东北日报社。人员合并之后，东北日报社社长是廖井丹，副社长是李荒（同时兼任总编辑）、陈楚。报社的领导成员和主要编辑、记者都是经过抗日战争洗礼，从老解放区调来的有多年新闻工作经验的老同志，加上一批来自地方新参加革命的青年学生，组成了一支充满活力的新闻队伍。东北日报社老干部较多，当时全国 19 个解放区，除了琼崖地区，18 个解放区都有人来。1949 年 4 月，解放军进关南下，上级从报社抽调23名骨干随行，去开辟新解放区的新闻工作。廖井丹和陈楚率领这批干部，去武汉主办中南局的机关报《长江日报》。东北日报社领导班子由李荒任社长，王揖任总编辑，严文井、张沛任副总编辑。

1951年秋，王揖、严文井先后调任北京，东北日报社社长为李荒，总编辑为张沛，林时、邹晓青任副总编辑。

抗日战争胜利后至新中国成立初期，辽宁地区党报基本实行的是社长负责制。《东北日报》终刊前，报社设编辑委员会（简称编委会），编委会由正副社长，正、副总编辑及部分部门负责人组成，编委会成员须经主管领导机关任命。编委会有权决定全社工作、报纸编辑等重大事项。

报社在哈尔滨时，编辑部有80多人，设有新闻部、采通部、副刊部、工人部、农村部、评论部。

1949年7月，东北日报社的编辑部人员已经增至105人（包括校对、资料部门人员），到1954年8月终刊，全社人员在400人左右。

这一时期东北日报社实行社长负责制，全社分三大块：编辑部、经理部、印刷厂。

编辑部下设总编室（资料室、校对科）、工业部、农村部、财贸部、政法部、理论部、文教部、副刊部、时事部、读者来信部、记者部（哈尔滨记者站、长春记者站）。

经理部下设总务科、财务科、发行科、广告科。

东北日报印刷厂下设办公室、业务部、拣字排版车间、铸字车间、制版车间、印刷车间、装订车间。

在报纸报头位置对外公开电话的部门是：总编室、社会服务部（后更名为读者来信组）、工厂、总务、广告、发行。

2. 报道重点逐渐由战争转向生产建设，由乡村转向城市

东北全境解放后，党的工作重点由战争转向生产建设，由乡村转向城市。这给报纸提出了新的任务和要求。1948年12月12日，《东北日报》在《本报迁沈出版》的社论里提出："在今后的新闻报道里，经济建设应成为主要的中心，特别是城市和工业生产的报道比重要增加。报纸必须以重要篇幅反映

和宣传经济建设，动员千百万人民与劳动大军进入生产热潮，为发展生产增加财富、支援全国解放战争、改善人民生活、建设新民主的东北而奋斗。”

12月14日，《东北日报》迁到沈阳出版的隔日，报纸一版头题是《黄维兵团大部被歼》，下方就是《丹东光华制皂厂　增修机器改进劳动组织　效率提高完成任务　制出二十五万块“胜利牌”肥皂》和《抚顺在恢复中》的经济报道。二版头题刊发《南满各铁路畅通　月内修复铁路一百七十公里、桥梁八座，发车千余次》的综合消息。在建议专栏里，还针对刚刚解放的城市存在的问题，提出了《加强对市场的管理》《维持乘电车的秩序》《汽车不要行驶太快》等三条建议。有较强指导性的经济消息《如何推行包车制》《开原双辽等地群众　榨油纺织熬碱获利》等，也刊登在这块版面上。

1949年五、六月份，《东北日报》连续刊发《克服工业生产中的严重浪费》等三篇重要社论和多篇评论，指导经济建设工作。《如何贯彻东北全党的转变》一文5000多字，占了大半个版面，中心思想是如何贯彻落实党的工作重心从农村转向城市的精神。5月26日第一版倒头题发社论《发挥报纸在经济建设中的宣传者与组织者的作用》，开篇写道：“沈阳解放以来，我们报纸已注意加强反映与推动经济建设与职工运动。单纯从稿件数量来看，它们占了地方新闻的最大篇幅。然而，从质量与指导作用来看，则很不令人满意。主要缺点是报道零碎、片断、孤立提问题，极少分析综合，使读者从中看不出经济建设与职工运动的概貌，看不出历史发展的经过，因而也就收不到应有的教育效果。”

这篇文章认为，编辑、记者身上存在经验主义思想方法和农村工作作风，不适应从乡村到城市的转变。因此，编辑部从4月份开始制定每月报道计划，用百分之七十的力量与篇幅，放到经济建设报道上。其中以工业报道为重，工业报道以重工业报道为重。在报道方法上，强调应用有系统、有比较、有分析的报道形式。5月8日的报纸报道旅大各工厂开展劳动竞赛情况时，配发了短评《表扬英雄模范》。文章强调在经济建设中表扬先进人物的重要性，特别提到现在的报纸大量篇幅被一些空泛的计划、会议、指示、决定等占用，今后必须有所改变。

这个时期的《东北日报》清醒地看到了经济报道的弱点，在以后的报道中，创造了以宣传先进经验、树立先进典型为主的，具有东北特色的经济报道模式。

《东北日报》作为中共中央东北局统领东北大区的机关报，在东北地区经济恢复和经济建设时期，充分反映和宣传在各条战线贯彻党的方针政策的先进经验和典型，宣传广大群众投入生产建设的积极性、创造性。1952 年 4 月 16 日到 12 月底，半年时间，先后发表有关先进经验的新闻、言论、经验介绍、人物介绍、领导机关的指示决定，共 110 篇，占全部经济报道的四分之一。树立老英雄孟泰，与时间赛跑的王崇伦，创造新纪录的赵国有、马恒昌等英模人物及先进群体形象，是《东北日报》在这一时期经济报道的鲜明特征。

《东北日报》在全国“是第一个报道经济建设的”①。在 20 世纪 50 年代初期的经济宣传中，《东北日报》先人一步，办报经验为全国新闻界所瞩目。在《人民日报》设立的栏目“报纸工作述评”中，有 26 篇文章集结成《怎样进行经济宣传》一书，由人民出版社出版，供全国新闻单位学习。《东北日报》经济宣传的经验是这本书的重要内容。

《东北日报》在经济宣传中不断组织编采人员进行业务学习和业务改革。1953 年初，编辑部就在全年工作计划中把克服新闻报道内容枯燥生硬的缺点，作为全年改进业务工作的中心。自 4 月份开始，组织了以“加强新闻报道、扩大报道面、丰富报道内容”为主要内容的业务学习和业务改革。编辑部统一学习胡乔木《人人要学会写新闻》和布朗特曼的《论新闻报道》等文章，比照苏联《真理报》上的新闻报道，进行学习讨论，提高对经济报道的认识。紧接着，报社在六、七月份间，分别召开了记者座谈会和编辑座谈会，把“有中心，多方面，写典型，写群众”作为加强经济新闻报道的具体要求。报纸自 9 月份以后，通过国庆节宣传和增产节约运动的报道，在实践中作了改进。业务改革的主要要求之一，就是要反映党的政策在群众中具体化的进程，加强群众活动的报道。主要反映劳动群众在贯彻党的政策、执行国家计划中的创造性劳动和首创精神，宣传先进生产者和他们的先进思想。王崇伦一年完成四年多工作量的报道，就是基于这种认识组织的。大张旗鼓

---

① 郑奇志：《李荒传略》，辽宁人民出版社 2007 年版，第 40 页。

有计划地宣传先进典型，是报社加强学习、改革业务的结果。另外，读者来信组从群众来信中提出关于“机关式商店”的批评和搞“联合运输”“联合收费站”的合理化建议等，也使报纸体现了群众呼声，增加了生动活泼的气息。

业务改革突破了报纸概念化、公式化、冗长枯燥的模式，使报纸办得有生气，版面活泼，受到业内同行的推崇。

这一时期《东北日报》为对开4版，竖排，日刊。在当时市级党报普遍4开4版出小报的年代，《东北日报》的大开本，显现了大报的气度和风格。《东北日报》报头左侧为：中国人民邮政登记号为第一类新闻纸类。沈阳市邮政局登记执照　第二十四号　定价：每期四百元　每月一万两千元。订阅处：全国各地邮政局。

报纸日期新中国成立前为中华民国年号，1949年10月1日之后采用公历纪年。

3. 历任领导秉承政治家办报理念，革命好传统薪火相传

在国民经济恢复和建设时期，东北日报社历届领导都秉承政治家办报的准则，严格服从党的领导，坚持党报的党性原则，坚持全党办报、群众办报的方针，依靠广大群众办报，为广大群众办报，成为名副其实的党报领头人。

李荒是彭真同志亲自点将的东北日报社首位总编辑，他在而立之年进入报社，从1945年10月到1952年12月，历任东北日报社总编辑、副社长兼总编辑、社长等职。七年时间里，他为《东北日报》的创办和发展，为编采队伍的组织和建设，为报纸在坚持党性和人民性的统一等方面，都做出了应有的贡献。毛泽东同志说过，报社的总编辑，要亲自动手撰写那些最重要的言论。李荒做到了这一点，他撰写了大量的报纸社论等文章，每月都写两三篇社论。其中1951年3月1日发表的《每一个细小的地方体现党报的严肃性》和《同志颂》等文章在报界广为传诵。

日本投降后，中央调动大批干部准备南下挺进中原和江南。后因战局变动，南下不可能，就转到东北，这为东北日报社充实了大批新闻干部，其中有知名作家和著名编辑、记者，如穆青、华山、陈学昭、白朗、严文井、华君武、汪溪等。社长李荒团结这一大批干部，充分发挥他们的才干，造就了一批

杰出的在中国新闻战线有影响的人才，为我党培养了一批新闻战线的领导骨干。

［**报人小传**］李荒，1916 年 5 月 22 日出生，奉天（今辽宁）营口人，又名李枝伟。1935 年参加“一二·九”运动，1936 年 2 月参加革命工作，1936 年 5 月加入中国共产党，次年毕业于东北大学国文系。1936 年 2 月至 1945 年 9 月，先后担任北平东北大学抗日民族先锋队队员，八路军晋察冀军区第三军分区政治部宣传部科长、组织部长、宣传部副部长，晋察冀日报社时事主编。1945 年 10 月至 1952 年 12 月，任东北日报社总编、社长。1953 年 11 月至 1954 年 8 月，任中共辽西省委副书记。1954 年 8 月至 1966 年 9 月，任中共辽宁省委书记处书记。历任大连工学院（今大连理工大学）党委副书记、中共旅大市委第二书记、旅大市革命委员会第一副主任、中共辽宁省委书记兼旅大市委第一书记、中共辽宁省委常务书记、辽宁省第四届政协主席。1983 年离职休养。此外曾任中共中央党校副校长。

1952 年 11 月，李荒调任辽西省委副书记，东北日报社由张沛任社长。张沛是全国著名新闻工作者，1948 年由解放日报社调东北日报社工作，先后任编委、副总编辑、总编辑、社长，抗美援朝战争中他率领中外记者团赴朝鲜前线采访，发表《为和平而斗争》和《再接再厉，争取抗美援朝最后的胜利》等著名的篇章。《东北日报》停刊前夕，张沛调任新华社东北分社代理社长，后任《人民日报》经济部主任、《经济日报》副总编辑、《中国建材》主编、《中国企业家杂志》社长等职务。

东北日报社最后一任总编辑殷参，也是辽宁日报社首任总编辑，1952 年由黑龙江日报社调东北日报社工作。他一生笔耕不辍，曾经采写了《老英雄孟泰》《铁孩子高凤志》等重要文章。殷参 1978 年调北京任光明日报社副总编，曾任《中国新闻年鉴》常务理事，中共十二大代表。

东北日报社历任社长、总编在领导办报的过程中，严格遵从党报必须服从党的领导，贯彻执行“全党办报，群众办报”的方针，密切团结全体工作人员，群策群力，共同为办好报纸而艰苦奋斗。在解放初期，没有专门的新闻专业学校，也缺少成套的新闻理论书籍。培养干部的主要办法就是社会实践，把一些初中甚至是小学文化程度的同志放到编辑、采访、通联的实际工作中去锻炼。报社回到沈阳后，大批年轻人进入报社，他们边工作边学习，在工作中成长提高。报社培养干部，不仅是以老带新，让成手带新手，还鼓励并创造条件让年轻人在本岗位上大胆实践。社长李荒的指导思想，就是用老解放区党报的优良传统教育培养武装人。

在东北解放战争期间，条件艰苦，有钢笔的没有几个人，多数记者用铅笔写稿。报社的编采人员克服困难，个个都是能征善战的“拼命三郎”。报社迁到沈阳后，进入大城市，物质生活条件逐步得到改善，但是报社同志们艰苦奋斗的作风得到了传承，同志们的座右铭是：一个党报的编辑、记者，首先是一个能与人民同甘共苦的共产党员。

进沈阳城之后，环境变了，编采人员深入采访的作风没有变，大家都把调查研究看作是记者的一项基本功。报社培养编采人员，要求工业、农村组的记者，在基层要有一定数量的联系点，交若干朋友，帮助通讯员改稿。而且还规定，要认真处理通讯员的稿件，稿件不用的，要写退稿信。有一次总编辑王揖抽查了农村组的退稿信，发现六封信里有两封欠妥，责令重写。在年终评奖时，同群众的密切联系，也是一项重要的评比条件。

遵纪守法，一直是报社教育干部的一项内容，健全的党团生活制度，坚持经常的批评和自我批评活动，使编采人员在工作中保持了谦虚谨慎、遵纪守法的作风。

在工作和生活上，报社内部同志之间团结友爱，部门之间通力合作，有良好的风气。出报的时候，编发稿件的、组版的和拣、排、校、印各部门配合十分默契。同志之间彼此信任，上下级之间毫无芥蒂。

《东北日报》在较长时间里，大多数同志是供给制待遇，生活清苦。在伙食上虽有大、中、小灶之分，但差别并不大。那时生病的同志较多，编辑部里得肺病、肝病、胃肠病的不少。1949 年报社对患病的同志给予吃中灶的特殊照顾。1950 年，沈阳有了结核病疗养院，报社分批送十数人去疗养。报社的文体活动也很活跃，上班紧张工作，下班后社长、总编辑、编委同一般编采人员和工人，一起打球、下棋、玩扑克，气氛十分和谐。

第二节 《辽西日报》和《辽东大众》报创刊

1.《人民报》和《辽北新报》合并出版中共辽西省委机关报《辽西日报》

1949 年 5 月，为了适应经济建设任务和党的工作重点转移的需要，东北行政委员会重新制定东北行政区划，将原辽西、辽北两省合并，成立了新的辽西省，省会设在锦州。新的辽西省地域广大，包括 4 个省辖市：锦州、四平、阜新、山海关，21 个县：锦县、锦西、兴城、绥中、盘山、台安、辽中、义县、新民、彰武、阜新、北镇、黑山、昌图、梨树、法库、康平、双辽、开原、铁岭、昌北。全省人口 700 万，郭峰同志任中共辽西省委书记（1949 年 5 月至 1949 年 9 月），杨易辰同志任辽西省人民政府代理主席，仇友文同志任副主席。

新成立的辽西省委根据行政区划的变动，决定原辽西省的《人民报》和原辽北省的《辽北新报》进行合并，于 1949 年 5 月 18 日出版中共辽西省委机关报《辽西日报》，报头为省委书记郭峰题写，社址在锦州市老城的东一区“郝家大院”。当年 10 月 8 日，报社迁至锦州市铁北重庆路西头路南。

《辽西日报》第一任社长兰干亭同时兼任新华社辽西分社社长，高文晋、向枫为副社长（兼管新华社辽西分社工作），黄照为总编辑。1950年初，辽西日报社与新华社辽西分社分开独立，宇光任辽西日报社副总编辑，张龙题负责新华社辽西分社工作。1950 年 6 月，兰干亭调省委宣传部工作，仍兼任辽西日报社社长，黄照为副社长兼总编辑，宇光、苑金标为副总编辑。1952 年 11 月，黄照调省委宣传部工作，姚文田任社长，宇光为副社长兼总编辑，肖白门为副总编辑，直到 1954 年 8 月 31 日报纸终刊。

《辽西日报》创刊初期为4开4版，双日刊，同年8月1日正式改为日刊。

《辽西日报》作为中共辽西省委的机关报，报纸的读者对象是全省的广大人民群众和各级干部，尤其是广大基层干部。《辽西日报》在创刊号上《本报发刊的话》中强调，“由于革命即将在全国胜利，全党的工作重心，已经从乡村转到城市”，“本报首先应该成为指导这一工作和作风改变的工具”。

《辽西日报》从1949年5月18日创刊，到1954年8月31日终刊，在5年多的时间内，出版了1717期报纸。报纸在中共辽西省委的领导下，认真贯彻“地方性、群众性、通俗化”的办报方针，贯彻党的路线方针，动员全省人民响应党和人民政府的号召，鼓舞人民群众积极参加国民经济恢复时期的各项社会改革，对过渡时期总路线和第一个五年计划的宣传，突出了以经济建设为中心的指导思想，有力地指导和推动了全省各方面的工作，加速了辽西省经济的恢复和发展。

报纸创刊时，报社总人数129人，后来增加到273人。报社实行社长负责制，社务委员会为最高权力机构，设编辑部、经理部（含印刷厂）、秘书室。

报纸创刊初期发行量为1.2万份，后来最高发行量达到7万份。报纸直接发行到基层工厂班组、农村村屯，成为广大基层干部和人民群众的知心朋友。

《辽西日报》在五年多的实践中，生动而真实地记录了辽西人民在党的领导下艰苦奋斗、发展生产、巩固人民民主政权的令人难忘的历程。在短暂的历史时期，报纸表现了先期获得解放的辽西人民，以当家做主的高度主人翁责任感，忘我地投入恢复经济、支援前线，迎接中华人民共和国的成立，掀起大规模经济建设高潮的生动局面。

附

给辽西人民办好报纸①

——《辽西日报》发刊的话

本报和大家见面了，它是在原辽西省的《人民报》和辽北省的《辽北新报》的基础上，开始工作，为辽西人民服务的。

辽西地区，是在土改基本完成，东北全部解放以后，为了适应

① 原载于《辽西日报》1949年5月18日创刊号第一版，作者兰干亭。

经济建设任务而划定的。这个辽西地区，有丰富的工矿资源，有广大肥沃的农业区，有几百万解放了的农民。全辽西人民，在共产党领导下，以工农劳动群众和革命知识分子为基础力量，在原有的基础上恢复和发展工业、农业，进行经济建设。在这个伟大时期，本报的光荣任务，就是为经济建设服务，以争取人民解放战争在全国的最后胜利。

过去的《人民报》和《辽北新报》，在中共辽西省委和辽北省委的领导下，为人民服务，为土改和战争服务，都尽了自己应尽的力量，但也有它的缺点。那么，今后的本报，应该做怎样的努力呢?

首先，中国共产党七届二中全会指出：由于革命即将在全国胜利，全党的工作重心已经从乡村转到城市。今后辽西的工作必须坚决贯彻执行这个指示，实行这个转变；要在城市领导乡村、城乡兼顾的思想指导下，使城市工作和乡村工作，使工人和农民，使工业和农业，紧密地联系起来，积极地恢复、发展生产，进行辽西的建设。为着实现这一工作的转变，省委号召辽西全党必须从思想作风上贯彻党中央的指示，加强依靠工人阶级的思想，加强对工业和城市工作的领导，加强和提高无产阶级组织性、纪律性，加强思想上、政治上、组织上的统一集中，坚决彻底地克服一切分散主义、地方主义、游击主义和经验主义作风。因此，本报首先应该成为实现和指导这一工作和作风转变的工具。我们的报纸，必须在党中央、东北局和省委的统一思想下，贯彻省委在每个时期的决议指示，加强城市工业生产的报道，多反映工人阶级在生产建设中的伟大领导作用，注意对工业生产和工人运动的指导，并加强对知识分子和其他城市工作的报道和指导。

另一方面，辽西还有广大的农业地区，与农业生产的发展，又和工业生产的发展，有十分密切的关系；广大农民，在生产建设和解放战争中，同样是最重要最伟大的力量；再加上当前是春耕农忙季节，所以，对农村工作的报道和指导，在目前和以后，也是绝对不可以忽视的。在我们工作的指导中，必须经常注意批判各种思想上和工作上的偏差。

其次，既然要为经济建设和战争服务，就必须把我们党的政策，广泛地宣传到群众中去，因此，我们的报纸，必须是群众化的、通俗化的。这就是说，我们的报纸，要根据群众的需要和水平去办；它的内容，必须使广大多数初级干部和工人、农民也能接受；它的文字，要能念上口，听得懂；新闻通讯，必须真实生动；言论指导，必须切实有用；讲解道理，应该深入浅出；编排标题，都要简单明了。

第三，既然是人民的报纸，就必须密切联系群众。它不仅应当反映劳动人民的呼声和要求，而且要实际给群众办事，开展社会服务的工作。报纸的记者，要经常深入到群众中去，保持和群众的直接接触，听取群众的意见。另一方面，必须贯彻"全党办报，大家办报"的方针，取得各级党政机关，首先是各级党委的帮助，积极开展通讯工作，发展和培养通讯员，建立群众性的通讯网，作为报纸联系全省人民的基础。

第四，既然是贯彻党的领导，执行党的政策，为人民服务的报纸，就要很好掌握和充分运用批评和自我批评的武器，本着共产党的严肃立场和正确原则，向骄傲自满、松懈疲沓、破坏政策、腐化堕落、忽视群众利益的现象，向无组织无纪律现象，向一切可能产生的不正确倾向，作坚决不疲倦的斗争。只有这样，才能保证方针政策的正确贯彻，保证辽西经济建设的胜利进行。

希望辽西人民，全体干部，广大读者，关心自己的报纸，随时对报纸提出意见和批评，监督我们前进！

2. 中共辽东省委机关报《辽东大众》创刊

1949年春，东北全部解放后，为了加强统一领导，支援大军南下，争取早日解放全中国。根据形势发展需要，中共安东省委、辽南省委、辽北省

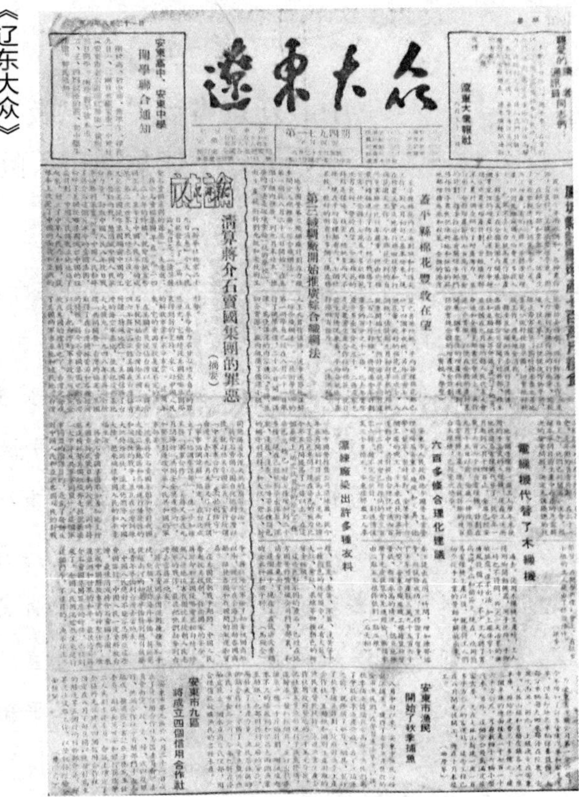

遼東大众

安東各中、安東中學
開學聯合通知

遼東大衆報社

社論
清算蔣介石賣國集團的罪惡
（摘錄）

蓋平縣棉花豐收在望

六百多條合理化建議

安東市九區
將成立四個信用合作社

安東市漁民
開始了秋季捕魚

《辽东大众》

委同时撤销，统一成立中共辽东省委，中共中央政治局委员张闻天任中共辽东省委书记（1949年5月至1950年2月）。原有的《安东日报》《辽南日报》《辽北新报》随之停刊。1949年5月23日，中共辽东省委机关报《辽东大众》创刊，当年8月1日改为日刊。报纸终刊于1954年8月31日。

1949年5月20日，《中共辽东省委关于出版〈辽东大众〉和〈辽东通讯〉的通知》，明确了省委党报的办报宗旨及服务对象等相关要求。《辽东大众》创刊号刊登了这一文件。

附

中共辽东省委关于出版《辽东大众》和《辽东通讯》的通知

从目前情况出发，考虑到报纸的实际指导作用，特决定《安东日报》停刊，出版《辽东大众》及《辽东通讯》。有关《辽东大众》及《辽东通讯》的出版、通讯等问题决定如下：

一、《辽东大众》为通俗性的地方性党报，四开四版，二日刊，逐步改为日刊。他的方针是在城市领导乡村下的城乡兼顾。主要读者对象是区级以下的干部，及具有一定政治文化水平的工人、农民。他必须做到地方化，时事消息只选择极其重要的一小部分刊登，但必须紧紧掌握地方化与宣传中央与东北局路线政策的一致性。他必须从读者对象现有水平出发，考虑到他们的接受程度，文字上必须做到通俗化。在编辑工作上必须做到精炼、系统、有重点、有计划地报道。不能因过分强调照顾通讯员的积极性而滥登稿件。

二、《辽东通讯》为党内刊物，十六开本，活页，主要读者对象是县以上的干部及少数区委级干部。出版《辽东通讯》的目的是用以代替原安东省委员会所出版的党内刊物《安东通讯》，更及时地介绍情况，交流经验，统一思想，指导工作。为了加强《辽东通讯》的编辑工作，特组成《辽东通讯》编辑委员会。

三、办好《辽东大众》是辽东全党的事情，因此首先必须加强通讯工作，特别是财经机关、工厂企业及各市委、县委、工会、青年团的负责党员干部，必须积极加强对通讯工作的领导。已经建立起通讯组织的财经机关、工厂、市、县等，应根据《辽东大众》的任务，有重点地组织稿件，加强和《辽东大众》的联系；没有建立起通讯组织的财经机构、工厂、市、县等，应抓紧组织和整理通讯工作，并和《辽东大众》取得密切联系，争取逐步地建立起通讯组织（通讯组、中心通讯组、通讯社等）。原《安东日报》《辽宁日报》《辽北新报》《安东市工人报》的通讯员，仍为《辽东大众》通讯员，应当继续积极写稿。各级工会可配合行政领导，组织广大工人群众为《辽东大众》写稿。各市、县党委委员、财经机关、工厂企业、工会、青年团等主要领导干部，应成为《辽东通讯》的通讯员，有责任为《辽东通讯》写稿。

其次，为了更好地发挥《辽东大众》的指导作用，组织读报工作必须引起足够的重视。各财经部门、各工厂以及党的委员会，工会、青年团应在结合生产（不妨害生产）的原则下，有重点地组织工人、农民的读报组（和通讯员结合起来），吸取经验，逐步推广。

最后，为了及时改进报纸工作，每个党员都有责任随时搜集读者反映，告诉报社，报社应细心分析读者每一条哪怕是细小的意见，作为改进报纸的参考和依据。此外报社并应通过座谈会等形式举行定期的读者调查，了解读者需要及报纸的缺点。

四、办好《辽东大众》及《辽东通讯》，是一件繁重艰巨的工作，希望全党及报社编委的全体同志共同努力。

中国共产党辽东省委员会

一九四九年五月二十日

《辽东大众》报的名字，包含着“大众”两个字，这其中的来历是，报社的主要骨干都来自于山东“大众”报系。抗战胜利后，按照党中央的战略部署，党组织先后于1945年9月、10月和1946年初，从山东《大众日报》和胶东《大众报》等，抽调三批新闻干部，渡海奔赴安东市（现在的丹东市），开创辽东地区的新闻事业。刘敬之、陈楚、邢路、郭允贤、姜丕之、江村、张帆等知名新闻领导干部，都是那个时期进入辽东地区开展工作的。这些优秀的革命老区新闻工作者，传承了党报的优良传统，为《辽东大众》注入了红色的基因，为辽宁地区新闻事业的发展奉献了青春和才智。

《辽东大众》的前身《辽东日报》曾经办过两期新闻干校，为我党培养了162名新闻干部。第一期为80名，第二期为82名。东北全部解放之后，

《辽东大众》，先后调出200多名干部，分赴全国十几个省市。因此，《辽东大众》被称为新闻干部的摇篮。

随着《辽东大众》的迅速发展，从1951年到1954年，先后有四批70多名新同志进入报社工作。这些新生力量，也可以叫作“第三期新闻学校”的学员。1951年，《辽东大众》曾刊登过“招生启事”，计划开办第三期新闻学校，由于种种原因没能办成，却借此吸收了十多位不到20岁的年轻新同志。此后，编辑部又从各市委、县委通讯干事中，选拔了十多名年轻同志，进入编辑部直接任编辑、记者。这些同志都有实际工作经验，也有新闻业务能力，在编辑部工作很努力，经过多年的培养锻炼，后来都担任了新闻工作的重要职务。后来创刊的《丹东日报》，就有解冰、李兴文先后任总编辑，丁立身后来担任了营口日报社总编辑。张雪峰担任了吉林人民出版社社长。实践证明，从通讯干部中择优选拔新闻干部，是很好的途径。

中共中央政治局委员张闻天从1949年5月到1950年2月任辽东省委书记。张闻天重视报纸宣传，关心办报工作，报纸创刊，就是他主张办4开4版的小报，并提出报纸要讲地方化、通俗化，提倡全党办报，要求报纸文章要短。张闻天常找社长刘敬之谈党报如何交流经验，还亲自动笔为报纸撰写社论和社评。

《辽东大众》在报道内容上有两个方面的特点。报纸创刊初期，以抓经济、抓生产为重，后期以抗美援朝为重。报纸坚持“全党办报，群众办报”的优良传统，主要有三点：一是坚持党的原则。辽东大众社社长刘敬之，一再阐明，党报工作人员，从开始做新闻工作起，就必须牢记，最要紧的是首先坚持党性这一根本原则。不论任何人办报，也不论哪个年月，这一条始终都是最为重要的原则，这是党报的性质决定的。党报是党的喉舌，要发挥好党报应有的作用，就必须把党报放在党的绝对领导之下。二是坚持全党办报。要紧紧依靠各级党组织，依靠广大通讯员队伍，坚持办报要走群众路线，就是贯彻正确的全党办报的方针。三是坚持编辑记者勤奋工作，刻苦学习，勇于创新和进取。《辽东大众》的这些优良传统，对后来年轻的新闻工作者，产生了良好的影响。

《辽东大众》的通联工作，保持着“全党办报、群众办报”的传统。从领导到每个同志，都十分重视这项工作。新同志一踏入报社的大门，老同志给上的第一课，就是讲我党的办报方针，具体指导如何做好报纸的群众工作。让年轻的同志明白，重视不重视、做不做群众工作，是区别无产阶级与资产阶级报纸的重要标志。在新中国成立后的短暂时期，报社就培养、联系了一大批通讯员，为办好党报提供了广泛的群众基础。报社分批聘请各工厂、各区、各工矿企业部门的主要负责同志为报社的基干通讯员，是一个建树。基干通讯员在反映各部门工作情况、交流工作经验、充实报纸内容上，都发挥了很大的作用。抗美援朝期间，在美机连续轰炸、交通不便、记者采访困难的情况下，《辽东大众》报的日常来稿仍然不断，保证了党报的正常出版。

报社重视发行工作，在中共辽东省委的支持下，报纸发行面拓展得很宽，包括辽南、辽东、辽北，占了大半个南满。《辽东大众》反映了当时这些地区在新中国成立初期社会政治、经济、文化生活情况。

1954年，辽东、辽西两省合并，设置辽宁省，《辽东大众》完成了自己的历史使命而停刊。它的全部资产及部分编采人员、行政管理人员和工厂的工人，则留给了刚刚创办的《安东市报》。

辽东大众报社历任社长、总编辑：

社长刘敬之（1949.5.23—1952）

社长章欣潮（1952—1953）

社长石光（1953—1954.8.31）

副总编辑、总编辑郭允贤（女，1949—1952）

副总编辑俞质明（1951）

总编辑江村（1952—1954.8.31）

副总编辑刘丹华（1953—1954.8.31）

[**报人小传**] 刘敬之，奉天安东（今辽宁丹东）人，1939年加入中国共产党。曾任胶东大众报社编辑部副部长、山东大众日报社通讯部副部长、辽东大众报社社长、吉林日报社总编辑、中共中央

东北局宣传部副部长、新华通讯社副社长、中共吉林省委书记、吉林省第五届政协主席。

［**报人小传**］江村，原名隗乐德，又名魏若愚，笔名若愚。1921 年 11 月出生于山东省章丘县（今章丘市）水寨镇水北村。1940 年 3 月参加革命，同年加入中国共产党。曾任中共长山县抗日民主政府秘书、《群众报》记者，在《大众日报》先后任校对、助理编辑、记者，山东“抗大”学员。曾在沂蒙地区的几次战斗中表现英勇，获“战斗英雄”称号。1949 年后任《辽东大众》报总编室主任。新中国成立后，江村逐步走上党报的领导岗位。1951 年 8 月，出任辽东大众报社总编辑。之后，历任哈尔滨日报社总编辑、黑龙江日报社总编辑。

第三节　各市地纷纷创办党报，劳动者成新报纸主角

新中国成立前后，在轰轰烈烈的国民经济恢复浪潮中，辽宁报业生机勃发，各市党报如春芽破土而出。

1949 年，堪称各市地党报创刊元年。辽宁地区重点工业城市纷纷创办党报，新创刊的报纸都体现了劳动者当家做主、满怀激情恢复工业生产、建设新城市、建设新家园的主题，辽宁报业呈现出雨后春笋般蓬勃发展的新气象。

市一级党报主要在工业城市和省会城市，报纸的名称体现了国民经济恢复时期的鲜明特点，工人是报纸的主要服务对象也很明确。

1. 沈阳特别市工委机关报《工人报》创刊

1948年11月3日，沈阳特别市军事管制委员会成立，中共中央东北局副书记陈云兼任主任，伍修权、陶铸任副主任。成立了沈阳特别市工作委员会，简称沈阳市工委，陶铸任书记。

1948年12月20日，沈阳城解放的战火硝烟刚刚散去，沈阳特别市工委机关报《工人报》创刊了。《工人报》由沈阳市工委与东北职工总会合办，"工人报"三个字是沈阳特别市工作委员会书记陶铸题写的。第一版《工人报发刊词》由通讯采编部主任刘黑枷执笔撰写。

发刊词指出："东北已经全部解放，东北人民的任务是恢复与发展生产，支援关内，打倒蒋介石解放全中国。沈阳是工业城市，沈阳人民的任务是恢复与发展生产，把工业办好，解放区就能富强，蒋介石垮台就更快，新民主主义自由幸福的生活，也就会早些到来。""《工人报》要成为工人的喉舌，还要着重反映职工本身的各种问题，如像职工团结、组织、学习、娱乐、生活各方面的动态，才能与工人建立密切的联系，这就靠办报写稿的人，深入工人生活，更靠职工自己关心爱护报纸，大家写稿，不断提意见，一边办，一边改正毛病，充实内容，这样，我们的报纸就能办好。"

报纸为4开小报，用新闻纸印刷，每期出4版。

12月19日，《工人报》创刊的头一天晚上，陶铸再次来到工厂。仔细看了4块版的报样后才放心离开。1949年1月陶铸奉命去接受新任务，临走前嘱托《工人报》的同志们："报纸已经办起来了，很不错，但真想办好，路还很长。"

《工人报》于1948年12月27、28日，连续两天在《东北日报》第一版报耳刊登启事：

本报社为发展工业生产报道情况，及帮助工人同志学习起见，已由12月20日发刊工人报，三日刊（暂定），凡公、私企业工厂、机关、团体欲订阅本报者，可按下列手续办理。①本报初创，暂出三日刊，为优待机关、团体、工厂订阅，特赠三期，自明年一月一日起，一律收费订阅。②本报定价，每期每份本币五百元，每月五千元。③本报发行已委托本市邮局专卖办理，敬希各订户向临近邮局直接订阅。

工人报社

经理部营业科（二）七〇一八

邮局发行股（二）一九一九

报纸创刊到1949年2月9日为三日刊，2月10日至6月30日为两日刊，7月1日至12月17日为周6刊，每周日休息无报。改出日刊后，报纸不套红，日发行量为14500余份，后增加到18760份。版式以繁体文字竖排为主，也有少量的横排文字。版面活泼，栏目多，报花多，插图多，但图片极少。稿件特点是文章短、标题短，单行标题少。标题字以宋体为主，也有手写体。报纸的消息用“本报讯”开头，稿件不署名，只有副刊版的文章才署名。

沈阳市特工委任命宣传部副部长李都兼任社长，副社长叶克，总编辑陈舜瑶，在陈舜瑶未到职前，由宋平负总编辑责任。

1949年2月李都社长调出，陈舜瑶与宋平调北京工作，沈阳市特工委任命陈浚为社长兼总编辑。陈浚是抗日干部，曾经在《新华日报》华北版、太行版及《晋鲁豫日报》工作过，有丰富的办报经验。

《工人报》诞生在解放战争中我党夺取的第一座工业大城市，以“工人”命名的报纸在解放区是第一份。这份报不仅改变了党报面向的读者对象，不再是以党员干部和农村读者为主，还在报道内容和范围上，有了崭新的拓展，是具有里程碑意义的创举。

1949年12月13日，中共沈阳市委做出了关于《〈工人报〉改刊〈沈阳日报〉的决定》。《工人报》在创刊一周年之际终刊，共出版231期。《工人报》更名为《沈阳日报》，使其由主要面向以工人为宣传对象的报纸，变为面向沈阳全市人民的市委机关报。

《沈阳日报》创刊号报头是沈阳市委书记黄欧东的题字，报纸刊发了800字的《改刊的话》，强调了《工人报》改为《沈阳日报》的重大意义。创刊号头题是毛泽东到苏联访问会见斯大林的消息，毛泽东和斯大林的照片置于版面中上的位置，非常醒目。二题是《沈阳市青年团首次团代会开幕》，报纸还刊发了沈阳市人民政府朱其文市长的题词手迹：“紧紧地结合经济建设高潮的开展，认真贯彻地方化、群众化、通俗化的精神，更好地为人民服务！”报纸上还刊载了《东北文代会选举产生东北文联》等消息内容。《沈阳日报》诞生后，在全市引起很大的反响。

1950 年 2 月，陈浚调到东北总工会主办的《劳动报》任总编辑。3 月 24 日，沈阳市委任命叶克为沈阳日报社社长兼总编辑，从市委宣传部调秘书白非到报社任副社长，主管行政工作。任命刘黑枷为副总编辑。同年 8 月 23 日，沈阳市总工会原主席，任中共沈阳市委宣传部副部长的徐志兼任社长、总编辑职务。

2. 中共旅大区党委（后改称市委）机关报《旅大人民日报》创刊

《旅大人民日报》的前身是《大连日报》。随着中共旅大地区的地方组织公开,《大连日报》与关东公署的机关报合并，1949 年 4 月 1 日,《大连日报》以《旅大人民日报》的新名称，公开以中共旅大区党委（后改称市委）机关报的崭新面貌，出现在大连人民面前。《旅大人民日报》4 开 4 版套红印刷。

新中国的诞生，大连市经历了由苏军军事管制到我党公开独立执政的转变过程，工作重心也由支援解放战争转移到发展生产上来。

《旅大人民日报》报头很特殊，“旅大”两个字是小字号，“人民日报”是毛泽东手书。报纸紧密配合全国解放的形势，大张旗鼓地宣传全国性运动和重大事件，以极大的热情报道新中国的成立，把经济报道作为经常性的报道中心，宣传社会主义改造的历史进程，加强党的生活和上层建筑领域的宣传，并把宣传苏联作为经常性的报道内容，这都是历史条件决定的。

报社发生的重要变化是从社长负责制，改变为总编辑负责制。机构的变革主要是减少层次，分工细密。这一时期报社的干部队伍呈现两个特点，一个是老解放区来的老同志陆续调离，本地干部占到多数，一个是编采队伍形成规模，有较大的增加。

1949 年，旅大区党委宣传部副部长康敏庄任报社社长，副社长吴善昌，副社长兼总编辑陈颖，副总编辑沈西牧、吴雪溪。这几位都是解放区来的老同志。1951 年初到 1952 年初，报社主要领导相继调离。市委任命宣传部副部长邹问轩兼任报社社长，陆毅任副社长，主持报社日常工作。陆毅是河南固始县人，1938 年参加革命，抗日战争和解放战争时期，曾任《淮南大众》总编辑、新华社山东总分社编辑等职，他到旅大人民日报社之前，是中共旅大市委办公室副主任。陆毅先后担任旅大人民日报社总编辑近 10 年，是报社历史上第一位实行总编辑负责制的总编辑，也是报社历史上任职时间最长的一位主要负责人。报社推行企业化管理，通过发行、广告、出售合订本等收入，实现了自给有余。报社建立了自己的发行系统，并组织报童上街卖报，发行工作迅速开展起来，报纸 1949 年的月平均发行量即达到 5.53 万份，是新中国成立初期东北地区发行量最大的报纸之一，也是市级党报中唯一对开 4 版的大报。

3. 中共鞍山市委机关报《工人生活》创刊

1949 年 2 月 7 日，《工人生活》创刊之时，正是中国工人阶级“二七”大罢工 16 周年的纪念日。报纸选在这一天创刊，具有非凡的纪念意义。正如报纸创刊号刊登的两条口号表明的那样：“纪念‘二七’，要继承‘二七’时代工人阶级伟大的团结奋斗精神，开展大生产运动！纪念‘二七’，全体职工要发扬新的主人翁的劳动态度，迅速恢复鞍钢，尽早地进行生产！”报纸在发刊词中庄严地宣告了报纸的性质、办报宗旨和努力方向，就是要继承和发扬工人阶级的优良传统和团结奋斗的精神，建设新鞍山，报纸要面向工人阶级，为工人服务。报头为鞍山市委宣传部部长赵君哲所题。

报纸在一版显著位置、大字号标题报道了鞍山市委召开干部扩大会议，对年前 20 天的献交器材运动进行总结的消息。消息表明，全市共献交器材 21 万件。这期报纸还以《向他们学习，向他们看齐，发挥创造性，建设新鞍山》为总标题，分别报道了鞍山邮电局机械股、鞍山铁路局机务段等单位职工搞技术革新，取得显著成果的事迹。创刊号共刊发稿件 21 篇，包括消息、诗歌、署名文章等，集中反映了工人的生产实践活动。

鞍山市委为了创办《工人生活》，成立了以市委书记杨春茂为首的党报委员会，由市委宣传部副部长兼报社社长邢路、报社总编辑杨力行和印刷厂厂长张革组成报社社务委员会。社委会下设编辑组、通联组、印刷厂。报纸为4开4版，三日刊，首期印刷2000份，前五期为免费赠阅。第六期开始委托邮局发行到鞍钢和市内的三个区。36期之后，报纸不定期出刊，有时双日刊，有时周三或周五刊。版面也有时出2版，有时出4版。自1953年3月1日起，报纸改出周6刊，以后发行扩展到辽阳、海城地区，平均每期发行1.3万份。

20世纪50年代，鞍钢进入大恢复、大发展时期。鞍山《工人生活》把宣传报道的重点放在鞍钢恢复生产和三大工程建设上。当时，报纸每期都在报道鞍钢的生产和建设情况，突出报道了一批功臣和劳模。其中，对老英雄孟泰和“走在时间前面的人”王崇伦，宣传时间最长、力度最大、影响最广，他们从此由鞍山走向全国，成为全国人民学习的楷模。他们的光辉业绩和优秀品格被编进课本，搬上舞台，影响了我国几代人。孟泰、王崇伦事迹的成功报道和典型的树立，已成为鞍山《工人生活》报典型宣传的经典，为日后宣传报道积累了宝贵的经验。

4. 中共抚顺市委以市总工会的名义创刊《抚顺工人》

1948年10月31日抚顺市重获解放。中共抚顺市委组建后，于1949年1月1日，在抚顺市委的领导下，以市总工会的名义，创办了一张以煤矿工人为主要对象的《抚顺工人》。报纸4开4版，不定期出刊。第一期报纸在第一版发表了《把自己的报纸办好》的社论，提出《抚顺工人》是“替工人说话，让工人自己说话”的报纸。《抚顺工人》创刊后，紧紧围绕党的中心工作，宣传党的方针政策，报道了工人阶级为恢复生产进行的忘我劳动，在献纳器材、民主改革、生产竞赛、创新纪录运动、加强安全生产和劳动纪律教育等方面，展现了获得解放的矿区职工当家做主的崭新风貌。

副社长于占鳌回忆，当时报社按照市委的要求，积极组织通讯员队伍，搞好群众工作，提倡编辑记者与工人、通讯员交知心朋友。在报纸创刊一周年的时候，报社已经组织了700多名的通讯员队伍，常年坚持写稿的有200多名，全年来稿4000多篇，报纸上发表了1500多篇。工人通讯员成为新闻战线的生力军，有力地支持了报纸的出版。

1950年9月1日，《抚顺工人》更名为《新抚顺报》，并确定该报为市委机关报，报纸发行量由4000份增长到7000份。1951年1月1日市委又决定报纸更名为《抚顺日报》。同年9月21日，报纸改出隔日刊。1952年4月2日，报社从沈阳东方制版所购进第一台锌版照相机，报社可以用自己制作的锌版印发照片。1954年，报社添置了一台高速轮转印刷机，报纸印刷质量有了很大提高。12月14日，抚顺市委决定《抚顺日报》从1955年元旦起，改出周6刊，并将原报头改换为毛泽东的手写体。

5. 本溪煤铁公司党委创办《职工生活》

1948年10月30日本溪解放，开始了人民当家做主的新生活。当时的本溪市，工厂全部停产，工人几乎家家断炊，城区满目疮痍，一片凋零景象。为了及时地宣传和鼓励职工的生产干劲，发挥舆论的重大作用，本溪煤铁公司党委于1948年12月24日创办了《职工生活》。公司人事处宣传股股长张教浩为报纸具体负责人，公司代经理许言为主管领导。办报地点就是公司大白楼内。

当时，本溪市由东北行政委员会直辖管理，全市只有13万人，其中产业工人2万人。最初的《职工生活》是用铁笔在蜡纸上刻写，然后油印的4开2版的小报，报面文字竖排，内容多是公司生产情况和先进工人的模范事迹。报纸初创时期，不定期出刊，油印的报纸每期只由公司发行250份，远远不能满足当时职工群众的需求。1949年3月30日，报纸从出刊12期开始，改为铅字印刷。这期报纸2块版全部用红油印刷，报头是横排的特大号魏碑体“职工生活”四个字，在报头下印有二号字的“本溪”两个字。在报耳右上角注明了“编印单位：职工生活报社”。这时的报社，内部仅有五六个人，报纸虽然铅印了，或五日或一周出一期报，宣传效果不大，但是为以后的发展打下了基础。

1949年6月7日，本溪市委接管了《职工生活》，报纸由企业报变成全市性质的市委机关报。市委派胡苏光、朱诚、许言、赖汉英、韦寒等同志为《职工生活》报委会成员，实行社长负责制。同年7月，报社建立了党支部。这时的职工生活报社，人员增加到 14 人，初步分工为编辑、通联、发行、总务四个股，还有了一个小资料室。报委会决定报纸为 4 开 4 版，每周双刊（三日刊），并确定了编、采、发行都以本市工人阶级为主的办报方针。10 月 26 日，《职工生活》第 72 期，正式更名为《工人报》，报纸由原来的三日刊改为双日刊。新更名的《工人报》，在报耳位置将原来的“职工生活报社”，更改为“本溪工人报社”。报头是用毛泽东手写字体拼成的，每份报纸定价为旧币制 1000 元。

20 世纪 50 年代初，本溪市在中国共产党的领导下，国民经济有了较快的发展。据 1952 年末统计，市内人口实现了翻番，达到 24 万人，有 6 个一定规模的国有企业，另有地方国营厂矿 18 个。在全市企业中，本溪煤铁公司（本溪钢铁公司的前身）规模最大。本溪《工人报》这一时期内容以工业建设和厂矿职工生活为主。改刊后的《工人报》受到中共本溪市委的重视，1950 年 3 月，本溪市委作出《关于加强〈工人报〉的决定》，特别强调全市各级党组织要高度重视《工人报》的宣传报道工作，要切实加强通讯组织建设，培养通讯员，扩大报道范围，丰富报道内容，充分发挥党在恢复经济建设和完成新民主主义革命历史任务中的领导作用。通过舆论工具，团结、教育、鼓舞人民，打击敌人，更好地完成党中央交给本溪人民的重大工业生产任务。

由于市委加强了领导，报社的工作得到各级党组织的大力支持，报纸的报道质量、编辑技术、版面设计、校对工作都有了较大的提高。尽管印刷条件没有多大改变，但报纸增加了可读性。报纸从 1950 年 7 月 6 日开始，发行交给本溪邮电局，发行量成倍增加，达到了 4200 份。1951 年元旦，本溪《工人报》终于有了自己的印刷厂。

6. 阜新矿区党委机关报《阜新矿工》创刊

1948 年 3 月 18 日阜新获得解放，是当时东北解放区仅有的几个重要煤炭基地之一。《阜新矿工》是在阜新市委书记丁丹、宣传部部长李超（女）的倡导支持下，于 1948 年 11 月 7 日创刊的，报纸的报头和《发刊词》都出自市委书记丁丹之手。由于条件限制，报纸创刊时为 4 开 2 版的油印小报，出版者为“阜新矿工编委会”，报纸不定期出版，两个月出刊了 8 期。1949 年

1月，阜新矿区党委成立后，报纸成为矿区党委机关报。办报目的是“为了使广大矿工了解当时的形势和任务，矿工们更好地互相学习、交流经验、统一行动、指导工作”。报纸主要刊登本市及矿区内新闻，用较多篇幅报道了矿山生产自救、创造新纪录运动的先进典型，突出宣传了矿区特等劳动模范刘献廷两次改造洗煤机获得成功，将选煤能力从20万吨提高到百万吨的先进事迹。报纸还设立了“天下大事”“读者来信”“煤矿技术讲座”“读报顾问”“学文化”“俱乐部”等专栏。《读报顾问》设有“这期报纸怎么读？”“读报测验”等，帮助工人学习时事政治。在《学文化》专栏，刊登简单的“工人识字课本”，一些生字还旁注拼音字母。这种做法长年坚持，受到工人欢迎。

1949年4月24日起，报纸由油印、石印改为铅印，报纸委托矿务局印刷所印刷。6月23日由4开2版改为4开4版。报纸扩版后，出版密度下降为每月出两期甚至一期报。如1949年9月，只在29日出版了一期报纸，报道了全国人民政协隆重开幕的消息。当时报社的编采人员只有几个人，由宣传部部长李超直接领导一手操办，具体编辑工作则交给刚刚参加革命工作的赵鲁负责。李超1933年15岁参加革命，1934年在北京和天津地下市委工作时，办过我党的秘密刊物《火线》和《火线青年》，有编辑报纸的经历。报纸创刊初期一些不署名的文章，都是李超写的。在召开全市第一届职工代表大会时，李超不仅在会上作报告，还写了一篇《论工会工作》的重要文章。初期，报纸印刷几千份，全部为赠送，主要发行到矿务局所属厂矿、坑口、车间，是工人班前学习的必读材料。1950年11月7日，《阜新矿工》由不定期出刊改为隔日刊，逢双日出版。后又改为周3刊。之后，报纸不再赠送，改为订阅，每月定价2万元（东北流通券）。

1952年，阜新重新成立了中共阜新市委，7月1日，阜新市委决定将《阜新矿工》更名为《阜新工人报》，作为阜新市委机关报。

《阜新工人报》把第一个五年计划的重点工程作为报道重点，在第一版设有《本市新闻》和《建设中的阜新》栏目，报道第一个五年计划中阜新的生产建设形势，宣传职工群众忘我的建设热情。其中海州露天矿、阜新发电厂、平安竖井（五龙矿）、新丘竖井（兴隆矿）的建设和投入生产，报纸都作了连续报道，还宣传了建设中涌现的一大批先进人物和技术革新能手。这一时期，报纸配合市委中心工作，重点稿件都配发社论和短评，还在第二版开辟了“大家讨论”专栏，评论职工中存在的各种思想问题，比如员工救济问题等。

7. 中共安东市委机关报《工人报》的创刊与停刊

1947 年 12 月 23 日，中共安东市委机关报《工人报》创刊，历时一年零五个月，共出刊 140 期，于 1949 年 5 月 25 日停刊。报纸创刊时版面为 4 开，出 2 个版，为五日刊。从 1948 年 11 月 13 日第 80 期起改为三日刊，以后又改为双日刊，有时增加到 6 版、8 版并套色出版。报纸刊头开始竖排在第一版右上角，从 1949 年 2 月 8 日第 106 期改为横排在第一版中心上方。报纸发行量由开始的 700 份到终刊时的 5000 份。读者除本市各工厂、商店、街道、机关、学校外，还发行到东北的一些城市以至内蒙古的王爷庙和山东博山等地。报纸创刊初期，直接由市委宣传部办报。不久，在安东省委的支持下，调任省报（安东省委机关报）的办报骨干到报社任编辑部主任，还从宣传部、文教队、街道、工厂等部门调任了一批干部，充实编采队伍。

报纸第一版为要闻版，第二、三版主要反映工人的生活和学习情况，还刊登了工人通讯员报道组活动的消息。为配合公开整党建党工作，除报道新闻消息外，报纸还连续发表了 30 期中共党章教材。报纸第四版为副刊、专版，刊登工人写的诗歌、故事、歌曲、漫画、连环画、谜语、组字画等，版面活泼可爱，受到读者欢迎。

1949 年当年创刊的还有《铁路工人报》《职工报》《锦铁消息》。

第四节　军报、专业报、企业报的创刊

1.《前进报》在军报中独领风骚

《前进报》是东北军区的机关报（后为中国人民解放军沈阳军区党委机关报），创刊于 1949 年 3 月 10 日，其前身是东北民主联军的《自卫报》。报

纸初创刊时，名称为《前进》，是依据毛泽东“军队向前进，生产长一寸，加强纪律性，革命无不胜”这一指示精神而定名的。报头“前进”二字选用了毛泽东的手迹。

东北解放，四野主力挥师南下，投入解放全中国的大进军。此时，新组建的东北军区下属还有各省军区、几个独立师、军队院校和后勤医院、仓库等单位。1949年初，东北军区的战略地位十分重要，部队肩负着保卫边防、海防，保卫新解放的大城市和军事设施、交通要道，以及支援前线的重要任务。在毛泽东发出了“军队向前进”的伟大号召后，军区党委决定出版《前进报》，利用舆论工具更加迅速有效地传达党中央的指示精神，统一部队思想，推动部队各项工作。

2月5日，东北军区政治部作出关于出版《前进》报的决定，明确规定，《前进》报是东北军区的机关报，主要任务是宣传党的方针政策，交流工作经验，指导部队工作，为提高部队战斗力服务。读者对象是连以上干部，开始每周出版一期，每期为4开2版。为加强对报纸的领导，决定由军区司令部、政治部和报社的领导同志组成党报委员会。在政治部副主任周桓的直接领导下，由田野和任允中负责报纸的具体筹办工作。后来任允中任报社社长、牛君仰任总编辑。

经过一个多月的筹划，1949年3月10日，《前进》报正式出版，创刊号在第一版显著位置刊登了毛主席向全党全军发出号召的题字。同时，在第一版发表各部队按照军区党委的部署，开展政治整训，加强组织纪律性的消息。还有《创刊的话》和《目前报道中心提示》等稿件。

初创时期，《前进》报每期发行3万份，最高时，发行到14万份，报纸在全军发行，军区部队订阅到班。版面安排上，第一版为要闻版，刊登反映部队和后备力量的新成就、新经验和指战员的新风貌，反映军政军民关系新发展的消息、通讯、评论等；第二版为工作指导版，及时反映和指导军事、政治、后勤、抓基层等部队主要工作；第三、四版为专刊，设“党的生活”“读者来信”“时事”“前进青年”“战士画报”等专版。

《前进》报从创刊起始，宣传报道有一个显著特点，就是紧紧围绕部队进行的各项工作、执行的各项任务，通过评论、消息、通讯、特写等多种宣传方式，密切联系实际，有力地推动党中央、中央军委指示精神和军区党委的工作部署在部队的贯彻落实。另一个特点是把政治思想建设摆在宣传报道工作的首位。根据中央七届二中全会精神，针对革命胜利后容易滋生骄傲自满、纪律松懈、斗志涣散的现象，《前进》报用了大量的篇幅在显著的位置，连续报道部队反骄破满、进行政治整训的消息和经验，教育指战员牢固树立“我军永远是一支战斗队”的思想，把革命进行到底。对个别出现的思想涣散、纪律松懈的现象，报纸提出公开批评，要求坚决纠正，发挥了报纸推动工作的威力。

报纸还把军事训练作为宣传报道的重要内容，通过先进典型的报道，动员部队掀起练兵的热潮。配合部队执行任务，及时发表评论，《练好二线兵团，大力支援前线》《加强东北民兵工作，建设强大的人民武装》等言论，联系实际，有针对性地提出问题，开出解决问题的“药方”，收到很好的报道效果。

创刊初期，报社人手很少，办报经验不足。随着报社业务的逐步扩大，《前进》报先后增加了“战士版”和“画报专刊”，还建立了通联科。报纸也由每周一期 4 开 2 版，增加到每周出三期，4 开 4 版。据报社社长任允中回忆：当时印刷出版的条件很差，小小的印刷厂距离报社比较远，从战争中接受过来的印刷设备都老旧破烂。工厂没有暖气，只能靠一个大火炉子取暖。报社编辑在现场和工人一起排版、校对、改大样，一干就是大半夜，但没有叫苦喊累的。

报社加强年轻干部的培训，营造了浓厚的学习氛围。为了提高办报质量，年轻干部业余抓紧时间自学，还参加政治部举办的理论学习班，报社的干部每次在张榜公布的成绩单上，都名列前茅。报社还请新华社东北总社的社长和华东军区《人民前线》报社负责人到报社介绍办报经验和写作经验。报社组织学习当时部队知名记者刘白羽、魏巍、西虹等人撰写的报道，还借鉴苏联记者西蒙诺夫的写作手法，培养编采人员的业务素质。同时，报社定期征求部队干部战士对宣传报道的意见，不断改进工作。编辑记者下连队采访、搞调查研究，不论三九严寒还是三伏酷暑，任务一来，打起背包就走。有的部队驻在农村，年轻干部翻山越岭从一个连队到另一个连队，从边防到哨所，白天采访，夜晚油灯下写稿子，养成了踏实、严谨的优良传统。

在抗美援朝战争中，《前进》报记者深入前线采访，出生入死采写的稿件，被新华社、《人民日报》转发。“前进、前进、再前进”，成为报社全体人员紧张的工作节奏。报纸也像一朵带露的鲜花，在全国军报中独领风骚。

2. 省级党、团、妇、工会开始创办报纸

新中国成立前后，辽宁地区共、青、妇、工会等部门先后创办了以各自中心工作为主要内容的报纸，紧密依靠党报，成为舆论工具的补充。

《支部生活》 是由辽东大众报党的生活组承办的一份小报，为16开4版。1953年11月10日创刊，起初为10日刊，1954年1月后改为7日刊，先后出刊38期，每期发行7000份。报纸的发行对象是农村支部党员和党支部教员，并适当地照顾工矿、机关和学校的基层支部。其办报宗旨是：根据党在过渡时期总路线总任务，结合当时中心工作和党员的共产主义思想实际，向全省党员进行党的教育以提高党员的共产主义思想觉悟和支部工作水平。报纸设立的主要栏目有：宣传员讲话、小资料、经验介绍、评论、询问与解答、工作意见、三言两语、表扬、问题与解答、小故事、新人新事、记住毛主席的话、党课、小品文、批评、读者来信等。1954年8月下旬因辽东、辽西两省撤销合并而终刊。

《东北青年报》 青年团东北委员会机关报，1949年8月15日创刊，4开4版，周双刊，逢周二、五出版。报头居中，在国庆、五四青年节等重要节日时套红，右报耳为每期“读报提要”。报纸由东北日报社印刷厂印刷。报纸主要面向东北地区青年读者，开辟了青年生活、团的生活、青年修养、通俗讲话、团的问答等栏目，还在第一版设立了“祖国的东北”专栏，介绍东北各地的新闻，“国内外大事”突出了时事新闻报道，第四版为副刊，设文化宫、俱乐部、画刊等栏目。报纸多用图片活跃版面，在第三版刊登3至6幅连环画，连载先进人物、优秀青年的事迹。如《多刀切削能手石玉才》《青年团员郝建秀》《苏长有创造先进砌砖法的故事》《优秀采购员李金芳》《爱护国家财富的吕俊业》等。

《辽东青年》 由青年团辽东省工作委员会（后为中国新民主主义青年团

東北青年報
號外

川境我軍掃蕩殘匪

活捉匪首宋希濂
連克劍門關劍閣

雷州半島上解放徐聞等三城

《东北青年报》

辽东省委员会）于 1949 年 8 月 4 日创办。报纸是为适应当时团组织发展的要求，加强对团员教育，进一步发挥团的先进作用而创办的。报纸的主要服务对象是全省的团员、青年和团的区、村干部，其主要任务是系统地介绍团的知识，交流工作经验，指导团的工作，结合实际进行生产常识教育。报纸内容有连续登载的团的知识问答、工厂农村团员课本、干部学习问答、工业农业生产知识介绍等。报纸创刊时为 8 开 4 版周报，1950 年初至 1954 年 8 月 30 日终刊前为 4 开 4 版，周二刊。

《辽东青年》报头为当时的团省委宣传部部长卜昭敏同志题写，报社主编吴央。辽东团省委对报纸创办非常重视，创刊号是由团省委书记杨海波等领导同志撰稿、组版、校阅后付印的。

在经济恢复时期，报纸重点报道了工矿青年创新纪录活动。在抗美援朝中，报纸及时报道了辽东广大青年积极进行和平签名、制定爱国公约、捐献飞机大炮、拥军优属、支援前线、参加军干校、参军参战、反对美帝搞细菌战的可歌可泣的事迹。同时，报纸记录了辽东青年积极参加各项社会运动，发展生产，踊跃为国家做贡献的先进事迹。同时，报纸作为团省委指导青年团工作的工具，刊发了团省委有关的会议文件，介绍了工矿企业、农村、学校团组织工作经验，反映了团组织开展重要活动的消息。报纸主要栏目有：讲座、大家谈、专题讨论、青年信箱、革命故事、专题报道、读者来信等。

《辽西妇女报》 由辽西省民主妇女联合会主办，1950 年 10 月在锦州市创刊。周报，4 开 4 版，每期印数 1 万份。报纸通过妇女组织在全省免费公开发行。报纸主要是围绕党的中心工作，向妇女宣传中国共产党的方针政策，进行时事政治教育，宣传树立妇女先进典型，反映妇女呼声，交流妇女工作经验，唤起妇女觉醒，为建设新中国、实现男女平等而努力营造舆论氛围。1954 年，辽西省妇联建制撤销前停刊。

《劳动日报》 1950 年 2 月 7 日创刊。1950 年 2 月 7 日是中国共产党领导工会“二七”运动 27 周年纪念日，东北总工会机关报《劳动日报》在这一天于沈阳创刊。报纸创刊号第一版刊发社论《纪念“二七”与东北工人阶级的任务——代发刊词》。刊登了东北区政府主席高岗给报纸的题字：“发扬工人阶级的积极性与创造性，为建设全国工业化的基地而奋斗！”报纸 4 开 4 版，报头套红。报社地址为沈阳市和平区中华路东北总工会，发行为东北各地邮局，创刊初期暂时为隔日刊。报纸零售每张一千元，月定价一万五千元，由东北日报印刷厂代印刷。

报纸二版刊登了“二七”运动的历史人物介绍和纪念文章，还刊登了东北总工会主席张维祯的题词：“劳动日报，应成为东北工人运动的指导者与组织者，经常反映工业建设、工会工作、工人生活与进行对工人教育。希望全体职工与工会工作者，爱护它，经常为它写稿，提意见，使它成为东北工人阶级的喉舌，成为推动生产运动，完成与超过国家经济建设计划的有力武器。”还刊登了东北行政委员会主席林枫的题词：“动员和组织一切能劳动的人民，以大力从事人民经济事业的恢复和发展，为全国工业化创造有利条件，并从而逐渐改善和提高人民生活，以巩固建设新东北。”在第四版刊登了以《大家出主意　商量办好报》为题的 20 位《劳动日报》沈阳通讯员座谈会记录摘要。其中东北化学制药厂王然雁说,《劳动日报》的内容应围绕工运和工人生活，不要和《东北日报》重复，少登电讯。还有的建议在发薪后扣报款，方便工人订阅报纸等。报纸第三版为“劳动俱乐部”专刊，刊登诗歌、漫画、散文、随笔、故事等作品。第一期专刊发表的诗歌《劳动日报创刊了》就是五三工厂、铁路工厂等工人的作品选登。

《劳动日报》创刊前,《东北日报》于1950年1月22日在报耳、第二版分别刊登了“订阅《劳动日报》请到东北各邮局”“东北总工会筹办《劳动日报》的通知”“东北总工会关于开展《劳动日报》通讯与发行工作的决定”“东北工人的喉舌《劳动日报》二七创刊”的预告消息，为《劳动日报》创刊做了舆论的宣传与准备。

1950年5月1日,《劳动日报》结束隔日刊的历史，开始出日报。报纸4开4版，五号字，遇重大节日或有增版。1950年10月1日，报纸增版，出8版。报纸第一版为国内、国际综合新闻版，第二版为职工生活版，第三版为劳动俱乐部专版，第四版为综合新闻版。报纸开设了工会通讯、技术讲座、职工生活、工作研究、综合、大家学习、科学常识、读者来信、劳动画刊等专栏专版。其中“技术讲座”的内容有机械技术、电气技术讲座等。

《劳动日报》对工会组织的各项重大活动给予及时报道，积极推行民主管理，密切贴近工人生活，对各厂矿在创造新纪录劳动竞赛运动、增产节约运动中涌现出的先进经验和先进人物事迹，进行了大规模的报道。尤其是对工会组织开展的向马恒昌小组学习活动，进行了为期一年的持久跟踪宣传，在第二版刊登的头题稿件有23篇，集中展现了东北各地工人阶级在东北经济建设中忘我奉献、艰苦创业、勇于牺牲的主人翁精神。

在宣传先进人物方面,《劳动日报》有所创新。在报头两侧，左侧刊登先进人物照片，右侧是百字内容的人物事迹。从1952年6月14日起，共有48位各行各业的先进人物登榜，充分发挥了鼓舞干劲、激励先进的作用。

《劳动日报》编排活泼美观，图文并茂。漫画和连环画的刊登频次很高，在报纸创刊初期，几乎每期报纸都有插图或漫画。劳动画刊有整版的照片专刊，更多的是反映工人生活的美术作品。著名的漫画家方成，当年是“劳动画刊”的重要作者。1952年9月17日，在劳动俱乐部专版里，第一期

勞動日報

現在和以前不一樣了

勞動畫刊

開展生產競賽迎接國慶

《劳动日报》

“工人画”专栏，刊登了7幅工人作品。报纸上有《劳动日报》美术组集体创作的连环画，还有高产的署名捷夫的作品。捷夫创作的插图、漫画和连环画，结合时事新闻和工人生活，笔调清新，人物写真形象生动，一个月刊出的作品高达40幅。

《劳动日报》在广告经营方面也有一定的成就，对重点客户进行了持续的宣传，其中1952年七、八两个月，沈阳百货公司销售各种商品的1/3版的广告就刊登了21期。

《劳动日报》依托工会组织进行发行，给特约通讯员以赠阅报纸的待遇。

《劳动日报》总编辑陈浚抗日战争时期加入革命队伍，1938年踏进党报的门槛，在参加筹备《新华日报（华北版）》的过程中，迅速成长为办报骨干，经历了抗日战争和解放战争的浴血考验，曾任太行新华日报社代理总编辑。他终身献身党报事业，是老解放区党报坚持党性原则和全党办报、群众办报传统的坚定执行者和传承人。他1949年2月至1950年2月，任沈阳工人报社社长、总编辑。1950年2月调任劳动日报社总编辑。

［**报人小传**］陈浚（1917—2013）浙江杭州人，1938年2月参加革命工作，同年10月加入中国共产党。历任八路军总司令部民运部干事，华北新华日报筹备处文书、科长，华北新华日报社助理编辑、编辑、编委，北方局宣传部干事，太行新华日报社代理总编辑，冀鲁豫日报社代理副社长、总编辑，牡丹江日报社社长、总编辑兼牡丹江地委宣传部部长，合江省鸡宁县委书记，东北局城工部、宣传部宣传科科长，沈阳市小西区委副书记，沈阳工人报社社长、总编辑，东北总工会劳动日报社社长、总编辑，人民日报社总编室主任、记者部主任、国际部主任、理论部主任、副总编辑，浙江日报社党委书记等职。

《职工报》 是旅大职工总会的机关报，从创刊到停刊，共有3年零3个月的时间。这份报纸的历史虽短，却处在旅大工人运动蓬勃发展时期，对推动旅大工人运动的发展，发挥了积极的作用。

旅大解放后，党加强了与旅大市20万职工群众的联系，在党报《大连日报》上开辟了“职工”专刊。随着旅大地区工业生产的迅速发展，为贯彻党的方针政策，旅大职工总会（后因成立关东公署改为关东职工总会）在全市掀起了迎接“五一”竞赛、创模立功、学文化等群众性活动和生产运动，因此，《大连日报》每周出刊一次的“职工”专刊，已经不能满足读者的需求。因此，旅大市委做出决定，批准职工总会创办为工人服务的《职工报》。

从1948年12月份开始，经过一个多月的筹备，1949年1月25日《职工报》正式创刊，报纸沿袭了《大连日报》“职工”专刊的名称。在创刊号上，中共旅大市委宣传部副部长康敏庄，职工总会秘书长、党组书记沈策等为报纸创刊撰写了文章。

《职工报》4开4版三日刊，报社的编制和经费完全归属职工总会。报纸创刊之初，社长由职工总会文教部部长金实蘧兼任，副社长由职工总会文教部副部长蒋守全兼任。1949年2月正式设编后，任正、副社长，正、副总编的有曾任、李超、任巩、吴滨。

《职工报》从创刊起，就置身于党的领导下，报纸大样要送交旅大市委书记、市委宣传部部长、职工总会党组书记及文教部领导审阅。报纸是指导旅大工人运动的宣传工具，也是职工群众的喉舌，职工的文化园地。作为职工总会的机关报，报纸具有明显的工人报的特色，凸显了指导性、群众性、通俗性的特点。

《职工报》主要报道旅大历届职工代表大会的盛况、决议；宣传总工会常委会、执委会以及劳模大会提出的中心任务、口号；开展各种群众运动，如生产竞赛运动、技术表演、经验交流、劳模事迹等。报纸贯彻“大家办报”方针，在第二版设“读者来信”专页，反映广大职工的意见和要求，替工人说话，伸张正义，批评企业领导的官僚主义作风。办报上，力求大众化、通俗化，报纸版面图文并茂，文章短小通俗。报纸的栏目有“旅顺口”、“火轮船”、“铁路工人”、“纺织工人”、“码头”、“新主人”、“青年工人”、“交通”、“建新”（军工系统）、“工人卫生”等专栏。还有专为基层黑板报提供材料的“黑板报”，以及“增产节约讲座”“连环画刊”等专栏专刊，深受职工群众的喜爱。

《职工报》注重培养工人通讯员，定期举办通讯员讲座，还从工人通讯员中重点培养选拔一批当报社的记者。1949年末到1950年，报社先后从海港、船渠、渔网厂、烟草公司，选调4位工人通讯员做工人记者。

1952年5月，因纸张紧张，旅大总工会决定《职工报》停刊，多数报社人员并入《旅大人民日报》。

《东北荣军》 于1950年2月17日创刊，东北人民政府荣军与复员事务委员会主办。报纸报头由东北人民政府副主席林枫题写。报纸4开4版，前8期为不定期出版，第9期开始为旬刊。东北解放后，战争中负伤致残的荣誉军人，集中到东北达10余万人。为了安置这些同志，中央军委成立由周恩来担任主任的荣复军人管理委员会，东北行政委员会的相应机构，先后由周桓、刘培植担任领导。当时，除动员荣军回原籍参加生产以及创办工厂、转业参加生产外，还开办荣军学校，边学习，边休养。仅1949年2月成立的齐齐哈尔荣军学校就有学员 2000 余人。

《东北荣军》向荣军农场、荣军学校、荣军疗养院等荣军部门发行，为荣复军人服务，宣传党的安置方针和政策，树立珍惜荣誉，在生产一线立新功的先进典型，反映荣军的批评建议。报纸成为政府联系荣军的纽带和桥梁，对鼓舞荣军，推进安置工作，发挥了积极的作用。报纸一版为新闻版，有“时事讲话”“工作经验”等，第二版为荣军生产版，设“作业知识”“批评与建议”“小言论”等栏目。第三版内容多是对荣校的新闻报道，设“荣军之友”“卫生常识”等栏目。第四版为副刊，有“荣校征文”“8·1 史话”“文娱活动”等内容。报纸为内部刊物，报社地址为沈阳市和平区南三马路 24 号，1951 年迁址到和平区台儿庄街 21 号。东北邮电管理局登记认为新闻纸一类。

3.《生活报》的文化特征

《生活报》由中共中央东北局宣传部主办，副部长刘芝明担任领导，宋之的为社长。编委会由宋之的、金人、华君武、沙英、王坪组成。

早期的《生活报》于 1948 年 5 月 1 日在哈尔滨创刊，为 5 日刊，由生活报社编印，光华书店发行，社址在哈尔滨市地段街 56 号。

《生活报》创刊号第一版，刊登了《创刊的话》、胡乔木撰写的连载文章《世界大势怎么变？》、华君武漫画《破伞不顶事》。第二版刊登了散文《延安的回忆》、宋之的撰写的《胶东半岛行记》。第三版刊登了王坪的文章《哈尔滨在变》。第四版刊登了推荐周立波小说《暴风骤雨》的文章等。纵览《生活报》，这份报纸带有浓郁的文化色彩。报纸设置了“时事述评”“自由谈”“地理常识”“读者顾问”等栏目，文章体例有评论、问题讨论、学习与检讨、通讯、报告、文艺散文、诗词、评介等。1948 年 11 月 6 日出版的《生活报》，第一版还套红压印标语：庆祝苏联十月革命 31 周年！庆祝沈阳解放！庆祝东北解放！并且刊登了华君武《沈阳解放》宣传画和激情洋溢的文章《胜利感言》等。

1948 年年底，中共中央东北局从哈尔滨迁到沈阳，《生活报》也随之迁往。1949 年 1 月 16 日，《生活报》在沈阳复刊，出版了第 45 期报纸，由东北书店发行，社址设在和平区中正路（现今民主路）94 号。

复刊的《生活报》，第一版刊登了《复刊的话》、时事述评《美帝政策的新失败》、华君武的一组漫画《和平计划图解》等。第二版刊登了自由谈《小谈“变了”》《第一个被俘的头等战犯》等文章。第三版设立了“读者服务”栏目，刊登了《人民的大学——东大》等文章。第四版刊登了小说、散文、诗歌等。

《生活报》上刊载的文章，均由当时东北的革命作家、著名文人等撰写。全套《生活报》总共刊登了著名画家华君武的 12 幅漫画作品，《死灰复燃》《张网以待》等漫画作品最具代表性。1949 年，《生活报》在《东北日报》报耳位置做发行订阅广告，可见这份报纸的与众不同。

《生活报》总共出版了 85 期，最后在沈阳终刊。

4. 行业报逐渐崭露头角

《辽东农民报》 是辽东省委机关报《辽东大众》为了配合农村的生产劳动竞赛和扫除文盲运动，于 1952 年 12 月 1 日创刊的。16 开 4 版，初为 5 日刊，后来改为 3 日刊。报头由辽东省政府主席高扬题写，高扬还为报纸的创刊号题字：“办好《辽东农民报》，为提高全省农民的文化和生产技术，加速合作化运动而奋斗！”

16 开本像简报模样的农民报，主要目的是方便农民学习速成识字法，提高农民的文化水平。报纸反映了辽东全省农村在互助合作、农业生产，包括副业、农业技术等方面的新情况和新人新事，还有农民的要求意见、思想和生活情况，帮助农村党员学习、教育农民提高觉悟，报道农村生产中的先进典型，把党的政策和国内外重要的时事告诉全省人民，引导农民组织起来，走向合作化、集体化。

报纸的版面虽小，但编排质量较高，受到了广大农民读者的欢迎。自创刊到 1953 年 11 月 7 日终刊，共刊出 104 期，每期发行 7000 份。

辽东农民报社对外称作“辽东农民报编辑室”，在《辽东大众》内部则为“农民报组”。编辑室共有 10 人，报纸的主笔是丁立身，副主笔是孙宝元。报纸终刊后改为《支部生活》。

《支部生活》 这份从《辽东农民报》改刊的小报，1953 年 11 月 10 日创刊，开始为 10 日刊，1954 年 1 月改为 7 日刊。1954 年 8 月下旬因辽东、辽西省合并而终刊，共刊出 38 期，每期发行 7000 份。该报的发行对象是农村支部党员和党支部教员，适当地照顾工矿、机关、学校的基层党支部。办报宗旨是：根据党在过渡时期总路线的任务，结合当时的中心工作和党员的共产主义思想实际，向全省党员进行党的教育，以提高党员的思想水平和觉悟。报纸设立了“宣传员讲话”“问题与解答”“新人新事”“党课”“记住毛主席的话”“读者来信”“小品文”等。

《辽西农民报》 1953 年 1 月 3 日，《中共辽西省委关于加强报纸工作的决定》明确提出，为了满足本省广大农民群众政治文化生活的需要，决定出版《辽西农民报》，报纸 8 开 2 版，隔日刊，是专供农民群众和村干部阅读的通俗报纸。要求《辽西农民报》必须以首要篇幅报道农村互助合作运动、扫盲运动和农业爱国丰产运动的情况，大力推广农业科学技术与先进经验，向农民进行社会远景教育和工农联盟的教育。并将原来在农村发行的《辽西青年》与《辽西农民报》合并，要求在《辽西农民报》开办《党的生活》《辽西青年》专栏，以便及时指导农村党团支部活动。

旅大《农民报》 旅大《农民报》这张最初 4 开 2 版的报纸，从 1946 年 4 月创刊到 1954 年 12 月终刊，历经八年。

旅大《农民报》的前身是金县县委机关报《群众报》，1947 年 4 月改名为金县《农民报》。至 1948 年 12 月，金县《农民报》周 2 刊，共发行 150 期，发行量达 8000 份。

为了适应大生产运动和土地调剂的新形势，随着关东（旅大）总农会的成立，农会的办公地址由大连兴工街迁往金县，中共旅大区党委决定，将金县《农民报》改成关东《农民报》，作为关东总农会的机关报，由关东总农会和金县县委双重领导，实际是委托金县县委代管。1948 年 12 月 16 日，金县《农民报》声明，正式改为关东《农民报》，4 开 4 版。此时，报社社长由金县县委宣传部部长孙健兼任，任巩任副社长。这时，报社机构扩大，人员编制增加，设立了通采科、编辑科、总务科、印刷厂，人员六七十人。报社内部成立了党、团支部和工会组织，社址由金县东街孙家住宅，迁到西北坊一大院内，印刷厂和编辑部在一起，一切逐步走向正规。

1949年4月，旅大地区党组织公开后，关东《农民报》随之改为旅大《农民报》。报纸在全地区发行，数量由8000份，增加到1.4万份。1950年春，到巩调市委宣传部任职，报社工作由李扬负责。

1951年3月，由于旅大总农会机构撤销，旅大农民报社并入旅大人民日报社，编采和行政人员全部迁往大连，报纸继续出版。此时，旅大农民报社部分人员有了调动，只留下八九名编采人员，与旅大人民日报社农村组原有几个人合并，共有十几个人，李扬任农村组组长。全组既担负《旅大人民日报》的农业报道，又负责编辑出版旅大《农民报》。报纸周2刊，仍为4开4版。报纸大样及重要文章，均由旅大人民日报社社长亲自审阅。旅大《农民报》的主要读者对象，是农村基层干部和广大农民。因此，报纸自始至终强调通俗化、大众化、地方化，要求文字简练明了，文章短小精悍，强调"农民写农民看"，"用农民的话教育农民"，"让初识文字者能看懂"。那时，要求编采人员要有群众观点，想农民所想，急农民所急，关心农民疾苦，广泛与农民交朋友。编采人员人手一本《大众化编写》小册子，作为业务学习内容。报道形式有社论、小评论、地方新闻、通讯，还有"大众话""庄稼话""讲座""科学知识""生产经验介绍""诗歌""农友写作""批评与建议""苏联生活""国外大事"等栏目。被称为"这是咱庄户人家的报纸"。

旅大《农民报》积极配合党和政府的中心工作，宣传党的方针政策，在推动大生产运动、土地调剂、互助合作、文化识字等方面，发挥了很好的宣传鼓动作用，受到广大农村干部和农民的好评。1948年底，旅大地区农业劳模大会期间，报社为了及时传播大会精神，报纸公开声明，全报社主要编采人员，临时搬到旅大市内办公，夜以继日连续出刊了9期大会会刊，图文并茂地报道大会，及时向全区农民宣传大会精神，有力地推动和鼓舞了翻身后农民大生产的积极性。

旅大《农民报》扎根农村，有着广泛的群众基础，大部分村屯有读报小组，通讯网遍布旅大全区。拥有一大批基干通讯员、一批特别关心报纸的农民通讯员。通讯员写来的稿件，通采科要求记者做到篇篇有回音。通采科每月都有培养农民通讯员的计划，编采人员每人都要交几名农民朋友。农民通讯员进城开会，都要到报社看看，唠唠情况，到报社如到家。报社还出刊了“农友写稿手册”，农民通讯员上山干活揣在兜里随时可看。

报社的编辑、记者对自己要求很严，读者批评在报纸敢于公开发表，自己在工作中出了问题，也公开在报上做自我批评。有一次，报纸上介绍用鱼汤喷地瓜芽蜜虫的经验，结果起了不好的作用，报纸就在报上公开检讨，承认“工作没有认真负责，缺乏慎重考虑”的错误，向农民赔礼道歉。那时，记者下乡采访，一般要求住在村屯农民家，每次下去不准“蜻蜓点水”，要半个月回报社一次，稿件随时邮寄回来。

至1954年12月，旅大《农民报》终刊，农村组人员一部分留下，一部分调往沈阳办《辽宁农民报》。

《旅大公安》 旅大公安局主办。《旅大公安》的前身是《人民警察》，创刊于1946年9月，1949年10月改为《旅大公安》，1955年下半年停刊。1982年复刊，更名为《大连公安》。报纸4开4版，旬报，每期发行2200份。

《旅大公安》是内部读物，读者对象是广大基层公安干警和保卫干部。办报坚持宣传贯彻党的公安工作方针、政策，交流内部工作经验，传播信息，推动公安队伍的业务建设，为基层干警服务。报纸第一版为要闻版，第二版为公安业务版，第三版刊登案例、侦查通讯，第四版为政工版。报纸的特点是思想政治内容与文艺、知识、趣味性为一体，以宣传干警队伍建设、思想政治工作经验为主。主要栏目有“星海湾”副刊、“警校园地”、“新风赞”等。

《沈阳公安》 1949年10月1日创刊，周报，4开4版，沈阳市人民政府公安局出版，沈阳公安编审委员会编。报头注明：对内刊物，不得遗失。报纸通过邮局发行，经东北邮电管理局登记认为新闻纸类第118号。沈阳市公安局在《关于出版〈沈阳公安〉的决定》第二条明确指出，“所有公安工作同志，应认识这个报纸是提高自己政治、文化、业务、工作、组织上的有力依靠。”

《沈阳公安》围绕公安战线保卫生产建设、进行对敌斗争、巩固城市秩序、维护政府法令、保护人民利益等项任务开展工作，发挥了宣传、组织、指导、推动作用。报纸突出报道了公安总队维护社会治安、进行队伍建设的经验和做法，并在第三版长期设立“公总生活”专栏。报纸还注重对社会治安状况、重大案件的报道。报纸第四版副刊登载各种文艺作品，还集中版面，报道公安局召开体育运动大会的盛况。报纸走“群众办报”的路线，在创刊一周年的时候，通讯员就达到了200多名。各个分局都设立了通讯组，全年来稿3327篇，刊登1154篇，并对18名优秀通讯员给予登报表彰。因政治原因，报纸曾两度停刊，1980年1月复刊，获得辽宁省“内部报刊准印证”（省内报刊准印第0107号）。

《建新》 该报是大型军工企业大连建新工业公司职工总会的机关报，创刊于1948年10月7日，终刊于1949年9月2日，共出刊50期。

该报总编辑程默，报名为当时建新公司政治委员李一氓所题。建新公司是在党中央、中央军委直接指示下，于1947年7月在大连正式组建成的我国第一个大型兵工联合企业，所属工厂主要有炮弹厂（对外称裕华铁工厂，即今国营五二三厂前身）、引信厂（对外称宏昌铁工厂，后与裕华铁工厂合并）、钢铁厂（今大连钢厂前身）、机械厂（今大连重型机器厂前身）、制罐厂（今大连橡胶塑料机械厂前身）等。建新公司在四年时间里生产各式炮弹54.57万发，还有大批多种军品，为人民解放战争做出了重要贡献。《建新》报在组织动员广大职工发展军工生产、支援前线作战中，发挥了积极的作用。

建新公司组建后，所属各厂的职工会大都出版了自己小张油印报。1948年10月，建新公司成立职工总会，加强了对宣传工作的领导，将各厂的油印报纸，改为统一出版的铅印报纸。报社设编辑委员会，下设编辑室和通联科。

《建新》报有明确的办报目的。建新公司政委李一氓（当时的公开身份为副经理）在《建新》报发刊的话里指出，“《建新》报的主要读者对象是直接参加生产的工人，它的任务是统一工作步骤，反对无组织无纪律；提倡学习，反对落后；提倡节约反对浪费；加强工人阶级的团结”。

《建新》报始终把有计划地配合党与职工会在各个时期的中心工作，作为报道重点。对开展生产立功运动、建党、建团、提高职工政治文化水平、改变劳动态度、提高劳动热情等方面，都做了大量的报道，把工人关心的热点作为报道重点，体现了企业报的特色。报纸发表了《怎样评小组的功》《介绍总厂职员评功办法》《介绍光华魏永生的评功办法》《裕华五场组长掌握不好评奖没起到积极作用》等指导性的文章。1949 年春，旅大地区中共地方组长公开后，《建新》报出了《建党特辑》，介绍中共党史，宣传党员模范事迹，还登载了工人群众要求参加党组织的几封信，以及开展拥党竞赛活动的报道。报纸还开辟了表扬栏和批评建议栏，颂扬职工中的好人好事，批评不良现象，比如曾发表《反对花钱请剧团，应该多鼓励工友演剧》的工人来信，文风犀利，很有特色。

为了指导职工的政治和文化学习，报纸开辟了技术学习动态专栏，介绍职工学习技术、学习文化的情况。在政治学习方面，重点介绍党的基本知识和解放区的先进模范人物。如《新工程师沈鸿同志苦斗记》《解放区工人的大旗赵占魁》《女英雄李凤莲》等。报纸还注重反映工人的文娱活动，为通俗起见，从第三期开始，把原定的副刊改叫“俱乐部”，登载小游戏、小故事、漫画、组字画、谜语，以及各工厂俱乐部工作经验。为了配合立功运动，发表《立功运动歌》《立功小调》《立功谣》等，通俗易懂，工人喜闻乐见。报纸刊发了不少反映立功活动、工人思想转变过程的连环画。1949 年 9 月，在全国文代会期间举办的第一届全国美展上，陈列的建新公司工人创作画，不少是在《建新》报发表过的。后来，这些工人美术作品，以《工人创作画》为书名结集出版，是我国最早集中汇集工人美术作品的书。

《建新》报社重视通联工作，各厂的职工总会成立三至五人的通讯组，每个组有一名采访员。各厂工人写的稿件由工厂宣教科送交报社。报社对通讯员有四大保证：保证及时退稿，详细提出意见，有错字必改；保证有时间性的稿子按性质及时转大连几家报社发表；保证按月发给稿酬；保证按工作进行阶段订出报道中心。报社对通讯员也有要求，主要是文章实事求是，质量要求不苛，但须材料切实；不用之乎者也，避免工人看不懂，字数一般不超过一千字；不但要开展写稿竞赛，而且要求通讯员能组织、推动、帮助、说服其他工友写稿。报纸经常介绍通讯员活动情况，介绍写作知识，提高写稿积极性和写作水平。通讯员队伍发展很快，十个月，特约通讯员有 35 名，基本通讯员 100 余名，普通通讯员 500 余名。共收到各种稿件 5000 余篇，登稿1700余篇。

《建新》为公司内部报纸，4开4版周报，每期印1000份，后期印1600份。报纸按工会系统下发，每个工会小组一份。后来，为了扩大宣传，增发了一些贴报，供职工阅读。

《锦铁消息》 创刊于1953年7月1日，周2刊，是中共锦州铁路局委员会机关报。锦州铁路历史悠久，辉煌一时，可以说是辽宁省仅次于沈阳的铁路交通枢纽。引进新的运输设备使锦州铁路局成为全国效率最高、运输成本最低的铁路局。当时，锦州铁路局管辖的范围也特别大，包括白城子、承德、山海关、通辽、沙城、北平、齐齐哈尔，就连沈阳的皇姑屯也在锦州铁路局管辖的范围，锦州铁路局的职工大约4万人。1953年初，锦州铁路局政治部根据铁道部政治部关于"适应国家大规模经济建设需要，在管理局出刊报纸"的指示，决定成立铁路报社。6月份筹备出报时，报纸名称暂定为《锦铁职工》。但在报纸送审时，局领导将报纸名称改为《锦铁消息》。报纸于1953年7月1日正式创刊。锦铁消息报社成立时仅有几个人，挤在局政治部的一间资料室里办公。

《锦铁消息》为周2刊，周三为8开2版，周六为4开4版。报纸由铁路印刷厂印刷，自办发行，收费订阅。

从1955年起，改为周3刊。50年代，《锦铁消息》在宣传完成第一个五年计划，在搞好铁路运输生产、改善职工文化生活方面发挥了应有的作用。

《北票矿工报》 1953年3月22日创刊，是朝阳地区解放后第一份报纸。北票是东北九大国营矿区之一，也是辽宁地区重要的煤炭生产基地。《北票矿工报》作为矿区党委的机关报，在矿区党委的直接领导下，实行总编辑负责制。

《北票矿工报》创刊初期为周2刊，8开2版，1954年改为周3刊，为4开4版。

《北票矿工报》在北票矿务局发展的过程中，充分发挥局党委、矿务局喉舌作用，始终以"坚持党性，面向群众，为企业服务，为职工群众服务"为办报宗旨，真实记录了北票矿务局生产发展和经营管理的足迹，丰富了矿工文化生活，树立了"无坚不摧的4214掘进队"这一全国煤炭战线"十面红旗”之一的先进典型。

《北票矿工报》在办报过程中，逐步摸索出较为适宜的版面分工：第一版为要闻版，第二版为经济版，第三版为时事版，第四版为文化生活版。报纸每期印数在4000份左右，最高达到6000份，首任总编辑王冠卿。

在这一时期创刊的企业报还有沈阳化工厂的《沈化报》（1953年创刊），4开4版。沈阳冶炼厂的《冶炼报》（1954年3月创刊），8开2版。沈阳变压器厂的《沈变报》（1954年4月创刊）。这一时期创刊的企业报都是周报。

5. 旅大地区高校报创刊

《教学生活》 大连工学院党委机关报。1952年10月1日，4开4版的《教学生活》创刊。大连工学院1950年7月从大连大学独立后，即创办了校内刊物《教学生活》杂志，杂志出了11期。新创刊的校报，沿用了杂志的名称，刊期也从12期开始。1953年12月，报名改为《大连工学院校刊》。“文革”期间，校报多年停办，1986年校庆，（4月15日）校报复刊，由校党委机关报改为党委和行政的机关报，报名改为《大连工学院校报》。这份在全国大专院校中比较有影响的校报，曾经出过周刊、月刊、半月刊。报纸每期发行4000份，主要在校内发行，同时寄给上级领导机关和新闻单位，并与全国500多所兄弟院校交流。

《教学生活》重视办报质量，推出过在全国教育界有影响、有针对性的新闻通讯《克服教学上的主观主义》。1954年3月，机械系教师敏锐地发现了在向苏联学习中的教条主义，造成学生负担过重，影响德智体全面发展的问题。该校报及时发表了这篇精心组织采访的通讯，介绍他们的认识和经验。不久，《光明日报》全文转载了这篇通讯。

《教学生活》探索“小报小办”的路子，从50年代开始，就悉心组织和撰写千字以下的简评、杂感、随笔和杂文。设立“要闻简报”“学术动态”“我们的老师”“大学生论坛”“学习园地”“在我们学校里”“党的生活”“团的生活”等专栏，“凌水河畔”副刊等。校报设有编辑委员会。

《大连医学院》 报纸1952年11月22日创刊，4开4版，月刊，发行

1450份。该报旨在宣传党的方针路线和政策，沟通医疗、教学、科研信息，研究问题，交流经验。报纸力求内容丰富，形式多样，文章短小精悍，具有政治性、鼓动性、知识性和趣味性。设有《党员一件事》《大医人物》《校园短波》《外事简讯》等主要栏目和《星海拾贝》副刊。报纸由院报编辑室主编。

《大连师专》 大连师范专科学校校报创刊于1953年，4开4版，双旬刊。校报力求体现高师的特点，为基础教育服务。报纸大力宣传尊师重教，使师生热爱并献身教育事业，以培养大批合格的中等教育人才。报纸开办了《园丁》副刊专版，每期固定刊出。还开设了《园丁赞》《教学研究》《教育随笔》《知识小品》《读者来信》等专栏。校报于1960年停刊，1979年7月1日复刊。1984年1月，辽宁师范学院更名为辽宁师范大学，校报亦随之改名为《辽宁师大》。

第五节　各级党报加强一元化领导，严守宣传纪律

1. 在组织上实现党的一元化领导

初创时期的各级党报，沿袭了延安时期《解放日报》党报的传统，党报作为党的事业的重要组成部分，置于党的一元化领导之下。报社编委会和党的领导机关宣传部互派人员参加双方会议，实现直接领导和监管。报社与党的领导合二为一，加强了制度建设，使党报置于党的绝对领导之下。与此同时，建立请示制度和审查制度，党报出现的宣传导向问题以及其他新的问题，必须在党的统一领导下研究解决。各级党报都建立审稿制度和内部检查制度、大样签发等流程，从导向和制度建设上保证党对党报的绝对领导。

党报置于党的一元化领导之下的思想，在辽宁地区三级党报中得到不折不扣的贯彻。从组织形式上，党委书记要亲自抓党报工作，宣传部部长就任党报委员会书记，宣传部副部长任报社社长，报社副总编辑以上的领导为

委员会成员。沈阳《工人报》创刊之前，沈阳特别市工委决定，任命市工委宣传部长、市委常委宋黎为书记，宣传部副部长李都为副书记，刘亚雄、宋平、朱维仁、于北辰、陈瑞光、张承民、陈舜尧、薛光军、叶克同志组成党报委员会。

沈阳市委1949年12月13日《关于〈工人报〉改刊〈沈阳日报〉的决定》中，明确了以黄欧东、宋黎、焦若愚等13位同志组成的党报委员会。党报委员会每月例会一次，检查本月报纸工作，决定下一个月的报道指导方针。

《旅大人民日报》党报委员会定期开会，党报的宣传方针、报道指导思想、加强党报领导的各项措施等，都由党报委员会讨论决定。例如1951年11月份召开的党报委员会，为了加强市委对报社的领导，决定各部门的负责同志都有责任给报社作思想政策方面的报告。旅大市党委书记欧阳钦（1950年10月至1954年7月为旅大市委书记）曾经在1951年11月14日对报社全体同志作题为《谦虚谨慎，办好党报》的报告。他对年轻同志骄傲自满、脱离实际的现象进行了批评。他说："一定要深入实际，向群众虚心学习，坚决克服这些缺点，才能真正学到一点东西。而只有这样，报纸的质量才能提高。"欧阳钦同志还在报纸上发表文章，在通讯员大会上作报告，对如何办好党报提出意见。他还在纪念报纸创刊一周年的时候写了《提高一步》的署名文章。1954年8月，旅大市委撤销了党报委员会，决定由市委直接领导报纸，指定一名书记（多半为第一书记）分管报社工作，报社每季度向市委报告一次工作。

辽西省委党报委员会由省委书记任委员会书记，宣传部部长任副书记，并吸收省委、省政府及有关部委的领导和报社电台的主要负责人为委员，定期听取报社工作的汇报，讨论报纸工作中的问题及改进意见。还规定省委书记和宣传部部长每天审查报纸大样，以便及时发现问题，及时指导报纸工作。报纸日常工作责成宣传部协助省委处理，这样就使报纸紧紧地掌握在省委的手中，有利于发挥报纸的指导作用。辽西省委在1953年1月3日《中共辽西省委关于加强报纸工作的决定》中，指定了辽西省委党报委员会成员的名单。明确要求，"党报委员会每月举行一次例会，讨论批准报纸编辑部提出的报道计划及其他重要事项，并定期向省委报告工作"。1954年《中共辽西省委关于改进和加强辽西日报工作的意见》就是根据 1953 年 10 月省委的讨论和 1954 年 3 月 1 日党报委员会讨论综合整理的。

2. 各级党委领导重视报纸工作

1949 年创刊的一些党报报头基本上都由党委书记题写。《辽西日报》的报头是省委书记郭峰题写，沈阳《工人报》报头是中共沈阳特别市工委书记陶铸题写。他一再叮嘱《工人报》是沈阳大工业城市以工人为主要对象的报纸，一定要发挥宣传党的方针政策，组织好生产和对工人阶级进行政治思想教育的作用。

在中共辽西省委于 1950 年下发的《关于执行中共中央对于加强与改进报纸工作决定的决定》的文件中，明确办好报纸是各级党委和全体干部的重要任务，要求各级干部及时把本部门的工作情况，分问题或综合起来有系统地、连续地，给省报报社投稿，及时向报社提供各方面的改进意见和读者反映。同年 5 月 18 日，辽西省委还发出《中共辽西省委关于经常为党报撰写社论专论的规定》的文件，要求各部门负责同志应经常联系实际工作，亲自动手为党报写社论专论，要求各县党委主要领导，至少每两个月对自己所担负的工作，加以研究总结，拟定适当题目，写成专文，给《辽西日报》以适当的形式发表。同时，要求各市县委领导研究工作给报社写署名文章。

3. 党报理论家张闻天对报纸的重视和实践

张闻天（1900—1976）是杰出的无产阶级革命家、理论家和宣传家，中国共产党在一个较长时期的重要领导人，也是我党新闻事业的先驱者之一。他曾是党的重要报刊的负责人，曾经先后主编过中共中央机关报《红旗周报》《斗争》和《解放》周刊，在江西中央苏区，他除担任中央政治局常委以外，还兼任宣传部部长和中央党报委员会书记，负责党报党刊的领导工作。作为党的宣传工作的领导人和党报的主编，张闻天不仅撰写了大量的宣传党的路线、方针、政策的政治时评，而且对党的宣传新闻事业进行了理论的分析和总结，撰写了一些重要的理论文章，如《怎样完成党报的领导作用》《论党的宣传鼓动工作提纲》《学习领导群众的艺术》《关于我们的报纸》等。这些理论文章，是我党新闻思想史上的重要历史文献，反映了张闻天对党的新闻宣传工作的思考和探索。他率先提出反对宣传工作中的“党八股”，要像重视组织工作一样重视新闻宣传等观点。

作为曾主管过一段较长时期党的宣传工作的张闻天，对报纸宣传工作极为重视。1949 年至 1950 年他主持辽东省委期间，充分发挥报纸宣传的主渠道作用，是他领导和开展宣传工作的一个基本原则。在他看来，用报纸指导工作，交流经验，比开会、发指示，要广泛得多，又经常、又深刻、又全面。基于这种认识，以张闻天为核心的辽东省委，对新创刊的省委机关报《辽东大众》的办报方针，做出具体的规定:《辽东大众》是通俗的地方性党报。其读者对象是区级以下干部及其有一定政治文化的工人、农民（后来又补充一条：照顾市县干部的需要）。

在这一方针的指导下，张闻天把《辽东大众》当作宣传并指导各地工作的重要工具。为保证报纸全面正确反映省委对每一阶段工作的领导意图，他不但在方针、政策、原则上加以指导，而且对其日常的业务工作，也进行直接的领导。他经常指导报社如何做好报纸的新闻宣传报道和评论工作。当时，省委许多重大政策、指导工作的重要意见，都通过报纸上发社论、评论的形式及时地反映出来。而且有些重要的社论和评论，往往出自他的手笔。1949 年 10 月 18 日，安东市委在市政府礼堂召开国营、省营、市营各厂管理委员会全体委员 600 多人参加的干部大会，张闻天在会议上做了动员报告。10 月 20 日,《辽东大众》便发表了张闻天亲笔起草的社论《如何组织与推动新纪录运动》。

遵照辽东省委书记张闻天的批示,《辽东大众》1950 年 1 月 20 日第一版，全文发表了基干通讯员于镜清写的《领导生产的好样子，模范村干部王教平》，并配发社评《拿样子来领导是最好的领导方法》。社评这一文体形式，是张闻天提议首次在报上公开采用的。从此以后，张闻天同志的一些重要的指导工作的意见，常常用社评的形式来表述。3 月 4 日，报纸第一版刊发的《开展学习模范党员运动，是贯彻农村支部生产教育的最好方法》社评，也是张闻天同志提议并修改定稿的。

至于每天看大样，审改重要稿件，更是他必做的一项工作。遇有别字、漏字或标点符号的错误，则立即动笔改过来，到了有误必正，有错必纠，非常细致的地步。在张闻天的积极带动和影响下，省直机关和各市县都热心支持党报工作，并帮助报社了解情况，提供相关稿件。省委办公室还与报社建立了定期介绍情况的制度。

张闻天对《辽东大众》爱惜备至，情感尤深。他的夫人刘英在回忆录中记载，他把《辽东大众》一天不落地都保存了起来，临离开安东回中央工作时，还把合订本全部带走。到北京后，他又给报社社长刘敬之写信，说他想辽东，想《辽东大众》，希望每天给他寄一份报纸。

4. 落实中央新闻法规条例

严密的新闻管理机构和严格的新闻审查及纪律规定，是党管报纸的重要保证。中央人民政府成立后，10 月 19 日，政务院文化教育委员会所属的新闻总署成立，成为掌管全国新闻事业的行政权威机构。

1950 年《全国报纸杂志登记暂行办法草案》（以下简称“《草案》”）规定，各地凡出版报纸杂志（包括私营和公营）必须一律申请登记，经过地方新闻出版机构初审并转呈新闻出版总署核定，取得登记证后，始准出版发行。《草案》第 9 条明确规定，报刊必须遵守下列 4 项要求。（1）须遵守《共同纲领》，拥护人民民主事业。（2）须遵守各级人民政府的政策法令。（3）须保守国家的国防、外交、财政、公安等有关机密事项。（4）须报道真实新闻，并禁止利用新闻进行诽谤、破坏国家人民利益和煽动世界战争的言论与记载。

《草案》提出，凡违反各项规定者，由各级新闻出版行政机构，按照情节轻重，分别给予警告、教育、定期停刊或终刊的处分。涉及刑事范围的，交由人民法庭依法处理。

这一《草案》是新中国成立初期，报纸杂志出版的主要法规。

新中国成立前后，辽宁地区报纸的创办均由上一级党委批准，以正式文件的形式明确报纸的办报方针、宗旨。各级党委宣传部门设立新闻出版处（科），负责各类报纸的上报、审批、登记、检查、整顿以及停刊等管理工作，是各级党委管理报纸工作的具体办事机构。全省各类公开发行的报刊批准终审权在省委宣传部。1954 年之前，辽宁地区报纸报头还没有刊登新闻管理机关核准的报刊登记号，只有通过邮局发行的报纸刊登邮发执照号，如《东北日报》是“经中国人民邮政登记认为新闻纸一类，沈阳市邮政管理局登记执照二十四号”。《辽西日报》是“经中国人民邮政登记认为新闻纸一类，锦州邮电管理局登记执照第十号”。《沈阳日报》1950 年 11 月 9 日之前，为“经东北邮电管理总局登记认为新闻纸类”，之后为“经中国人民邮政登记认为第一类新闻纸类，沈阳市邮政局登记执照二十二号”。《旅大人民日报》为“经中国人民邮政登记认为新闻纸二类，旅大市邮电管理局登记执照一号”。

省委、市委宣传部还制定了若干对报纸内容进行管理的工作制度，如党委议新闻制度、新闻通气会制度、报纸监评制度等。为更准确地贯彻各级党委的宣传意图，把握报纸宣传的正确舆论导向，各级党委还通过会议、文件等形式下达新闻宣传纪律，对每一时期报纸的宣传内容、宣传口径、宣传基调进行管理和指导。

1949 年 11 月 16 日，《辽东大众》刊发了《中共辽东省委员会、辽东省人民政府关于加强各级党政机关与报纸通讯社联系的指示》，其第五条规定：“在转变领导作风的精神下，各机关开始注意运用个别指导与一般号召相结合的领导方法，各级党委、政府，各机关团体，工作中都掌握着基点，对基点工作应作连续系统的报道，报社应当掌握各种基点的情况，及时研究，提出报道的意见。”

在坚持新闻真实性的问题上，体现了党报宣传的组织纪律原则。各报建立了严格的审稿制度。1952 年，东北日报社新干部急剧增加，报道面扩大，任务较以前复杂。一些同志工作作风不端正，出现了十数起不真实的报道和失实的情节等情况。对此，报社建立了严格的审稿制度。制度规定：无论是记者还是组织通讯员写的稿件，都必须经基层党组织审阅，加盖公章。还把被揭露的不实稿件，选登在内部刊物《每日情况》上，后来是《业务简报》上，加强群众监督。

《抚顺日报》有位年轻记者采写的稿件事实不清，数字计算不准确，他往返老虎台矿三次，进行核对，并由党委盖章、领导签字才算通过准予刊登。

1949 年 10 月，旅大市召开第二届职工代表大会，选出旅大区党委副书记郭述申兼任旅大总工会主席之后，《职工》大样的最后审查就由郭述申审阅后才能下版印刷。1950 年初，当时记者报道了郭述申在一次座谈会上的讲话，内容是关于私营企业工会如何发动职工，对资本家经营企业实行监督的问题。由于记者对统一战线政策不熟悉，不懂内外有别的斗争策略，将郭主席的讲话，无保留地原文报道。报纸大样送审后，到印刷时间未能取回，便开机印刷了。等郭主席审阅完大样，报纸已经印完待发。结果，这期报纸全部作废。

1952 年 8 月 16 日，中央人民政府政务院公布了《管理书刊出版业印刷业发行业暂行条例》，报社的报纸发行和印刷纳入了统一领导和管理规范。

第六节　继承传统，在实践中加强队伍建设

1. 党报编采队伍以老区革命干部为骨干、青年为主体

1949 年全国即将解放，中共中央为解决办报人员缺乏的问题，采取了一系列措施，做了一定的人才储备。多次提出要稳定和充实新闻队伍，培养训练新闻干部，提高干部素质，有经验有能力的新闻干部一般不应任意改变工作。另一方面要求大量吸收和培养新解放城市中的进步知识青年，团结改造任用部分旧报社中的“进步分子”，解决办报人员不足的困难。跟随人民解放军进入城市的原解放区新闻工作者和原国民党统治区的进步办报人士相融合，加上新培育吸收的进步知识青年，组成了最初最基本的新闻编采队伍。

《东北日报》《辽西日报》《辽东大众》《沈阳日报》《旅大人民日报》从创刊到新中国成立之后，人员迅速增加，队伍壮大。有的报社职工达到数百人。东北日报社的人数最多，1949 年 7 月，编辑部人员（包括校对、资料室）已增至 105 人，到 1954 年 8 月终刊，编辑部人员达到 120 人，全社人员则有 400 人。

1949 年 5 月，《辽西日报》创刊时，报社总人数为 129 人，后来增加到

273 人。其中行政领导干部 31 人，编辑记者 56 人，一般干部 34 人，工厂工人包括勤杂人员 152 人。

与早期的《大连日报》相比，新中国成立前后的《旅大人民日报》干部队伍有两个特点，一是解放区来的老同志陆续调离，本地干部逐渐在领导班子中占多数；二是编辑、记者的人数有了较大的增加。

1948 年年底之前，报社领导班子里，解放区来的老同志占绝大多数，在先后担任报社社长、副社长、总编辑、副总编辑、社务委员、编辑委员会的 15 名领导干部中，解放区来的老同志就有 12 人，本地干部只有 3 人。到 1950 年底，报社领导班子成员中，除兼任社长的中共旅大区党委宣传部副部长康敏庄外，解放区来的老同志只剩下 4 人，5 名是本地干部。其间，又有几位老同志调离，到 1952 年 1 月，市委决定由市委宣传部部长邹问轩兼任报社社长，陆毅为副社长主持报社日常工作。陆毅是河南固始人，1938 年参加革命，抗日战争、解放战争时期，曾任《淮南大众》总编辑、新华社山东总分社编辑等职，来旅大人民日报社之前，是旅大市委办公室副主任。陆毅就职后不久，改组了编委会。这时，报社只有总编辑为解放区来的老同志，其余 6 位领导都是本地干部。《旅大人民日报》创刊两年后，就进入了主要由本地干部办报的时期。

据统计，1948 年 11 月份，报社共有编采人员 38 人，到 1950 年 2 月，增加到 58 人，此后，由于农民报并入和机构增多，编采人员继续增加，到 1956 年 10 月，编辑部人员达到 88 人。

2. 强化理论学习和业务培训，快速培养新闻人才

此时，中共中央对新闻工作者提出了“学习、学习、再学习”的口号，各报社普遍加强了在职编采人员的学习培训。

50 年代初期，各报社编采人员都参加了较为正规的政治理论学习。参加学习的人员分中级组和初级组，分别学习《联共（布）党史简明教程》和《中国共产党三十年》《政治常识读本》《经济建设读本》《辩证唯物主义》《政治经济学》等著作。有的报社给初到报社的年轻记者发放《党报工作文选》，作为新闻干部的必修课，同时，把苏联高级党校新闻班讲义作为学习

材料，提高他们的政治修养。

把提高干部政治素质放在首位，是《东北日报》队伍建设的突出特点。新进报社的人，第一课就是要学习党报的性质、任务、传统、作风。让年轻人了解“党的新闻工作者首先必须是一个革命者和社会活动家”，要具有为人民服务的思想，认真学习马列主义毛泽东思想，密切联系群众，保持艰苦朴素作风，服从组织调动，遵守党纪国法的基本政治素养。《东北日报》长期形成了一种制度，新分配到报社工作的人员在上岗前，要先从校对工作开始熟悉办报工作的全过程，有的是到报社的来信来访部门接待上访和处理群众来信，使其树立新闻工作的群众观念。对一些新参加编采工作的大学生，开始都要从练习写退稿信开始，锻炼培养他们为人民服务的观点和联系通讯员的本事。

“当好喉舌，自觉接受党的领导”是报社强化党报干部思想观念培育的要点。各报社一贯教育干部，党报必须认真贯彻和宣传党的方针政策，党的方针政策是党报的灵魂，也是为人民服务的集中表现，如果违反了党的方针政策，报纸犯了错误，也就是损害了人民群众的利益。报纸对于党中央和东北局发布的方针、政策、指示，要坚决贯彻执行。报社的报道思想、报道计划都紧紧围绕东北局的工作部署，老同志都要向新同志讲授这一观念，给新同志打上深深的党报的烙印。

为了快速培养出大批新闻人才，沈阳解放后，《安东日报》创办的第二期新闻学校的40多名学员在教务主任张帆的带领下，乘火车来到沈阳。学校改名为“东北日报附设新闻干部学校”，校长由副社长兼总编辑李荒担任。给学员讲授新闻专业课的老师，都是编辑部的负责同志，有副社长兼总编辑李荒，副总编辑王揖、严文井、白汝瑗，还有华君武、沙英，通采部部长穆青、城工部部长张沛等。他们分别给学员讲授了工业、农业、政经等方面党的方针政策和办报知识，讲授党报编辑、采访、群众工作的基本原则和要求，还讲授语法修辞的基本知识。这些老师授课，善于理论联系实际，把复杂的理论问题，讲得深入浅出，通俗易懂。学期虽然只有三个多月的时间，但是，这种专业的新闻学习和培训，却在新中国的新闻事业起步之时，培养充实了一大批新闻人才。

辽西日报社在培训新闻队伍方面有所创新，报社结合学习党的方针政策和党的基本理论，请市委领导到报社讲《认识论》，有的讲新、旧社会的阶级性。报社还组织系统的理论学习，学习《社会发展史》《政治经济学》等著作，提高新闻干部队伍的政治理论水平。

当时，沈阳日报社的学习风气很盛。老干部补习文化，年轻的记者钻研业务，全编辑部学《社会发展史》《联共党史》《政治经济学》。印刷厂的工人则参加文化夜校学习，学初中课程。年轻的编采人员，在浓厚的学习环境中成长。报社领导对记者要求很严格，早饭前与晚饭后必须参加学习，还不时组织参加劳动。报社早上 7 时上班，晚上有多数同志工作到 10 时以至深夜。工作时间内除了学习、开会和写稿，记者一律下去采访。记者的任务是，每月的见报稿件 9000 字，每超过 1000 字，发奖金 20 至 30 元。记者写稿子出差错、请假探亲超期，都得在会上作检讨。因此，记者对稿件中的每一点儿细节都不敢马虎。为了深入采访，他们经常吃住在工厂。政教部记者采访文艺团体演出时，经常是一边看演出，一边在腿上写稿。节目演完了，稿子也写完了，并当场送审。许多记者在实践中锻炼成“快手”和消息、通讯、评论都能熟练运用的“全能手”。

这一时期，旅大人民日报社本地干部中大部分参加革命时间不长，从事新闻工作时间短，报社当时十分重视对干部的培养、教育、提高。新中国成立以后，中央重视在职干部的理论学习。报社还专门成立了学委会，每星期拿出 4 至 6 小时的工作时间专门学习理论。学委会每周四给大家讲一次课，每周召开一次学习小组长会议，汇报各组学习情况。这种做法，多年坚持不懈，使编采人员系统地掌握了马列主义基本理论，提高了政治素养。

3. 以老带新，在编采实践中提高编辑、记者的业务素质

1950 年，辽西省政府人事厅一次分配给报社 15 名刚刚从中学毕业的学生，都是不到 20 岁的年轻人。由人事科长挨个儿找新同志谈话，语重心长地告诉他们，“从今天起，你们就是党报的一名战士了，因为国家还困难，现在只能实行低薪制，挣钱不多，但革命事业要求你们迅速成长”。年轻人很快感受到了自己融入一个充满温暖和关爱的大家庭。编辑赵德第一次采访省劳模大会，费了九牛二虎之力，写了一篇通讯，介绍锦西劳动模范王乃堂

的先进事迹，但没写好。肖白门总编一不指责，二不急躁，认真地看了两遍稿子，然后和小赵一起完成了一篇标题为《高粱丰产能手王乃堂》的通讯，第二天登在《辽西日报》第二版头条的位置，文中还加了三个小标题。稿件修改后，主题思想鲜明深刻，语言朴实，文字通顺，首尾呼应，一语点题，恰到好处。总编给编辑改稿，给年轻人上了最生动、最实际的课。赵德把报上的稿一再和原稿对比，当作自己学习的教材。

1950年六、七月份，《辽西日报》驻外记者靳韬光满怀激情地采访双辽县荣军农场，以《荣誉新村》为题，写了一篇自己比较得意的通讯。几天后，总编辑黄照用毛笔给他写了5页退稿信，指出了通讯中表现残疾荣誉军人劳动细节的描述，会产生副作用的问题。

鞍山《工人生活》创刊初期，编采人员和管理干部加上印刷职工共30人。其中编辑、记者十几个人，除2名大学肄业生、8名高中生外，其余仅有初中文化水平，年龄多数在25岁以下。社长邢路在解放区当过《胶东大众报》的记者，总编辑杨力行在辽南日报社当过编辑，还有几位曾经有过做编辑出版工作的经历，但大多数人，都是新参加工作，没有办报经验。在社长和总编辑的带领下，报社采取以老带新互相学习的办法，在实践中学习，团结向上，夜以继日地工作，形成了一个坚强的集体，完成了报纸初创时期的艰巨任务。

《东北日报》培养了一批政治觉悟高、训练有素，特别能战斗的新闻队伍，为我党的新闻事业培育了一大批人才。《东北日报》可以称作是东北新闻工作者的摇篮。1949年6月《东北日报》通过对年轻的外勤记者戈更病逝的报道，给新闻记者树立了埋头苦干、继承传统、密切联系工农的榜样。戈更参加革命前是中国大学国文讲师，1944年参加革命后做过地下工作，在北平办过《平津晚报》《鲁迅晚报》，后到张家口、旅大解放区工作。1947年8月到《东北日报》做外勤记者。戈更在肇东参加土地改革和到铁路工厂采访时，放下知识分子的架子，广泛与工农交朋友，博得当地群众好评。1949年6月5日，29岁的戈更，在出外采访中，不幸感染了斑疹伤寒，病重不治，当日病逝于鞍山医院。6月9日《东北日报》第一版刊发了《本报外勤记者戈更同志病逝》的消息，称之“实为东北新闻事业的损失”。6月14日第一版刊发《本报追悼戈更同志》的报道，报道了东北局宣传部部长李卓然及党报委员会秘书长李初黎等领导参加追悼会的情形。报社社长李荒在会上特别指出了戈更同志密切联系工农的优点，号召大家向他学习。戈更病逝后，一些工友打电话到报社，纷纷感到惋惜。6月16日，《东北日报》第四版《哀悼戈更同志》专栏，刊登了铁路职工会、数位铁路工友写的悼念信以及火车头报社的唁电，追思戈更同志。

《东北日报》在严酷的革命实践中，培养出一大批新闻人才，其中不少人成为中央级和省级新闻单位的骨干力量。

4. 领导以身作则，树立勤恳敬业的好榜样

宋平是著名的老一代新闻工作者，在他领导沈阳《工人报》编辑部的工作中，对青年人要求十分严格，但也循循善诱。他要求记者采访时，要深入实际，深入群众，回来写稿、编稿，要字斟句酌，呕心沥血。他常讲：我们是党的报纸、人民的报纸，每一个字、每一句话都要对党和人民负责。有时为了修改一篇文章，他反复推敲，和大家研究到很晚。

沈阳《工人报》叶克，在工作中，从不主观地提出要求，而是认真地商量探讨，启发年轻的编辑、记者主动制定报道计划，拟定选题写文章。他总对大家讲："办报人不能把全心全意为人民服务挂在口头上，要倾注到每项报道、每一个字句的写作中去。"当时，编采人员的政治热情和工作热情很高，大家唱着"解放区的天，是明朗的天"，哼着《白毛女》的选段工作，一些好动的青年跳秧歌舞，排演活报剧，报社到处洋溢着勃勃生气。

那时的报社领导和编辑记者一样，经常下农村或到工厂调查研究、写稿子。下农村时，都背行李，住在老乡家，吃派饭，顿顿付饭费。早晚还要帮老乡挑水、劈柴。

辽东大众报社社长章欣潮同志，抗日战争时，是山东大众日报社的记者，曾经采写被俘日军，写过有名的通讯《日本文坛的没落》，抗战胜利后，党派他到东北，曾任长春新报社社长、中共中央东北局宣传部报刊处处长。1953年2月，他到盖平县的模范村——松屯村搞调研，在村里住了十天，像土改时期的工作队一样，吃住在老乡家里。他与年轻的记者李兴文一起，调查研究互助合作运动中的领导问题，还召开了一次农民通讯员和村支

部委员的座谈会。农民听说来的这个老头儿是省委的副部长，又是报社的社长，都不知道该有多大的官架子。后来看到他顶风冒雪地到农民家串门，唠家常，又听说他自己掏钱买一只鸡请同来的同志改善生活，还硬请房东同桌吃饭。大家就议论，来的这个“大官”是个“老八路”，所以座谈会谈得很热烈，给报社提的意见也很尖锐。这次调研收获很大，《辽东大众》刊发了《必须切实转变县区的领导作风》《爱国主义思想在成长》《宣传工作的经常化》《运输线上的英雄们》等有分量的稿件。章欣潮社长身上体现出党的新闻工作者优秀品质和优良作风，给年轻记者留下永生难忘的印象（章欣潮后来出任中国新闻社香港分社社长，1972 年去世）。

1951 年 1 月 2 日，是新抚顺报社副总编辑于占鳌与记者肖雨帆结为伉俪的喜庆日子，新房就是从职工宿舍中临时间壁出来的一间屋子。婚礼仪式刚刚举行完毕，新郎老于就回到了编辑室，仔细看起了明天要见报的“大样”。由于当时正值年关，恰逢报纸创刊两周年，市委决定把《新抚顺报》改名为《抚顺日报》，喜事连连，大家都在忙着出专刊，开展纪念活动，这个时候，切不可马虎大意。于副总编辑把大样看了一遍又一遍，直到报纸开印，晨曦微明，他才放心地走出办公室。

5. 从严要求，加强业务培训，强调党报的严肃性

坚持新闻报道的真实性，建立严格的审稿制度，提高编采人员的业务素养，是《东北日报》培育干部的又一个特点。

在国民经济恢复时期，《东北日报》较好地发挥了党的舆论工具作用，在社会上威信日增。1951 年，《东北日报》发行量达到了 24 万份，产生很大的影响力。报纸不仅成为工作的参考和指导，还成为沈阳有的学校教授学生标点符号的工具报。起初，由于绝大多数同志没有受过最基本的文字训练，报纸稿件在使用标点符号和使用语法上，并不讲究。这件事传到报社，引起了报社领导和同志们的不安。于是，报社在 1951 年 3 月，开展了以“改进新闻写作文字上的缺点”为内容的业务学习，结合稿件学习语法修辞，开展了学习语法、消灭技术差错的活动。4 月份，编辑部进行了四次考试，边学习，边考试。考试采取改稿的形式，分别测验标点符号、修改病句、精编原

稿等内容，每次测验都公布参加测试的名单和成绩，激发了同志们学习专业知识的热情。半年的培训给新闻干部打下了扎实的业务基础，提高了编辑、记者的文字水平。1951 年 3 月 5 日，编辑部建立了第一读者制度。第一读者的任务是检查报纸的事实、标题、照片说明、刊头、语法和违反政策与泄密之处。这一制度的建立，使报纸的差错率大大降低。

《辽东大众》的主要读者对象是农村干部和群众，在突出报纸鲜明政治性的同时，还要求语言的通俗和生动。为了提高编采人员语言文字的修养，编采人员不仅要学习马列理论，还争相阅读周立波、赵树理等作家的作品，从中吸收营养。报社当时每周有一个例会，星期日的晚上开全编辑部的评报会。在这个会上，大家可以从第一版到第四版，从形式到内容，对一周的报纸评头品足，目的是不断提高报纸宣传的质量。为了开好这个会，大家平时就用心研究报纸，有意见和观点就记下来，并以在评报会上提出一两条有分量的意见为荣。

在业务学习上，旅大人民日报社编委会依靠各编辑组的力量，提倡自学。工业组 1951 年组织业务学习采取三种形式。一种是正规的集体学习，以学习政策为主，提出现实问题进行讨论，还围绕报道中心研究专门的问题。在学习中，大家结合各厂的实际，结合理论学习，进行分析，使大家知道应该怎样报道，在报道中应该注意哪些问题。这种学习每星期利用早晚的业余时间进行三次。二是每周一次的专题报告。由大家推举对某一问题有研究、学习好，还掌握比较充实材料的人作业务报告。三是不定期的报道研究会议。市里中心工作有了新的部署，组里都要学习讨论，以确定报道方针和步骤。报社还开展了如何深入一线采访的讨论，倡导记者在熟悉政策的基础上，工业记者要深入到车间工作现场，与工人座谈，农村记者要到田间地头采访先进人物，不能满足与采访对象本人谈，还要采访上下左右的同志，拿第一手采访材料。

这一时期，报社编采部门是 20 多岁年轻人的天地，因此，团的组织很活跃。团的工作重要内容是抓好青年团员的自学。1953 年，报社团支部曾经发起过一次学习竞赛，奖励了 17 名文化学习和自学成绩突出的青年干部。

报社还先后出版过两种内部刊物，一为《业务学习》，二为《政治生活》。通过内部刊物刊登文章，交流编辑、采写和群众工作等方面的经验，指导内部理论、政策、文化学习，为提高编采人员业务水平，搭建了沟通的平台。

在报社的编采部门，到处呈现出浓浓的学习氛围。同志们学习马列主义基础知识，学习党的方针政策，学习中学的文化课，学习大学的专业课，也学习包括工资、定额在内的工厂管理知识。学习弥补了年轻同志理论根底浅、政策水平低、业务生疏、文化不高的缺欠，使他们适应了工作的需要。

开展批评和自我批评，强调严谨的工作作风，也是队伍思想建设的主要内容。报社在处理失实报道上，严肃认真，态度坚决。出错的人不仅要在组内做检讨，有的还要在编辑部大会上公开检讨。1950 年，《东北日报》一位记者报道一个部门的会议时，把会议精神领会错了，写的消息失实。报社把这名记者的检讨书公开登到报纸上。1953 年，有位编辑编稿不慎出错，除了报纸登出更正，从编稿的编辑到发稿的业务组长、经手检查的检查组长、看小样的总编室秘书，一直到看大样的总编辑，层层作检讨，并把这些同志的检讨书登到《业务简报》上。从严要求，从严处理失实稿件，在学习讨论中让年轻同志汲取教训，培养新闻干部正确的新闻观。

1953 年 4 月，《旅大人民日报》出了两起严重的错误，一起是连环画《新旧婚事》，将画中人的中农成分错画成地主；一起是将《百货公司开展劳动竞赛》消息中的地址弄错，“旅顺”发生的事错成了“金县”。报社不仅对当事人给予应有的处分，还在报上发表公开声明，做深刻检查：“编辑部对于保证新闻报道的真实性和消灭差错尚缺乏严肃的政治责任感，对工作人员缺乏经常的教育和严格的要求”，进行了实实在在的自我批评。

同年 10 月，主持报社工作的副社长陆毅，在审改《旅大市一届三次人民代表会议开幕》一稿时，将原稿中的“5 日”，信笔错改为“9 月 5 日”（实际应为“10 月 5 日”）。稿件见报后，陆毅主动写出题为《关于改错一个重要日期的检讨》，发表在社内刊物《政治生活》上作公开检讨。他写道：“这是一个政治性的错误，错误的主要责任在我”，“这一错误反映了我在工作中仍有粗率浮躁的作风，缺乏严肃谨慎的责任感”，“将以此事作为一个重要的教训”。领导严于律己，带出了好风气、好作风。

为了提高办报质量，《辽西日报》建立了周一评报制度。每到周一上班，编辑部的同志就坐下来评报。报社主要领导黄照、宇光、肖白门等同志和大家一起发言。肖白门同志还经常在会上纠正稿件中的错别字。

第二章

辽宁地区各级党报在新中国成立前后的喉舌作用

第一节　对解放战争胜利的报道及报纸“号外”

1. 追踪报道全国解放战争的胜利进程

1948 年 9 月至 1949 年底，人民解放战争进入到最后的战略决战阶段。东北全境解放之后，与国民党反动派最后的决战，仍是摆在全国人民面前的一项最重要的任务。在这种形势下，辽宁地区各级刚刚创刊的党报，都把报道解放战争取得胜利的进程，作为一项主要的报道内容。

《东北日报》密集刊发新华社时事报道，新华社的稿件占据了报纸大部分版面。重要的战斗捷报，报纸都在第一版醒目的位置刊发，还配发手绘的“战役攻势图”，让读者对大军南下及战争进展，有了直观的感受。1948 年 12 月最后一周，报纸连续用第一版头题刊发战况报道。

12 月 20 日，第一版头题《南线我军连克五城》为特大字号，副题：前锋近距南京不足一百五十里，北宁线上我解放芦台汉沽。并配发围歼地图。二题《宿县西南歼灭战中　俘敌兵团司令黄维》，用一号字。

12月25日，头题，标题用四排老初号大字:《在平津张塘等地　东北华北我军胜利会师　迅速包围傅蒋匪军　敌七师被歼四十个师陷绝境》，消息标题比内容占的版面还大。报纸配发地图和华君武的漫画《囊中物》，画面是两个解放军抬着四个包裹，讽刺诙谐。一整版5篇稿两张图片都是解放战争的报道。

26日，头题《我军收复张家口》。

27日，头题《淮海战役四十天中　敌军损失四十万》，特大号字。

28日，《士气空前高昂英勇前进　东北大军汹涌入关　大军到处彩坊林立彩旗飘扬　关内人民热烈欢迎亲如家人》四行标题，虽然不是头题，仍然用大字号处理，还鲜见地在第一版左下角，配发“大军入关”的照片。

29日，头题《东北野战军公布战果》。

《旅大人民日报》1949年4月1日出刊不久，最后埋葬蒋家王朝的渡江战役就开始了。从4月22日起，报纸接连刊登了新华社播发的《毛主席、朱总司令下令解放军奋勇前进　歼灭一切敢于抵抗的国民党反动派》《执行毛主席朱总司令命令　我首批三十万大军渡过长江》《国民党反动统治宣告灭亡　我军解放南京》等振奋人心的好消息。这些消息，全部用极其醒目的大字标题在第一版头题刊出，而且用三号字作文，并配有前线形势图。宣传声势浩大，鼓舞人心。此后，报纸又以显著位置和大量版面，报道了解放军长驱南下，扫荡残敌的胜利进军。仅5月份，报纸就用20个第一版头题，报道了解放军攻克大小数十座名城重镇的消息，解放武汉、西安、上海，解放军攻无不克，战无不胜，攻势凌厉，势如破竹，气概无敌，给人民以极大的鼓舞。之后，报纸对青岛、长沙、福州、兰州、西宁、广州、重庆、海南岛、舟山群岛以至西藏的解放，都作了突出报道。

《旅大人民日报》不仅突出刊登新华社的消息，对一些特别重大的胜利，如南京、上海、海南岛、西藏的解放，都组织采写了当地群众对此积极呼应的报道。记者在《南京解放捷报传到　本市人民一致欢呼》的报道中写道:“24日下午，本市各个大黑板报上，我百万大军渡过长江的墨迹未干，又传来解放南京、太原的消息，劳动人民乐得直蹦高。”《上海完全解放　旅大人民无比欢欣》的消息，生动描写了当时的场景。“登高俯瞰全市，与蓝色海湾辉映的，是一片为庆祝胜利而在每一座屋顶上飘扬起的红旗。”

2. 报纸频出号外　城乡一片欢腾

报纸号外，就是在两期报纸之间，报社为最新发生的重要新闻和突发事件，而在第一时间临时紧急出版的没有编号的报纸新闻印刷品。

当时，人民解放军每解放一座大、中城市，或遇有重要新闻时，许多地方报纸和部队报纸都会迅速出版报纸号外。老百姓看到号外时，都奔走相告，将其贴在墙上，或手抄传给亲友。这些红色报纸号外，对鼓舞解放区军民斗志，搞好生产，报名参军，支援前线，发挥了极大的宣传鼓动作用，是永远留在人民心中的红色记忆。

《旅大人民日报》出刊《大上海市完全解放》的“号外”，标题字是手工刻印的，比报头要大一倍，占据半个版面，完全打破了报纸传统的编排方式，非常震撼。报社工作人员敲锣打鼓，外出发放“号外”，所到之处，一片欢腾。上海解放，报社印制了 6 万多张“号外”。送“号外”的汽车，在市内、在市郊、在旅顺、在金县，到处被蜂拥的人群追逐。南京解放时，“号外”尚未印出，报社的门前就挤满了等待看“号外”的群众。第一批刚刚从印刷厂送出，就被等待的群众一抢而光。

沈阳《工人报》创刊后，每逢解放战争重大喜讯传来，只要错过了出报时间，都出版“号外”，发“号外”的卡车，系着红绸子，开往铁西工业区，发给工人。

辽西日报社社长兰干亭几乎每个晚上都要等新华社电讯，等省委审阅的大样，不论多晚，有时通宵达旦。打了胜仗要印“号外”，往往是“号外”还在编辑、印刷过程中，就有人敲锣打鼓，扭起秧歌，庆祝胜利。辽西日报社的秧歌队与众不同，队前有两个领头者手持镰刀、斧头，手舞足蹈。报社的同志一边扭秧歌一边发“号外”。周围的群众也摸到了规律，报社锣鼓一响，他们就自动涌来。

由大连报纸收藏家张挺和牛廷福编著的《解放——解放战争报纸号外》一书，共收入解放战争时期报纸“号外”312 份，记录了从中国人民解放战争开始到中华人民共和国成立波澜壮阔的历程。在这本书中，《东北日报》“号外”有七张。大连地区出刊的“号外”最多，《大连日报》《旅大人民日报》《实话报》的号外记录了我军以摧枯拉朽之势连续解放北平（北京）、天津、上海、重庆、沈阳、锦州、长春、石家庄、张家口、太原、大同、济南、青岛、开封、合肥、南京、苏州、徐州、南昌、瑞金、杭州、福州、厦门、武汉、长沙、广州、海口、昆明、南宁、柳州、贵阳、遵义、成都、西安、延安、宝鸡、银川、兰州、西宁、迪化（乌鲁木齐）、拉萨等城市的节节胜利的脚步，见证了中华人民共和国成立这一中国人民扬眉吐气、全世界为之瞩目的激动人心的历史性时刻。

以下为择录部分辽宁地区报纸“号外”目录：

沈阳解放　东北解放　《东北日报》（1948 年 11 月 3 日）

沈阳完全解放　人民欢欣若狂　《大连日报》（1948 年 11 月 3 日）

解放军攻克天津　《大连日报》（1949 年 1 月 16 日）

三大野战部队四面八方猛攻太原　《东北日报》（1949 年 4 月 22 日）

解放军紧迫徐州　连下城镇卅余座　《大连日报》（1948 年 11 月 13 日）

解放军解放北平　《大连日报》（1949 年 2 月 1 日）

南京发生大血案　《东北日报》（1949 年 4 月 3 日）

奋勇前进　解放全国人民　《旅大人民日报》（1949 年 4 月 21 日）

陕中前线解放西安　《工人生活》（1949 年 5 月 22 日）

重要商埠青岛解放　《工人生活》（1949 年 6 月 4 日）

西北前线我军大捷　攻克甘肃省会兰州　《工人生活》（1949 年 8 月 28 日）

突破秦岭防线　打开通向汉中门户　《工人生活》（1949 年 9 月 14 日）

浙赣我军全线长驱南进　连克金华、临川等十七城　《人民日报》（1949 年 5 月 13 日）

中苏建立外交关系　《东北青年报》（1949 年 10 月 3 日）

黔北重镇遵义解放　《实话报》（1949 年 11 月 26 日）

陕南大军直迫川边　汉中、西乡等地解放　《实话报》（1949 年 12 月 10 日）

川境我军扫荡残匪　活捉匪首宋希濂　《东北青年报》（1949年12月22日）

海辽轮海上起义　《东北前线》（1949年9月25日）

华东军区海军司令部成立　《实话报》（1949年5月12日）

汉口解放　上海被我三面包围　《旅大人民日报》（1949年5月17日）

上海主要市区解放　《旅大人民日报》（1949年5月26日）

大上海市完全解放　《旅大人民日报》（1949年5月28日）

我军解放青岛　《旅大人民日报》（1949年6月4日）

西北我军光复工业城市宝鸡等六城　《旅大人民日报》（1949年7月19日）

人民政协胜利闭幕　毛泽东当选主席　《旅大人民日报》（1949年10月1日）

西北重镇兰州解放　八路大军攻占永靖进薄（入）青海　《实话报》（1949年8月28日）

新中国成立之后，报纸出刊“号外”的频次大大减少，在抗美援朝时期，《辽东大众》在志愿军取得重大胜利的时候，曾经出过“号外”。志愿军出国作战的第一个战役，就全歼英国皇家坦克营。报社、电台第一时间收到喜讯，立即发了“号外”。

第二节　各报激情报道开国大典，记录新中国诞生的历史

1949年10月1日，中央人民政府在天安门举行盛大开国大典，向全中国、全世界庄严宣告中华人民共和国诞生。

报道开国大典，是新中国政治新闻的开篇。辽宁地区各报的新闻工作

者，满怀激情，以伟大历史事件的参与者和记录者的豪情，用手中的笔和报纸版面，激情满怀地赞颂新生的中华人民共和国，从而深深感染了读者。

1949 年 10 月 2 日，《东北日报》《辽东大众》《辽西日报》《沈阳日报》《旅大人民日报》《工人生活》等报纸，纷纷在头版头条位置，用竖排醒目的大字号标语、标题报道这一盛会，“中华人民共和国诞生”“庆祝中华人民共和国中央人民政府成立”“毛泽东当选主席”等，有的报纸还配有毛泽东的大幅照片。

1.《东北日报》记者张沛、汪溪赴北平现场采访报道开国大典

《东北日报》于 9 月份提前派记者张沛、汪溪赴北平采访。9 月 22 日，中华人民共和国开国盛典——中国人民政治协商会议在北平开幕，报纸发表社论:《庆祝人民政协开幕》。1949 年 9 月 24 日，报纸发表记者张沛采写中华人民共和国成立的通讯:《中国历史的新起点》《历史的声音》《苏联观礼代表团抵京》等报道。9 月 25 日，记者汪溪从北平发来特写《拥护人民大宪章》。9 月 26 日，刊发记者汪溪撰写的特写《毛主席在人民政协》。

张沛的报道短小精悍，现场感强。在 500 多字的消息中，他用散文的笔法，把这一具有历史意义的会议现场和氛围，展现在读者的面前，很见记者的功力。

附

中国历史的新起点

——记中国人民政协开幕盛典

人民的首都向全世界宣告：中国人民政协开幕了，中国历史从这里开始新的起点。会场大门鲜红夺目，8 面红旗，6 个大红灯，威武地闪耀发光。场内主席台，4 面军旗中并列着孙中山与毛泽东的巨幅画像。出席的 638 位党派、军队、区域、团体、特邀代表于 6 时 30 分，鱼贯进入会场。身穿军装的战斗英雄，杰出的工人劳

动英雄，头包白毛巾的农民代表，挽着发结的妇女代表，是会场的特色。“中国社会历史的新纪元”,“我们永远是新中国的捍卫者”……各种贺旗悬挂在休息室中。6 时 55 分，毛泽东主席在历时数分钟的暴风雨般的掌声中入座。

庄严伟丽的会场中，党派代表席的第一排，坐着毛主席、刘少奇、周恩来、林伯渠、董必武、陈云、彭真等，周恩来在代表筹备会报告及选出主席团后，7 时 30 分扩音机中传出了毛泽东主席的声音：中国人民政协宣布开幕了！这个声音从这里响到全世界。《解放军进行曲》与礼炮声，振奋着整个北平城。朱德将军宣布请毛泽东主席致开幕词。

毛主席在半小时讲话过程中会场沸腾着 20 余次的鼓掌，当他昂奋的声音说及“中国人民从此站立起来了”时，像狂涛似的掌声动摇了屋宇。刘少奇、宋庆龄、何香凝、张澜等先生的讲话，代表着全中国各个民主阶级的声音，向新中国宣布自己伟大的意志。就从今天——9 月 21 日，中国人民进入了新的人民民主的大时代。

《东北日报》北平 1949 年 9 月 21 日专电

当时，张沛只有 27 岁，他是东北日报社副总编辑、东北赴京采访记者团团长。每个大区的记者团团长，被特许参加 10 月 1 日的开国大典。张沛登上了天安门城楼，站在周恩来的身后，参加了在天安门广场有 30 万群众参加的开国大典，亲历了这一震撼世界的伟大场面。这位从延安抗大走出来的新闻战士，用饱蘸激情的笔触，记录了那一个个难忘的历史瞬间。

2. 沈阳《工人报》派记者深入工厂、农村、街头，报道全市人民狂欢热潮

1949 年 9 月 19 日《工人报》第一版刊登消息《中国人民政协就要召开　筹备工作已经大致完成　到北京的代表已有六百三十五人》，以此为开篇，拉开了开国大典报道的序幕。

9 月 21 日报纸紧接着刊登了《参加中国人民政协各单位的代表名单》。

9月22日，报纸第一版全版刊登消息《中华人民共和国开国盛典　中国人民政治协商会议第一届全体会议昨开幕　毛泽东等八十九人当选主席团》和《毛主席的开幕词》。第二版刊登社论《中国人民的大喜事》《中共中央政治局委员刘少奇讲话》《特别邀请人士代表宋庆龄讲话》，第三版刊登《中国国民党革命委员会中央常务委员会何香凝讲话》《中国民主同盟代表张澜讲话》《沈阳市各界打给人民政协的贺电》，第四版刊登《东北解放区代表高岗讲话》《中国人民解放军代表陈毅讲话》等。9月23日，报纸第四版刊登消息《全市人民喜悦狂欢　迎接新中国的诞生》《把喜乐变成力量　敲锣鼓扭起秧歌》。当期报纸还刊登了沈阳第一机器厂赵富有，第三机器厂赵国有、党惠安、张尚举四位创造新纪录的功臣写的《给毛主席的信》，铁路工人宋金瑞写的《庆祝开国展开竞赛》，被服三厂高鸿运写的《人民的希望实现了》。人们无比激动地表达了兴奋喜悦的心情。他们认为，中华人民共和国的成立是继俄国十月革命之后，世界上又一个有头等政治意义的大事。

9月28日，报纸一版刊发消息《人民政协通过六大议案》。这六大议案是《中国人民政协组织法》、《中华人民共和国中央人民政府组织法》、国都定于北平改名北京、纪年采用公元、国歌在未正式制定前以《义勇军进行曲》为国歌、国旗为五星红旗。

9月30日第一版全文刊登了《中国人民政协组织法》，第二版全文刊登《中华人民共和国中央人民政府组织法》《中国人民政协共同纲领》。

10月1日，《工人报》第一版在《中国人民政协一届全会完成任务胜利闭幕》的标题下，大字号刊登主题《中国人民伟大领袖毛泽东当选为中央人民政府主席》，副题为《副主席：朱德　刘少奇　宋庆龄　李济深　张澜高岗　陈毅贺龙等五十六人当选政府委员》。同时，刊登毛泽东主席、朱德副主席的大幅照片和其他五位副主席的照片。

10月2日第一版，《毛泽东主席发表公告　中央人民政府宣告成立　接受人民政协共同纲领为施政方针　愿与各国外国政府建立平等外交关系》的大字号标题格外醒目。《中央人民政府委员首次会议　毛泽东率全体委员就职》《庆祝中央人民政府成立　首都举行盛大典礼　朱总司令检阅陆海空军》的标题充分展现了开国大典的盛况。

开国大典在北京天安门前举行，这是全国人民最自豪、最激动人心的时刻。工人报社派出孙北、郁其文、李刚等记者深入工厂、农村、街头，采访沈阳各阶层民众。他们兴奋地采写了《尽情地歌唱　热烈地鼓掌》《欢呼新中国》《人山人海红旗飘扬　全市人民卷入狂欢热潮》《热烈拥护毛主席》等通讯、消息，反映沈阳各界工友献工、创新纪录、提前完成任务的新闻。还报道了群众排戏剧、贴对联、做花灯、开座谈会、办展览、参加游行，通过多种方式庆祝中华人民共和国成立的活动。

3.《旅大人民日报》全红报纸和号外

《旅大人民日报》以极大的热情报道了新中国成立的消息。在6月下旬，报纸就突出地发表了新政协筹委会成立的消息。9月22日，政协开幕后，报纸天天用几个版的篇幅报道会议情况。1949年10月1日出版的《旅大人民日报》共6个版面，其中有4个是庆祝中华人民共和国成立的，全红印刷，还有2个是全国政协闭幕画刊，为古铜色，而且报纸的版面宽度要比正常报纸宽1厘米。其中第一版用大字标题发表了《人民政协昨胜利闭幕　选出中央政府委员会　毛泽东当选主席》的消息，以及《人民日报》和本报庆祝中华人民共和国成立的社论，第二、三、六版，3个版面全部刊登了本市群众集会游行、发表谈话和撰写文章庆祝中华人民共和国成立的稿件，充分反映出旅大人民在这一伟大时刻里的无比欢乐和兴奋的心情。

1949年10月2日的《旅大人民日报》报道了庆祝新中国成立12万人大游行、大连市家家张灯结彩、秧歌龙灯活动、人民争看喜报、党政军代表发表拥护新中国成立言论等内容，每一条消息都流露出旅大人民庆祝新中国成立的喜悦之情。

《旅大人民日报》1949年10月1日还出版了红色“号外”，“号外”报道了中国人民政治协商会议胜利闭幕的消息。

4. 辽东大众报社编辑部收听现场广播　战地记者周群北京洒泪祭英雄

辽东大众报社派出战地记者周群参加了1949年9月21日第一次全国政协会议的采访报道。9月30日，他参加了由周恩来主持举行的人民英雄纪念碑奠基典礼。周群曾经参加过“四保临江”“夏季攻势”等战役，目睹过那些惨烈的血战场面。在奠基仪式上，他想到千千万万牺牲了的革命烈士，禁不住热泪滚滚。

辽东大众报社在10月1日出版了4个版面全部套红的报纸。在报头两侧，刊登了简洁的提示语:《中华人民共和国现已宣告成立，中国人民业已有了自己的中央政府，中国的历史，从此开辟了一个新的时代》。报纸用大字标题刊登了《中国人民政协一届全会完成任务胜利闭幕，毛主席当选中央人民政府主席，朱德、刘少奇、宋庆龄、李济深、张澜、高岗六人为副主席》的消息，还刊发了毛泽东主席讲话的大幅照片。

5.《辽西日报》号外用半版大字标题：中央人民政府产生　毛泽东当选主席

《辽西日报》这一天的报纸在报头两侧刊登的是11条标语口号：

> 庆祝人民政治协商会议成功！
> 庆祝中华人民共和国成立！
> 庆祝中央人民政府成立！
> 中国人民大团结万岁！
> 拥护中央人民政府！
> 中国人民政治协商会议万岁！
> 中央人民政府万岁！
> 中国人民解放军万岁！
> 中国共产党万岁！
> 毛主席万岁！
> 中华人民共和国万岁！

报纸在刊发消息的同时，配发了本报社论《庆祝伟大的节日》，热情洋溢地表达了辽西人民群众拥护中央政府的心声。这一天，报纸还出刊号外，号外两个大字超过了报头的字号。半版的大字标题是：中央人民政府产生，毛泽东当选主席。并配发了毛泽东主席头像的照片。

6.《工人生活》《抚顺工人》《阜新矿工》都作了突出报道

10月2日,《工人生活》根据北京新华广播电台广播，以特大标题在第一版头条位置报道：中华人民共和国、中央人民政府宣告成立。并在报眼刊登口号:“庆祝中央人民政府成立！”“中华人民共和国万岁！”当天报纸以全张套红出版。

《抚顺工人》1949年10月2日出版的报纸，是报纸创刊后第60期报，编辑用两版打通的方式报道新中国成立的消息。为了烘托喜庆的气氛，报纸印刷对报头和两条标语口号进行了套红。当时的报社没有印刷厂，报纸在抚顺矿务局印刷所代印，印刷条件不好。这种套红处理要做两块版，印刷两次，才能实现。虽然费工费力，印刷并不十分美观，但是表达了党报对新中国成立的特别重视。

《阜新矿工》当时不定期出版，10月4日，报纸刊发了《庆祝全国人民政协会议成功》《庆祝中央人民政府成立》《十月一日我市召开庆祝大会》等消息，记录了社会各界对中央人民政府成立的热烈反映。

7. 国庆报道成为惯例，三周年国庆报道规模最大

新中国成立后，各级党报历年对国庆的宣传报道都非常重视。国庆两周年的时候,《东北日报》就组织了国庆系列报道，用“我们伟大的祖国”刊头，刊登工业、矿山、农业、林业、畜牧业、教育、商业等专题报道，展示各行各业取得的伟大成就。并用“庆祝国庆节”的刊头，发农民、工人、军属代表写给毛泽东的信。例如《劳动模范陈廷山互助组向毛主席报告生产成绩》《马恒昌小组生产突飞猛进　国庆前夕向毛主席报告成绩》等报喜信。

编辑部还组织《庆祝中华人民共和国成立两周年》专刊，展示人民群众对新中国的热爱和新生活的美好。其中有一块专刊上栏题的口号是:“中苏两国伟大的牢不可破的友谊万岁！”专版刊登了7位苏联人民代表给中国人民的来信。其中有苏联英雄，有斯大林奖金获得者，有纺织女工，有画家。苏联代表热情歌颂了新中国的成就和中苏友谊。

对国庆宣传报道的重视还体现在对新闻稿件的编排和处理上。1951 年 9 月 24 日，报纸一版头题是《中国人民政协全国委员会发布庆祝新中国成立两周年口号》，一共 45 条。其中“中国人民大团结万岁”“亚洲人民大团结万岁”“全世界人民大团结万岁”“全世界人民的领袖与导师斯大林元帅万岁”最有时代的特征。

国庆三周年的报道是国民经济恢复和建设时期宣传规模最大的，《东北日报》提前十天就开始国庆的宣传。1952 年 9 月 20 日报纸发综合消息《三年来东北工业建设获得伟大成就》，拉开了国庆宣传的大幕。文章对东北工业恢复发展情况做了概貌性反映，提出经过三年努力，东北工业的恢复与改造将基本完成。9 月 21 日，发东北人民政府农业部文章《东北农业三年来的恢复与发展》，总结了三年来东北农业战线取得的成就。10 月 1 日在《庆祝中华人民共和国成立三周年》的栏题下，组织了各条战线用实际行动向国庆献礼的消息。转发《人民日报》社论:《加紧准备，迎接即将到来的大规模建设》。第二版是本报社论，第四版在《为祖国的工业化而奋斗——东北今年有重点的大规模建设一瞥》栏题下，发整版的新闻图片，形成了宏大的宣传气势。1952 年 12 月 12 日，东北日报社编辑部召开大会，对国庆节报道做了总结。总编辑张沛在讲话中提到，这次国庆节报道一共发了 100 多篇新闻报道和文章，在报面上表现得集中、气氛也烘托得较好，是业务改革后，对深入群众、深入生活、反映党的政策在群众中具体化的过程，报道先进经验、先进人物的一次实践。

从新中国成立开始，国庆宣传结合党的中心工作进行组织，成为党报的惯例。

第三节　在恢复经济秩序和生产中发挥舆论工具作用

1. 军管会进入沈阳第二天即创办第一份临时党报《沈阳时报》

在进入沈城的前夕，陈云在11月1日铁岭的一次会议上就这样安排：进入沈阳城要尽快散发军管会的布告并且出版《沈阳时报》，只有让沈阳的老百姓了解共产党的政策，才能安定民心，稳定社会局面。

11月2日傍晚，刚一入城的军管会副主任陶铸就来到国民党新六军的前进报社，找到了该社的地下党员孙北，随后安排印刷了几千份《解放军入城布告》。11月3日，这些布告就贴满了沈阳城的大街小巷。

11月4日清晨，由当时中共沈阳特别市委宣传部副部长李都带队的接管小组一行五人，分乘两辆轿车，并派有一辆卡车，由一个排的解放军战士护送来到原国民党的中央日报社。李都向报社内的旧职员宣布了军管会的接收命令，正式接管报社。几位负责人对接管小组成员进行了分工布置，负责组版的编辑有刘和民、高风、赵天民等。全体人员立即投入出报的工作，争取当晚打出第一期《沈阳时报》的报纸大样。

第一期《沈阳时报》出对开2版，稿件是提前拟好的，主要内容是解放军入城后的各项法令、政策，还有一些新华社的电讯稿。唯一的“当地新闻”，是沈阳地下党的孙北前两天写成的《范汉杰就擒记》。这是一张对开竖排2版的报纸，全部用红色油墨印刷。

11月5日东方发白，军邮的卡车满载报纸开出报社，分送到部队、机关和厂矿。另一部分人把报纸张贴到整个沈阳的大街小巷。天色大亮，市民们一走上街头，便看到了大军入城后的第一张报纸《沈阳时报》。

《沈阳时报》的创刊号，头版头条新闻为《确立沈阳市革命秩序　成立军事管制委员会——陈云、伍修权、陶铸任正、副主任　发出布告希全体公教职工照常上班》通告全文；头版内容为新闻《锦州战争回顾》、社论《庆祝沈阳解放》等；第二版核心新闻为《范汉杰就擒记》。二版头条新闻为《东北行政委员会委派市府负责人员朱其文、焦若愚为正、副市长》。值得一提的是第二版倒头题为《本市及各地物价表》，极富服务性。其中标明当时的黑龙江省哈尔滨市、吉林省吉林市、辽宁省开原市和安东（今丹东）4市的高粱米、小米、苞米面、大米、一号面粉、鸡蛋、布料等价格，仅以鸡蛋价格为例，哈尔滨市为700元/个、安东市为1300元/个（当时通用货币为东北币）。同时，该报的纪年兼有中华民国纪元和公历，在报眉和各布告结尾处均印有“中华民国三十七年十一月五日”字样，而在报头和各解放区文件中则印有“一九四八年十一月五日”字样。

《沈阳时报》出版至第10期，从11月14日起，报纸由对开半张改为对开一大张4版。版面扩大后，容量增加了，除了继续刊登从战争前线传来的消息外，地方的报道也见诸报端。如市总工会的成立、各机关各部门普遍建立通讯组的消息。

到12月12日，《东北日报》从哈尔滨迁回沈阳，《沈阳时报》完成了自己短暂的历史使命，报社人员随即并入东北日报社。

2. 各级党报在工人献纳器材、恢复生产运动中发挥的宣传鼓动作用

国民党溃退后的沈阳，工业遭到重大破坏。到处是断壁残垣，蒿草丛生。国有工厂开工仅占百分之五，民营工厂残存的也只有三分之一。沈阳《工人报》创刊第一期，就报道了全市军需工厂全部复工的消息。铁道部门也是支援前线的要害部门，报纸在第一版刊登了苏家屯机务段复工的报道。

中共沈阳市特别工委提出了“发展生产为压倒一切的中心任务”的工作方针，开始在废墟上建设社会主义的工业基础。人民政府开始着手对旧企业进行改造，对接收国民党政府和官僚资本的155个企业，实行民主改革和生产改革，废除旧企业的管理制度和生产组织，建立工人阶级当家做主的管理制度和生产组织，建立全民所有制的企业。

各工厂在废墟上复工生产，材料、工具非常缺乏，许多职工自觉地把自家的器材和工具献给工厂。各级政府积极引导，报纸积极配合宣传，很快就掀起了献纳器材运动。沈阳市职工总会筹备委员会向全市职工发出了“努力

生产支援前线，献交器材建设工厂”的号召。自 1949 年 2 月 7 日至 12 日的一周间，沈阳第一机器厂就有 300 名职工献纳各种器材 1000 余件。沈阳化工厂第二分厂机工部刘梦春，动员亲戚把国民党军队留下的价值几亿元（东北币）的电话交换台，从 45 公里外运来献给了工厂。据沈阳市 74 个工厂统计，职工献纳各种器材 80392 件，价值东北币 17.6 亿元。铁路系统搜集和职工献纳器材的价值达 300 多亿元。

城市工业重建过程虽然充满艰辛，但速度是惊人的。沈阳冶炼厂经过两个月的整顿与恢复，1949 年 1 月 14 日就正式开工。沈阳解放时仅有 158 名职工的沈阳制车厂（沈阳鼓风机有限公司前身），在 1949 年边修复边生产的情况下，完成了生产 134 台通风机、62 台运炭车和 1000 辆自行车的任务。《东北日报》于 1949 年 1 月 22 日，在第二版头题刊发了《沈阳冶炼厂经过两个月抢修　今日正式开炉》的消息，并发表了通讯《冶炼厂复活了》。这一时期，报纸还刊发了记者汪溪写的通讯《沈阳化学厂第一厂的复工》，记者肖彦写的通讯《鞍山钢铁厂的汽笛在召唤》，记者们欣喜地描写了工人纷纷返回工厂参加生产的情景。

辽宁全境解放后特别是新中国成立后，辽东省、辽西省人民政府和沈阳、旅大、鞍山、抚顺、本溪市人民政府根据中共中央和中央人民政府的指示，立即组织恢复工业生产运动，并将其作为压倒一切的中心任务。

《沈阳数十个国营工厂提前修复开工》《沈阳市人民政府大力协助　沈阳四百个私营工厂开工》《东北最大火力发电厂大部机器修建一新》等新闻占据了《东北日报》第一版和第二版的全部重要位置。报纸还连续报道了《鞍钢第一座炼焦炉出焦》《鞍钢第一座铁炉开工》的振奋人心的喜讯。

1949 年初，鞍山面临恢复生产、市政建设的艰巨任务。2 月 7 日诞生的《工人生活》，密切配合鞍山市委的中心工作，把恢复鞍钢生产和建设新鞍钢作为报道重点，大力报道了鞍钢开展群众性献交器材竞赛运动。

解放战争时期，鞍钢的许多贵重工具和电器材料散失在民间。1948 年 12 月 20 日，中共鞍山市委做出《关于发动群众献交器材的决定》，要求党、政、工各级领导“到工厂去，到街道去，到群众中去”进行动员。市政府发出了《告全市同胞书》，鞍山市职工联合总会筹委会做出《积极推动鞍钢复工，动员工人献交器材的指示》，并召开职工代表大会进行动员。鞍钢公司也发出了布告，全市开展了大规模的群众性的献交器材运动。群众肩扛、担挑、车推，把器材送到鞍钢。从1948年12月到1949年2月的两个多月时间里，全市就献交器材212694件，价值108亿元（东北币）。全市有10745户献交了各种器材，占全市总户数的39%，为提前恢复鞍钢生产提供了有利条件。仅新华区献交的电气器材即可使鞍钢电气修复工程缩短一个月。为了早日复工生产，鞍钢老工人孟泰积极带动工人搜集废旧材料，起早贪黑，从地下挖，从废铁堆里扒，拣回了成千上万件有用器材，并把搜集到的器材分类放在仓库备用，“孟泰仓库”在恢复鞍钢生产中发挥了重要作用。

1949年2月20日，在鞍钢召开的表彰献交器材庆功大会上，许多职工、家属、市民受到命名表彰。有3人立了特等功，26人立了大功，106人立了小功，还表彰了一个先进集体。《工人生活》密切配合鞍山市委，进行了密集的政策方针宣传，还先后发表反映工人献交器材的消息、通讯、特写、评论、经验总结及其他体裁的稿件200多篇。报纸还运用多种形式，对工人群众进行热爱共产党、热爱国家、热爱工厂的教育，引导工人群众行动起来献交器材，开展立功竞赛活动，加快恢复鞍钢生产的步伐。1949年7月9日，鞍钢举行了隆重的开工典礼。在抢运器材、护厂、修复生产、献交器材运动中，鞍山市涌现出141名功臣，其中特等功臣9名，一等功臣44名。8月3日，《工人生活》刊登了“功勋榜”，表彰了他们的先进事迹。8月18日，报纸还突出地报道了鞍山市5万人在体育场集会，举行“纪念8·15四周年暨鞍钢恢复生产立功竞赛运动庆功颁奖大会”的盛况，并发表社论，向在鞍钢恢复生产的立功竞赛中涌现的功臣和集体立功单位祝贺，向努力生产的全体工人、技术人员、职员和干部致敬。

1949年1月26日，还是油印的小报《阜新矿工》，刊登了市长李明签发的《阜新市政府关于保护矿山资材，严禁盗卖矿山物资的布告》。同时刊发消息：选煤厂工友响应号召献纳器材。3月9日，报纸第二版发表消息，“爱矿献纳器材运动已告结束，各矿厂已分别召开发奖大会，献出器材57653件，发出奖金34514000元（东北币）”。

中共抚顺市委成立后，首先确定了“面向工厂、面向工人”“一切依靠工人”的指导思想，召开工人代表会议，向工人群众作宣传动员，“只有保护好矿山，坚决反对贪污、盗窃、破坏矿山的现象，迅速恢复和发展生产，我们工人才有出路”。号召广大矿工、工人和市民积极献纳器材，支持工矿企业恢复和发展生产。

1949年1月1日创刊的《抚顺工人》，当时不定期出版，是以抚顺矿工为主要读者的小报。报纸连续报道抚顺煤矿工人献纳器材的活动，对运动中涌现的典型工人和先进单位进行了宣传。报纸通过深入动员、广泛宣传和政策引导，提高了群众的觉悟。报纸记录了这场群众运动取得的成果：矿区开展献纳器材活动仅15天，就有349名职工献出各种器材23280件。到1949年1月末，抚顺共有2.7万名职工献纳各种器材24.3万件，价值当时东北币70余亿元。有1200余名居民捐献价值约17亿元东北币的器材9000余件。还有8000名职工利用业余时间，搜集回收钢板、铁轨和铁管4824吨，价值东北币5.29亿元。献纳的器材中不仅有合金钢、水银等物资，而且有绝缘低控检定器、电压计、水平测器等器材，都是工厂、矿山急需又难以买到的。有的工人献出了收藏几十年的贵重工具和精密仪器，有的献出经营多年的小工厂。这些器材和物资使大批报废的矿车、矿灯得以修复，很多急需设备、机器重新开动，大量奇缺的原材料和生产用具得到解决。

1949年2月19日，《东北日报》第一版头题综合报道了《沈鞍抚本等地职工开展献交器材运动，按器材价值获奖并受表扬》的消息。这是编辑把各地数篇稿件综合起来编发的新闻。报道以沈阳、鞍山、抚顺、本溪为小标题，对各地职工开展献纳器材运动取得的成绩进行了集中展现。例如“本溪特殊钢厂闻荣，献出无法买到的电机检查器一个，溶接棒两千四百支，电务科工友阎宝三献出回转数表及变换机度说明书等，到十二月二十一日，已有一百一十九名工人，献出器材四千多件”。

《辽西日报》创刊后，认真贯彻省委的指示，在城市工作中，积极宣传党的恢复生产的方针，在1949年的后7个月，报纸连续报道了工人阶级当家做主的高度主人翁精神的生动事例，鼓舞人民群众对恢复经济的信心，还报道了多个工厂开工的消息。

献纳器材和恢复生产运动的开展，充分显示了党的群众路线的巨大力量和中国工人阶级的思想觉悟，使辽宁的工矿企业在短时间内恢复了生产、运输和供电。辽宁地区党报，也在这一群众运动中发挥了宣传鼓动的喉舌作用。

3. 各报开辟各类知识讲座，提高工人综合素质

1949 年 1 月 5 日，沈阳市军管会召集各企业职工代表会议，由东北局领导陈云主持，征求职工代表对恢复工厂生产、解决生活困难各方面的意见。会上，陈云回答了工人们的问题，明确提出沈阳人民当前的中心任务是恢复生产、支援前线，这是一次向沈阳全市职工交底的会议。沈阳《工人报》全文发表了陈云同志的讲话，还发布了东北人民政府颁布的《公营企业职工劳动保险条例》。条例规定了一系列保护职工健康，解决职工生活困难的办法，包括因公负伤致残、致死的医疗、抚恤办法，非因公伤残的医疗救济办法，对直系亲属、医疗丧葬、生儿育女的补助办法。这些都是旧社会不可能办到的事，又一次证明了人民政府与国民党政府的本质区别。报纸着重宣传讲解了《公营企业职工劳动保险条例》的来之不易，是共产党、毛泽东带领全国军民打败帝国主义和反动派的胜利果实。

遵循党在城市中依靠工人阶级的方针，着眼于帮助工人学习革命道理，沈阳《工人报》开办了《职工讲座》专栏。专栏内容有讲国家大事的，也有讲科学人生观的，如《反对宿命论》这篇文章，就启发群众从信命信神的迷信中解放出来，由自己掌握自己的命运。为启发工人从社会发展的历史中认识自己的地位和责任，从 1949 年 3 月起，报纸连载了工人政治课本，共 10 章，每章 3 到 5 节。“职工讲座”“职工服务”等专栏，回答了读者许多疑难问题。

厂矿企业工会组织相继成立，由于工会初建，新选的工会干部缺乏经验，工会组织机关化，偏重于生产，忽视工人的福利事业，脱离群众。报纸就设置讲座《工会要办些啥事？》，发表多篇评论，指出工会工作中出现的问题，强调既要重视生产，又要关心职工切身问题，积极为工人办好福利。

沈阳恢复工业生产的另一个方面是私营工商业的复工复业。沈阳的私营工厂，大小 1 万多家，商店、摊贩 4 万多户。到解放前夕，私营工厂开工率只有三分之一。报纸为宣传党的保护私营工商业政策，对私营工商业的员工

进行政治思想教育，连续发表讲座。如第一课，讲怎样认识劳资关系；第二课，讲发展生产、劳资两利。同时，报纸不断揭露个别资本家千方百计钻空子，非法牟取暴利，欺骗国家、欺骗工人、投机倒把、垄断市场的行为，教育工人和店员与不法行为作斗争。在复杂曲折的斗争过程中，私营工商业得到恢复与发展，对繁荣城市经济生活、支援解放战争前线，都做出了有益的贡献。

《辽西日报》从 1950 年 11 月 11 日，设立了《工农学习》专版，到 1951 年 4 月 20 日，就出刊了 60 期。专版由报社与辽西省文教厅合办，根据形势变化，宣传内容有所侧重。1951 年 1 月 6 日，《工农学习》专版报道了《全省冬学普遍开展 / 据 12 个县 4 个市郊区统计 / 已有 27.3 万余人参加学习》的消息。

《劳动日报》创刊后，在《劳动俱乐部》专版设立了《职工服务》《职工生活》《技术讲座》等栏目，其中《技术讲座》分期连载机械知识讲座、电气知识讲座，有图有文，深入浅出，都是容易读懂、容易理解的常识和概念知识，体现了报纸的实用性。

4. 党报在稳定市场、平抑物价、搞活流通中的舆论导向作用

全国解放前后，财贸战线的斗争十分尖锐。东北地区党和人民政府每采取一项新的财经措施，都关系到局势的稳定和解放战争的胜利。《东北日报》在这场斗争中，发挥了重要的导向作用。

辽宁全境解放后，战事向关内发展，在刚刚解放的北京、天津、上海等大城市，物资匮乏，一些不法资本家乘国家之危，大量收集游资，囤积居奇，哄抬物价，严重威胁着广大城市人民的生活，妨碍对解放战争的支援。当时，不法资本家与我们争夺市场的主要物资是粮食。解放区的人民需要粮食，解放战争需要粮食，新解放的城市需要粮食。因此，1949 年末到 1950 年末这一年间，出现了三次全国性的因粮食涨价而引起的物价全面上涨。为了配合这场关系到全局稳定、战争胜利的斗争，《东北日报》组织了长达一年的连续报道。

报纸以大量的篇幅宣传东北翻身农民踊跃向国家交售粮食，同时报道商

业部门如何组织收购、调运，以及平抑物价的情况。仅以1949年12月份的报纸为例，全月共发表这方面的新闻33条，其中发在第一版显著位置的有14条。再以1950年全国平抑第三次大涨价的报道为例，10月26日的报道，从不同的角度反映了我党和政府在调整市场、平抑物价方面所做的努力和取得的实效。报纸连续刊发了《月初以来京津及华北地区粮价上涨影响其他物价上涨》《各省粮食部门正积极收购粮食赶运华北》《东北运往上海的大米、大豆仍在陆续发运》等消息。在相隔三天的29日报纸上，又在《大力支援关内》标题下，报道了《7.5万吨粮食下旬运往华北》《运沪大米月底完成》的消息。在东北人民的支援下，11月25日，京津等一些主要城市的国营贸易公司统一行动，大力平抑粮价，使粮价逐渐稳定下来。12月20日的报道公布:《持续一个多月的全国物价大波动终告稳定》。这组报道系统地反映了这场斗争的全过程。

在此时期，像平抑物价这类的宣传，在《东北日报》上接连不断，配合东北经济形势非常紧密。如发行流通券，实行工薪实物券制，发行建国公债，改善私营企业劳资关系，发展城市职工合作社，600种商品降价，等等。

这些报道客观反映了党的全心全意为人民服务的宗旨，使广大人民群众紧紧地团结在党的周围，为“建设繁荣的东北经济”而斗争不息。这一时期《东北日报》的财贸宣传十分活跃，有关稳定市场、平抑物价的报道不仅有规模还有持续性。

结合经济形势的发展，《东北日报》集中地宣传党在各个时期的财经政策及贯彻执行情况，在1950年之后的报道比较突出。1950年3月3日国家政务院发布了《关于统一全国财政经济工作的决定》，报纸紧密配合，报道了如何集中使用国家的主要开支，统一物资调度、统一现金管理等具体措施。1950年打击投机不法私营工业之后，由于虚假购买力的消失，私营商业一度陷于困境，有的工厂减产、停工，有些甚至倒闭歇业。为了发挥私营工商业有利国计民生的积极作用，避免由于大批倒闭而引起的失业人员增加，党和政府在当年6月提出了“统筹兼顾”的方针。《东北日报》在“统筹兼顾，促进城乡物资交流”的口号下，报道有关扶持私营工商业的措施。1950年下半年又集中宣传贯彻了“发展生产，保障供给”的经济工作方针。报纸在言论中反复强调：适应城乡生产发展和人民生活水平提高的需要，组织城乡物资交流已成为商业部门的中心任务。完成这一任务的关键是如何把占农民总收入40%左右的土特产及时收购上来，把工业品运销到农村去。报纸集中宣传了各地商业部门恢复原有的流通渠道，开辟新的渠道的经验，合作商业建立专门经营土产品的机构，组织私商下乡贩运土特产品，建立和恢复贸易货栈，发展农村集市、庙会，召开各级土产物资交流大会等动态消息。

解放初期，辽宁地区城乡人民生活水平很低，在城市，党和政府采取一切措施，保证职工的基本生活需要，为使职工不受物价波动的影响，实行工薪实物制，规定不论物价变动如何，每一分值包括的高粱米、煤、豆油、海盐、五福布的数量不变。在农村，以物换物的原始交换方式还普遍存在，农民只能用粮食或鸡蛋从串乡的小贩手中换取一些必要的食盐和针头线脑。

辽东省委书记张闻天认为：广大的供销合作社是把小生产者与国营经济结合起来的桥梁和纽带。如果没有它，无产阶级领导的国家，就无法在经济上对千千万万散漫的小生产者实行有力的领导。1949年7月5日，张闻天主持省委会，做出《关于巩固和发展农村供销社的若干决定》，要求把搞好合作社当作党的最主要任务之一。他要求在宣传上，对合作社的好处不要讲得太远，要讲目前以及今后对农民的好处。在处理国营企业与合作社的关系上，要注意国家利益，发展合作社要讲质量，不要搞得太多。要强调经济公开，建立奖励制度。8月6日，张闻天主持省委常委会，再次讨论合作社问题，并通过了《关于合作社工作的几个问题的决定》，就供销社的任务和方针、组织领导、国营经济与合作社经济的关系、合作社干部作风及几个具体问题作了明确规定和说明。①

根据会议决定和张闻天的指示，《辽东大众》发表了这个决定，并根据决定精神，推出了《合作社讲座》专题。讲座分6课，用庄稼人的话，深入浅出地说明了“为什么要办供销合作社”“要办什么样的合作社”“谁来领导

① 中共丹东市党史研究室：《张闻天在辽东》，中共党史出版社，1995年版，第11页。

合作社”“怎样组织村供销合作社”“选什么人当合作社干部”“怎样入股合作社”。《辽东大众》，担负起了宣传指导合作社工作的重任，为建立新的城乡流通秩序，厘清了工作思路，使党的方针政策深入人心。

辽宁地区生产的恢复，带动了城乡国营、合作社商业的迅速发展，城乡流通活跃，人民生活迅速改观。1949 年《东北日报》报道，“在各地国营商店，农民整匹买布已很平常，在 10、11 月全东北仅国营商业卖出的布就有 100 万匹，等于 1948 年国营商业全年的卖布数。煤油、靰鞡、豆饼也同样大量卖出。东北农民生活上升，耕地面积和产量年年增加，农民余粮增多，购买力提高，农具需要量增多，要求供应质量好的商品。全区从南到北，村村有新房，一片新气象”。“随着国民经济中工业、农业生产的恢复和重建，起着结合城乡、工农业纽带作用的东北商业已成为人民经济生活中的重要组成部分。全国人民都在称赞东北有三好：工农业生产发展好，金融物价稳定好，财政收支平衡好。三好合一好，人民生活好。”《东北日报》在 1950 年国庆节前夕报道中的这段话，准确生动地概括了当时东北商业在经济发展中的作用。

第四节　宣传树立先进人物　弘扬时代主人翁精神

无论是国民经济恢复时期还是建设时期，宣传先进人物树立先进典型，都是辽宁地区各级党报的重要特征。在火红的年代，在激情燃烧的岁月里，发现和宣传具有时代精神的先进人物，用他们的高尚情操和非凡的精神风貌，感染、鼓舞、教育读者，是党报从战争年代创办以来优良传统的传承，也是典型宣传的重要手段。这一时期，各级党报通过宣传先进人物，充分彰显了新中国工人阶级当家做主、激情创业、艰苦奋斗、忘我奉献、建设新中国的时代精神。

1950 年 9 月 13 日，《东北日报》发消息：出席全国劳动模范代表会议，东北区选出孟泰、赵国有等五十名工业劳动模范代表，金时龙、韩恩等四十名农业劳动模范代表。同时配发社论《普遍推广劳动模范的经验》。在辽宁地区掀起的恢复经济秩序和生产建设的高潮中，报纸通过宣传先进典型的主人翁时代精神，在献纳器材、创造生产新纪录、增产节约、劳动竞赛等群众性运动中，发挥了鼓舞、激励的作用。

9月21日，东北总工会机关报《劳动日报》在第一版头题刊登了《东北区工农劳模代表选出来了》的消息，副标题是《英雄之中拔英雄 模范里边挑模范 工农群众好榜样 代表劳模开会去》。同版，用《光荣榜》公布50位工业劳动模范名单，并配发了《向工农劳动模范致敬》的社论。当天的报纸还用2个版刊登了工业劳动模范的照片和先进事迹简介，用半块版刊登了东北铁路劳模的代表人物。

以下几位全国劳模，都榜上有名，是首批在全国产生较大影响，具有代表性的先进人物。各级报纸对这些先进人物的宣传各有千秋。

1. 宣传孟泰，树立新中国工人主人翁精神的楷模

孟泰是鞍钢工人的杰出代表，新中国成立后第一代全国著名的劳动模范。

鞍山解放后，人民政府着手恢复全国最大的钢铁企业鞍山钢铁公司的生产。孟泰在平凡的工作岗位上爱厂如家，艰苦创业，为恢复和发展鞍钢生产做出了重大贡献，8次受到毛泽东的接见，先后当选为第一、二、三届全国人民代表大会代表，当选为中国工会第七、八次全国代表大会执行委员。

孟泰1949年8月加入中国共产党，是鞍山解放后第一批发展的产业工人党员之一。孟泰发扬主人翁精神，无论白天黑夜、不论刮风下雨，总是奔波在十里厂区。他冒着严寒，刨冻雪，抠备件。迎着臭气，扒废铁堆找原材料，带领工友把日伪时期遗留下来的几个废铁堆翻了个遍。在他的带动下，全厂工人都行动了起来，在短短的数月内，回收了上千种材料，拣回上万个零备件。这些“宝贝疙瘩”聚成了闻名全国的“孟泰仓库”。在修复鞍钢一、二、三号高炉时，所用的管道系统零配件和三通水门，都是由这个特殊的仓库提供的，没花国家一分钱。他勇于攻克技术难关。在苏联政府停止

对我国供应大型轧辊，致使鞍钢面临着停产威胁的情况下，他组织了500多名技协积极分子，开展了从炼铁、炼钢到铸钢的一条龙厂际协作，进行联合技术攻关。他先后解决了十几项技术难题，终于自制成功大型轧辊，填补了我国冶金史上的空白，被誉为“为鞍钢谱写的一曲自力更生的凯歌”。他的“爱厂如家”精神，被誉为“孟泰精神”。

《工人生活》对孟泰先进事迹的宣传尤为重视，采取了集中报道和跟踪报道的方式。因此，报纸对孟泰的宣传持续时间最长、影响最大，从新中国成立初期一直持续到“文革”前。1950年，报纸对孟泰的宣传比较多。在《党的生活》栏目中发表了人物通讯《发扬主人翁劳动态度——炼铁厂的孟泰同志》，消息《炼铁厂开展学习孟泰运动》《鞍钢特等功臣孟泰斥责美帝》和《孟泰的宣传鼓动方法》《孟泰小组向鞍钢工友挑战　开展爱国主义生产竞赛》等稿件。报纸还刊登了党支部教育补充读物《向孟泰同志学习》、鼓词《劳动英雄孟泰》等。当年9月28日，孟泰赴北京参加全国工农兵劳动模范代表会议，受到了党和国家领导人的亲切接见。10月15日，《工人生活》刊登了《出席全国劳模会议归来　孟泰到处受人欢迎》的通讯，孟泰成为钢城人民的骄傲。

对劳模孟泰的宣传自下而上。《东北日报》以及中央各大报，分别以《发扬主人翁劳动态度——炼铁厂的孟泰同志》《劳动英雄孟泰》《向孟泰同志学习》《炼铁厂开展向孟泰学习运动》为题，发表通讯和文章，抓住孟泰这个先进典型的闪光点，赞颂产业工人在恢复生产、建设新中国的艰难困苦时刻，艰苦奋斗、爱厂如家、为国分忧、无私奉献的主人翁精神。“孟泰精神”在全省和全国的职工中产生了广泛深远的影响。

2. 张子富突击队——全国煤炭战线树立起的一面旗帜

张子富突击队是全国煤炭战线的一面旗帜，是在恢复矿山生产中涌现出的先进典型。

1948年10月31日抚顺刚解放时，方圆百里矿区一片废墟，千米地下自燃发火100多处，高温达到40℃以上。围绕煤矿生产的钢厂、电厂、机电厂、车辆厂、火药厂、矿灯厂、机修厂和运输车线路也是七零八落。在恢复矿区生产的攻坚战中，西露天矿的张子富带领 5 个工友，成立了矿区也是抚顺市的第一个生产突击小组。在困难多、任务重的地方，就有张子富突击队的身影。他们创造了每人每天装 5 车煤的新纪录，突击队日工作量比 24 个人干的活还多，矿党委命名他们为“张子富突击队”。张子富率领突击队在露天大坑“突击”了一圈，掀起了整个矿区的劳动热潮，并使一批突击队涌现出来。抚顺煤炭的产量因此提高了 3 倍多。1949 年 3 月，张子富光荣地加入了中国共产党。1950 年“五一”节，在抚顺矿务局劳模大会上，为矿山做出巨大贡献的张子富光荣地当选为“劳动英雄”。同年，他当选为全国劳动模范。1950 年 3 月 25 日，张子富赴京参加了第一届全国工农兵劳模大会，在中南海怀仁堂受到毛泽东、朱德、周恩来等党和国家领导人的亲切接见。

张子富这个先进典型的特点是突击队行动，这对当时恢复煤矿生产具有推广的典型意义。1949 年 6 月 8 日，《东北日报》第二版刊登了以《张子富突击队》为题的新闻通讯。稿件由抚顺露天矿提供，作者是方青。文章开篇写道：“张子富是抚顺露天矿的装煤工人，今年三十五岁，为人正道，抚顺解放后不久就当了工人代表。行政上，他在群众中威信很高，提个什么意见也很好，就提拔他当了采煤班长（大班，共二百七十人）。他开始说什么也不当，说没什么本事，还不识字。但是现在的事实却生动地证明了这个没本事的人，是被旧的社会制度剥夺了他的本事，当他一经直接接受共产党的领导时，就发挥了他丰盛的创造力，成为最出色的劳动组织者。”

在解放初期，报纸以 2500 字的篇幅，介绍先进人物的报道并不多见。这篇文章分两个小标题，讲述了张子富由采煤突击组做起，发展到各生产单位的全面突击的先进事迹和具体做法，对恢复生产中打歼灭战、攻坚战，有实际的指导学习意义。《东北日报》在 1949 年 6 月 13 日，又对张子富突击队进行了报道，标题是《检阅的力量》。一周之内，两次报道了这个先进典型。

《抚顺工人》记者罗富钧采写的通讯，真实记录了市委书记到现场慰问张子富突击队的感人场面。张子富率领东采掘段突击队往西，王文财带着西采掘队向东围攻扑灭烈火，几天几夜不离火线。张子富有一次连续 33 天没有回家，市委书记兼矿务局局长王新三和市委副书记张烈，到坑下慰问。王新三在东大卷坑下一边给张子富突击队伙伴们倒开水，一边鼓励说：“你们太辛苦了！你们是顶天立地的好汉，是特别能战斗的矿工队伍。”张子富用毛巾擦了一把被烟火燎得黑红的脸说：“市矿领导来给我们打气，我们得当英雄，不能当狗熊，再加一把油，消灭坑下大火，多出煤，支援前线，我们一定干他个狗撵鸭子——呱呱叫！”

张子富敢打硬仗的突击队精神，通过报纸的宣传，感动了许多人。1950年12月29日，《劳动日报》第一版刊发消息《全国劳模张子富、魏国钧等向抚顺市先进生产者建议，带头保证过年不松劲》。发挥榜样的模范带头作用，是当时报纸宣传先进人物的主要做法。

更鲜为人知的是，张子富还被著名作家萧军写进了小说。1950年，作家萧军来到抚顺矿山体验生活。近半年的时间里，萧军和抚顺矿区的工人们吃住在一起，与张子富成了朋友。萧军回到北京后创作出反映矿山建设的小说《五月的矿山》，小说的主人公鲁东山，就是以张子富为原型的。萧军在这部小说的后记中写道：如果这小说出版后对人民能有些好处，对祖国的社会主义建设能有些用处，这光荣，首先应属于书中所写的那些不懈劳动的“真正的人”。

3. 宣传妇女的先进典型田桂英、赵桂兰

新中国第一位女火车司机田桂英和党的好女儿赵桂兰，都是旅大市闻名全国的先进妇女典型。一位是巾帼不让须眉，追求男女平等、勇敢执着、坚强独立，是新中国的第一位女火车司机。一位是宁可牺牲自己也要保护国家财产的“护厂英雄”。

大连机务段19岁的田桂英勤奋好学，工作起来浑身有使不完的劲儿，处处都和男同志比着干，1949年就是旅大市一等劳动模范。1949年5月，她参加了机务段公开招考女火车司机的考试，经过8个月零20天的强化培训，她闯过了投煤炭的“体力关”，也闯过了复杂机车理论学习的“脑力关”。只有三年文化水平的田桂英，通过了苏联专家李索夫和中国工程师的考核，以优异的成绩名列第一，被任命为司机长。

1950年3月8日这一天，“三八女子包车组”出车仪式在大连站站前广场隆重举行。这个“三八女子包车组”是由田桂英等9名女职工组成的，机

车被命名为“三八”号，献给她们的彩旗上写着：“妇女的火车头”。

从那时起，田桂英和姐妹们就成了铁道线上一道亮丽的风景。那年“五一”，田桂英被评为东北铁路局一等劳动模范。她的包车组开着“三八”号从大连出发，沿途运送200多名劳动模范去哈尔滨参加东北铁路劳模大会，途经车站站满了看热闹的人，他们都想看看女火车司机到底是个什么样。

从1950年3月8日到8月末，田桂英包车组创下了安全行驶3万多公里、节煤51.76吨的纪录。在田桂英担任司机长的近3年时间里，“三八”号机车行程20多万公里，从未发生一起事故。

在那个年代，田桂英冲破阻碍，用自己的行动追求理想，其行为影响了成千上万的女青年，也开辟了新中国第一代妇女参加工作的广阔前景。

1950年，田桂英被评为新中国首批全国劳动模范，曾4次受到毛泽东、刘少奇、周恩来等党和国家领导人接见。田桂英的事迹和她追求男女平等、勇敢执着、坚强独立的精神也激励、影响了无数妇女、姐妹抛开世俗偏见，投身社会建设。而她本人也成为那个年代受人敬佩的女劳模、女英雄。

《东北日报》1949年11月8日发表了记者华山采写的千字通讯《中国第一代女火车司机——田桂英》，记述了田桂英成长的经历和取得的优异成绩。

党的好女儿赵桂兰，出生于山东省安丘县一个贫苦的农民家庭，从11岁起先后到日本人管辖的苹果园和辽东纺织厂当童工，1946年2月参加革命工作，在大连国光工厂化学配置室管理药品。赵桂兰在工作中兢兢业业，刻苦钻研，严格遵守劳动纪律，年年被评为劳动模范。在党组织的培养教育下，1948年12月，光荣地加入了中国共产党。

1949年12月19日，下班的笛声响过之后，工友们都先后走出工厂大门。赵桂兰拿着100克雷汞，准备送到配置室保存起来。离工作室只有二十几步远时，突然感到一阵剧烈眩晕，眼前一黑，两条腿完全不听使唤，倒了下去。这时她心里很清楚，前面配置室里放的全是易燃易爆药品，附近还有一座仓库，雷汞触地就会爆炸，整个车间和工厂都可能毁于一旦。为了保护国家财产，她把个人生命置之度外，把雷汞紧紧抱在怀里，压在身下。“轰”的一声，雷汞爆炸了，地上被炸出一个大坑，车间保住了，工厂保住了，她却被炸得全身血肉模糊，左下臂被炸飞了，右臂断了五根筋，头部和身体多处重伤。工友们闻声赶来，火速把她送到医院抢救。她虽然保住了生命，但身体重度残疾。

1950年，赵桂兰被评为“护厂英雄”、东北军工局“特等生产模范”、旅大市“女工工作模范”和“全国劳动模范”，并被政府授予“党的好儿女”荣誉称号，作为特邀代表参加了全国政协一届二次会议。会上，赵桂兰见到了毛泽东，受到周恩来、刘少奇等党和国家领导人的亲切接见，还在大会上发了言。

赵桂兰的事迹在《旅大人民日报》发表后，广为传播，还被编进了小学课本。

1949年到1950年，《旅大人民日报》对这两位先进人物的报道，都是报社独自发现和宣传的。这体现了从配合市里评选与奖励活动，对已经评出来的人物进行宣传，转变成报社在生产和运动中发现典型进行宣传。这一区别的意义在于，同以前比，这一时期对先进人物的宣传由被动变主动，由一般性的宣传变成配合与推动中心工作的宣传。报纸宣传先进人物不再是某一时期的具体报道内容，而是成为报纸的一项经常的重要的报道任务。对党的好女儿赵桂兰的报道，得益于报社与妇联合办的《妇女》专刊。

《劳动日报》对党的好女儿赵桂兰的宣传，采取重点宣传与跟踪报道相结合的方式。不仅宣传她的英雄事迹，还关注赵桂兰伤势的医治，报纸刊发苏联医生和医护人员与康复后的赵桂兰合影的照片，对赵桂兰赴北京各地巡回做报告的情况也进行了报道。1950年7月2日，报纸刊发了长篇通讯《赵桂兰在北京》。“见到了毛主席”“群众的爱戴”“共产党员的硬骨头”等描述，记述了赵桂兰受到最高领袖毛泽东接见，与群众在一起的场景和赵桂兰的切身体会。

4. 树立模范厂长赵岚，宣传企业先进管理经验

1950年9月25日至10月2日，在新中国成立一周年之际，全国工农兵劳动模范代表大会在北京举行，出席劳模大会的代表中有一位模范厂长代表，他就是沈阳冶炼厂厂长赵岚。赵岚还当选为大会主席团成员，会议期间，分别在中南海怀仁堂和北京饭店受到毛泽东等中央领导的亲切接见和宴请。

东北解放后，为了恢复和发展生产，支援前线，东北局决定调派一批干部到工矿企业工作。1949 年秋，赵岚调任沈阳冶炼厂厂长。该厂主要生产铜、铅、锌、金、银等重有色金属，是当时东北生产重有色金属的主要基地，但是该厂党政工团不团结，工人福利待遇差，情绪低落，事故经常发生，生产任务经常不能完成。

赵岚临危受命，上任后同其他领导共同研究，明确提出“狠抓内部团结，统一思想，统一步调，党政工团面向生产”的口号。组织职工技术人员根据现实情况制订了生产计划，并把职工待遇和生产效益直接联系起来，使大家确实感到“只要生产搞好，福利问题就容易解决了”。在质量技术监督方面，赵岚提出“技术人员要深入现场”，“不会实际操作的不能算真才实学的工程技术员”，并大胆提拔有能力的工人和技术人员到基层领导岗位工作。这样做不但发扬了管理民主，而且加强了车间的生产领导。在经营管理方面，他提出“成本着眼，技术着手”的口号，把新纪录运动引导到与成本核算相结合的方向。

身为厂长，赵岚把工厂当成了自己的家，晚上住在办公室，和职工都在大食堂吃饭，他把大部分时间和精力都放在深入基层作调查研究上。赵岚虚心向老工人和工程技术人员学习求教，在取得许多宝贵经验的同时，与工人群众建立了深厚的友情。很快，在工厂内部形成了凝聚力和核心，工厂面貌显著改善，生产经营不仅全面恢复，而且实现了重大突破。1950 年 4 月底，工厂完成了上半年铜的全部生产任务；5 月中旬，铅也完成了上半年的全部生产任务，而且质量(金属含量)提高到 99.95%，创造了新纪录。

东北总工会机关报《劳动日报》在劳模榜上对赵岚的评价是：“实行民主管理，关心工人生活，以身作则，发动技术工人深入现场，钻研改进技术，解决生产中的关键问题，扭转了经常不能完成生产任务的局面，于今年四月上旬，矿石产粗铜、电解铝，即完成了上半年全部任务。”

把先进人物、先进思想和先进经验结合起来进行宣传，是辽宁地区各级党报树立先进典型的特点之一。宣传先进人物不能孤立地突出个人，更不能忽视先进人物的先进思想。《东北日报》宣传先进人物，基本都是与先进经验联系在一起报道的。把握了先进思想要通过先进经验创造的过程来体现，宣传一项重大的先进经验，同时介绍创造这项先进经验的人物的规律。在报道方法上，经常是有新闻，有通讯，有的还配有言论。这样宣传先进人物，才能把一面面旗帜树立起来，报纸发挥的组织动员作用才能更大。对沈阳冶炼厂管理民主化经验的宣传，就是把厂长张岚这个人物放到创造先进经验的过程中去展现的。在树立工人阶级主人翁劳模群像中，报纸给厂矿的带头人——模范厂长以应有的位置和重视。

报社还邀请沈阳冶炼厂厂长赵岚、化工厂厂长杨浚、毛纺织厂厂长赵志萱、铁路工厂厂长费立人和几位工会主席，分别召开座谈会，就有关企业民主管理、总结和推广先进经验等，进行了交流座谈。编辑将两个座谈会的记录整理，编成《企业管理若干问题》一文，在1951年3月13日的《东北日报》上发表，积极推动了先进典型经验的学习。